SPSS를 활용한

사회복지 통계분석

이기성 · 한성실 · 정기문 지음

자유아카데미

머리말

오늘날 사회과학의 여러 학문 영역에서 체계적인 자료의 수집과 분석의 중요성은 갈수록 강조되고 있다. 특히 사회가 다변화되고, 복지사회로 발전해 감에 따라 사회복지와 관련된 통계 작성 및 통계분석의 중요성과 활용도는 증가추세에 있다. 사회복지에 관한 정확한 통계가 산출되어야 올바른 정책 수립의 기초 정보로 활용 가능하다는 측면을 고려해 볼 때, 사회복지 통계분석의 필요성은 더욱 더 중요해지고 있다. 하지만 국내에서 사회복지 분야와 관련된 통계 및 통계분석에 관한 저서는 그리 많지 않은 상황이다. 그리고 기존의 사회복지 통계분석과 관련된 여러 형태의 저서들은 사회복지 조사방법론과 혼용된 형태를 취하여 너무 많은 내용을 포함하고 있거나 단순히 통계학을 수식이 아닌 말로만 표현하고 있어 그 내용이 너무 단순한 면이 있다. 또한 연구자에 따라 사용하고 있는 통계 용어조차도 통일되지 않아 학습을 하는 학생들이나 관련분야에 종사하고 있는 일반인들이 이해하는데 어려운 면도 있다. 이러한 상황 때문에 사회복지학을 공부하는 학생들이나 사회복지분야에서 일하고 있는 사람들에게 사회복지 통계와 그 분석은 필요하지만 접근하기 쉽지 않은 것이 사실이다. 이러한 문제점들을 보완하기 위해서는 정확한 통계이론과 더불어 사회복지분야와 관련된 자료 분석을 포함시켜 좀 더 현실적인 사회복지 통계분석을 설명하려는 시도가 필요하다.

따라서 본 교재에서는 정확한 통계 용어를 바탕으로 그 개념들을 설명하고, 사회복지 관련사례들이나 예제들을 이용한 자료분석을 통해 올바른 결과를 도출할 수 있도록 체계적인 설명을 하고자 한다. 이처럼 분석에 필요한 통계 내용을 간략하게 설명하고 최근 널리 사용되고 있는 한글로 제공되는 SPSS 통계패키지를 활용하게 되면 독자들의 이해를 도울 수 있을 것으로 기대된다.

이 책에서 다루고 있는 주요 내용으로는 사회복지 통계분석, 사회복지 통계분석을 위한 SPSS 사용법, 자료의 정리 및 요약 방법, 중심 경향 및 산포도를 나타내는 측도, 정규분포 및 표본분포, 통계적 추정과 가설검정, 분할표 분석, 상관분석과 회귀분석, 분산분석, 다중응답분석, 비모수 통계분석, 신뢰도 분석 등이며, 각 장의 마지막 절에서는 사회복지 실태 조사 설문지에 근거한 가상의 조사 자료를 사용하여 SPSS를 활용해 분석하는 방법을 자세히 설명하였다. 이 책은 2007년 10월에 발간한 『한글 SPSS를 이용한 사회복지 자료분석론』을 바탕으로 하여 부족한 부분을 보완해 출간하였음을 밝혀둔다.

좋은 책을 위해 최선을 다했지만 미흡한 부분이 있을 수 있다. 이 점은 양해를 바라며 출간 후 나올 수 있는 수정사항은 자유아카데미 홈페이지(www.freeaca.com) 자료실에 제공할 예정이니 참고하기를 바란다. 끝으로 이 책의 출판을 도와주신 자유아카데미 관계자 여러분들께 진심으로 감사드린다.

2023년 2월

저자

차 례

Chapter 1 사회복지 통계분석 001

1.1 사회복지 통계분석 2
1.2 사회복지 조사과정 5
1.3 사회복지 관련 조사 설문지 8

Chapter 2 사회복지 통계분석을 위한 SPSS 사용법 011

2.1 SPSS 자료의 입·출력 12
2.2 SPSS 파일의 변환 23
2.3 SPSS 자료의 변환 34

Chapter 3 자료의 정리 및 요약 041

3.1 자료 측정의 척도 42
3.2 자료의 종류 45
3.3 도표를 이용한 자료의 정리 46
3.4 그림을 이용한 자료의 정리 50
3.5 사회복지 자료에 대한 빈도분석 56
3.6 사회복지 자료에 대한 다중응답 빈도분석 62

Chapter 4 중심경향 및 산포 069

4.1 대표값 ········· 70
4.2 산포도 ········· 75
4.3 상대적 위치 표현 ········· 80
4.4 상자그림과 5점요약표시 ········· 82
4.5 사회복지 자료에 대한 기술통계 ········· 84
4.6 데이터 탐색을 활용한 사회복지 자료분석 ········· 87

Chapter 5 정규분포 095

5.1 확률변수와 확률분포 ········· 96
5.2 정규분포 ········· 96
5.3 표준정규분포 ········· 99
5.4 이항분포와 정규분포의 근사관계 ········· 104
5.5 SPSS를 이용한 난수 발생 및 정규분포 확률 계산 106

Chapter 6 표본분포 111

6.1 표본추출 ········· 112
6.2 표본평균의 분포 ········· 119
6.3 두 표본평균 차이의 분포 ········· 125
6.4 그 밖의 표본분포 ········· 126
6.5 SPSS를 이용한 표본추출 및 표본분포 ········· 134

Chapter 7 통계적 추정 143

7.1 점추정 ········· 144
7.2 구간추정 ········· 150
7.3 표본크기 결정 ········· 167
7.4 사회복지 자료에 대한 점추정 및 구간추정 ········· 171

Chapter 8 통계적 가설검정 179

8.1 통계적 가설검정 ········· 180
8.2 모평균의 가설검정 ········· 184
8.3 모비율의 가설검정 ········· 188
8.4 두 모평균 차이의 가설검정 ········· 189
8.5 두 모비율 차이의 가설검정 ········· 197
8.6 사회복지 자료에 대한 일표본 T검정 ········· 199
8.7 사회복지 자료에 대한 독립표본 T검정 ········· 200
8.8 사회복지 자료에 대한 대응표본 T검정 ········· 203

Chapter 9 분할표 분석 207

9.1 적합도 검정 ········· 208
9.2 독립성 검정 ········· 210
9.3 동질성 검정 ········· 213

9.4 사회복지 자료에 대한 교차분석 217
9.5 사회복지 자료에 대한 다중응답 교차분석 223

Chapter 10 상관분석 229

10.1 이변량 상관관계 230
10.2 피어슨 상관계수 232
10.3 스피어만 순위상관계수 235
10.4 사회복지 자료에 대한 상관분석 237

Chapter 11 회귀분석 243

11.1 회귀분석의 개념 244
11.2 회귀계수의 추정 250
11.3 회귀계수의 가설검정 254
11.4 상관계수와 회귀계수의 관계 259
11.5 사회복지 자료에 대한 회귀분석 260

Chapter 12 분산분석 271

12.1 일원분산분석 272
12.2 이원분산분석 280
12.3 사회복지 자료에 대한 일원분산분석 292
12.4 사회복지 자료에 대한 일반화선형모형 300

Chapter 13 비모수 통계분석 305

13.1 SPSS를 이용한 독립 2-표본 비모수 검정 ············· 306
13.2 SPSS를 이용한 대응 2-표본 비모수 검정 ············· 310
13.3 SPSS를 이용한 독립 K-표본 비모수 검정 ············· 313

Chapter 14 신뢰도 분석 317

14.1 신뢰도 분석 ············· 318
14.2 사회복지 자료에 대한 문항 신뢰도 분석 ············· 319

참 고 문 헌 ············· 323
부 록 ············· 327
찾 아 보 기 ············· 347

Chapter 1

사회복지 통계분석

사회복지 통계분석

사회복지 조사과정

사회복지 관련 조사 설문지

오늘날 사회 및 자연과학 분야에서 자료를 어떻게 수집하고 어떤 방법으로 정리하고 분석하며, 이를 바탕으로 어떠한 의사결정을 내리는가에 대한 문제는 그 중요성이 점점 증대되고 있다. 모든 사회 현상에 대한 수적 표현 즉 집단현상을 수량석으로 표현한 통계와 그 분석을 통한 정확한 의사결정은 매우 중요한 문제이다.

특히 사회가 다변화되고, 복지사회로 발전해 감에 따라 사회복지와 관련된 통계 및 그 분석의 중요성과 활용도는 증가추세에 있다. 사회복지에 관한 정확한 통계가 산출되어야 이 결과를 올바른 정책 수립의 기초 정보로 활용할 수 있다는 측면에서 볼 때, 사회복지 자료분석의 필요성은 갈수록 커지고 있다.

이 장에서는 사회복지 통계의 특징과 자료분석의 필요성에 대하여 다루어 보고자 한다. 그리고 사회복지 조사과정을 통해 자료가 수집되고 분석되는 절차에 대하여 살펴봄으로써 자료분석과 자료가 수집되는 과정의 중요성에 대하여 다루고자 한다. 또한, 사회복지 관련 조사설문지의 한 사례를 통해 조사를 통해 얻을 수 있는 자료의 형태에 대해서 살펴보고자 한다.

SECTION 1.1 사회복지 통계분석

(1) 사회복지 통계

사회복지 통계는 사회구성원인 사람들의 삶의 질과 사회현상에 관련된 통계로 통계분석의 기법들을 현실문제에 적용하여 사회현상을 분석하고 바람직한 해결책을 모색하기 위한 기초자료로 활용된다. 관심의 대상이 되는 전체 집단으로부터 얻어진 자료를 수집 정리하고 이를 과학적으로 분석하여 최적의 의사결정을 할 수 있도록 정확한 정보를 제공하는 것이 통계의 기본 목적이라고 볼 때 사회복지 통계의 관심 대상 자체가 자연현상이나 객관적인 사물과 달리 살아 움직이는 사람들과 끊임없이 변화하는 사회현상이기 때문에 연구 설계 및 자료수집 방법론적인 면에서도 독특한 특징을 나타낸다.

사회복지 통계의 관심대상인 사람이나 사회적 상황을 가능한 다른 변인을 통제한 채 실험한다는 것은 매우 어려운 문제이고 때로는 거의 불가능하기까지 하다. 따라서 필요한 자료를 수집하기 위한 연구설계 방법은 실험보다는 조사방법을 많이 채택하게 된다. 그런데, 관심 있는 어떤 사회나 인구 집단들을 전부 조사하거나 관찰한다는 것은 비용, 시간, 인적 자원을 고려할 때 현실적으로 어려운 것이 사실이다. 따라서 사회복지 통계에서는 표본조사방법을 사용하게 된다. 이러한 사회복지 조사는 언어로 된 측정도구를 주로 사용하게 되는데 언어가 갖는 특성에 의해서 측정상의 비표본오차가 많이 발생할 수 있고, 응답자가 스스로 밝히는 내용에 주로 의존하는 특성상 응답에 비표본오차가 생길 여지가 많아진다. 따라서 사회복지 통계는 자료측정도구의 개발과 자료수집과정에 보다 많은 주의를 기울여야 한다.

사회복지 통계조사는 기존의 각종 조사에서 생산되지 않고 있는 각 부문에 대한 국민들의 주관적 의식 및 사회적 관심사와 삶의 질에 관련된 항목들을 조사하여 사회복지 상태의 변동을 파악하고 복지사회 건설을 위한 사회개발 정책의 기초자료를 제공하기 위하여 실시되고 있다. 특히, 사회복지분야에서 많이 활용되고 있는 욕구조사는 특정 지역사회 또는 특정집단의 욕구를 정확히 파악하여 궁극적으로 욕구를 해결하기 위한 서비스를 개발하는데 그 목적을 두고 있다.

한편, 사회가 변화함에 따라 새로운 형태의 사회복지 통계를 필요로 함에 따라 보건복지부나 통계청에서는 시의성과 유용성을 검토하여 새로운 통계도 계속 개발하고 있다. 하지만 삶의 질을 나타내는 복지통계와 사회지표에 대한 사회통계조사는 국민의 정서상 민감한 사항이나 개인의 주관적인 선호도와 관련되는 사항에 대하여서는 객관적인 신뢰 확보에 다소 어려움이 있다.

(2) 자료수집과 통계학

자료를 수집하는 방법으로는 관찰, 실험, 조사, 문헌연구 등 다양한 방법이 있으며, 조사목적이나 조사대상에 따라 수집 방법이 정해진다. 조사대상이 아동이나 장애인과 같이 조사를 통해 정보를 얻기가 곤란한 경우에는 보통 관찰을 통해 정보를 수집하게 되고, 사회복지나 사회과학 연구에서는 조사를 통해 정보를 얻는 경우가 많다. 또한, 어떤 원인에 의한 결과 즉 인과관계를 밝히는 데에는 실험을 통해 자료를 수집하는 경우도 있으며 수집된 자료를 정리하고 분석하는데 통계학이 필수적으로 사용된다.

통계학이란 연구 목적에 필요한 자료 및 정보를 최적의 방법으로 수집하고, 수집한 자료를 과학적이고 논리적인 이론에 의하여 정리 분석하여 불확실한 상황에 대해서 최적의 의사 결정을 할 수 있는 방법을 제시해 주는 학문이다.

통계학은 과거에는 국가 경제, 정치, 사회에 관한 자료들을 수량화하여 체계적으로 나타내는 것으로부터 발전을 거듭하여 현대에는 불확실성이 내포된 자료에 근거를 둔 통계적 추론을 통하여 의사결정에 필요한 정보 획득과 처리방법을 다루는 과학 분야로 인식되고 있다.

통계학은 각종 사회실태조사, 만족도 조사, 여론조사, 일기예보, 증권 분석 등과 같은 일상생활 속에서 뿐만 아니라 석유 매장량 예측, 환경파괴 원인 분석 등과 같은 매우 다양한 분야에 도움을 주고 있으며, 컴퓨터의 발달로 대량의 자료를 신속하게 처리할 수 있게 됨에 따라 그 발전 속도가 가속화되고 있다.

통계학은 크게 기술통계학과 추측통계학으로 나누어진다. 임의의 변량에 대한 측정치들의 집합을 통계자료(statistical data)라 하고, 통계자료를 얻기까지의 모든 절차를 통계조사(statistical survey)라 하며, 통계자료를 정리하고 분석하여 통계자료 집단에 대한 정보를 얻는 일련의 방법에 관한 학문을 기술통계학(descriptive statistics)이라 한다. 이러한 기술통계학에서는 표나 그래프 또는 대표값, 산포도 등을 통하여 자료를 정리, 요약하고 분석하는 방법에 대해서 다룬다. 따라서 기술통계학은 많은 양의 자료를 축소하고 정리하여 그 자료의 전반적인 내용을 쉽고, 빠르게 파악할 수 있는 매우 유익한 방법들을 다루는 분야이다.

한편, 추측통계학(inductive statistics)은 모집단의 일부인 표본을 기초로 하여 모집단에 대한 여러 가지 특성을 과학적으로 추론하는데 그 목적이 있으며, 추정과 가설검정 등의 내용을 다룬다. 이 때, 모집단의 일부로 추출된 표본은 모집단에 관한 완전한 정보를 가지고 있지 못하며, 추출되는 표본에 따라 그 정보가 달라지게 된다. 따라서 표본을 분석하여 얻어진 모집단에 관한 추측은 오차를 수반하게 되며 이러한 오차를 확률적으로 다루어 모집단의 일반적인 특성을 찾아내게 되는데 이러한 부분을 추측통계학에서 다루게 된다.

(3) 모집단과 표본

집단에 속하는 개체(구성원)들의 공통적이고 수량화될 수 있는 특성을 변량(variate)이라 하고, 대문자 X, Y, Z 등으로 나타낸다. 변량에는 아동의 수, 노인인구, 사회복지 시설의 수, 안전사고 건수 등과 같이 셀 수 있는 이산형 변량(discrete variate)과 소득, 연령, 근무시간, 경력기간, 수명, 상품가격, 작업소요 시간 등과 같이 연속적인 양으로 측정되는 연속형 변량(continuous variate)이 있다.

어떤 정보를 얻기 위하여 조사 대상으로 선정된 집단 전체를 모집단(population)이라 하고, 모집단에 속해있는 개체들의 총수를 모집단의 크기(population size)라 하며, 모집단의 크기가 유한일 때 유한모집단(finite population), 무한일 때 무한모집단(infinite population)이라 한다.

모집단으로부터 추출한 일부의 개체들의 집단을 표본(sample)이라 하며, 표본을 구성하는 개체의 수를 표본의 크기(sample size)라 한다. 모집단의 특성을 X로 나타낼 때 X는 확률변수이며, 이 확률변수 X의 확률분포를 모집단분포(population distribution)라 한다. 모집단분포에서 모집단에 관한 어떤 특성을 나타내는 특성값을 모수(parameter)라 하며, 이 때, 모집단의 모수는 그 모집단의 전체 변량을 대상으로 계산된 값이므로 변하지 않는 일정한 상수 값이다.

그리고 표본변량의 함수로 계산되는 표본의 특성을 통계량(statistic)이라 하며, 이러한 통계량의 확률분포를 표본분포(sampling distribution)라고 한다. 이 때, 통계량 값은 모집단의 일부분인 표본에 근거를 두고 계산되는 값이므로 표본에 따라 변하는 값이다.

모집단의 평균을 모평균(population mean)이라 하고 보통 μ(뮤)로 표시하며, 모집단의 분산을 모분산(population variance)이라 하고 보통 σ^2(시그마 제곱)으로 표시한다. 또한, 모집단으로부터 추출된 표본의 평균을 표본평균(sample mean)이라 하고, $\bar{x}$(엑스 바)로 표시하며, 표본의 분산을 표본분산(sample variance)이라 하고, s^2(에스 제곱)으로 표시한다.

SECTION 1.2 사회복지 조사과정

사회복지 분야 뿐만 아니라 사회과학분야에서 자료를 수집하는 주요한 방법인 조사는 일반적으로 다음의 과정을 통해 이루어진다. 이와 같은 절차를 다루는 이유는 이 책에서 다루고자 하는 자료분석이 이러한 일련의 한 과정에 불과하다는 사실을 보여주기 위함이다. 올바른 자료분석을 하기 위해서는 무엇보다 자료가 얻어지는 과정이 매우 중요하다는 사실을 인식해야 한다. 사회복지 자료 조사과정을 단계적으로 살펴보자.

1단계 조사의 주제 및 조사목적 설정

조사의 주제를 정하고 주제와 관련된 개념들을 정리하여 조사목적을 정하는 단계이다. 새로운 조사를 개발하거나 기존의 조사를 다시 설계할 때에는 조사의 목적을 명확하게 세우는 것이 필요하다. 같은 조사라 하더라도 조사목적이 무엇이냐에 따라 조사의 방향이나 규모, 방법이 달라질 수 있으므로 명확하고 구체적인 조사목적을 세우는 일이 매우 중요하다.

2단계 가설의 구성

조사주제에 대한 어떠한 결론을 도출해 내기 위하여 구체적인 변수들간의 관계를 나타내는 가설을 구성하고 구체화하는 단계이다.

가설(hypothesis)이란 해결하고자 하는 문제에 대한 잠정적 답으로 개념들간의 상호관계를 설정하여 서술하는 것으로 개념적으로 명백해야 하며, 한정적이고 특정화되어야 한다. 또한 그 내용과 방향이 분명하게 규정되어서 서술된 개념간의 관계를 경험적으로 검증할 수 있는 것이라야 한다. 따라서 가설은 검정에 사용될 자료의 측정, 수집 및 분석 등에 관한 방법과 불가분의 관계를 갖고 있다.

자료를 얻기 위해서는 막연한 개념을 한 단계 낮은 하위개념들에 의하여 구체화하는 작업이 필요한데 이러한 작업을 개념에 대한 조작적 정의(operational definition)라고 한다. 이 조작적 정의에 의하여 개념에 대한 측정이 가능해지며, 개념간의 관계로 서술된 가설은 정의에 의하여 도출된 변수들의 상호관계를 기술한 형태로 구체화된다.

3단계 표본설계

실제로 조사에 필요한 구체적인 계획들을 마련하는 단계이다. 조사대상이 되는 모집단을 정의하고, 조사 가능한 조사 모집단인 표본추출틀(sample frame)을 마련한다. 표본추출틀은 조사목적에 맞으면서 이용 가능한 다양한 추출틀을 확보하여 비교한 후 가장 적합한 추출틀을 정한다. 그리고 조사일정을 수립하고 일정에 따른 비용을 산정하며, 표본크기와 표본추출방법, 조사방법을 결정한다.

표본의 크기가 커질수록 조사의 정밀도는 높아지지만 표본의 크기가 너무 커지면 조사비용이나 조사를 위한 노력이 많이 들기 때문에 경우에 따라서는 조사의 질을 떨어뜨리는 요인이 될 수도 있다. 그러므로 표본의 크기는 조사의 목적에 맞는 목표 정도를 정한 후 그것을 만족시키는 범위 내에서 가능한 작게 하는 것이 바람직하다.

표본추출방법은 각 추출단위가 표본으로 추출될 확률을 사전에 미리 정한 뒤 우연현상에 의해 표본 단위를 선택하는 추출법인 확률추출법을 적용하는 것이 바람직하다. 대표적인 확률추출법으로는 무작위추출법, 층화추출법, 계통추출법, 집락추출법 등이 있다.

조사는 조사대상의 전부를 조사하느냐 일부를 조사하느냐에 따라 전수조사와 표본조사로 구분할 수 있다. 또한 조사표의 배부, 기입 및 수집하는 방법에 따라 타계식조사(면접조사, 전화조사 등)와 자계식조사(배포조사, 우편조사, 인터넷조사 등)로 구분할 수 있으며 이들 중 어떤 조사방법을 선택할 것인가는 각 조사방법의 특성을 감안하는 동시에 조사목적과 조사의 경비, 시간들을 함께 고려하여 가장 적합한 조사방법을 선택해야 한다.

4단계 측정도구(설문지) 설계

조사목적에 맞는 조사항목들을 개발하여 측정도구를 설계하고 제작하는 단계이다. 사회과학 등의 조사연구에서 주로 사용되는 조사표는 조사대상의 특성을 재는 측정도구이므로 조사표 설계에 충분한 주의를 기울여야 한다. 설계된 조사표는 신뢰성과 타당성에 대한 검토가 이루어져야 신뢰성 있는 조사결과를 얻을 수 있다. 조사표는 이용자들의 통계적 요구사항, 조사기관의 행정적 요구사항, 조사목적과 응답자 집단의 특성, 현장의 상황 등을 복합적으로 고려하여 개발되어야 한다. 또한, 조사표는 응답자가 응답에 대한 부담을 느끼지 않도록 하여 응답자가 조사에 잘 협조할 수 있도록 작성되어야 하며, 자료를 효율적으로 수집하는 동시에 오차를 최소화시키고, 나중에 코딩이나 편집 등에도 도움이 되도록 설계되어야 한다.

5단계 사전조사

설계된 측정도구의 완성도를 높이고 조사에서 나타날 수 있는 여러 문제점을 보완하는 단계이다.

사전조사를 통해 응답자들의 조사 수용여부, 응답자와의 의사소통 과정에서 발생 가능한 문제 등을 구체적으로 파악한다. 사전조사는 상대적으로 적은 수의 응답자를 대상으로 하며 조사표의 현장 적용가능성 점검, 효과적 조사감독을 위한 감각의 습득, 조사표의 문제점 발견 등을 주된 목적으로 한다. 사전조사에서는 다양한 부류의 응답자들이 조사문항을 잘 이해하고 있는가? 아울러 기꺼이 응답해주려 하는가? 조사문항의 흐름이 자연스러운가? 조사표에 응답을 기록할 칸과 여백 및 지시문 등이 적절하게 배치되어 있는가? 조사에 걸리는 시간은 얼마인가? 응답하기 어렵거나 응답을 거부하려는 문항은 없는가? 등을 반드시 확인해야 한다.

6단계 조사원 선발과 교육

실제 조사에 참여할 조사원을 선발하여 교육하는 단계이다. 조사의 질을 높이는데 있어서 핵심요소는 바로 조사원의 선발과 교육이라고 할 수 있다. 어느 정도 수준의 조사원 교육이 필요한지에 대해서는 조사원의 경험이나 배경 등에 따라 다를 수 있지만 동일한 조사수준을 유지하기 위한 교육 프로그램을 통해 조사원들이 조사표에서 같은 개념과 기준을 갖도록 교육시켜야 한다.

7단계 자료수집

충분한 교육을 받은 조사원들이 완성된 측정도구를 이용하여 자료와 정보를 수집하는 단계이다. 자료수집이란 자료를 얻기 위한 수집활동과 이를 지원하는 모든 활동이다. 자료수집은 조사대상이 되는 개인이나 기관에 대해 적절한 방법을 사용하여 자료를 요구하고 수집함으로서 이루어진다. 좋은 자료를 수집할 수 있어야만 효과적인 통계 정보의 생산이 가능하므로, 자료수집의 각 단계마다 신뢰성을 확보할 수 있는 조치를 마련하는 것이 필요하다.

8단계 자료분석

수집된 자료를 자료의 형태에 맞게 편집하고 분석하는 단계이다. 조사표가 수집되면 각 질문에 적절한 응답이 이루어졌는지, 질문과 무관한 답은 없는지, 무응답은 없는지 등을 확인하고 서술형 응답은 범주별로 분류하여 컴퓨터에 입력할 수 있는 형태로 부호화하여 통계 분석을 실시한다.

자료분석은 조사 자료를 근거로 가장 기본적인 통계표를 만드는 단계와 통계 이론에 입각하여 구하고자 하는 추정 통계를 생산하고 그 추정값의 표본오차를 계산하는 단계가 있다. 그리고 앞의 두 단계에 걸쳐 얻어진 일차적 통계를 기초로 하여 이차적 통계분석을 하는 단계도 있다. 이러한 단계 모두 자료의 형태를 고려하여 연구의 주제나 목적에 맞는 통계적 방법을 사용하여 결과를 분석해야 하는 점이 중요하다.

9단계 보고서 작성

자료분석 결과를 토대로 최종보고서를 작성하는 단계이다.

SECTION 1.3 사회복지 관련 조사 설문지

조사를 통해 정보를 얻기 위해서는 조사목적에 맞는 설문지 작성이 필수적이다. 이 절에서는 사회복지사들의 실태를 조사하기 위해 실시되었던 설문지의 일부를 발췌하여 그 내용을 살펴보았다. 이 내용은 국민기초생활보장법의 성공적 시행을 위해 중요한 역할을 담당하게 되는 사회복지사들의 실태를 조사하기 위해 정부의 지원으로 보건복지부와 한국사회복지사협회가 함께 실시한 설문지를 토대로 그 내용을 수정 변경한 설문지이다. 이 설문지에서 볼 수 있듯이 설문을 통해 얻어지는 자료의 형태는 다양하다. 범주형, 연속형, 척도형 등 여러 형태의 자료가 나타나고 있는데, 구체적인 자료 형태에 대한 내용은 3장에서 다루고자 한다.

설문지 번호		조사 일시		조사원 이름		코딩 번호	

사회복지사 실태 조사

안녕하십니까?
보건복지부와 한국사회복지사협회에서는 정부의 지원으로 국민기초생활보장법의 성공적 시행을 위해 중요한 역할을 담당하게 되는 사회복지사들의 실태를 조사하고자 합니다. 본 설문조사의 자료는 조사목적 이외의 다른 목적으로 절대로 사용되지 않으며, 통계법으로도 보호를 받게 되므로 안심하시고 설문에 응해 주시면 대단히 감사하겠습니다.

0000년 0월 0일

보건복지부
한국사회복지사협회

※ 다음은 귀하의 일반적인 사항입니다. 해당 사항에 V표를 해 주세요.

성별	①___남자　　②___여자
연령	만 (　　　)세
직업	①___공무원　②___이용시설 ③___거주(입소)시설　④___사회복지재단(기업/본부) ⑤___사회복지.시민단체　⑥___기타
종교	①___불교 ②___기독교 ③___천주교 ④___종교 없음 ⑤___기타
최종학력	①___고졸이하　②___ 대졸　③___대학원졸 이상

A. 다음은 귀하의 직장에 관한 일반적인 질문 사항입니다.

1. 본인의 업무의 대상은 어떻게 됩니까? (가장 밀접한 항목 2개 선택)
   ① 노인　② 정신장애인　③ 장애인
   ④ 아동/청소년　⑤ 여성/부녀　⑥ 저소득/생보대상자
   ⑦ 사회/지역주민　⑧ 행정/정책　⑨ 기타

2. 본인의 주당 근무시간은 어떻게 됩니까?
   약 (　　　) 시간(식사시간 제외, 실제근무시간)

3. 현재 하고 있는 일에 비하여 본인의 봉급 수준이 어떻다고 생각하십니까?
   ① 매우 많다 ② 많은 편이다 ③ 적절하다 ④ 적은 편이다 ⑤ 매우 적다

4. 본인에 적절하다고 생각하는 연봉액은 어느 정도라고 생각하십니까?
   연봉액 약 (   ) 만원(상여금, 수당 모두 포함)

5. 현 직장에서의 근무경력이 얼마나 됩니까?
   (   )년 (   )개월

B. 다음은 귀하의 직장만족도에 관한 질문입니다. 해당 사항에 V표를 해 주세요.

직장만족도	매우 불만족	불만족	보통	만족	매우 만족
1. 업무 내용의 적합성	①	②	③	④	⑤
2. 직장동료와의 관계	①	②	③	④	⑤
3. 직장상사와의 관계	①	②	③	④	⑤
4. 근무환경, 휴식공간, 식당 등	①	②	③	④	⑤
5. 의견수렴, 의사결정구조 체계	①	②	③	④	⑤
6. 직장의 비전, 승진가능성 등	①	②	③	④	⑤
7. 자기발전 및 교육기회 제공	①	②	③	④	⑤
8. 전문적 슈퍼비전, 지도감독	①	②	③	④	⑤

C. 다음은 직장만족도 개선에 관한 질문입니다.

1. 본인의 직장만족도를 높이기 위해 어떤 항목의 개선이 필요하다고 생각하십니까? 필요하다고 생각되는 항목을 모두 선택하여 주십시오.
   ① 업무 내용의 적합성　　② 직장동료와의 관계
   ③ 직장상사와의 관계　　④ 근무환경, 휴식공간, 식당 등
   ⑤ 의견수렴, 의사결정구조 체계　　⑥ 직장의 비전, 승진가능성 등
   ⑦ 자기발전 및 교육기회 제공　　⑧ 전문적 슈퍼비전, 지도감독

Chapter 2

사회복지 통계분석을 위한 SPSS 사용법

SPSS 자료의 입·출력

SPSS 파일의 변환

SPSS 자료의 변환

SECTION 2.1 SPSS 자료의 입·출력

(1) 자료 입력하기

SPSS를 이용하여 자료를 분석하기 위해서는 분석에 필요한 자료를 SPSS 데이터 편집기로 불러와야 한다. 자료를 SPSS 데이터 편집기로 불러들이는 방법에는 SPSS에서 직접 자료를 입력하거나 외부파일 형태로 저장된 자료를 SPSS로 불러오는 두 가지 방법이 있다. SPSS에서 직접 자료를 입력하는 방법과 텍스트 파일이나, 엑셀파일 또는 데이터베이스 형태로 저장된 외부파일을 SPSS 데이터편집기로 불러오기 위한 방법을 살펴보자.

본 교재에서 사용되는 자료는 1장에서 소개한 사회복지사 실태조사 자료로써 교재의 내용을 쉽게 설명하기 위해서 가상으로 만들어진 자료이다. 실습 자료는 **표 2.1**과 같은 정보를 갖고 있으며 총 50명의 사회복지사들에 대하여 조사된 자료라고 가정한다.

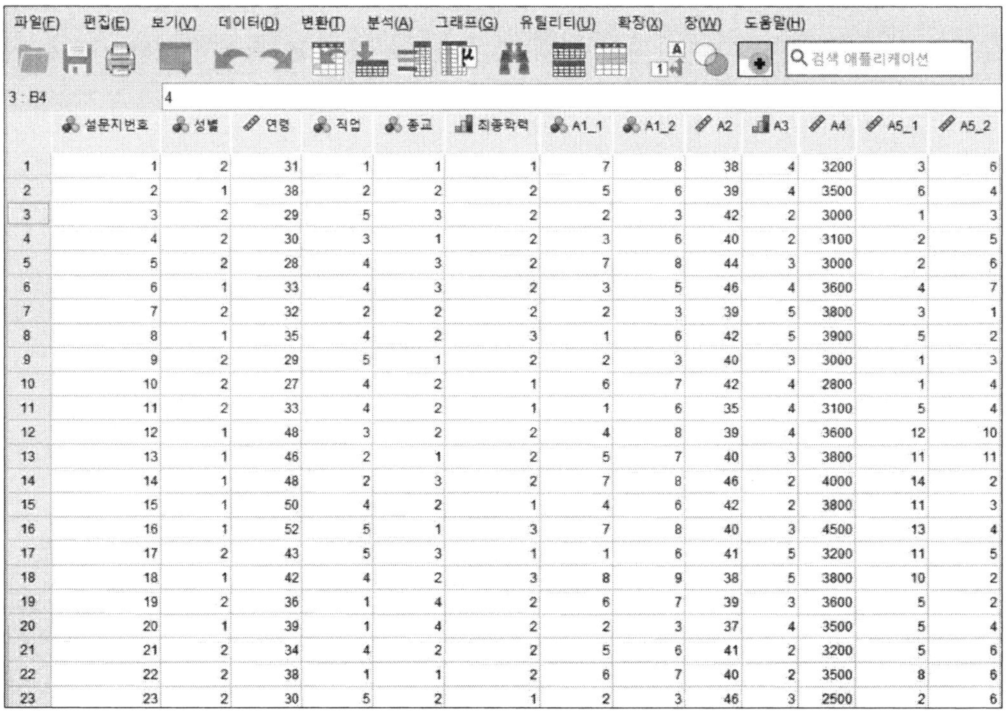

	설문지번호	성별	연령	직업	종교	최종학력	A1_1	A1_2	A2	A3	A4	A5_1	A5_2
1	1	2	31	1	1	1	7	8	38	4	3200	3	6
2	2	1	38	2	2	2	5	6	39	4	3500	6	4
3	3	2	29	5	3	2	2	3	42	2	3000	1	3
4	4	2	30	3	1	2	3	6	40	2	3100	2	5
5	5	2	28	4	3	2	7	8	44	3	3000	2	6
6	6	1	33	4	3	2	3	5	46	4	3600	4	7
7	7	2	32	2	2	2	2	3	39	5	3800	3	1
8	8	1	35	4	2	3	1	6	42	5	3900	5	2
9	9	2	29	5	1	2	2	3	40	3	3000	1	3
10	10	2	27	4	2	1	6	7	42	4	2800	1	4
11	11	2	33	4	2	1	1	6	35	4	3100	5	4
12	12	1	48	3	2	2	4	8	39	4	3600	12	10
13	13	1	46	2	1	2	5	7	40	3	3800	11	11
14	14	1	48	2	3	2	7	8	46	2	4000	14	2
15	15	1	50	4	2	1	4	6	42	2	3800	11	3
16	16	1	52	5	1	3	7	8	40	3	4500	13	4
17	17	2	43	5	3	1	1	6	41	5	3200	11	5
18	18	1	42	4	2	3	8	9	38	5	3800	10	2
19	19	2	36	1	4	2	6	7	39	3	3600	5	2
20	20	1	39	1	4	2	2	3	37	4	3500	5	4
21	21	2	34	4	2	2	5	6	41	2	3200	5	6
22	22	2	38	1	1	2	6	7	40	2	3500	8	6
23	23	2	30	5	2	1	2	3	46	3	2500	2	6

그림 2.1 SPSS 데이터 편집기의 데이터 보기

표 2.1 실습자료(사회복지사 실태 조사)의 정보

구분	변수명	응답범위	내 용
일반사항	설문지번호	1~50	설문지 고유 번호
	성별	1, 2	1:남 2:여
	연령	직접응답	연령
	직업	1~6	1:공무원 2:이용시설 3:거주(입소)시설 4:사회복지재단(기업/본부) 5:사회복지.시민단체 6:기타
	종교	1~5	1:불교 2:기독교 3:천주교, 4:종교없음 5:기타
	최종학력	1~3	1:고졸이하 2:대졸 3:대학원졸이상
직장에 대한 일반적인 질문	A1_1	1~9	1:노인 2:정신장애인 3:장애인 4: 아동/청소년 5: 여성/부녀 6:저소득/생보대상자 7:사회/지역주민 8:행정/정책 9:기타
	A1_2	1~9	
	A2	직접응답	주당 근무시간
	A3	1~5	1:매우많다 2:많은편이다 3:적절하다 4:적은편이다 5:매우적다
	A4	직접응답	적절연봉액
	A5_1	직접응답	근무경력(년수)
	A5_2	직접응답	근무경력(개월수)
직장만족도 질문	B1	1~5	1:매우불만족, 2:불만족, 3:보통, 4:만족, 5:매우만족
	B2	1~5	1:매우불만족, 2:불만족, 3:보통, 4:만족, 5:매우만족
	B3	1~5	1:매우불만족, 2:불만족, 3:보통, 4:만족, 5:매우만족
	B4	1~5	1:매우불만족, 2:불만족, 3:보통, 4:만족, 5:매우만족
	B5	1~5	1:매우불만족, 2:불만족, 3:보통, 4:만족, 5:매우만족
	B6	1~5	1:매우불만족, 2:불만족, 3:보통, 4:만족, 5:매우만족
	B7	1~5	1:매우불만족, 2:불만족, 3:보통, 4:만족, 5:매우만족
	B8	1~5	1:매우불만족, 2:불만족, 3:보통, 4:만족, 5:매우만족
직장만족도 개선에 대한 질문	C1	0, 1	업무 내용의 적합성 : 비선택 0, 선택 1
	C2	0, 1	직장동료와의 관계 : 비선택 0, 선택 1
	C3	0, 1	직장상사와의 관계 : 비선택 0, 선택 1
	C4	0, 1	근무환경, 휴식공간, 식당 등 : 비선택 0, 선택 1
	C5	0, 1	의견수렴, 의사결정구조 체계 : 비선택 0, 선택 1
	C6	0, 1	직장의 비전, 승진가능성 등 : 비선택 0, 선택 1
	C7	0, 1	자기발전 및 교육기회 제공 : 비선택 0, 선택 1
	C8	0, 1	전문적 슈퍼비전, 지도감독 : 비선택 0, 선택 1

SPSS에서 직접 자료를 입력하기 위해서는 SPSS 초기화면에서 다음의 메뉴를 선택함으로써 시작할 수 있다.

파일 ⇒ 새로 만들기 ⇒ 데이터

앞의 **그림 2.1**은 SPSS 데이터 편집기 창에서 본 교재에서 실습자료로 사용하고자 하는 사회복지 실태조사 자료를 직접 입력한 예를 보여준다. 데이터 보기 상태에서 자료를 입력하면, 변수명은 자동으로 VAR00001, VAR00002,... 와 같이 설정된다. 자료입력이 끝난 다음 변수 보기를 선택하면, 입력된 자료의 변수이름을 바꿀 수 있으며, 각 변수의 속성을 지정할 수 있다. **그림 2.2**는 SPSS 데이터 편집기 창에서 변수 보기를 선택한 화면이다. 여기서, 입력된 자료에 대한 변수들의 속성을 다음에 설명되는 규칙에 의해 지정할 수 있다.

	이름	유형	너비	소수점이...	레이블	값	결측값	열	맞춤	측도	역할
1	설문지번호	숫자	8	0		지정않음	지정않음	13	오른쪽	명목형	입력
2	성별	숫자	8	0		{1, 남자}...	지정않음	8	오른쪽	명목형	입력
3	연령	숫자	8	0		지정않음	지정않음	8	오른쪽	척도	입력
4	직업	숫자	8	0		{1, 공무원}...	지정않음	8	오른쪽	명목형	입력
5	종교	숫자	8	0		{1, 불교}...	지정않음	8	오른쪽	명목형	입력
6	최종학력	숫자	8	0		{1, 고졸이하...	지정않음	11	오른쪽	순서형	입력
7	A1_1	숫자	8	0	업무대상	{1, 노인}...	지정않음	8	오른쪽	명목형	입력
8	A1_2	숫자	8	0	업무대상	{1, 노인}...	지정않음	8	오른쪽	명목형	입력
9	A2	숫자	8	0	주당근무시간	지정않음	지정않음	6	오른쪽	척도	입력
10	A3	숫자	8	0	봉급수준	{1, 매우많다...	지정않음	6	오른쪽	순서형	입력
11	A4	숫자	8	0	적절연봉액	지정않음	지정않음	6	오른쪽	척도	입력
12	A5_1	숫자	8	0	근무년수	지정않음	지정않음	8	오른쪽	척도	입력
13	A5_2	숫자	8	0	근무개월수	지정않음	지정않음	8	오른쪽	척도	입력
14	B1	숫자	8	0	업무의적합성	{1, 매우불만...	지정않음	6	오른쪽	순서형	입력
15	B2	숫자	8	0	직장동료	{1, 매우불만...	지정않음	6	오른쪽	순서형	입력
16	B3	숫자	8	0	직장상사	{1, 매우불만...	지정않음	6	오른쪽	순서형	입력

그림 2.2 SPSS 데이터 편집기의 변수 보기

❐ 이름

- 변수이름을 지정한다.
- 변수이름은 문자로 시작하며, 나머지 부분은 문자, 숫자, 마침표, 부호(@, #, _, $)가 사용가능하고, 대소문자 구분 없이 사용할 수 있다.
- 변수이름의 최대길이는 64바이트로 영어는 64자, 한글은 32자까지 변수이름으로 지정할 수 있다. 변수이름에는 공백과 특수 문자(예: !, ?, * 등)는 사용할 수 없으며, 각 변수의 이름은 서로 중복되지 않고 유일하도록 지정되어야 한다.

❐ 유형

- 변수 유형과 변수의 너비(자리수), 소수점이하자리수를 지정한다. 다음 예는 변수 유형을 숫자로 설정하고 너비는 8자리, 소수점이하자리수는 나타나지 않도록 설정한 예이다.

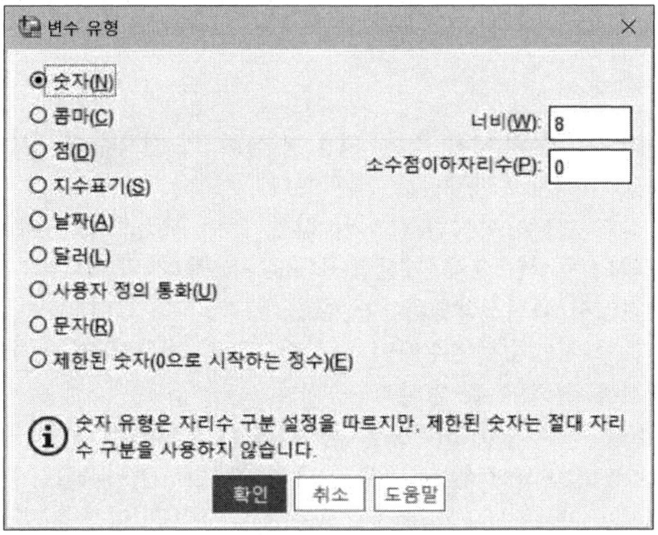

❐ 레이블

- 변수에 대한 설명이 필요한 경우 이를 입력한다.

❐ 값

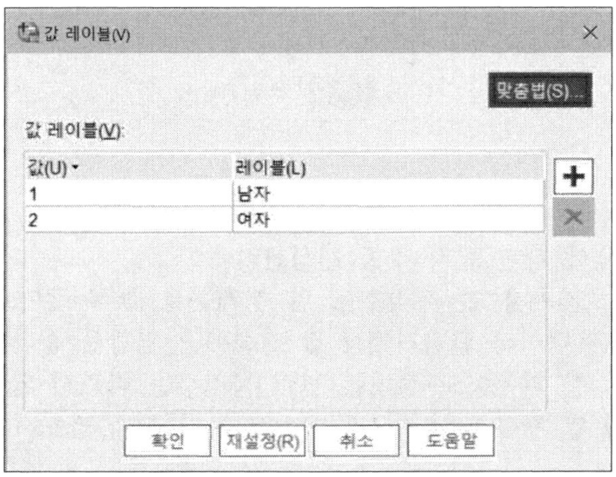

- 자료가 범주형인 경우 값에 실제 변수의 값을 입력하고, 레이블에는 변수 값이 가지는 의미를 입력한다. 예를 들어 성별 변수에 대해서 값에 "1" 을, 레이블에 "남자"를 입력한 후 ⊞를 클릭하고 변수 값 "2"에 대해서도 아래와 같이 입력한 후 [확인]을 클릭한다.
- 입력된 값 레이블은 데이터보기 상태에서 보기 메뉴의 변수를 클릭하면 화면에 실제 변수값 대신 레이블에서 지정된 내용이 나타나게 된다.

❐ 결측값

- 자료에 결측값이 포함된 경우 이를 지정하고, 결측값이 없는 경우에는 결측값 없음을 선택하고, [확인]을 클릭한다.
- 사용자 결측값으로 지정된 데이터 값은 특수 처리로 표시되고 일반적인 계산에서 제외되며, 세 개의 이산형 결측값과 한 개의 선택적 이산형 결측값을 더한 범위에서 하한, 상한과 이산값을 입력할 수 있다.
- 결측값의 범위는 숫자변수에만 지정가능하며, 8자가 넘는 문자변수에 대해서는 결측값을 정의할 수 없다.
- 문자변수의 경우 영(null) 또는 공백 값을 포함하는 모든 문자 값은 특별히 결측값으로 정의하지 않는 경우 유효한 값으로 인식하고, 영(null) 또는 공백 값을 문자열 변수에 대한 결측값으로 정의하려면 이산형 결측값에 대한 필드 중 한 필드에 공백을 입력한다.

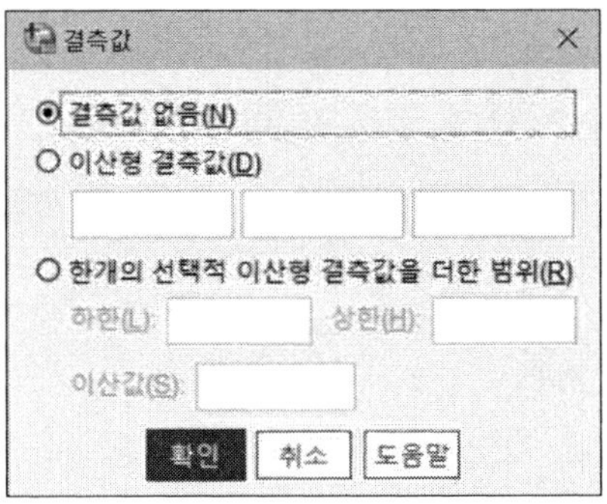

❐ 열

- 열 자리수에 대한 문자 수를 지정한다.
- 데이터 보기에서 열 자리수는 열 경계선을 눌러 끌어서 변경할 수 있으며, 열 형식은 데이터 편집기에서 값 출력에만 영향을 준다.
- 열 자리수를 바꾸어도 정의한 변수 자리수는 바뀌지 않으며, 정의한 실제 값 자리수가 열 자리수보다 크면 데이터 보기 창에 별표시(****)가 나타난다.

❐ 맞춤

- 자료의 출력형식을 지정한다.
- 맞춤은 데이터 보기에서 데이터 값과 변수값 설명 표시를 제어한다.
- 맞춤에서 출력형식을 지정하지 않으면 숫자변수는 오른쪽, 문자변수는 왼쪽 정렬을 하게 되며, 이러한 설정은 데이터 보기의 표시에만 적용된다.

❐ 측도

- 측정수준을 척도(구간의 숫자 데이터 또는 비율 척도), 순서형, 명목형으로 지정할 수 있다.
- 명목형 데이터와 순서형 데이터는 문자(문자 숫자식) 또는 숫자가 될 수 있다.

(2) 자료파일 불러오기

❐ SPSS 자료파일 불러오기

SPSS 자료파일 형식으로 저장되어 있는 파일을 불러오기 위해서는 SPSS 초기화면에서 다음의 메뉴를 선택함으로써 시작할 수 있다.

파일 ⇒ **열기** ⇒ **데이터**

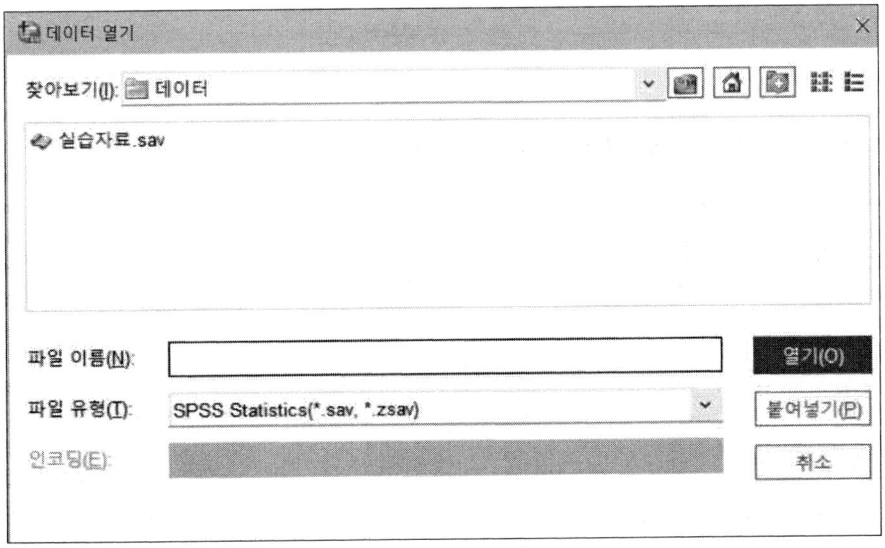

《데이터 열기》 대화상자에서는 파일 유형이 자동적으로 *.sav의 확장자를 가지도록 되어 있으며, 열고자 하는 파일을 선택한 다음 [열기]를 클릭한다. **그림 2.3**은 (3) 자료파일 저장하기에서 설명될 SPSS 자료파일 저장 방법을 이용하여 사회복지 실태조사 자료를 실습자료.sav로 저장한 후 파일 열기 메뉴를 이용하여 이 파일을 SPSS 데이터 편집기 창으로 불러온 결과이다.

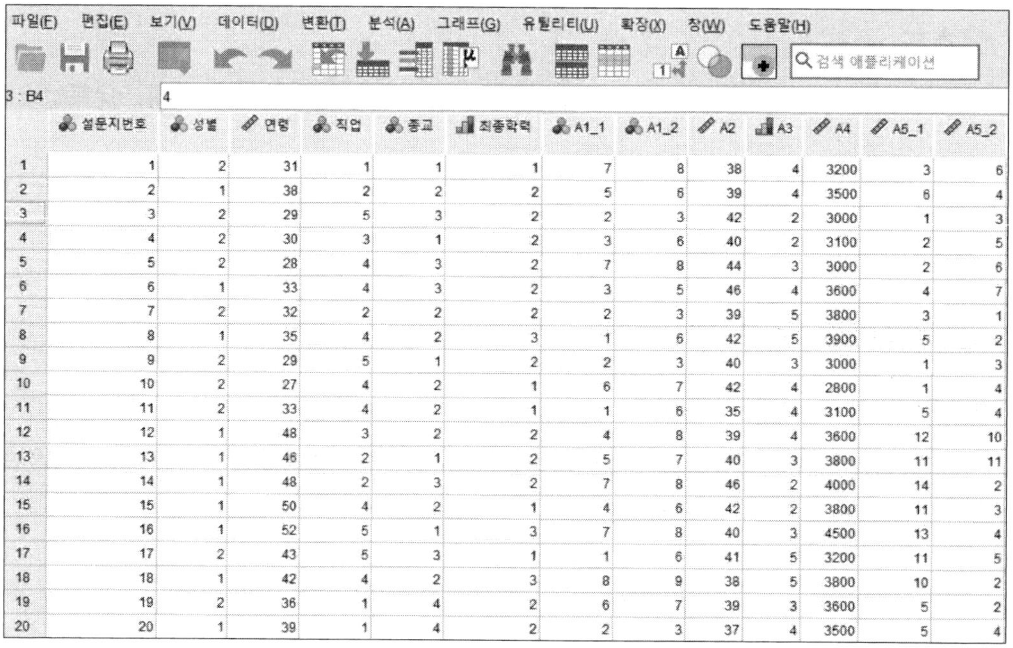

	설문지번호	성별	연령	직업	종교	최종학력	A1_1	A1_2	A2	A3	A4	A5_1	A5_2
1	1	2	31	1	1	1	7	8	38	4	3200	3	6
2	2	1	38	2	2	2	5	6	39	4	3500	6	4
3	3	2	29	5	3	2	2	3	42	2	3000	1	3
4	4	2	30	3	1	2	3	6	40	2	3100	2	5
5	5	2	28	4	3	2	7	8	44	3	3000	2	6
6	6	1	33	4	3	2	3	5	46	4	3600	4	7
7	7	2	32	2	2	2	2	3	39	5	3800	3	1
8	8	1	35	4	2	3	1	6	42	5	3900	5	2
9	9	2	29	5	1	2	2	3	40	3	3000	1	3
10	10	2	27	4	2	1	6	7	42	4	2800	1	4
11	11	2	33	4	2	1	1	6	35	4	3100	5	4
12	12	1	48	3	2	2	4	8	39	4	3600	12	10
13	13	1	46	2	1	2	5	7	40	3	3800	11	11
14	14	1	48	2	3	2	7	8	46	2	4000	14	2
15	15	1	50	4	2	1	4	6	42	2	3800	11	3
16	16	1	52	5	1	3	7	8	40	3	4500	13	4
17	17	2	43	5	3	1	1	6	41	5	3200	11	5
18	18	1	42	4	2	3	8	9	38	5	3800	10	2
19	19	2	36	1	4	2	6	7	39	3	3600	5	2
20	20	1	39	1	4	2	2	3	37	4	3500	5	4

그림 2.3 실습자료

❒ 외부파일 형식으로 저장된 자료파일 불러오기

엑셀, csv, 텍스트, SAS 등의 형식으로 저장되어 있는 데이터 파일을 SPSS로 읽어 들이기 위해서는 《데이터 가져오기》 메뉴를 사용한다. 예를 들어 엑셀로 저장되어 있는 데이터를 SPSS로 읽어 들이기 위해서는 다음과 같이 메뉴를 선택한다.

파일 ⇒ **데이터 가져오기** ⇒ **Excel**

위와 같은 메뉴를 선택해서 얻게 되는 《데이터 열기》 대화상자에서 불러오고자 하는 파일의 유형을 파일유형에서 선택하면 읽을 수 있는 파일의 목록이 나타나고, 여기서 읽고자 하는 파일을 선택한 다음 [열기]를 클릭하면 된다.

다음은 《데이터 열기》 대화상자에서 엑셀 파일을 불러오기 위해 파일유형을 Excel로 지정하였고, 목록에 나타난 실습자료.xlsx 파일을 선택한 다음 [열기]를 클릭하면, 《Excel 파일 읽기》 대화상자가 나타난다.

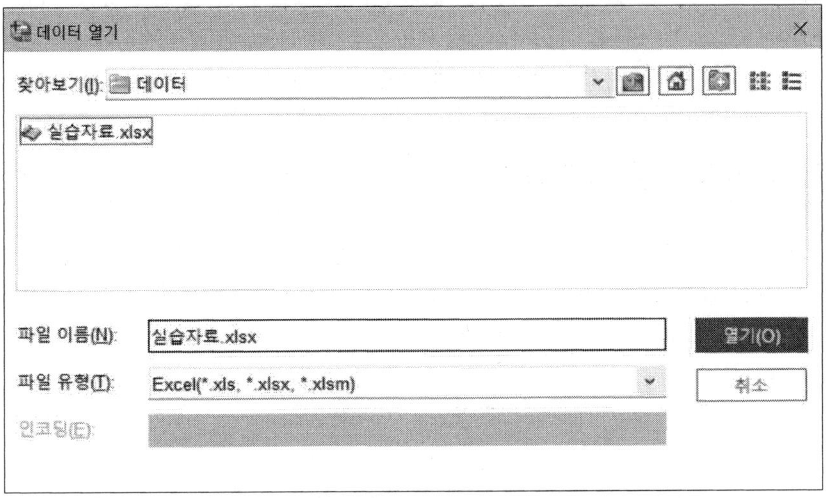

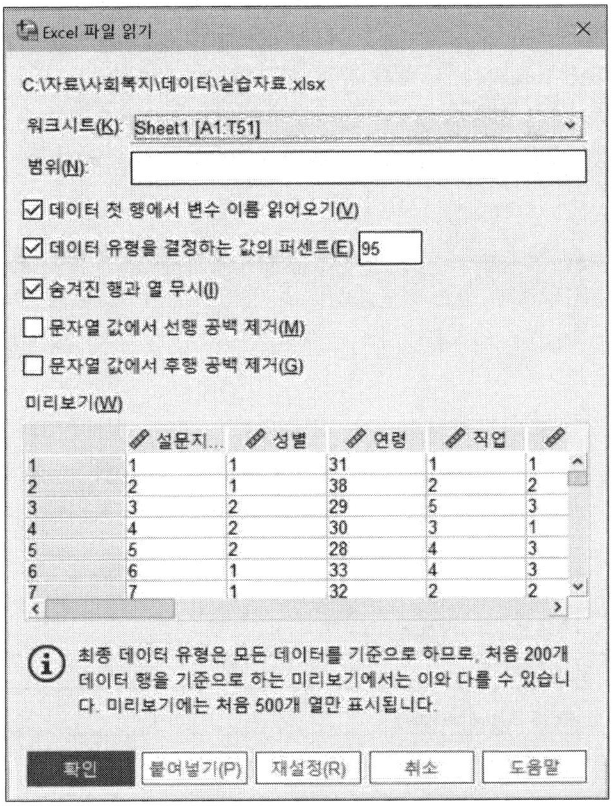

우선, 《Excel 파일 읽기》 대화상자에서 읽고자 하는 워크시트와 범위가 지정되어야 한다. 그리고 실습자료.xlsx 파일의 첫 행에 변수이름이 저장되다면 《Excel 파일 읽기》 대화상자에서 데이터 첫 행에서 변수이름 읽어오기가 선택되어야 한다. 만약, 엑셀파일의 첫 행에 변수이름이 없으면, 데이터 첫 행에서 변수이름 읽어오기를 선택하지 않으면 된다. 변수이름과 데이터 형식을 변경하기 위해서는 SPSS 데이터 편집기의 변수 보기를 선택하여 변경할 수 있다.

(3) SPSS 자료파일 저장하기

SPSS에서 직접 자료를 입력하거나 외부에서 입력된 텍스트 파일이나 엑셀 파일을 SPSS로 불러들인 다음 이를 저장하기 위해서는 SPSS 초기화면에서 다음의 메뉴를 선택함으로써 시작할 수 있다.

파일 ⇒ **저장**

SPSS 데이터 편집기 창에서 입력한 사회복지사 실태 조사 실습 자료를 저장해보자. 《데이터를 다른 이름으로 저장》 대화상자에서 찾아보기를 이용하여 저장위치를 선택한 다음 파일 이름을 실습자료로 지정하고, 저장 유형을 SPSS Statistics (*.sav)로 선택한 다음 [저장]을 클릭한다. 동일한 파일을 엑셀 형식으로 저장하기 위해서는 저장 유형에서 Excel(*.xlsx)를 선택하고, 파일 이름을 지정한 다음 [저장]을 클릭한다.

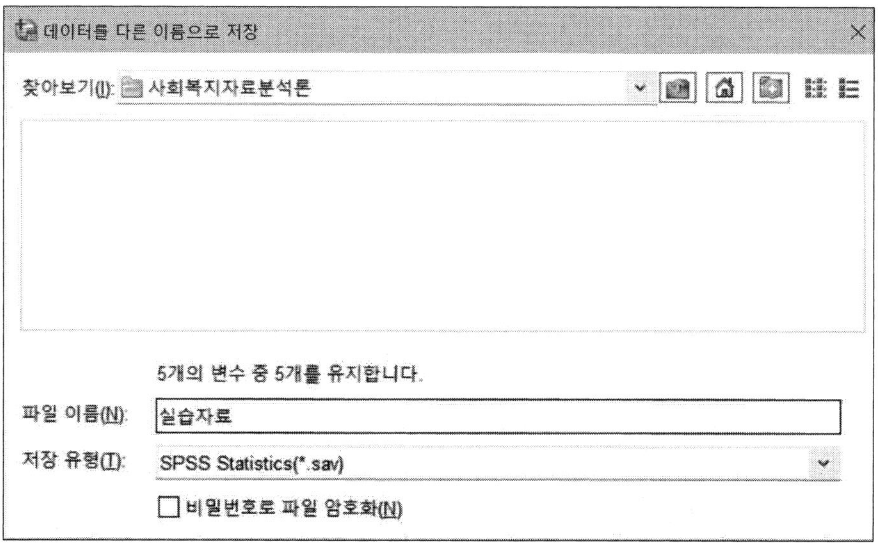

(4) SPSS 출력결과 저장하기

SPSS에서 실행된 결과는 OUPUT 창에 나타나게 되는데, 이 창의 내용을 SPSS 뷰어파일(*.spv)로 저장할 수 있다. 저장된 SPSS 뷰이파일은 SPSS에서 다시 불러올 수 있으며, 내용을 편집할 수도 있다.

현재 사용하고 있는 SPSS 자료파일의 데이터에 대한 정보를 출력하기 위해서는 다음과 같이 메뉴를 선택한다.

파일 ⇒ **데이터 파일 정보 표시** ⇒ **작업 파일**

변수 정보

변수	위치	레이블	측정 수준	역할	열 너비	맞춤	인쇄 형식	쓰기 형식
설문지번호	1	<없음>	명목	입력	13	오른쪽 맞춤	F8	F8
성별	2	<없음>	명목	입력	8	오른쪽 맞춤	F8	F8
연령	3	<없음>	척도	입력	8	오른쪽 맞춤	F8	F8
직업	4	<없음>	명목	입력	8	오른쪽 맞춤	F8	F8
종교	5	<없음>	명목	입력	8	오른쪽 맞춤	F8	F8
최종학력	6	<없음>	순서	입력	11	오른쪽 맞춤	F8	F8
A1_1	7	업무대상	명목	입력	8	오른쪽 맞춤	F8	F8
A1_2	8	업무대상	명목	입력	8	오른쪽 맞춤	F8	F8
A2	9	주당근무시간	척도	입력	6	오른쪽 맞춤	F8	F8
A3	10	봉급수준	순서	입력	6	오른쪽 맞춤	F8	F8
A4	11	적절연봉액	척도	입력	6	오른쪽 맞춤	F8	F8
A5_1	12	근무년수	척도	입력	8	오른쪽 맞춤	F8	F8
A5_2	13	근무개월수	척도	입력	8	오른쪽 맞춤	F8	F8
B1	14	업무의적합성	순서	입력	6	오른쪽 맞춤	F8	F8
B2	15	직장동료	순서	입력	6	오른쪽 맞춤	F8	F8
B3	16	직장상사	순서	입력	6	오른쪽 맞춤	F8	F8
B4	17	근무환경	순서	입력	6	오른쪽 맞춤	F8	F8
B5	18	의견수렴	순서	입력	6	오른쪽 맞춤	F8	F8
B6	19	승진가능성	순서	입력	6	오른쪽 맞춤	F8	F8
B7	20	자기발전	순서	입력	6	오른쪽 맞춤	F8	F8
B8	21	지도감독	순서	입력	6	오른쪽 맞춤	F8	F8
C1	22	<없음>	명목	입력	5	오른쪽 맞춤	F8	F8
C2	23	<없음>	명목	입력	5	오른쪽 맞춤	F8	F8
C3	24	<없음>	명목	입력	8	오른쪽 맞춤	F8	F8
C4	25	<없음>	명목	입력	8	오른쪽 맞춤	F8	F8
C5	26	<없음>	명목	입력	8	오른쪽 맞춤	F8	F8
C6	27	<없음>	명목	입력	8	오른쪽 맞춤	F8	F8
C7	28	<없음>	명목	입력	8	오른쪽 맞춤	F8	F8
C8	29	<없음>	명목	입력	8	오른쪽 맞춤	F8	F8

작업 파일의 변수

그림 2.4 데이터 정보표시 작업파일 실행 결과

그림 2.4는 SPSS 뷰어 창을 나타내며, 이 출력 결과를 저장하기 위해서 다음 메뉴를 선택한다.

파일 ⇒ 저장

그러면, 다음과 같이 출력을 다른 이름으로 저장하기 위한 창이 나타나고, SPSS 출력결과는 저장 유형이 자동적으로 뷰어파일(*.spv) 형식으로 저장되므로 파일이름을 지정하고 [저장]을 클릭하면 출력결과를 저장할 수 있다.

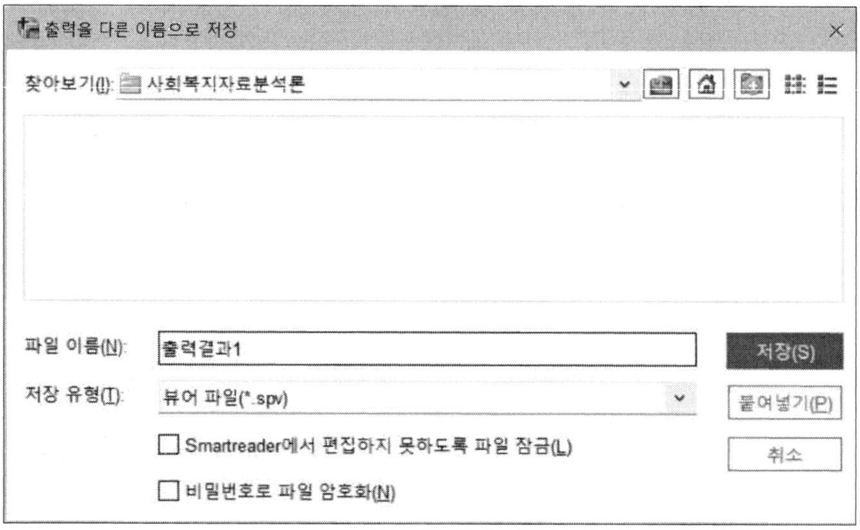

SPSS 출력결과를 Excel, pdf, HTML, Powerpoint, Word, 텍스트 등의 파일 형식으로 저장하기 위해서는 다음 메뉴를 사용할 수 있다.

파일 ⇒ 내보내기

다음은 SPSS 출력결과를 OUTPUT.HTML의 HTML 파일형식으로 저장하기 위한 《내보내기 출력결과》 대화상자이다. 현재 출력 결과 창에 있는 모든 결과를 저장하기 위해서는 내보낼 개체에서 모두를 선택하고, 모두 표시는 화면상에 보이는 개체만을 내보낼 때 지정하며, 전체 출력 결과 중에서 필요한 부분만을 선택하여 내보내고자 할 때는 선택을 지정한다. 문서의 유형에서 저장하고자 하는 파일 유형을 선택하고, 필요한 옵션을 지정한 후 파일이 저장될 위치와 파일이름을 [찾아보기]를 클릭하여 지정한 다음 [확인]을 클릭한다.

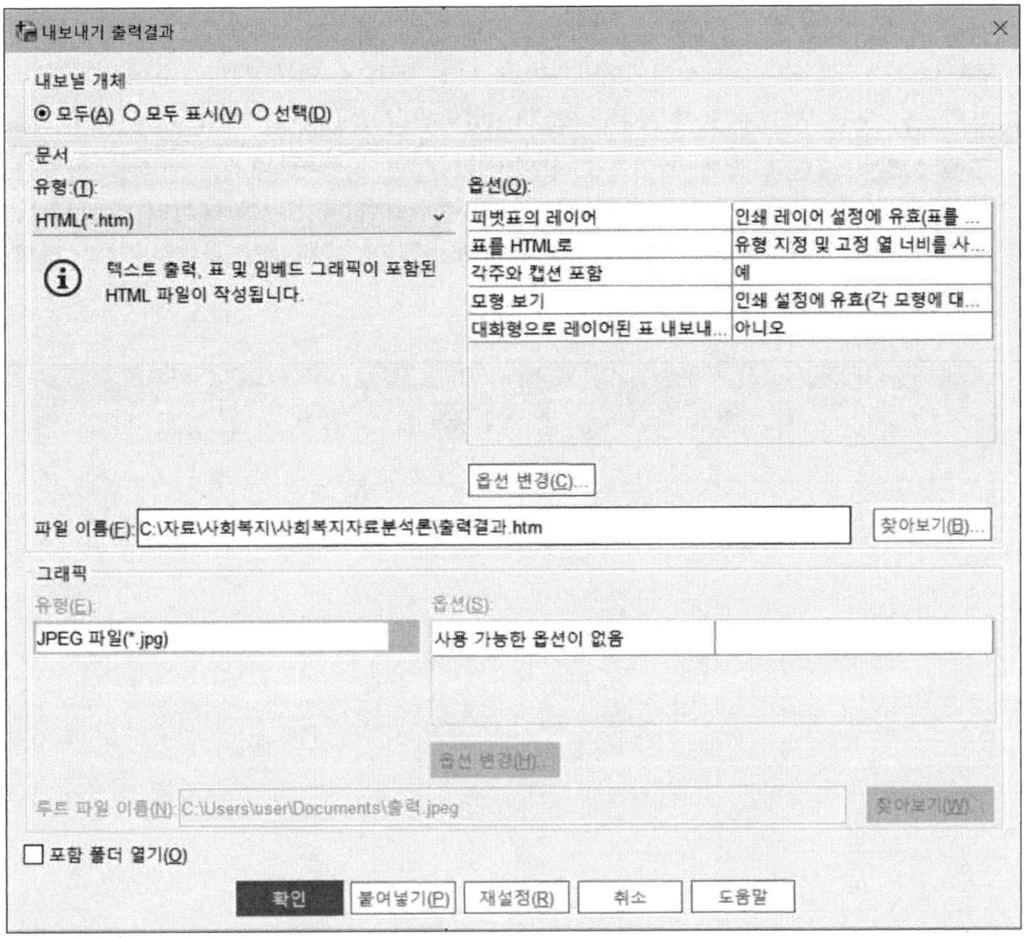

SECTION 2.2 SPSS 파일의 변환

(1) 변수 및 케이스 삽입하기

SPSS 자료파일에 변수나 케이스를 삽입하고자 할 때에는 SPSS 데이터 편집기 창에서 변수 또는 케이스를 삽입하려는 위치에 커서를 둔 상태에서 다음 메뉴를 선택하면 새로운 변수 또는 케이스를 입력할 수 있다.

편집 ⇒ **변수 삽입(케이스 삽입)**

변수 삽입 메뉴를 실행하여 생성되는 변수의 이름은 자동적으로 VAR00001, VAR00002, ... 와 같이 설정되며, 케이스 삽입 메뉴에 의해 케이스가 삽입되면, 자동적으로 모든 변수에 결측값(.)의 형태가 입력된다.

그림 2.5는 12번째 줄에 케이스를 삽입하고, 성별 다음에 새로운 변수를 삽입하도록 한 화면이다. 추가하고자 하는 케이스와 변수의 값을 SPSS 데이터 편집기 창에서 직접 입력한다. 변수 삽입에 의해 추가된 변수에 대한 이름과 데이터의 형식은 변수보기 창에서 지정할 수 있다.

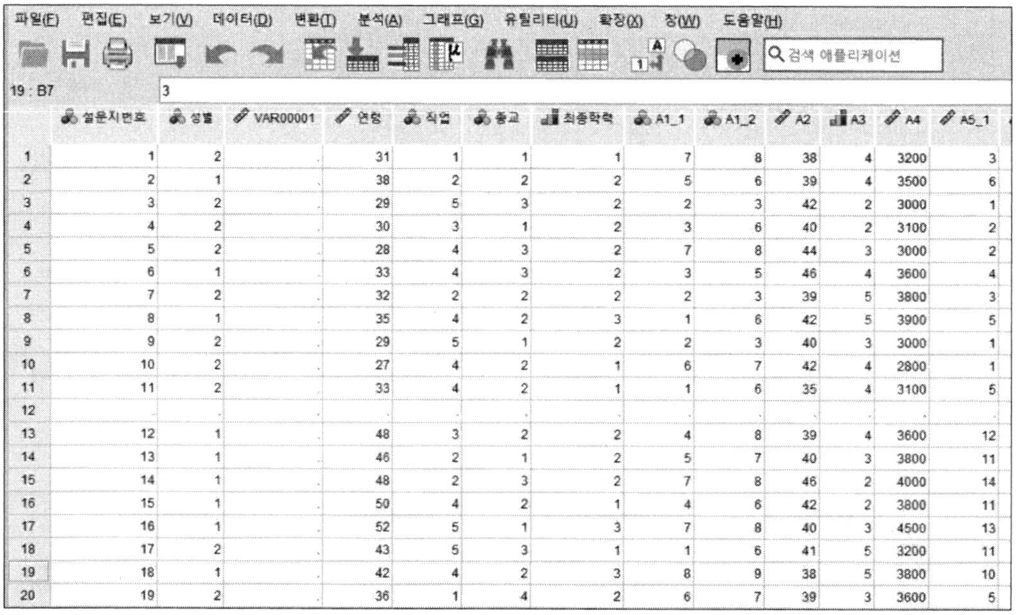

	설문지번호	성별	VAR00001	연령	직업	종교	최종학력	A1_1	A1_2	A2	A3	A4	A5_1
1	1	2	.	31	1	1	1	7	8	38	4	3200	3
2	2	1	.	38	2	2	2	5	6	39	4	3500	6
3	3	2	.	29	5	3	2	2	3	42	2	3000	1
4	4	2	.	30	3	1	2	3	6	40	2	3100	2
5	5	2	.	28	4	3	2	7	8	44	3	3000	2
6	6	1	.	33	4	3	2	3	5	46	4	3600	4
7	7	2	.	32	2	2	2	2	3	39	5	3800	3
8	8	1	.	35	4	2	3	1	6	42	5	3900	5
9	9	2	.	29	5	1	2	2	3	40	3	3000	1
10	10	2	.	27	4	2	1	6	7	42	4	2800	1
11	11	2	.	33	4	2	1	1	6	35	4	3100	5
12	.	.	.	.	.	.	.	.	.	.	.	.	.
13	12	1	.	48	3	2	2	4	8	39	4	3600	12
14	13	1	.	46	2	1	2	5	7	40	3	3800	11
15	14	1	.	48	2	3	2	7	8	46	2	4000	14
16	15	1	.	50	4	2	1	4	6	42	2	3800	11
17	16	1	.	52	5	1	3	7	8	40	3	4500	13
18	17	2	.	43	5	3	1	1	6	41	5	3200	11
19	18	1	.	42	4	2	3	8	9	38	5	3800	10
20	19	2	.	36	1	4	2	6	7	39	3	3600	5

그림 2.5 변수와 케이스 삽입하기

(2) 케이스 정렬하기

SPSS 자료파일을 특정 변수를 기준으로 정렬하고자 할 때에는 다음 메뉴를 선택한다.

데이터 ⇒ **케이스 정렬**

《케이스 정렬》 대화상자에서 정렬기준이 되는 변수를 선택한 다음 [확인]을 클릭하면 지정된 변수에 의해 자료가 정렬된다. 정렬순서는 오름차순 또는 내림차순을 지정할 수 있는데, 오름차순은 숫자변수의 경우 값이 작은 케이스부터 정렬되고, 문자변수의 경우 가,나,다,... 또는 알파벳 순서대로 정렬된다. 정렬하고자 하는 기준 변수가 2개 이상인 경우 정렬기준에 여러 개의 변수를 지정할 수 있다.

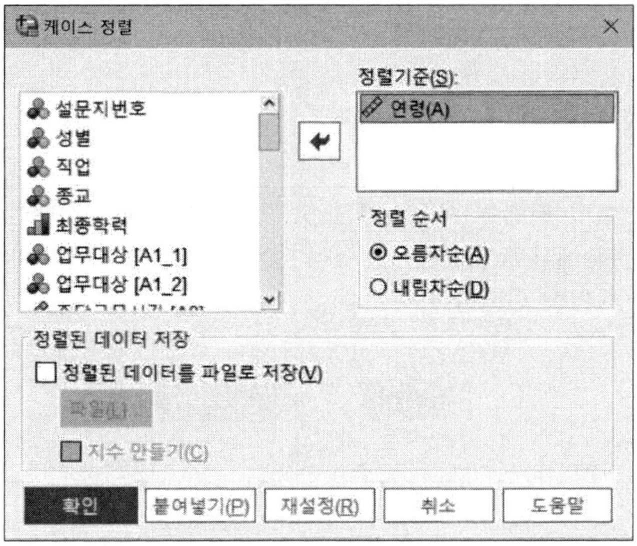

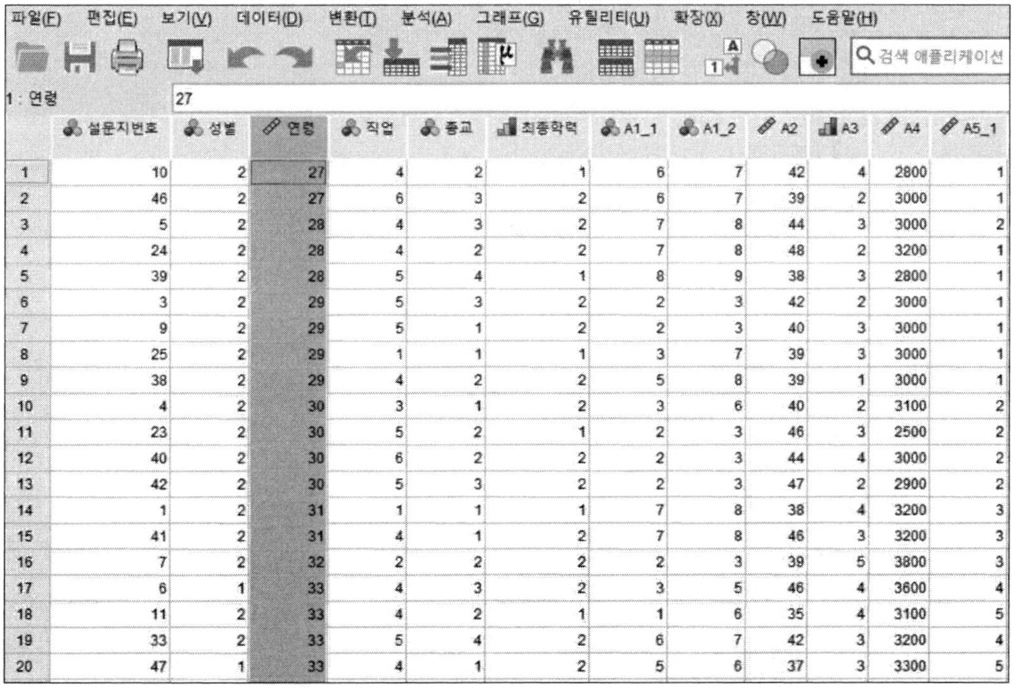

	설문지번호	성별	연령	직업	종교	최종학력	A1_1	A1_2	A2	A3	A4	A5_1
1	10	2	27	4	2	1	6	7	42	4	2800	1
2	46	2	27	6	3	2	6	7	39	2	3000	1
3	5	2	28	4	3	2	7	8	44	3	3000	2
4	24	2	28	4	2	2	7	8	48	2	3200	1
5	39	2	28	5	4	1	8	9	38	3	2800	1
6	3	2	29	5	3	2	2	3	42	2	3000	1
7	9	2	29	5	1	2	2	3	40	3	3000	1
8	25	2	29	1	1	1	3	7	39	3	3000	1
9	38	2	29	4	2	2	5	8	39	1	3000	1
10	4	2	30	3	1	2	3	6	40	2	3100	2
11	23	2	30	5	2	1	2	3	46	3	2500	2
12	40	2	30	6	2	2	2	3	44	4	3000	2
13	42	2	30	5	3	2	2	3	47	2	2900	2
14	1	2	31	1	1	1	7	8	38	4	3200	3
15	41	2	31	4	1	2	7	8	46	3	3200	3
16	7	2	32	2	2	2	2	3	39	5	3800	3
17	6	1	33	4	3	2	3	5	46	4	3600	4
18	11	2	33	4	2	1	1	6	35	4	3100	5
19	33	2	33	5	4	2	6	7	42	3	3200	4
20	47	1	33	4	1	2	5	6	37	3	3300	5

그림 2.6 연령 변수에 의한 케이스 정렬

실습자료.sav 파일을 나이 순서대로 정렬해보자. 이를 위해서는 《케이스 정렬》 대화상자에서 연령을 선택하고 [→]를 클릭한 다음 정렬순서는 오름차순으로 지정하고, [확인]을 클릭한다. **그림 2.6**은 실습자료.sav 파일을 연령에 의해 오름차순으로 정렬한 결과를 나타낸다.

(3) 케이스 선택하기

SPSS 자료파일 전체를 사용하지 않고, 일부 케이스만 선택하여 분석해야 하는 경우 케이스 선택 메뉴를 사용할 수 있다. 전체 자료 중 일부 케이스만을 선택하고자 할 때 다음 메뉴를 선택한다.

데이터 ⇒ **케이스 선택**

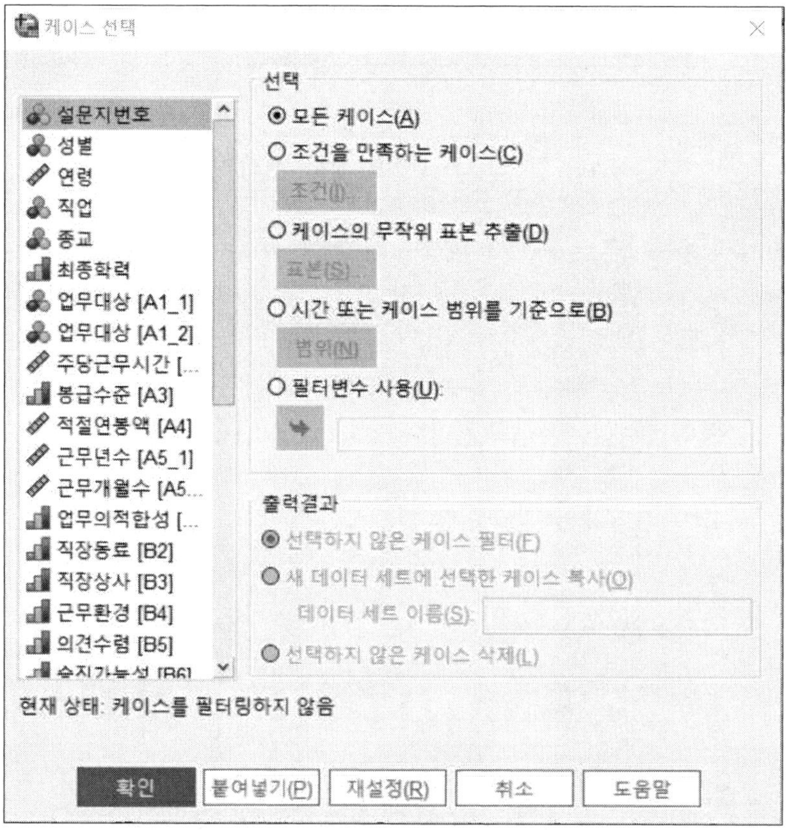

《케이스 선택》 대화상자에서 선택기준이 되는 변수를 지정한다. 선택에서 디폴트는 모든 케이스이지만 케이스를 선택하기 위한 기준을 직접 지정할 수 있다. 《케이스 선택》 대화상자의 하단에는 자료파일의 현재 상태를 보여준다. 《케이스 선택》 대화상자에서 조건을 만족하는 케이스를 선택하면, 《케이스 선택:조건》 대화상자가 나타나는데, 여기서 선택하고자 하는 케이스의 조건을 수식과 함수를 이용하여 지정한다.

케이스를 선택하는 경우 지정된 조건에 따라 케이스가 선택되고 난 후 선택되지 않은 케이스를 처리하는 방법을 지정할 수 있다. 《케이스 선택》 대화상자의 출력결과에서 선택하지 않은 케이스 필터는 선택되지 않은 케이스들의 행번호에 슬래시(/)가 나타나도록 하여 선택되지 않은 케이스들을 표시해주며, 선택하지 않은 케이스 삭제를 선택하면, 선택되지 않은 케이스들이 파일에서 삭제된다.

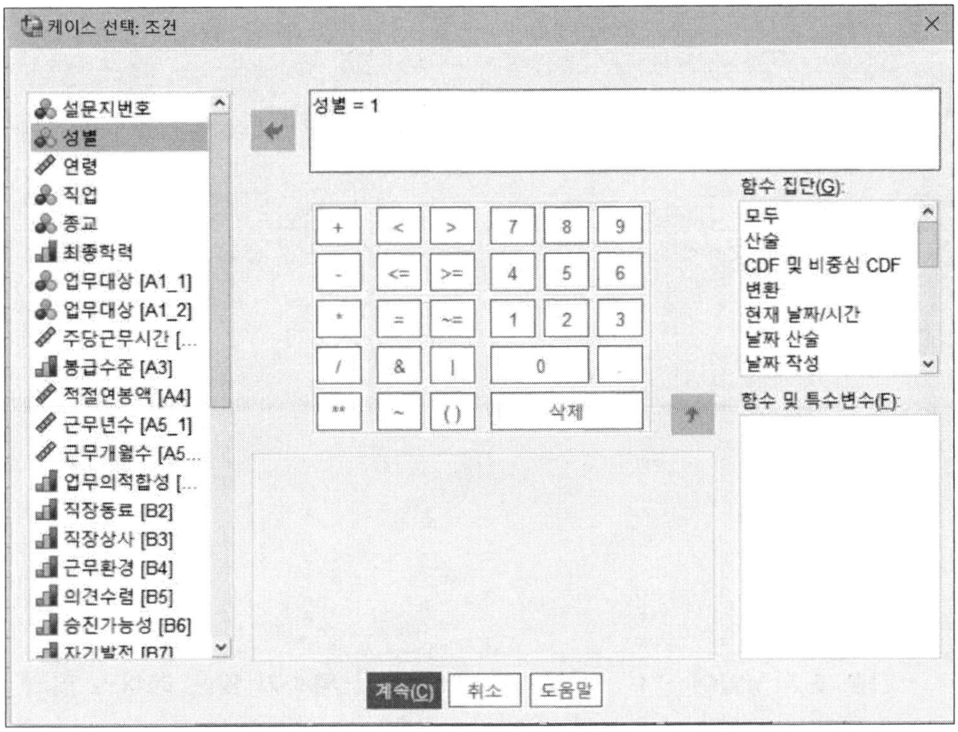

실습자료.sav 파일에서 성별이 남자인 학생들의 케이스만 선택해서 분석하고자 한다. 케이스 선택 메뉴를 이용하여 성별이 남자인 학생들의 케이스만 선택해보자. 《케이스 선택》 대화상자에서 조건을 만족하는 케이스를 선택하여 나타나는 《케이스 선택:조건》 대화상자의 변수 목록에서 성별을 선택하고, ➡를 클릭한 다음 선택하

고자 하는 케이스가 "1"의 값을 가지는 남자이므로 "성별=1"과 같이 입력하고, [계속]을 클릭한다. 《케이스 선택》 대화상자의 출력결과에서 선택하지 않은 케이스 필터를 지정한 다음 [확인]을 클릭한다.

그림 2.7은 성별이 남자인 케이스만 선택한 결과를 보여준다. 이를 살펴보면 필터된 케이스는 데이터 파일에는 남아 있으나 분석에서는 제외되며, filter_$라는 새로운 변수가 자료의 마지막 열에 자동적으로 생성된다. filter_$ 변수는 0 또는 1의 값을 가지며, 선택된 케이스는 1의 값을 가지고, 제외된 케이스는 0의 값을 가지고 있다.

SPSS 데이터 편집기에서 필터된 케이스의 행 번호에는 슬래시(/)가 표시되며, 필터 작업을 해제하고 분석에 모든 케이스를 포함시키려면 《케이스 선택》 대화상자의 선택에서 전체 케이스를 선택하면 된다.

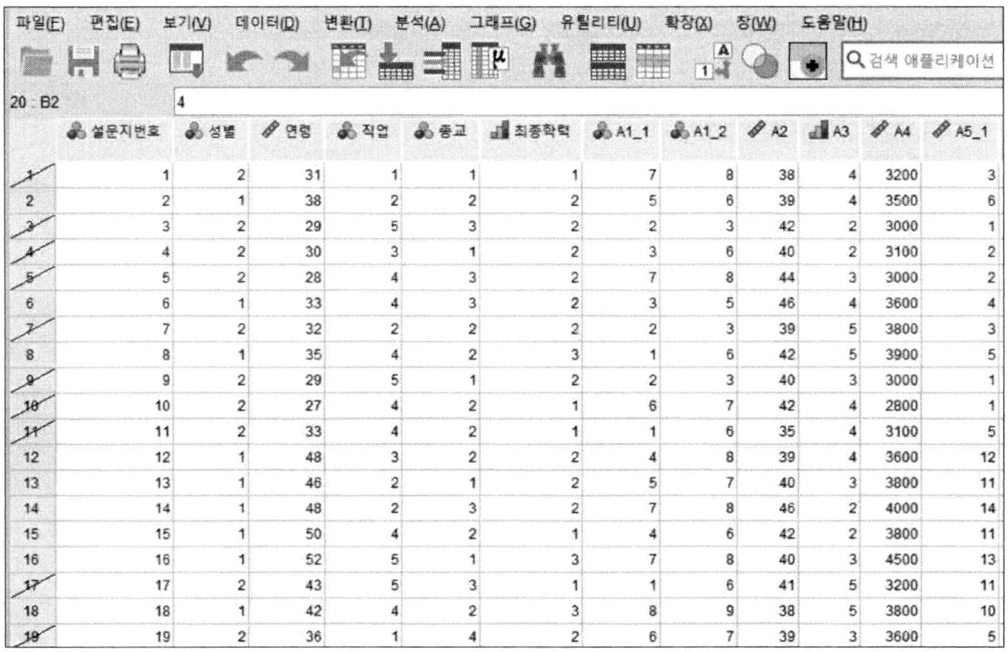

	설문지번호	성별	연령	직업	종교	최종학력	A1_1	A1_2	A2	A3	A4	A5_1
1	1	2	31	1	1	1	7	8	38	4	3200	3
2	2	1	38	2	2	2	5	6	39	4	3500	6
3	3	2	29	5	3	2	2	3	42	2	3000	1
4	4	2	30	3	1	2	3	6	40	2	3100	2
5	5	2	28	4	3	2	7	8	44	3	3000	2
6	6	1	33	4	3	2	3	5	46	4	3600	4
7	7	2	32	2	2	2	2	3	39	5	3800	3
8	8	1	35	4	2	3	1	6	42	5	3900	5
9	9	2	29	5	1	2	2	3	40	3	3000	1
10	10	2	27	4	2	1	6	7	42	4	2800	1
11	11	2	33	4	2	1	1	6	35	4	3100	5
12	12	1	48	3	2	2	4	8	39	4	3600	12
13	13	1	46	2	1	2	5	7	40	3	3800	11
14	14	1	48	2	3	2	7	8	46	2	4000	14
15	15	1	50	4	2	1	4	6	42	2	3800	11
16	16	1	52	5	1	3	7	8	40	3	4500	13
17	17	2	43	5	3	1	1	6	41	5	3200	11
18	18	1	42	4	2	3	8	9	38	5	3800	10
19	19	2	36	1	4	2	6	7	39	3	3600	5

그림 2.7 성별이 "1"인 케이스만 선택-선택하지 않은 케이스 필터

《케이스 선택》 대화상자의 출력결과에서 선택하지 않은 케이스 삭제를 지정하면 **그림 2.8**과 같이 남자인 케이스만 남고 여자인 케이스는 모두 삭제된다. 다음 절에서 파일합치기에 대해 설명하기 위해서 이 자료를 제목표시줄에 나타난 것처럼 실습자료(남자).sav로 저장하자. 그리고 동일한 방법으로 성별이 여자인 케이스만 포함하는 자료를 실습자료(여자).sav로 저장할 수 있다.

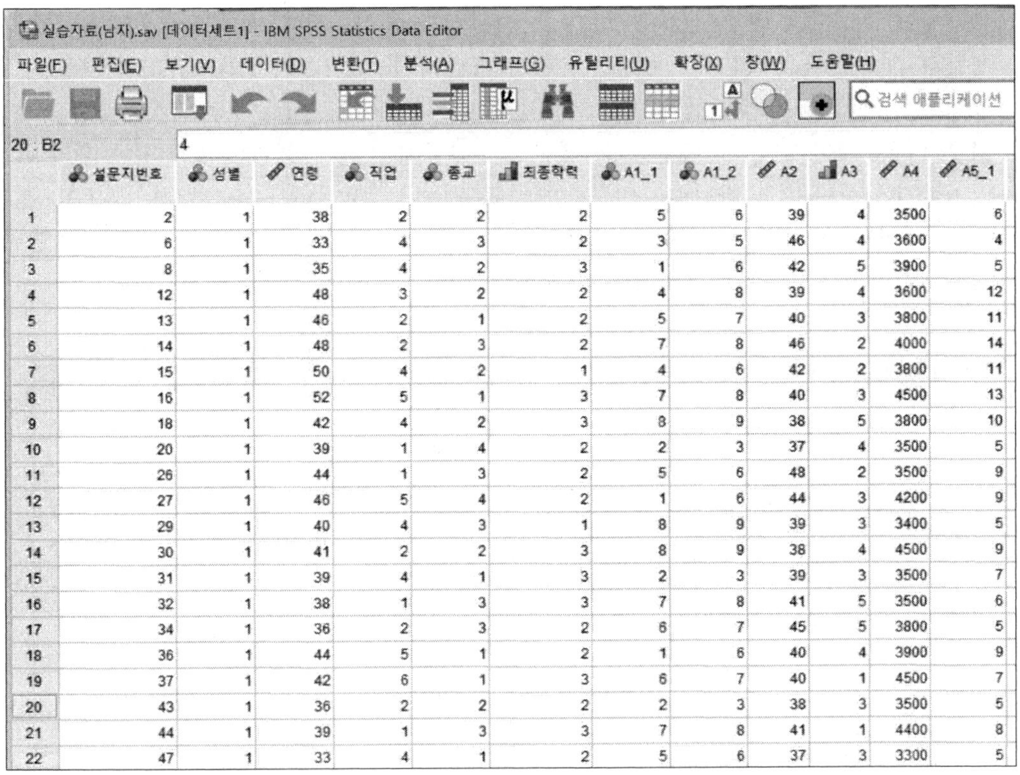

	설문지번호	성별	연령	직업	종교	최종학력	A1_1	A1_2	A2	A3	A4	A5_1
1	2	1	38	2	2	2	5	6	39	4	3500	6
2	6	1	33	4	3	2	3	5	46	4	3600	4
3	8	1	35	4	2	3	1	6	42	5	3900	5
4	12	1	48	3	2	2	4	8	39	4	3600	12
5	13	1	46	2	1	2	5	7	40	3	3800	11
6	14	1	48	2	3	2	7	8	46	2	4000	14
7	15	1	50	4	2	1	4	6	42	2	3800	11
8	16	1	52	5	1	3	7	8	40	3	4500	13
9	18	1	42	4	2	3	8	9	38	5	3800	10
10	20	1	39	1	4	2	2	3	37	4	3500	5
11	26	1	44	1	3	2	5	6	48	2	3500	9
12	27	1	46	5	4	2	1	6	44	3	4200	9
13	29	1	40	4	3	1	8	9	39	3	3400	5
14	30	1	41	2	2	3	8	9	38	4	4500	9
15	31	1	39	4	1	3	2	3	39	3	3500	7
16	32	1	38	1	3	3	7	8	41	5	3500	6
17	34	1	36	2	3	2	6	7	45	5	3800	5
18	36	1	44	5	1	2	1	6	40	4	3900	9
19	37	1	42	6	1	3	6	7	40	1	4500	7
20	43	1	36	2	2	2	2	3	38	3	3500	5
21	44	1	39	1	3	3	7	8	41	1	4400	8
22	47	1	33	4	1	2	5	6	37	3	3300	5

그림 2.8 성별이 "1" 인 케이스만 선택 - 선택하지 않은 케이스 삭제

(4) 파일 합치기

2개 이상의 SPSS 자료파일을 합치기 위해서는 파일 합치기 메뉴를 이용한다. 현재 SPSS 데이터 편집기 창에 있는 자료파일에 추가하고자 하는 파일을 덧붙임으로써 합쳐진 새로운 파일을 구성할 수 있다. 파일 합치기는 케이스를 추가하는 경우와 변수를 추가하는 두 가지 방법이 있다.

먼저 케이스를 추가하는 방법을 살펴보자. 케이스를 추가하기 위해서는 합치고자 하는 두 자료파일이 동일한 변수를 가지고 있어야 하는데, 그렇지 않은 경우에는 대응되지 않는 변수를 처리하는 방법을 지정해주어야 한다. 이를 위해서는 다음 메뉴를 선택한다.

데이터 ⇒ 파일 합치기 ⇒ 케이스 추가

남자들의 케이스로만 만들어진 실습자료(남자).sav와 여자들의 케이스로만 구성된 실습자료(여자).sav 파일을 합쳐서 전체 자료파일인 실습자료와 동일한 SPSS자료 파일을 구성해보자. 먼저, SPSS 데이터편집기 창에서 실습자료(남자).sav 파일을 읽은 다음 케이스 추가 메뉴를 선택한 후 찾아보기를 선택하면 《케이스 추가:파일 읽기》 대화상자가 나타난다. 만약, 합치고자 하는 파일이 이미 열려 있으면 열려 있는 데이터 세트의 목록에 나타나고 이를 선택하면 된다. 《케이스 추가:파일 읽기》 대화상자에서 합치고자 하는 파일을 선택한 다음 [열기]를 클릭한다.

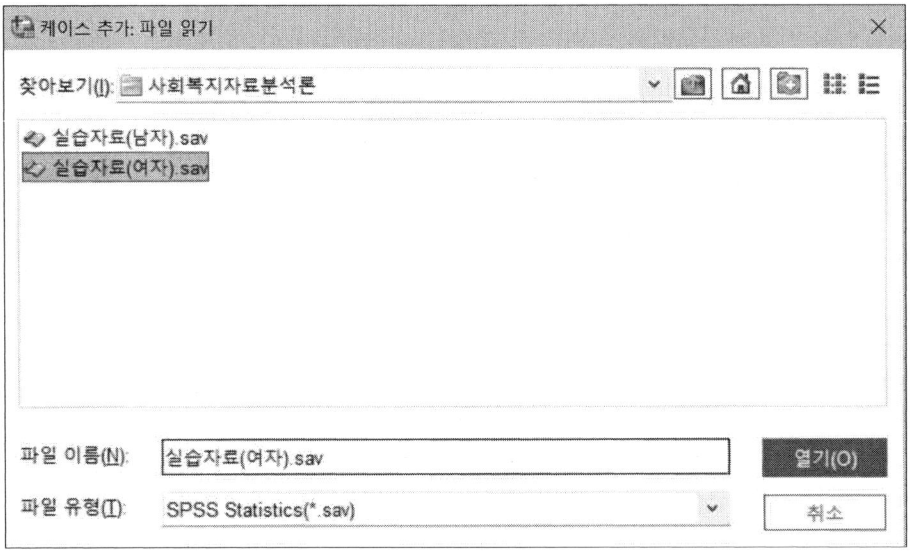

그러면, 다음과 같은 《다음에서 케이스 추가》 대화상자가 나타난다. 만약, 실습자료(여자).sav에 현재 작업 중인 실습자료(남자).sav 파일에 대응되지 않는 변수가 포함되어 있으면, 대응되지 않은 변수 목록에 나타나게 되며, (*)는 현재 작업 중인 데이터 파일에 포함된 작업 데이터 파일의 변수임을 나타내고, (+)는 추가되는 파일에 포함된 변수임을 나타낸다. 여기서는 대응되지 않는 변수가 없으므로 대응되지 않은 변수 목록에 나타나는 변수는 없게 된다. 만약, 대응되지 않는 변수가 존재하여 새로운 작업 데이터 파일의 변수 목록에 포함시키고자 할 때에는 대응되지 않은 변수 목록에서 변수를 선택한 다음 ➡를 클릭하여 추가하면 된다. 결국, 새로 만들어진 파일에 포함되는 변수가 새 활성 데이터 세트에 포함될 변수 목록에 나타나게 된다.

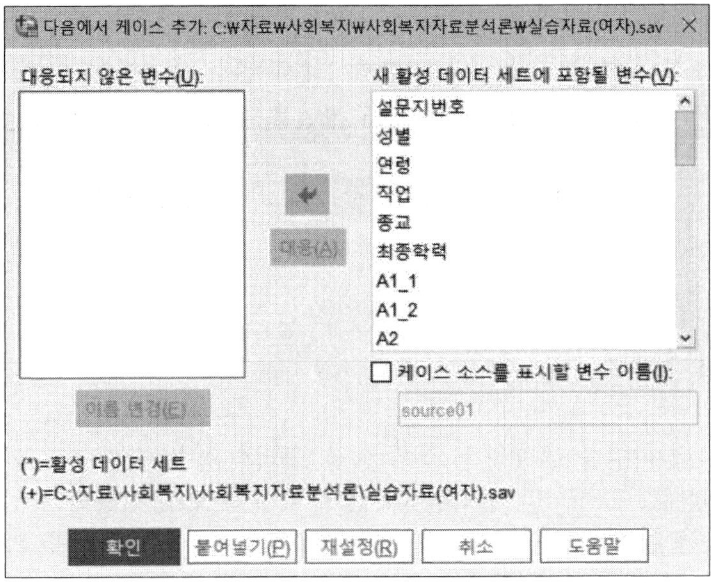

그림 2.9는 실습자료(여자).sav 파일이 추가된 실습자료(남자).sav파일을 보여준다. 물론, 여기서는 파일을 합친 후 설문지번호 변수로 정렬을 한 결과로써 원래 전체 자료인 실습자료.sav와 동일해짐을 알 수 있다.

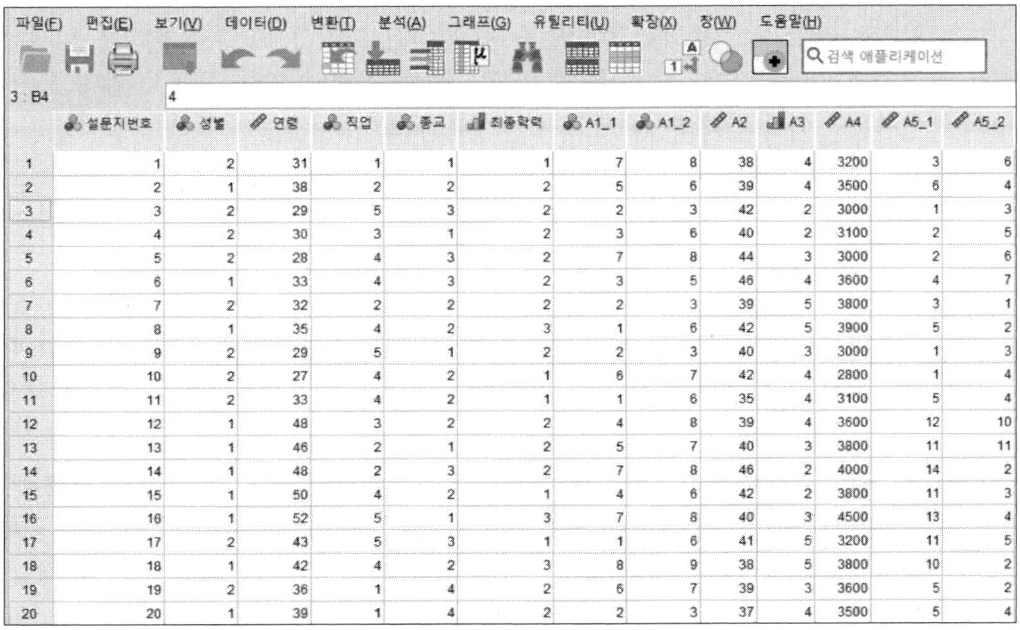

	설문지번호	성별	연령	직업	종교	최종학력	A1_1	A1_2	A2	A3	A4	A5_1	A5_2
1	1	2	31	1	1	1	7	8	38	4	3200	3	6
2	2	1	38	2	2	2	5	6	39	4	3500	6	4
3	3	2	29	5	3	2	2	3	42	2	3000	1	3
4	4	2	30	3	1	2	3	6	40	2	3100	2	5
5	5	2	28	4	3	2	7	8	44	3	3000	2	6
6	6	1	33	4	3	2	3	5	46	4	3600	4	7
7	7	2	32	2	2	2	2	3	39	5	3800	3	1
8	8	1	35	4	2	3	1	6	42	5	3900	5	2
9	9	2	29	5	1	2	2	3	40	3	3000	1	3
10	10	2	27	4	2	1	6	7	42	4	2800	1	4
11	11	2	33	4	2	1	1	6	35	4	3100	5	4
12	12	1	48	3	2	2	4	8	39	4	3600	12	10
13	13	1	46	2	1	2	5	7	40	3	3800	11	11
14	14	1	48	2	3	2	7	8	46	2	4000	14	2
15	15	1	50	4	2	1	4	6	42	2	3800	11	3
16	16	1	52	5	1	3	7	8	40	3	4500	13	4
17	17	2	43	5	3	1	1	6	41	5	3200	11	5
18	18	1	42	4	2	3	8	9	38	5	3800	10	2
19	19	2	36	1	4	2	6	7	39	3	3600	5	2
20	20	1	39	1	4	2	2	3	37	4	3500	5	4

그림 2.9 파일합치기 - 케이스 추가

동일한 케이스에 대해서 서로 다른 변수를 가지고 있는 2개 파일을 합치기 위해서는 다음 메뉴를 선택한다. 즉, 파일 합치기에서 변수 추가는 동일한 케이스에 대해서 서로 다른 변수를 포함하고 있는 2개 파일을 합치고자 할 때 사용한다.

데이터 ⇒ 파일 합치기 ⇒ 변수 추가

(5) 파일 분할하기

SPSS에서 파일을 분할하는 것은 이를 물리적으로 분할하여 2개의 새로운 파일로 구성하는 것이 아니라 분석할 때 전체 파일을 모두 사용할 것인지, 파일을 특정변수에 따라 분류하여 일부 파일만을 사용하여 분석할 것인지를 지정하는 것으로 다음 메뉴를 선택하여 실행할 수 있다.

데이터 ⇒ 파일 분할

《파일분할》 대화상자에서 디폴트는 파일을 분할하지 않는 모든 케이스 분석, 집단은 만들지 않음이고, 파일을 집단으로 구분하여 분석하고자 할 때에는 집단들 비교 또는 각 집단별로 출력결과를 나타냄을 선택한다. 여기서, 집단들 비교는 각 파일분할 집단에 대해 별도의 도표가 작성되고 SPSS 뷰어에 이들 도표가 함께 표시되도록 하며, 각 집단별로 출력결과를 나타냄을 선택하면 각 프로시저의 결과는 파일분할 집단에 따라 별도로 표시된다.

다음으로 어떤 변수를 기준으로 파일을 분할할 것인지를 나타내는 분할 집단변수를 지정한다. 여기서, 분할 집단변수는 범주형 자료를 지정해야 한다.

다음은 성별에 따라 파일을 분할하고, 분석결과를 성별에 따라 비교할 수 있도록 결과를 출력하고자 할 때 《파일분할》 대화상자의 내용을 지정한 예이다. 집단변수 기준으로 케이스 정렬을 선택하면, 출력결과가 지정된 기준변수에 따라 정렬되어 출력된다.

그림 2.10은 실습자료.sav 파일을 성별에 따라 분할한 결과이다. 이를 살펴보면, 데이터 보기 상태에서 파일이 성별에 의해 정렬이 되어있는 것을 알 수 있다. 그리고 이렇게 분할된 파일을 이용하여 분석을 실시하면, 성별에 따라 각각의 결과를 제공해 준다.

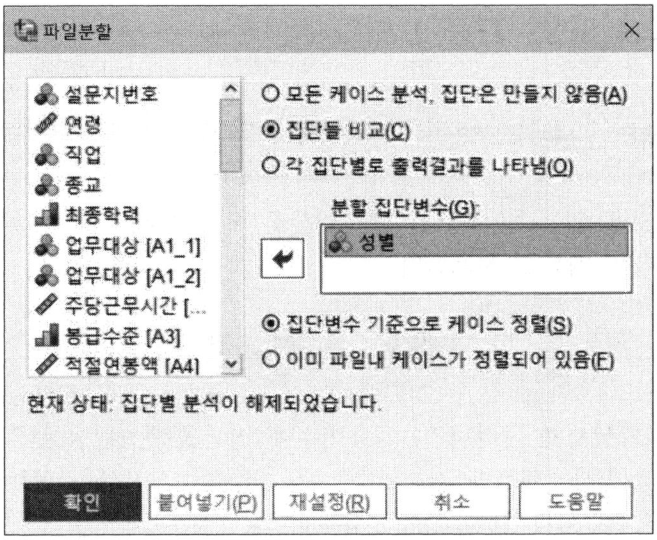

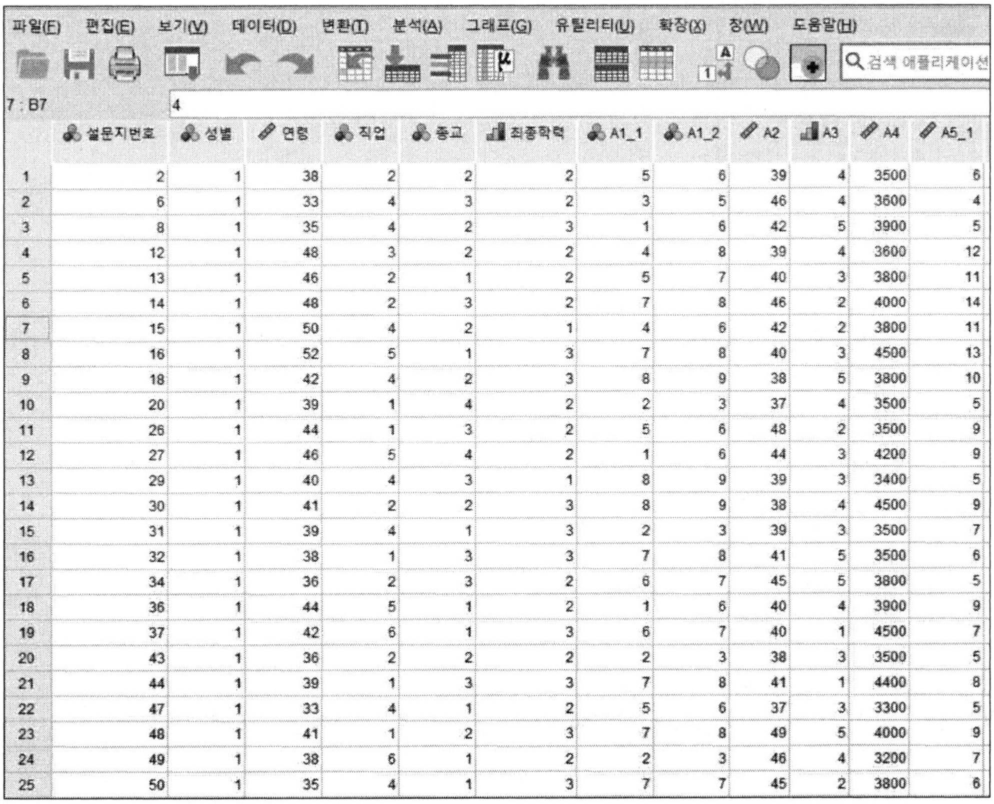

	설문지번호	성별	연령	직업	종교	최종학력	A1_1	A1_2	A2	A3	A4	A5_1
1	2	1	38	2	2	2	5	6	39	4	3500	6
2	6	1	33	4	3	2	3	5	46	4	3600	4
3	8	1	35	4	2	3	1	6	42	5	3900	5
4	12	1	48	3	2	2	4	8	39	4	3600	12
5	13	1	46	2	1	2	5	7	40	3	3800	11
6	14	1	48	2	3	2	7	8	46	2	4000	14
7	15	1	50	4	2	1	4	6	42	2	3800	11
8	16	1	52	5	1	3	7	8	40	3	4500	13
9	18	1	42	4	2	3	8	9	38	5	3800	10
10	20	1	39	1	4	2	2	3	37	4	3500	5
11	26	1	44	1	3	2	5	6	48	2	3500	9
12	27	1	46	5	4	2	1	6	44	3	4200	9
13	29	1	40	4	3	1	8	9	39	3	3400	5
14	30	1	41	2	2	3	8	9	38	4	4500	9
15	31	1	39	4	1	3	2	3	39	3	3500	7
16	32	1	38	1	3	3	7	8	41	5	3500	6
17	34	1	36	2	3	2	6	7	45	5	3800	5
18	36	1	44	5	1	2	1	6	40	4	3900	9
19	37	1	42	6	1	3	6	7	40	1	4500	7
20	43	1	36	2	2	2	2	3	38	3	3500	5
21	44	1	39	1	3	3	7	8	41	1	4400	8
22	47	1	33	4	1	2	5	6	37	3	3300	5
23	48	1	41	1	2	3	7	8	49	5	4000	9
24	49	1	38	6	1	2	2	3	46	4	3200	7
25	50	1	35	4	1	3	7	7	45	2	3800	6

그림 2.10 성별에 따라 파일분할을 실행한 결과

SECTION 2.3 SPSS 자료의 변환

(1) 변수계산

SPSS 파일에 있는 변수들에 대해 연산을 통해서 새로운 변수를 만들 수 있다. 이를 위해서 다음 메뉴를 선택한다.

변환 ⇒ **변수 계산**

《변수계산》 대화상자가 나타나면, 목표변수에 연산을 통해 생성하고자 하는 변수이름을 지정하고, 숫자표현식에 기존의 변수를 이용한 계산식을 입력한 다음 [확인]을 클릭한다. 숫자표현식의 계산식은 직접 계산과정을 아래쪽의 연산자들을 이용하여 수식의 형태로 표현할 수도 있고, 주어진 함수를 이용하여 원하는 함수를 선택한 다음 를 클릭하면, 함수식을 숫자표현식에 입력할 수 있다.

근무년수(A5_1)와 근무개월수(A5_2) 변수를 이용하여 현 직장에서의 근무한 총 기간에 대한 정보를 갖는 총근무개월수 변수를 생성해 보자. 총근무개월수 변수(A5)

를 생성하기 위해서는 직접 수식을 숫자표현식에 입력하면 된다. 즉, 숫자표현식에 (A5_1*12+A5_2)와 같이 입력하면 현 직장에서의 총근무개월수를 나타내는 A5 변수를 생성할 수 있다.

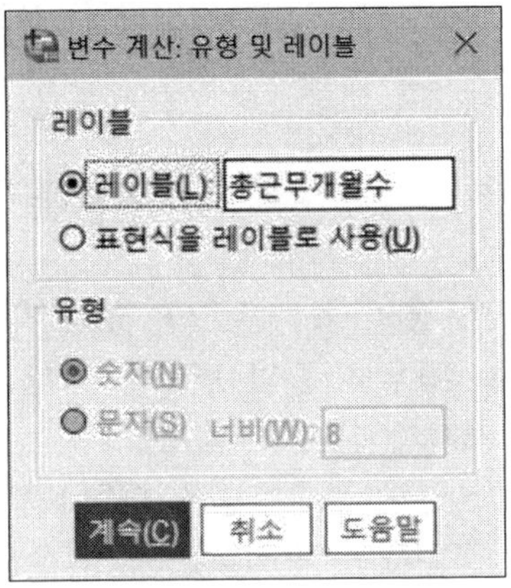

《변수 계산》 대화상자의 [유형 및 레이블]을 선택하여 나타나는 《변수계산:유형 및 레이블》 대화상자에서 새로 작성되는 변수에 대한 레이블 및 유형을 지정하고 [계속]을 클릭하면, 생성된 총근무개월수 변수가 데이터 파일에 추가된다. **그림 2.11**은 총근무개월수 변수(A5)가 추가된 파일을 보여준다.

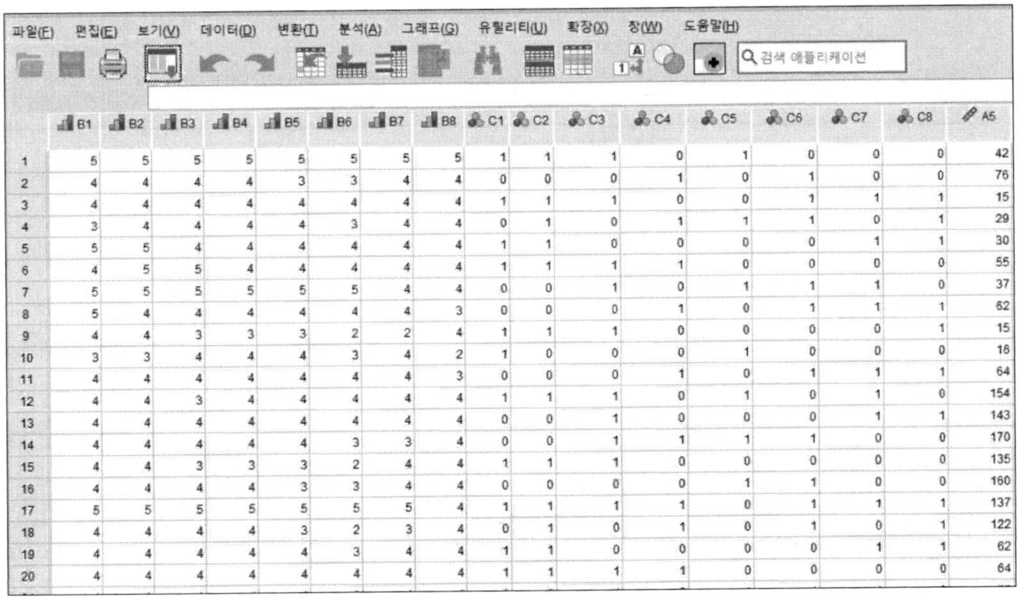

	B1	B2	B3	B4	B5	B6	B7	B8	C1	C2	C3	C4	C5	C6	C7	C8	A5
1	5	5	5	5	5	5	5	5	1	1	1	0	1	0	0	0	42
2	4	4	4	4	3	3	4	4	0	0	0	1	0	1	0	0	76
3	4	4	4	4	4	4	4	4	1	1	1	0	0	1	1	1	15
4	3	4	4	4	4	3	4	4	0	1	0	1	1	1	0	1	29
5	5	5	4	4	4	4	4	4	1	1	0	0	0	0	1	1	30
6	4	5	5	4	4	4	4	4	1	1	1	1	0	0	0	0	55
7	5	5	5	5	5	5	4	4	0	0	1	0	1	1	1	0	37
8	5	4	4	4	4	4	4	3	0	0	0	1	0	1	1	1	62
9	4	4	3	3	3	2	2	4	1	1	1	0	0	0	0	1	15
10	3	3	4	4	4	3	4	2	1	0	0	0	1	0	0	0	16
11	4	4	4	4	4	4	4	3	0	0	0	1	0	1	1	1	64
12	4	4	3	4	4	4	4	4	1	1	1	0	1	0	1	0	154
13	4	4	4	4	4	4	4	4	0	0	1	0	0	0	1	1	143
14	4	4	4	4	4	3	3	4	0	0	1	1	1	1	0	0	170
15	4	4	3	3	3	2	4	4	1	1	1	0	0	0	0	0	135
16	4	4	4	4	3	3	4	4	0	0	0	0	1	1	0	0	160
17	5	5	5	5	5	5	5	4	1	1	1	1	0	1	1	1	137
18	4	4	4	4	3	2	3	4	0	1	0	1	0	1	0	1	122
19	4	4	4	4	4	3	4	4	1	1	0	0	0	0	1	1	62
20	4	4	4	4	4	4	4	4	1	1	1	1	0	0	0	0	64

그림 2.11 변수계산을 이용한 변수 생성

(2) 코딩 변경

SPSS 파일에 있는 기존 변수 값의 코딩을 변경할 수도 있다. 코딩변경이란 기존 자료의 값을 그룹화하거나 자료 값을 변경하는 것을 의미한다. 이를 위해서 다음 메뉴를 선택한다.

변환 ⇒ **다른 변수로 코딩 변경**

같은 변수로 코딩 변경하는 경우 기존변수의 값이 새로운 코딩 값으로 대체되며, 다른 변수로 코딩 변경하는 경우 기존의 변수는 그대로 남아 있고, 새로 정의되는 변수가 변경된 코딩 값을 가지게 된다.
현재하고 있는 일에 대한 본인의 봉급수준에 대한 만족도를 조사한 A3 변수를 이용해서 "1(=매우 많다)"과 "2(=많은 편이다)"는 "많은 편"의 값을 갖고 "3(=적절하다)"은 "적절", 그리고 "4(=적은 편이다)"와 "5(=매우 적다)"는 "적은 편"이라는 값을 갖는 새로운 변수 NA3를 생성해보자.

《다른 변수로 코딩변경》 대화상자에서 코딩변경하려는 변수인 A3을 선택하여 를 클릭한 다음 출력변수의 이름에 NA3을 입력하고, 설명을 입력한 다음 [변경]을 클릭한다. 변수에 대한 설명이 필요하지 않으면, 레이블에 아무런 내용도 입력하지 않으면 된다.

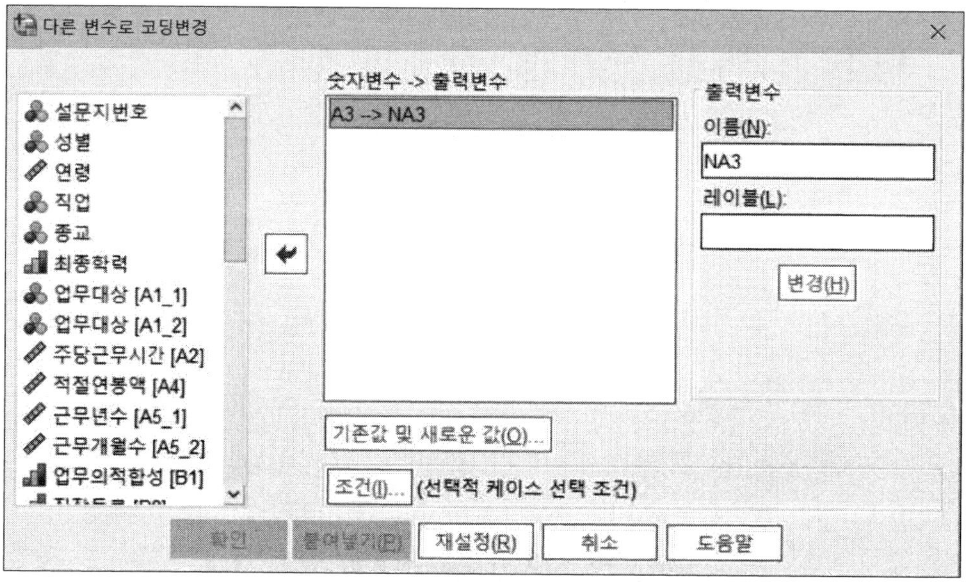

[기존값 및 새로운 값]을 클릭하면, 다음과 같은 《다른 변수로 코딩변경:기존값 및 새로운 값》 대화상자가 나타난다. 여기서는 기존값을 어떠한 값으로 바꿀 것인지를 지정한다. 출력변수가 문자인 경우에는 오른쪽 하단부분의 출력변수가 문자열임을 지정해 주어야 하며, 너비를 지정할 수 있다.

기존값은 값(하나의 값 지정), 시스템-결측값, 시스템 또는 사용자 결측값, 범위(3가지 유형), 기타 모든 값 중에서 선택할 수 있다. 이는 기존값을 어떻게 코딩 변경할 것인지에 따라 결정된다. 값과 범위에 적절한 값을 입력하고, 새로운 값을 지정한 다음 [추가]를 클릭하면, 오른쪽 창의 기존값 → 새로운 값이 어떻게 변경되는지를 보여준다.

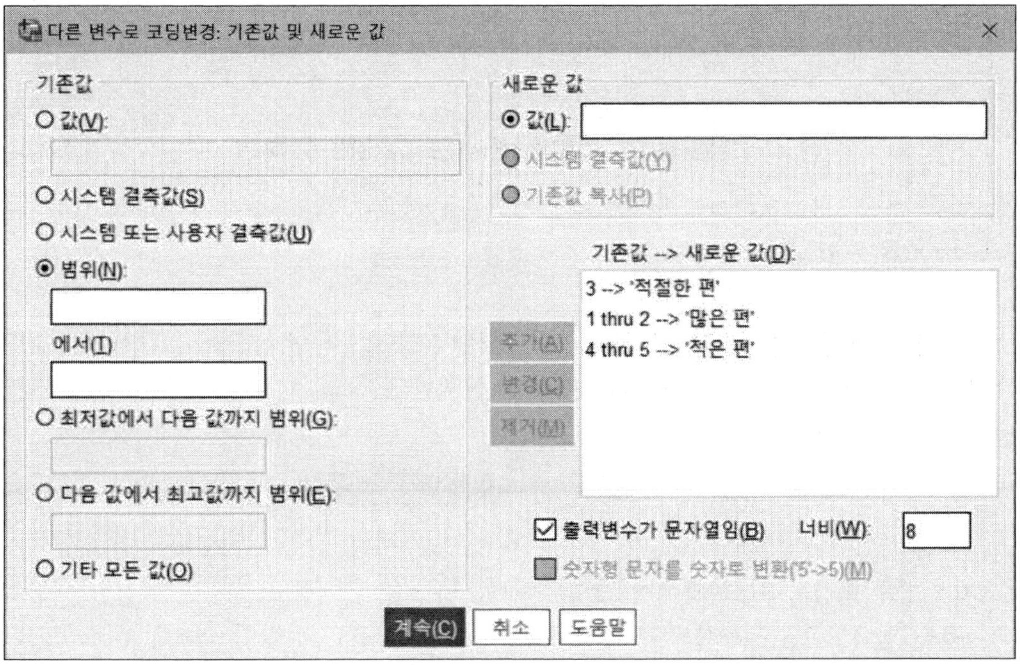

코딩변경하려는 모든 값에 대한 지정이 끝나면 [계속]을 클릭하고, 《다른 변수로 코딩변경》 대화상자에서 [확인]을 클릭하면, NA3라는 새로운 변수가 포함된 파일을 얻게 된다. **그림 2.12**는 새로운 변수 NA3가 추가된 파일을 보여준다.

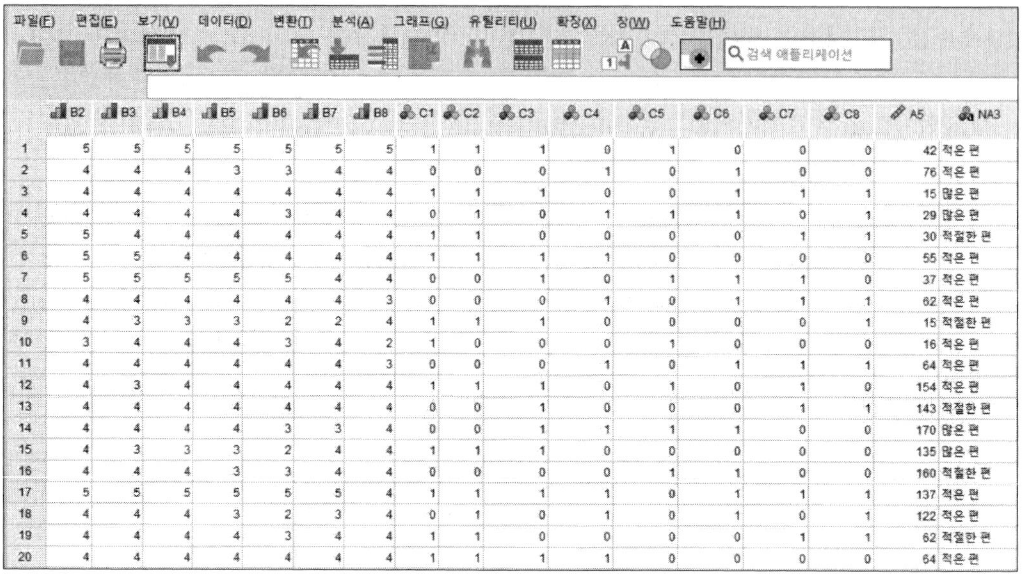

	B2	B3	B4	B5	B6	B7	B8	C1	C2	C3	C4	C5	C6	C7	C8	A5	NA3
1	5	5	5	5	5	5	5	1	1	1	0	1	0	0	0	42	적은 편
2	4	4	4	3	3	4	4	0	0	0	1	0	1	0	0	76	적은 편
3	4	4	4	4	4	4	4	1	1	1	0	0	1	1	1	15	많은 편
4	4	4	4	4	3	4	4	0	1	0	1	1	1	0	1	29	많은 편
5	5	4	4	4	4	4	4	1	1	0	0	0	0	1	1	30	적절한 편
6	5	5	4	4	4	4	4	1	1	1	1	0	0	0	0	55	적은 편
7	5	5	5	5	5	4	4	0	0	1	0	1	1	1	0	37	적은 편
8	4	4	4	4	4	4	3	0	0	0	1	0	1	1	1	62	적은 편
9	4	3	3	3	2	2	4	1	1	1	0	0	0	0	1	15	적절한 편
10	3	4	4	4	3	4	2	1	0	0	0	1	0	0	0	16	적은 편
11	4	4	4	4	4	4	3	0	0	0	1	0	1	1	1	64	적은 편
12	4	3	4	4	4	4	4	1	1	1	0	1	0	1	0	154	적은 편
13	4	4	4	4	4	4	4	0	0	1	0	0	0	1	1	143	적절한 편
14	4	4	4	4	3	3	4	0	0	1	1	1	1	0	0	170	많은 편
15	4	3	3	3	2	4	4	1	1	1	0	0	0	0	0	135	많은 편
16	4	4	4	3	3	4	4	0	0	0	0	1	1	0	0	160	적절한 편
17	5	5	5	5	5	5	4	1	1	1	1	0	1	1	1	137	적은 편
18	4	4	4	3	2	3	4	0	1	0	1	0	1	0	1	122	적은 편
19	4	4	4	4	3	4	4	1	1	0	0	0	0	1	1	62	적절한 편
20	4	4	4	4	4	4	4	1	1	1	1	0	0	0	0	64	적은 편

그림 2.12 새로운 변수로 코딩변경 하기

(3) 자동코딩 변경

자동 코딩변경에서는 문자변수와 숫자변수의 값을 연속 정수로 변환할 수 있다. 자동코딩 변경을 위해서 다음 메뉴를 선택한다.

변환 ⇒ 자동코딩 변경

《자동코딩 변경》 대화상자에서 코딩 변경할 변수를 선택하고, ➡를 클릭한 다음 새 이름을 입력하고, [새이름 추가]를 클릭한다. 코딩변경 시작값을 최저값부터 할 것인지 최고값부터 할 것인지를 결정한 다음 [확인]을 클릭한다.

NA3 변수에 대한 자동 코딩변경 변수 NNA3를 생성해보자. 먼저 NA3을 선택한 다음 ➡를 클릭하면, 변수 → 새 이름에 이름 → ?????과 같이 나타나는데, 아랫부분의 새 이름에 NNA3를 입력한 다음 [새 이름 추가]를 클릭하면, 다음 대화상자에서 보는 바와 같이 NA3 → NNA3로 변경된다. 여기서, 코딩변경 시작값으로 최저값을 선택하면, 문자변수의 경우에는 한글 순서대로, 영문인 경우에는 대문자를 우선하여 자동코딩 변경 값을 부여한다.

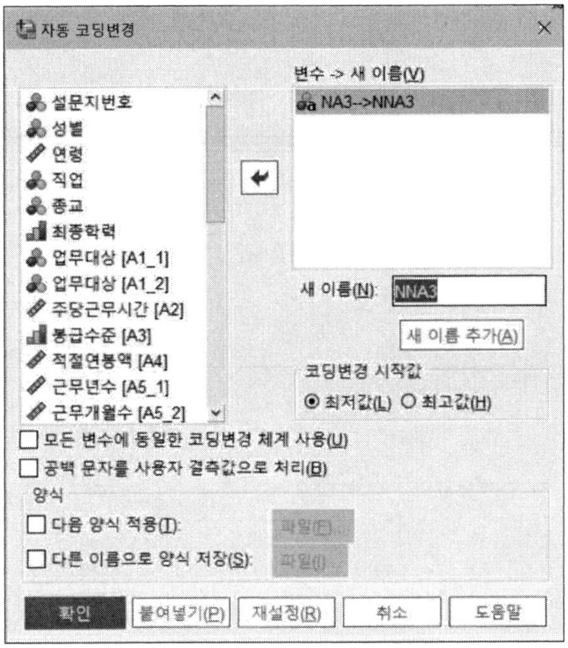

그림 2.13은 NA3에 대한 자동코딩 변경변수 NNA3가 추가된 파일을 보여준다. 코딩변경 시작값을 최저값으로 선택하였으므로 "많은 편"이면 1, "적은 편"이면 2, "적절한 편"이면 3의 값을 가지게 된다.

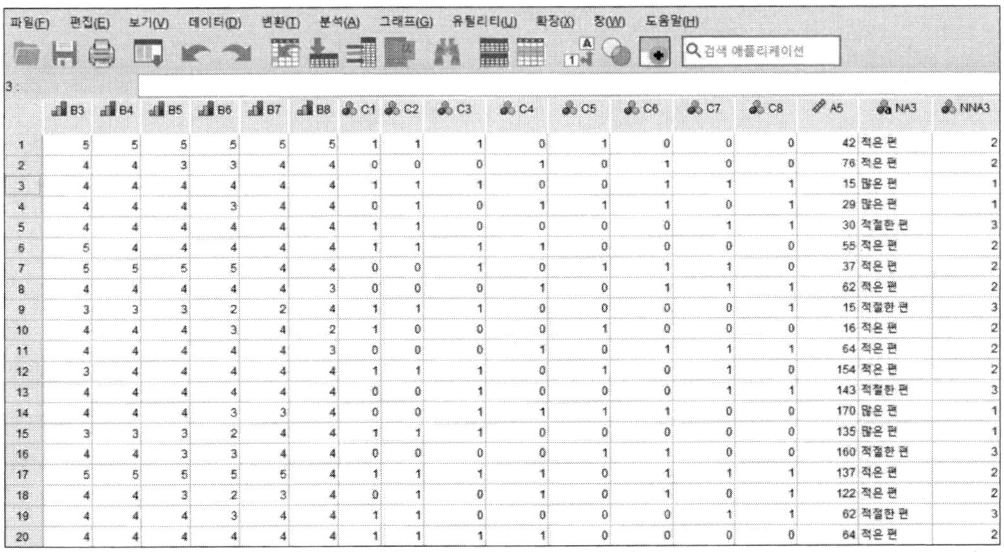

	B3	B4	B5	B6	B7	B8	C1	C2	C3	C4	C5	C6	C7	C8	A5	NA3	NNA3
1	5	5	5	5	5	5	1	1	1	0	1	0	0	0	42	적은 편	2
2	4	4	3	3	4	4	0	0	0	1	0	1	0	0	76	적은 편	2
3	4	4	4	4	4	4	1	1	1	0	0	1	1	1	15	많은 편	1
4	4	4	4	3	4	4	0	1	0	1	1	1	0	1	29	많은 편	1
5	4	4	4	4	4	4	1	1	0	0	0	0	1	1	30	적절한 편	3
6	5	4	4	4	4	4	1	1	1	1	0	0	0	0	55	적은 편	2
7	5	5	5	5	4	4	0	0	1	0	1	1	1	0	37	적은 편	2
8	4	4	4	4	4	3	0	0	0	1	0	1	1	1	62	적은 편	2
9	3	3	3	2	2	4	1	1	1	0	0	0	0	1	15	적절한 편	3
10	4	4	4	3	4	2	1	0	0	0	1	0	0	0	16	적은 편	2
11	4	4	4	4	4	3	0	0	0	1	0	1	1	1	64	적은 편	2
12	3	4	4	4	4	4	1	1	1	0	1	0	1	0	154	적은 편	2
13	4	4	4	4	4	4	0	0	1	0	0	0	1	1	143	적절한 편	3
14	4	4	4	3	3	4	0	0	1	1	1	1	0	0	170	많은 편	1
15	3	3	3	2	4	4	1	1	1	0	0	0	0	0	135	많은 편	1
16	4	4	3	3	4	4	0	0	0	0	1	1	0	0	160	적절한 편	3
17	5	5	5	5	5	4	1	1	1	1	0	1	1	1	137	적은 편	2
18	4	4	3	2	3	4	0	1	0	1	0	1	0	1	122	적은 편	2
19	4	4	4	3	4	4	1	1	0	0	0	0	1	1	62	적절한 편	3
20	4	4	4	4	4	4	1	1	1	1	0	0	0	0	64	적은 편	2

그림 2.13 자동코딩 변경

Chapter 3

자료의 정리 및 요약

자료 측정의 척도

자료의 종류

도표를 이용한 자료의 정리

그림을 이용한 자료의 정리

사회복지 자료에 대한 빈도분석

사회복지 자료에 대한 다중응답 빈도분석

자료 분포의 특성을 정확히 파악하기 위해서는 우선 자료를 측정의 척도에 따라 그 종류를 구분할 수 있어야 한다. 자료의 종류에 따라 이를 요약, 정리하는 방법이 다르므로 구분된 자료의 특성에 따라 올바른 방법을 사용하여 자료를 정리하고 요약해야 한다. 이 장에서는 자료 측정의 척도에 따라 자료를 구분하고, 구분된 자료의 종류에 따라 그 특성을 어떠한 도표나 그림 등으로 표현해야 하는지에 대해 살펴보고자 한다.

SECTION 3.1 자료 측정의 척도

우리는 대개 조사나 실험을 통해 자료를 수집하게 되며, 자료를 얻는 방법으로는 조사연구, 측정, 관찰 등이 있다. 일정한 기준에 의하여 관심 대상이나 선택된 대상들을 구분하거나 비교 또는 수량화하는 것을 측정(measurement)이라 한다. 측정된 자료는 주어진 목적에 적합해야 하며, 측정결과에 편향이 없고, 신뢰성을 가지도록 주의를 기울여야 한다.

자료를 측정의 척도에 따라 비계량자료(nonmetric data)와 계량자료(metric data)로 구분해 볼 수 있는 데, 비계량자료에는 명목자료와 순서자료가 있고, 계량자료에는 구간자료와 비율자료가 있다. 네 가지 형태의 자료는 명목자료 < 순서자료 < 구간자료 < 비율자료의 순으로 보다 많은 정보를 제공하고 있으며, 자료의 형태에 따라 분석하는 통계기법에 차이가 있다.

(1) 명목자료

명목자료(nominal data)는 명목척도(nominal scale)에 의해 측정된 자료를 말하며, 질적자료(qualitative data)의 한 유형이다. 여기서 명목척도란 측정 대상의 특성을 분류하거나 확인할 목적으로 이름을 부여하는 것을 말한다. 따라서 명목자료는 측정 대상의 특성만을 나타내며 양적인 크기를 나타내는 것이 아니기 때문에 산술적인 계산을 할 수 없으며, 가감승제가 불가능하다는 특징이 있다.

이러한 명목자료는 측정 대상을 포괄적이며 상호 배타적인 집단으로 구분하는데 이용되기 때문에 동일한 집단에 속한 대상은 동일한 명목척도를 가진다. 명목척도로 구분되는 예로서 성별, 종교, 직업의 분류, 주택보유 여부 등을 들 수 있으며 이를 설문지에서 사용하는 형태로 표현해 보면 다음과 같다.

- 귀하의 성별은? ① 남자 ② 여자
- 귀하의 직업은 무엇입니까?

  ① 전문직 ② 사무직 ③ 노무직 ④ 주부 ⑤ 학생

명목자료를 분석하기 위한 통계적인 방법으로는 최빈수, 빈도분석, 분할표 분석, 비모수통계 등이 있다.

(2) 순서자료

순서자료(ordinal data)는 순서척도(ordinal scale)에 의해 측정된 자료를 말하며, 이 때 순서척도란 측정 대상간의 순서 관계를 밝혀 주는 척도로써 측정 대상간의 크기나 높고 낮음 등의 순위를 부여해 주는 것을 말한다. 그러나 측정 대상간의 양적인 비교를 할 수 있는 정보를 제공해 주지는 못한다.

순서척도는 주로 정확하게 수량화하기 어려운 소비자의 태도와 선호도, 사회계층의 높낮이 등을 측정하는데 이용된다. 예를 들어 4종류의 자동차에 대한 선호도를 조사하는 경우 소비자들에게 1위, 2위, 3위, 4위의 순위를 정하도록 하는 것이다. 이 경우 순서에만 의미가 있을 뿐, 수치의 크기나 차이는 의미가 없다. 또한, 설문지에서 주로 사용하는 형태로 예를 들어보면 다음과 같다.

• 귀하께서 현재 이용하고 계시는 복지시설의 서비스에 대하여 어떻게 생각합니까?

① 매우 만족스럽다.	② 만족스러운 편이다.
③ 불만족스러운 편이다.	④ 매우 불만족스럽다.

이러한 형태의 순서척도는 조사연구에서 많이 사용되고 있으며, 위의 예에서 알 수 있듯이 순서척도에서 각 범주간의 간격 즉 "매우 만족스럽다"와 "만족스러운 편이다"의 간격과 "만족스러운 편이다"와 "불만족스러운 편이다"의 간격이 동일하다고는 볼 수 없으며 그 차이는 단순히 순서만을 나타내고 있다.

우리가 사회조사에서 흔히 사용하는 리커트 척도도 순서자료에 해당된다. 리커트 척도는 응답자가 가지고 있는 생각이나 의견을 점수화하여 나타내는 척도로서 3점 척도, 5점 척도, 7점 척도, 9점 척도 등이 있다. 이 때, 척도는 매우 높은 선호에서부터 매우 낮은 선호까지 같은 수의 긍정적이고 부정적인 응답항목과 하나 이상의 중간 또는 중립의 항목으로 구성되어 있다.

순서자료를 분석하기 위한 통계방법으로 중위수, 백분위수, 스피어만의 순위상관계수, 비모수통계 등이 있으며, 순서자료도 명목자료와 마찬가지로 연산이 불가능하다.

(3) 구간자료

구간자료(interval data)는 구간척도(interval scale)에 의해 측정된 자료로서 양적인 정도의 차이를 나타내는 척도이며 순서척도가 가지는 순위 이외에 구간의 의미를 가지는 자료이다. 구간척도는 척도사이의 간격이 동일해야 하며, 절대 영점을 갖지 못하므로 비율의 의미를 갖지는 못한다.
구간자료의 대표적 예로써 IQ검사에서 나타난 점수를 생각할 수 있다. IQ점수 120점과 100점의 차이는 140점과 120점과의 차이와 같다고 할 수는 있으나, IQ점수 160점이 80점의 2배라고 할 수는 없다. 왜냐하면, 아무리 IQ점수가 낮더라도 0인 사람이 존재한다는 데에는 무리가 따르기 때문에 이는 양적인 표현은 가능하지만 절대영점을 갖지 못하게 된다.
구간척도는 주로 자아존중검사, 성격검사, 적성검사 등 심리척도로 주로 사용되고 있으며, 물가지수나 생산성 지수와 같은 지수의 측정에도 이용되고 있다. 일반적으로 구간척도를 설문지에서 사용하는 형태로 예를 들어 보면 다음과 같다.

• 귀하의 적성검사 점수는 얼마입니까? ( )점

구간자료를 분석하기 위한 통계방법으로는 산술평균, 분산, 피어슨의 상관계수, 모수통계 등이 있으며, 덧셈은 가능하나 나눗셈은 불가능하다.

(4) 비율자료

비율자료(ratio data)는 비율척도(ratio scale)에 의해 측정된 자료를 말하며, 이 자료는 절대영점을 가지므로 구간자료가 갖는 특성에 추가적으로 측정값들 간의 비율 계산이 가능하다. 비율척도로 측정되는 변수는 소득, 연령, 상품 가격, 거리, 시간, 투표율 등이 있으며, 이를 설문지에서 사용하는 형태로 예를 들어보면 다음과 같다.

• 귀하의 연간소득은 얼마입니까? ( )만원

이 예에서 연간소득이 0이라는 것은 소득이 없다는 뜻이므로 비율척도는 진정한 의미에서의 0의 존재를 설정하고 있다. 비율자료를 분석하기 위한 통계기법으로는 기하평균, 조화평균, 모수적 통계 방법 등이 있으며, 가감승제의 연산이 가능하다.

예제 1

다음 자료를 측정방법의 척도에 따라 명목, 순서, 구간, 비율자료로 구분하여라.

① 어느 대학의 사회복지학과에서 사회복지 자료분석론을 강의하고 있는 A 교수는 학생들을 대상으로 지난 학기에 교양과목으로 통계학개론을 수강하였는

지 조사하였다. 통계학개론을 수강한 학생들은 1, 수강하지 않은 학생들은 2로 표시하였다.

② A 교수는 사회복지 자료분석론의 이해 여부를 알아보기 위하여 중간고사와 기말고사를 실시하여 성적을 측정하였다.

③ A 교수는 한 학기 동안 사회복지 자료분석론을 수강한 학생들을 대상으로 이 과목에 대한 평가를 측정하려고 한다. 이를 위하여 학생들로 하여금 사회복지 자료분석론 강의에 대하여 "만족스럽다", "보통이다", "불만족스럽다" 중에서 하나를 선택하여 응답하도록 하였다.

④ A 교수는 취업을 앞 둔 4학년 학생들이 각 기업체에 대하여 가지고 있는 이미지를 측정하기 위하여 A, B, C, D 4개의 기업체를 선정하여 1, 2, 3, 4의 순위를 정하도록 하였다.

[풀이] ① 명목자료 ② 비율자료 ③ 순서자료 ④ 순서자료 ■

SECTION 3.2 자료의 종류

명목척도와 순서척도로 측정된 자료를 질적자료(qualitative data)라 하며, 구간척도와 비율척도로 측정된 자료를 양적자료(quantitative data)라고 한다. 양적자료는 이산형 자료(discrete data)와 연속형 자료(continuous data)로 구분할 수 있으며, 자료의 형태에 따라 적용할 수 있는 통계분석 방법이 다르므로 그 형태에 대한 이해가 필수적이다.

(1) 질적자료

질적자료는 범주형자료(categorical data)라고도 하는데 원칙적으로 숫자로 표시될 수 없는 자료이며, 측정 대상의 특성을 분류하거나 확인할 목적으로 숫자를 부여하는 경우는 있지만 그 숫자들이 양적인 크기를 나타내는 것은 아니다.

질적자료에 숫자를 부여하는 예로는 성별을 나타낼 때 남자를 1, 여자를 2로 표현하는 경우와, 교육수준을 나타낼 때 초졸을 1, 중졸을 2, 고졸을 3, 대졸을 4, 대학원졸을 5로 숫자화 하는 경우 등이 있으나 이러한 숫자들은 자료의 속성과는 무관하다. 이와 같이 성별, 종교, 출신지, 교육수준 등과 같이 질적자료 값을 갖는 변수를 질적변수(qualitative variable)라고 한다.

(2) 양적자료

양적자료는 자료의 크기나 양을 숫자로 표현할 수 있으며, 질적자료와는 달리 자료의 속성을 그대로 반영한다.

양적자료의 예로는 사람 수, 나이, 시간당 통화회수, 소득, 연간매출액, 시험 성적, 길이, 무게, 온도, 높이 등을 들 수 있으며, 이와 같이 양적자료 값을 갖는 변수를 양적변수(quantitative variable)라고 한다.

양적자료는 사람 수, 나이, 시간당 통화회수와 같이 셀 수 있는 정수값으로 표현되는 이산형 자료와 소득, 연간매출액, 시험 성적, 길이, 무게, 온도, 높이 등과 같이 임의의 구간에서의 값으로 표현되는 연속형 자료로 구분된다. 이와 같이 이산형 자료를 갖는 변수를 이산형 변수(discrete variable)라고 하며, 연속형 자료를 갖는 변수를 연속형 변수(continuous variable)라고 한다.

예제 2

다음 자료들이 질적자료인지 양적자료인지를 구분하여라.

① 아동들이 좋아하는 놀이기구
② 어느 보육교사의 연봉
③ 어느 지역의 20대 실업률

[풀이] ① 질적자료 ② 양적자료 ③ 양적자료 ■

SECTION 3.3 도표를 이용한 자료의 정리

일련의 통계조사를 통하여 얻어지는 조사결과의 통계 수치를 목적에 따라서 기타의 정보와 관련시켜서 행과 열에 배치시킨 것을 통계표(statistical table)라고 한다. 통계표를 만드는 목적은 통계로부터 얻어지는 지식을 간소하고 질서있게 표시하는 데 있다. 통계표의 형태를 이용하게 되면 통계자료의 관찰, 비교, 해석 등이 간단하게 표현될 수 있다. 통계 해석이 발달하기 이전에는 이 형식을 써서 표시하는 것이 유일한 방법으로서 통계표는 통계의 최종목적으로 간주되었다.

이와 같이 통계조사를 통해 얻은 자료나 주어진 자료를 도표를 이용하여 자료에 포함되어 있는 내용과 정보를 빠르게 파악할 수 있도록 하는 것을 도표에 의한 자료의 정리방법이라 한다. 질적자료와 양적자료로 나누어 도수분포표에 의한 자료의 정리방법에 대하여 살펴보기로 하자.

(1) 질적자료의 도표 표현

질적자료를 정리하는 방법으로는 각 범주별로 나타난 빈도 즉 도수(frequency)를 나열해 놓은 도수분포표(frequency table)를 작성하는 방법과 각 도수를 총도수(전체 자료의 수)로 나누어 구한 상대도수(relative frequency)를 이용한 상대도수분포표(relative frequency table)를 작성하는 방법이 있다.

예제 3

어느 유치원 교사가 유치원생들 20명을 대상으로 빨강, 노랑, 초록, 파랑의 색깔 중에서 아동들이 가장 좋아하는 색깔을 조사한 결과는 다음과 같다.

유치원생 번호	1	2	3	4	5	6	7	8	9	10
색깔	빨강	빨강	파랑	노랑	빨강	초록	빨강	파랑	초록	초록

유치원생 번호	11	12	13	14	15	16	17	18	19	20
색깔	파랑	빨강	파랑	노랑	파랑	초록	파랑	파랑	노랑	빨강

① 도수분포표를 작성하여라.
② 상대도수분포표를 작성하여라.

[풀이] ①

색깔	도수
빨강	6
노랑	3
초록	4
파랑	7
총계	20

② 도수분포표를 이용하여 상대도수를 구해보면 다음과 같다.

빨강 : 6/20=0.30, 노랑 : 3/20=0.15,
초록 : 4/20=0.20, 파랑 : 7/20=0.35

구해진 상대도수를 이용하여 상대도수분포표를 다음과 같이 작성할 수 있다

색깔	상대도수
빨강	0.30
노랑	0.15
초록	0.20
파랑	0.35
총계	1.00

(2) 양적자료의 도표 표현

양적자료는 질적자료와 같이 도수분포표와 상대도수분포표를 작성할 수 있을 뿐만 아니라 누적도수분포표도 작성할 수 있다.

□ 도수분포표

양적자료를 그 값의 크기에 따라 적당한 계급(class)으로 나누고, 각 계급에 속하는 도수를 대응시켜 작성한 표를 도수분포표라 한다. 도수분포표에서 계급도수를 총도수로 나눈 것을 상대도수라 하며, 상대도수를 각 계급에 대응시켜 작성한 표를 상대도수분포표라고 한다.

도수분포표 작성 방법 및 유의할 점

① 자료의 최대값(maximum)과 최소값(minimum)을 찾아서 범위(range)를 구한다.

범위 = 최대값 - 최소값

② 계급의 수를 몇 개로 해야 하는가는 자료의 성질, 통계 이용의 목적 등을 고려하여 정해야 한다. 계급의 수가 너무 많으면 얻고자 하는 전반적인 자료의 윤곽을 파악하는데 어려움이 있으며, 계급의 수를 너무 작게 하면 그래프의 모양이 애매 모호하게 되는 경향이 있다.

③ 계급구간(class interval)은 가능한 폭이 같도록 하고, 계급의 상한 및 하한의 설정이 명확해야 한다. 계급구간은 다음과 같이 결정한다.

계급구간 = 범위 / 계급의 수

④ 계급값(class value)은 계급의 중앙값으로 정한다.

⑤ 각 계급에 속하는 자료의 수를 나타내는 계급도수(class frequency)를 구한다.

⑥ 계급경계(class boundary)는 각 계급구간이 서로 중복되거나 경계점에 놓이지 않도록 계급상한(class upper limit)과 계급하한(class lower limit)을 분명하게 설정하는 것이 중요하다.

□ 누적도수분포표

각 계급에 있어서 그 계급값 이하에 있는 모든 계급의 도수 총계를 누적도수(cumulative frequency)라 하고, 이 누적도수를 각 계급에 대응시켜 표로 작성한 표를 누적도수분포표라 한다. 누적도수를 총도수로 나눈 것을 상대누적도수(relative cumulative frequency)라 하고, 이것을 각 계급에 대응시켜 작성한 표를 상대누적도수분포표라 한다.

예제 4

어느 지역의 사회복지사 100명을 대상으로 지난 달 받은 월급을 조사한 결과가 다음과 같다. 도수분포표와 상대도수분포표, 누적도수분포표와 상대누적도수분포표를 작성하여라.(단위 : 만원)

186	168	176	141	180	140	163	190	183	194
165	163	185	187	179	177	176	174	176	178
175	160	196	174	173	187	152	197	188	164
176	169	160	174	172	176	157	164	167	158
172	180	172	156	173	182	178	145	175	156
175	186	166	186	150	178	166	179	168	160
180	183	187	178	180	177	181	192	157	152
158	182	173	195	166	160	184	180	179	163
180	188	158	184	196	187	172	165	179	180
176	166	174	176	168	182	157	175	135	134

[풀이]

최소값이 134, 최대값이 197이므로 계급을 130 ~ 140(미만)부터 190 ~ 200(미만)으로 나누면, 계급구간은 10이 되고 계급의 수는 7이 된다. 따라서 다음과 같은 결과를 얻을 수 있다.

계급구간	계급값	도수	상대도수
130 ~ 140(미만)	135	2	0.02
140 ~ 150	145	3	0.03
150 ~ 160	155	11	0.11
160 ~ 170	165	20	0.20
170 ~ 180	175	32	0.32
180 ~ 190	185	25	0.25
190 ~ 200	195	7	0.07
총계		100	1.00

계급구간	계급값	도수	누적도수	상대누적도수
130 ~ 140(미만)	135	2	2	0.02
140 ~ 150	145	3	5	0.05
150 ~ 160	155	11	16	0.16
160 ~ 170	165	20	36	0.36
170 ~ 180	175	32	68	0.68
180 ~ 190	185	25	93	0.93
190 ~ 200	195	7	100	1.00
총계		100		

SECTION 3.4 그림을 이용한 자료의 정리

도표를 이용하여 정리된 자료를 그림으로 나타내면 시각적인 효과가 뛰어나기 때문에 자료의 분포를 쉽게 파악할 수 있다. 질적자료와 양적자료로 나누어 그림에 의한 자료의 정리방법에 대하여 살펴보기로 하자.

(1) 질적자료의 그림 표현

질적자료를 그림으로 표현하는 방법으로는 막대그래프와 파이그림 등이 있다.

□ 막대그래프

자료의 각 범주별로 같은 폭의 막대를 도수의 크기에 따라 세워서 작성한 그림을 막대그래프(bar graph)라 한다. 또한, 도수 대신에 상대도수의 크기에 비례하도록 막대를 세워서 작성한 그림을 상대도수 막대그래프(relative frequency bar graph)라 한다.

□ 파이그림

완전한 원을 자료의 범주의 수만큼 부채꼴 모양의 여러 개의 조각으로 나누어 그림으로 표현한 것을 파이그림(pie chart)이라 한다. 파이그림의 각 조각에는 각 범주의 영역에 대한 분류 설명과 상대도수를 표시하며, 각 조각의 넓이는 해당하는 자료의 상대도수에 비례하므로 자료의 분포 상태를 쉽게 파악할 수 있다.

예제 5

[예제 3]의 유치원생들이 좋아하는 색깔 자료에 대하여 막대그래프와 상대도수 막대그래프를 그려라.

[풀이]

막대그래프

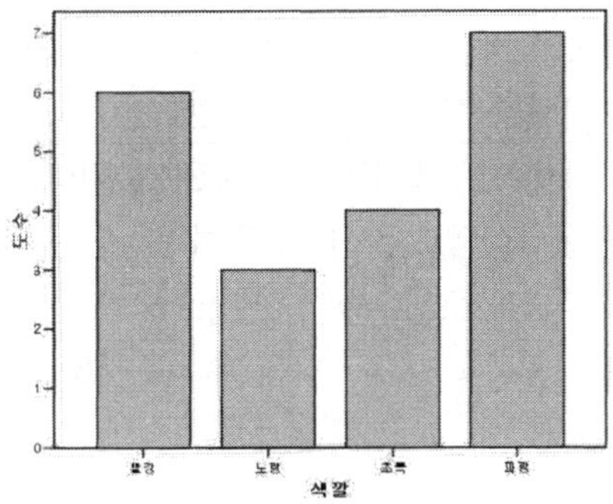

상대도수 막대그래프

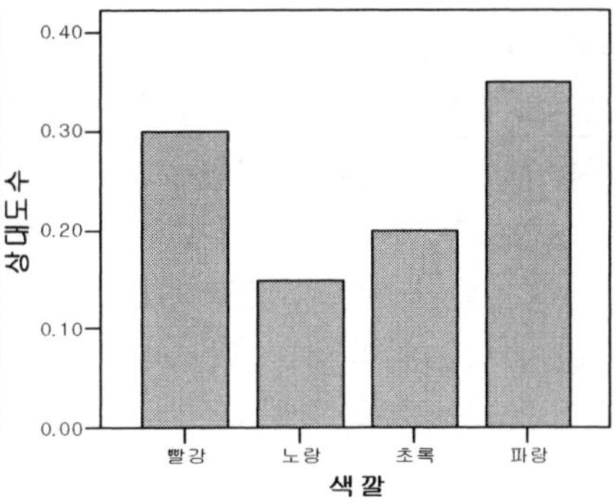

(2) 양적자료의 그림 표현

양적자료를 그림으로 표현하는 방법으로는 도수분포도(히스토그램, 도수다각형, 도수곡선), 누적도수분포도, 줄기-잎 그림, 파이그림 등이 있다. 파이그림은 질적자료와 함께 양적자료를 표현하는 방법으로 사용되기도 하는데, 이 때 질적자료에서 사용되는 각 범주의 영역에 대한 분류 설명은 양적자료에서는 계급이나 계급값으로 대체되어 사용된다.

□ 히스토그램

도수분포표에서 계급을 나타내는 구간을 밑변으로 하고, 계급에 대응되는 도수를 높이로 하여 직사각형을 만들어 연결한 것을 히스토그램(histogram) 또는 기둥그림표라 한다. 또한, 계급에 대응되는 도수 대신에 상대도수를 높이로 하여 작성한 그림을 상대도수 히스토그램(relative frequency histogram)이라 한다.

□ 도수다각형

도수분포 그래프에서 각 계급의 계급값과 그 계급의 도수에 대응하는 점들을 연결해서 얻은 꺾은선 그래프를 도수다각형(frequency polygon) 또는 도수절선이라 한다. 또한, 계급의 도수 대신에 상대도수를 이용하여 그린 그림을 상대도수다각형(relative frequency polygon)이라 한다.

□ 도수곡선

도수분포표에서 전체 자료의 총수가 무한히 많은 경우에 계급구간을 작게 하면 이 때의 도수다각형은 극한으로 어떤 곡선에 접근하게 되는데, 이러한 극한곡선을 도수곡선(frequency curve)이라 한다.

□ 누적도수분포도

도수분포표로부터 여러 가지 도수분포도를 만든 것과 같이 누적도수분포표로부터 누적도수분포도를 얻을 수 있다. 히스토그램에서 계급에 대응되는 도수 대신에 누적도수를 높이로 하여 작성한 그림을 누적히스토그램(cumulative histogram)이라 한다. 또한, 각 계급의 계급값과 그 계급의 누적도수에 대응하는 점들을 연결해서 얻은 그래프를 누적도수다각형(cumulative frequency polygon) 또는 누적도수절선도라고 하며, 이러한 누적도수다각형의 극한곡선을 누적도수곡선(cumulative frequency curve)이라 한다.

□ 줄기-잎 그림

주어진 자료들을 줄기 부분과 잎 부분으로 나누어서 표현한 것을 줄기-잎 그림(stem-and-leaf plot)이라 한다. 예를 들어 62, 33, 66, 95, 68, 80, 88, 64와 같은 일련의 자료가 주어졌을 때, 다음과 같이 각 자료값을 10의 자리까지 구분하여 나타내면 전체의 모양을 한눈에 파악할 수 있게 된다. 이 때 10의 자리가 줄기 부분이 되며, 1의 자리가 잎 부분이 된다.

```
9 | 5
8 | 0 8
7 |
6 | 2 4 6 8
5 |
4 |
3 | 3
```

줄기-잎 그림은 자료 전체의 모양 즉, 자료값들이 어느 정도 퍼져 있는가, 다른 대부분의 자료와 멀리 떨어진 자료값이 있는가, 자료값이 집중되어 있는지의 여부, 자료 전체가 어느 값을 중심으로 대칭적으로 퍼져 있는지의 여부, 전체 자료가 몇 개의 그룹으로 나누어져 있는가 등을 파악하는데 유용하게 사용되는 자료 요약방법이다. 이 때, 자료값을 어느 자리에서 줄기 부분과 잎 부분으로 나누는가에 대한 문제는 전체 자료값을 보고 적절히 정하면 된다.

줄기-잎 그림이 히스토그램과 다른 점은 히스토그램으로 자료를 정리한 경우 원자료에 대한 정보가 손실되지만 줄기-잎 그림에서는 원 자료의 정보를 그대로 가지고 있다는 점이다. 자료의 자릿수가 큰 경우에는 줄기-잎 그림으로 표현하는 것보다 히스토그램으로 표현하는 것이 더 바람직하다.

줄기-잎 그림을 작성하는 과정을 순서대로 살펴보기로 하자. 먼저, 자료를 줄기 부분과 잎 부분으로 나누어 줄기와 잎의 값을 정한 후 줄기를 나타내는 값을 크기 순서대로 세로로 나열하고, 그 오른쪽 옆에 수직선을 긋는다. 다음으로 각 줄기에 해당하는 잎의 값을 그 줄기의 오른쪽에 가로로 나열한다. 마지막으로 각 줄기에 나열된 잎의 값을 크기 순서대로 다시 배열한다.

예제 6

(예제 4)에서 작성한 도수 및 상대도수분포표와 누적 및 상대누적도수분포표를 이용하여

① 히스토그램을 그려라.
② 도수다각형을 그려라.
③ 누적도수다각형을 그려라.
④ 파이그림을 그려라.
⑤ 줄기-잎 그림을 그려라.

[풀이]

① 히스토그램

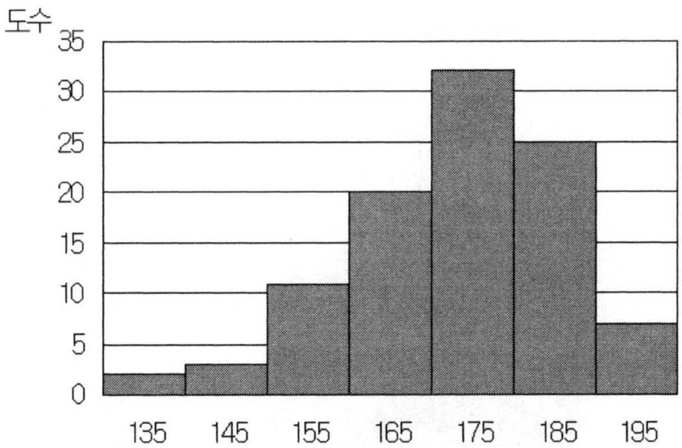

② 도수다각형

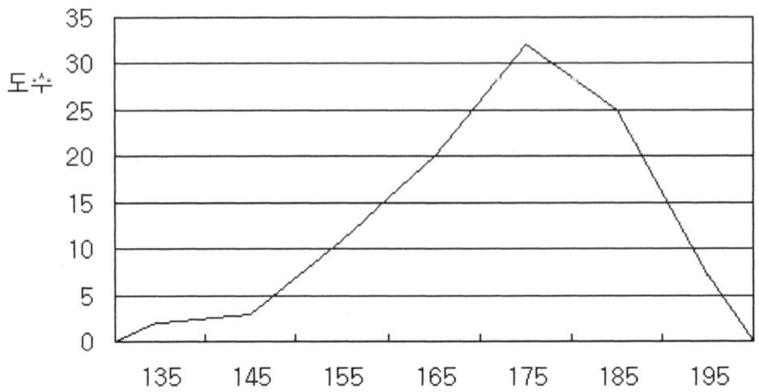

③ 누적도수다각형

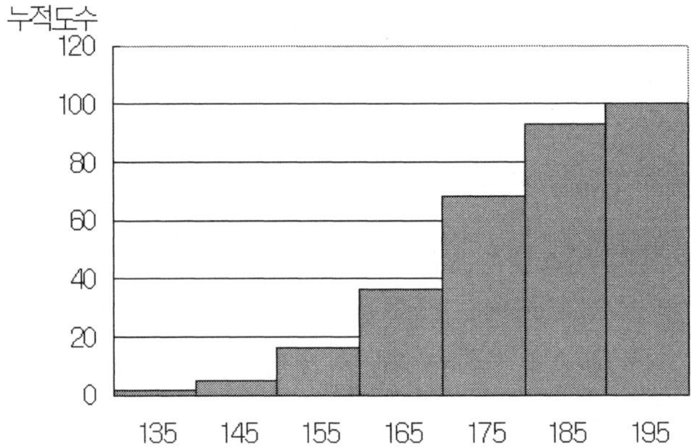

④ 파이그림

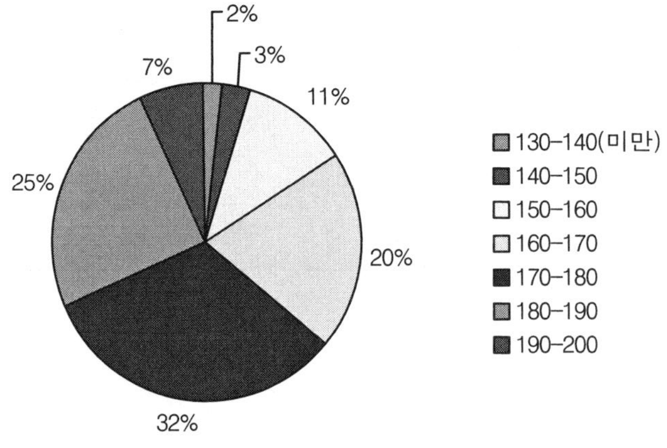

⑤ 줄기-잎 그림

줄기-잎 그림의 작성 과정에 따라 먼저 자료의 줄기부분으로 10의 자리를 선택하고, 그 다음 1의 자리를 잎 부분으로 정한다. 그리고 작성 과정 순서대로 줄기-잎 그림을 그려보면 다음과 같다.

```
19 | 0 4 6 7 2 5 6
18 | 6 0 3 5 7 7 8 0 2 6 6 0 3 7 0 1 2 4 0 0 8 4 7 0 2
17 | 6 9 7 6 4 6 8 5 4 3 6 4 2 6 2 2 3 8 5 5 8 9 8 7 3 9 2 9 6 4 6 5
16 | 8 3 5 3 0 4 9 0 4 7 6 6 8 0 6 0 3 5 6 8
15 | 2 7 8 6 6 0 7 2 8 8 7
14 | 1 0 5
13 | 5 4
```

➡ 잎의 값을 순서대로 재배열한다.

```
19 | 0 2 4 5 6 6 7
18 | 0 0 0 0 0 0 0 1 2 2 2 3 3 4 4 5 6 6 6 7 7 7 8 8
17 | 2 2 2 2 3 3 3 4 4 4 4 5 5 5 5 6 6 6 6 6 6 7 7 8 8 8 8 9 9 9 9
16 | 0 0 0 0 3 3 3 4 4 5 5 6 6 6 6 7 8 8 8 9
15 | 0 2 2 6 6 7 7 7 8 8 8
14 | 0 1 5
13 | 4 5
```

작성된 줄기-잎 그림을 보면 하나의 줄기에 너무 많은 잎이 붙어있음을 알 수 있다. 이러한 경우에는 줄기를 다음과 같이 두 부분으로 나누어 작성을 하면 자료의 특성을 더 잘 파악할 수 있다. 이를 세분화된 줄기-잎 그림이라고 한다.

```
줄기 잎                          #
 19 5667                         4
 19 024                          3
 18 5666777788                  10
 18 000000012223344             15
 17 555566666667788889999       21
 17 22223334444                 11
 16 55666678889                 11
 16 000033344                    9
 15 66777888                     8
 15 022                          3
 14 5                            1
 14 01                           2
 13 5                            1
 13 4                            1
     ----+----+----+----+-
     값 : (줄기.잎)*10**+1
```

SECTION 3.5 사회복지 자료에 대한 빈도분석

이 절에서는 실제 자료에 대하여 SPSS를 이용하여 자료를 요약하고 정리하는 빈도분석 방법에 대해서 설명하고자 한다.

예제 7

사회복지사 실태 조사와 관련된 실습자료인 실습자료.sav에서 응답한 사회복지사들의 성별 분포를 알기 위한 빈도분석을 실행하시오.

‖ SPSS 실행 방법 ‖

SPSS의 빈도분석 메뉴를 이용하면 앞에서 설명한 도수분포표와 다양한 형태의 그래프를 작성하여 데이터를 정리, 요약할 수 있다. SPSS에서 빈도분석을 실행하기 위해서 다음을 선택한다.

분석 ⇒ **기술통계량** ⇒ **빈도분석**

《빈도분석》 대화상자에서 다음과 같이 분석하고자 하는 변수인 성별을 변수로 지정한 다음 빈도표 표시를 선택하고, [확인]을 클릭하면 성별 변수에 대한 도수분포표를 얻을 수 있다.

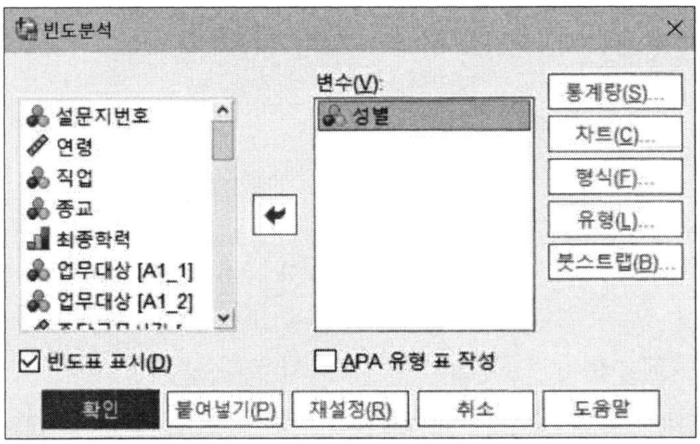

SPSS 실행 결과

통계량

성별

N	유효	50
	결측	0

성별

		빈도	퍼센트	유효 퍼센트	누적 퍼센트
유효	남자	25	50.0	50.0	50.0
	여자	25	50.0	50.0	100.0
	전체	50	100.0	100.0	

SPSS 실행결과 분석

응답자의 성별에 대한 빈도, 퍼센트, 유효퍼센트, 누적퍼센트로 이루어진 빈도표이다. 응답한 사회복지사들 중 25명(50.0%)은 남자이고 25명(50.0%)은 여자임을 알 수 있다. 여기서, 유효퍼센트는 시스템의 결측값을 제외하고 계산된 퍼센트를 의미하는데, 이 결과에서는 결측값이 없기 때문에 퍼센트와 유효퍼센트가 동일함을 알 수 있다.

참 고 사 항

만약 빈도분석을 하고자 하는 변수가 여러 개일 경우에는 《빈도분석》 대화상자에서 이 변수들을 모두 선택하여 ➡를 클릭한다. 그리고 빈도분석 메뉴를 이용하여 통계량과 도표를 함께 얻을 수 있다.

예제 8

사회복지사 실태 조사와 관련된 실습자료인 실습자료.sav에서 응답한 사회복지사들의 성별 분포를 알기 위한 막대그래프를 작성하시오.

SPSS 실행 방법

빈도분석 메뉴로부터 얻게 되는 《빈도분석》 대화상자에서 다음과 같이 분석하고자 하는 변수인 성별을 선택한 다음 [차트]를 클릭하면, 《빈도분석:차트》 대화상자가 나타난다. 여기서 빈도분석 결과를 도표 형태로 작성하기 위한 차트 유형을 지정할 수 있으며, 성별 변수에 대한 막대그래프를 작성하기 위해서는 차트유형 중 막대형 차트를 선택하면 된다.

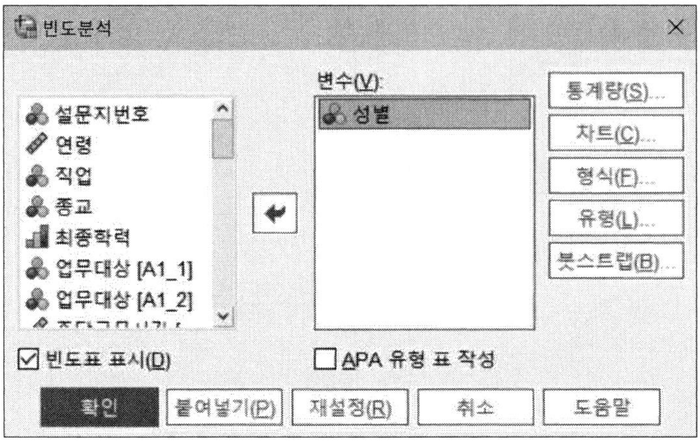
빈도분석
변수(V):
성별
통계량(S)...
차트(C)...
형식(F)...
유형(L)...
붓스트랩(B)...
설문지번호
연령
직업
종교
최종학력
업무대상 [A1_1]
업무대상 [A1_2]
빈도표 표시(D)
APA 유형 표 작성
확인
붙여넣기(P)
재설정(R)
취소
도움말

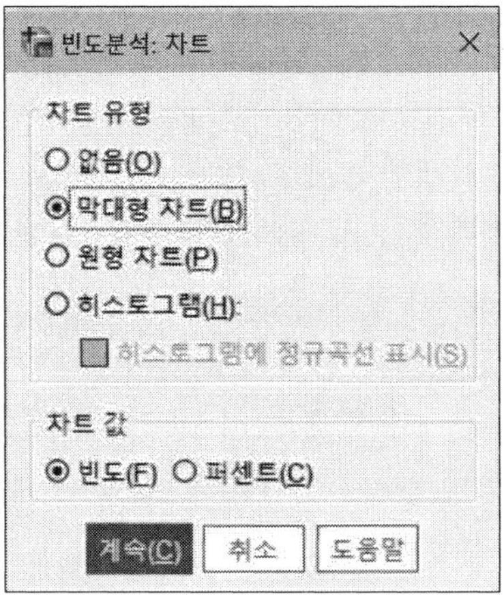
빈도분석: 차트
차트 유형
없음(O)
막대형 차트(B)
원형 차트(P)
히스토그램(H):
히스토그램에 정규곡선 표시(S)
차트 값
빈도(F)
퍼센트(C)
계속(C)
취소
도움말

‖ SPSS 실행 결과 ‖

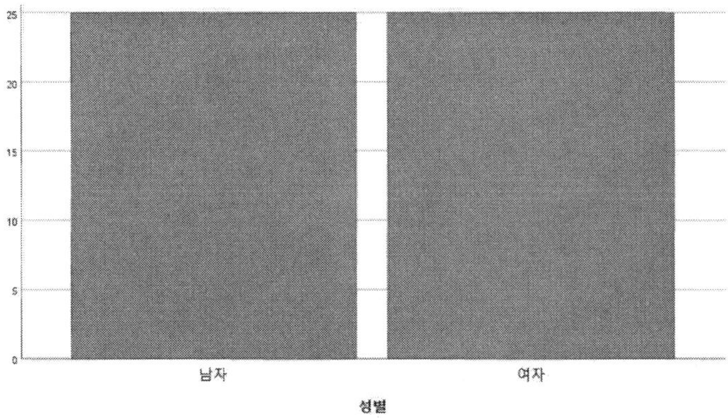
25
20
15
10
5
0
남자
여자
성별

참 고 사 항

《빈도분석:차트》 대화상자의 차트 유형에서 막대형 차트, 원형 차트, 히스토그램 중 하나를 지정할 수 있으며, 차트 유형을 지정하면, 도표를 작성하는데 사용될 차트 값을 빈도를 이용할 것인지 퍼센트를 이용할 것인지 지정할 수 있다. 또한, 차트 유형에서 히스토그램을 선택한 다음 히스토그램에 정규곡선표시를 지정하면, 작성되는 히스토그램과 함께 정규곡선을 표시할 수 있다.

예제 9

사회복지사 실태 조사와 관련된 실습자료인 실습자료.sav에서 응답한 사회복지사들의 종교 분포를 알기 위한 도수분포표와 파이그림을 작성하시오.

SPSS 실행 방법

조사에 응답한 사회복지사들의 종교에 대한 도수분포표와 파이그림을 작성하기 위해서 빈도분석 메뉴로부터 얻게 되는 《빈도분석》 대화상자에서 분석하고자 하는 변수인 종교를 선택하고, 빈도표 표시를 선택하면 도수분포표를 얻을 수 있다.
다음으로 파이그림을 작성하기 위해서 차트를 클릭하여 얻게 되는 《빈도분석:차트》 대화상자에서 원형 차트를 선택한 다음 [계속]을 클릭한다. 여기서는 원도표의 차트 값을 퍼센트로 지정하였다.

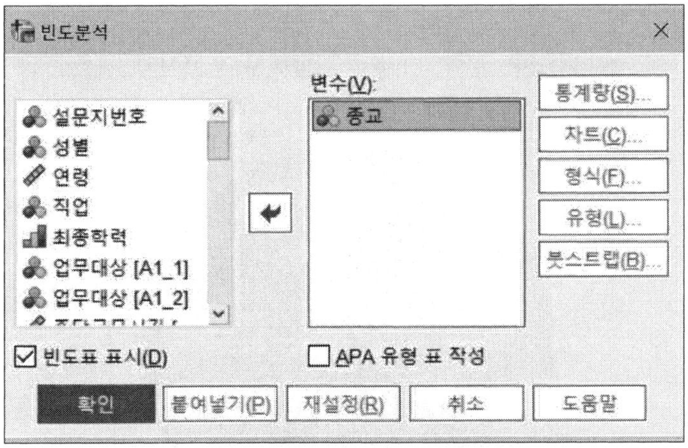

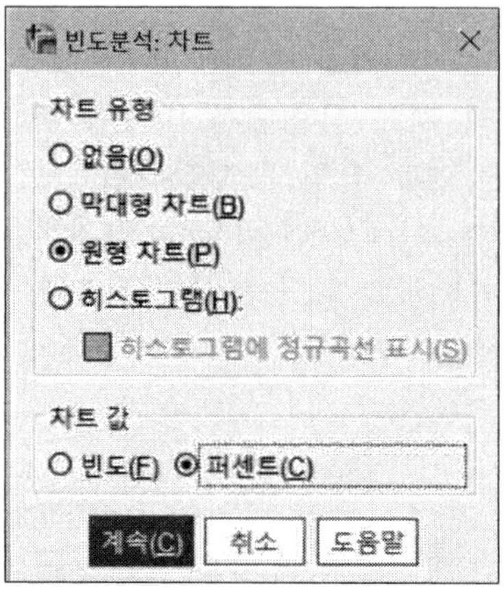

SPSS 실행 결과

종교

N	유효	50
	결측	0

종교

		빈도	퍼센트	유효 퍼센트	누적 퍼센트
유효	불교	15	30.0	30.0	30.0
	기독교	18	36.0	36.0	66.0
	천주교	12	24.0	24.0	90.0
	종교없음	5	10.0	10.0	100.0
	전체	50	100.0	100.0	

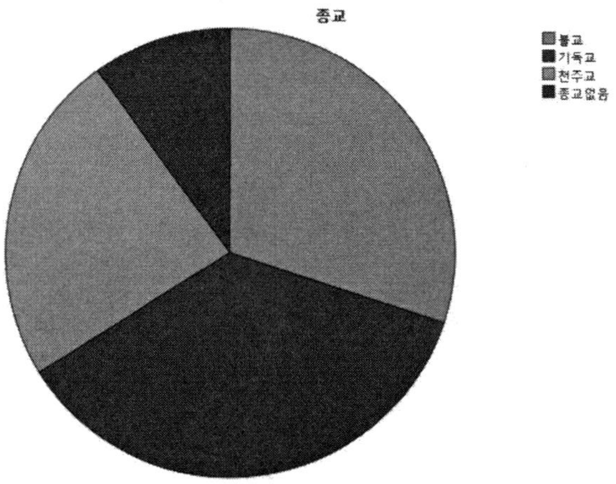

예제 10

사회복지사 실태 조사와 관련된 실습자료인 실습자료.sav에서 응답한 사회복지사들이 본인이 적절하다고 생각하는 연봉액에 대한 분포를 알기 위한 히스토그램과 정규곡선을 작성하시오.

‖ SPSS 실행 방법 ‖

히스토그래을 작성하기 위해서는 빈도분석 메뉴로부터 얻게 되는《빈도분석》대화상자의 차트를 클릭하여 나타나는《빈도분석:차트》대화상자에서 차트 유형 중 히스토그램을 선택하면 된다. 히스토그램을 선택한 다음 히스토그램에 정규곡선표시를 지정하면 작성되는 히스토그램과 함께 정규곡선을 표시할 수 있다. 여기서도 차트값으로 빈도를 사용할 것인지 퍼센트를 사용할 것인지를 지정할 수 있다.

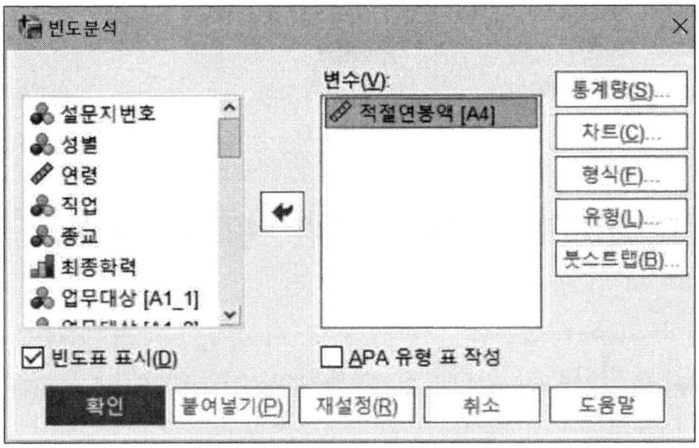

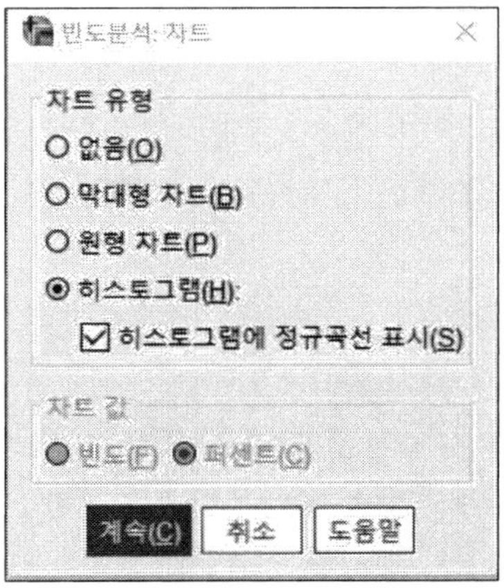

SPSS 실행 결과

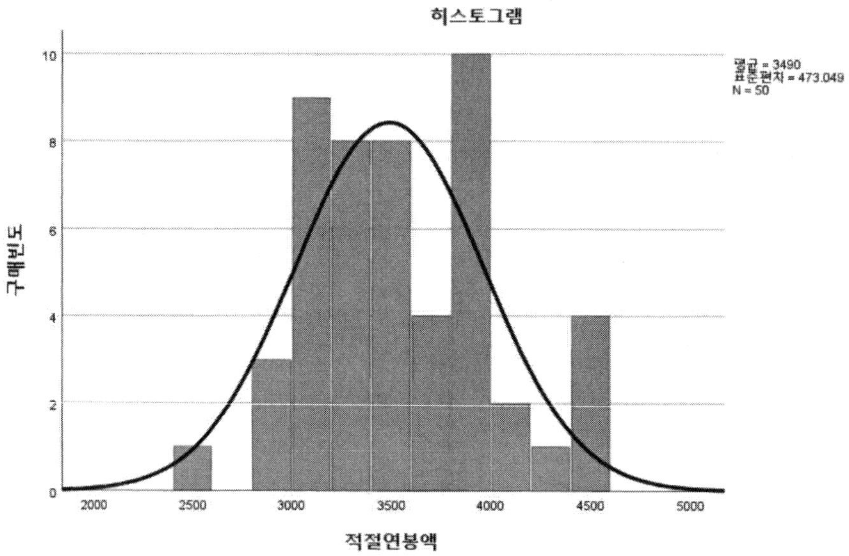

SECTION 3.6 사회복지 자료에 대한 다중응답 빈도분석

설문조사에서 하나의 설문에 대하여 2개 이상의 응답이 나오는 경우가 있는데, 이를 다중응답 문항이라고 한다. 이 절에서는 SPSS를 이용한 다중응답 빈도분석 방법에 대하여 살펴보고자 한다.

예제 11

사회복지사 실태 조사와 관련된 실습자료인 실습자료.sav에서 사회복지사들의 업무의 대상이 누군인지를 질문하는 문항은 다중응답문항이다. 업무대상 변수에 대한 도수분포표를 작성하시오.

SPSS 실행 방법

다중응답을 분석하기 위한 도수분포표를 작성하기 위해서는 다중응답변수군에 분석을 위한 다중응답변수를 생성해야 한다. 다중응답변수를 만들기 위하여 먼저 다음 메뉴를 선택한다.

분석 ⇒ 다중반응 ⇒ 변수군 정의

《다중반응 변수군 정의》 대화상자에서 변수군에 포함된 변수에 A1_1과 A1_2 변수를 지정한다. 업무대상 변수(A1_1, A1_2)는 범주형 변수이므로 코딩형식은 범주형(G)를 선택한 후 범위를 1에서 9와 같이 입력한다. 이름에 다중응답변수 이름을 A1이라 지정하고 레이블에 다중응답변수에 대한 설명으로 "업무대상"이라고 입력한다.

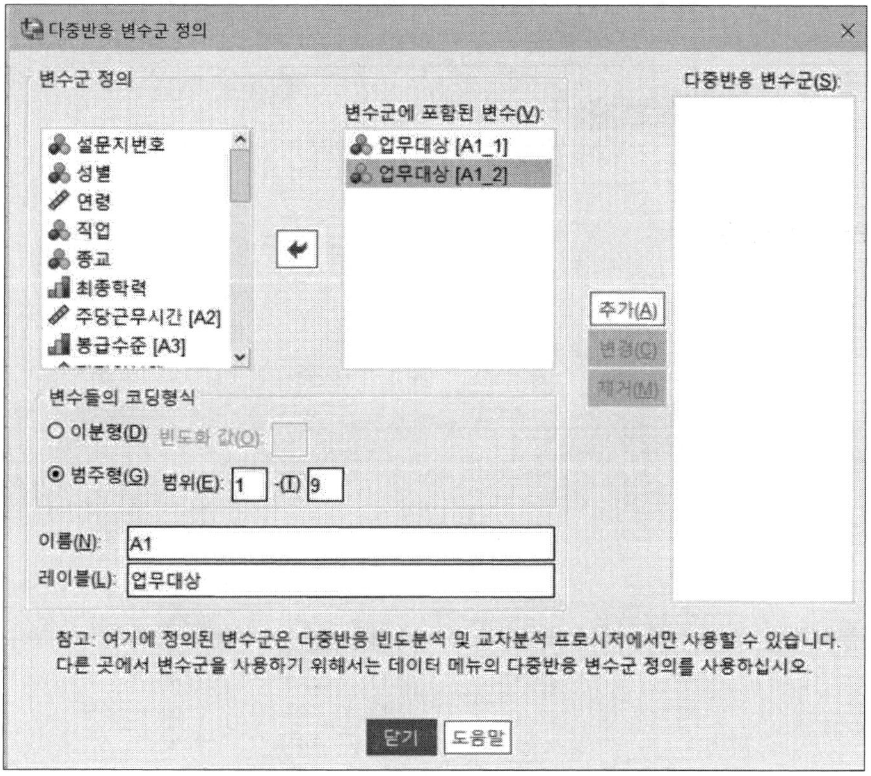

[추가]를 클릭하면, 다중반응 변수군에 $A1이 추가됨을 확인할 수 있으며, [닫기]를 클릭한다. 이와 같은 방법으로 다중응답변수를 생성한 후 다중응답 빈도분석을 수행하기 위하여 다음의 메뉴를 선택한다.

분석 ⇒ 다중반응 ⇒ 빈도분석

《다중반응 빈도분석》 대화상자에서 다중반응 변수군에 있는 변수 $A1을 표작성 반응군으로 이동시킨 후에 확인을 클릭하면 다중응답 빈도표를 얻을 수 있다.

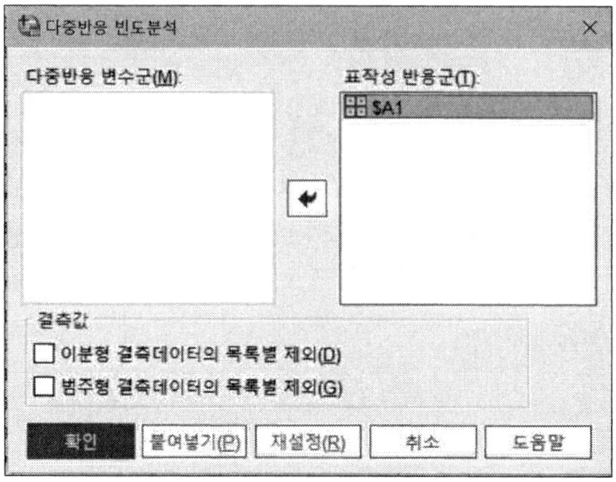

SPSS 실행 결과

케이스 요약

	케이스					
	유효		결측		전체	
	N	퍼센트	N	퍼센트	N	퍼센트
$A1[a]	50	100.0%	0	0.0%	50	100.0%

a. 범주형 변수 집단

$A1 빈도

		반응 N	반응 퍼센트	케이스 중 %
업무대상[a]	노인	5	5.0%	10.0%
	정신장애인	10	10.0%	20.0%
	장애인	13	13.0%	26.0%
	아동/청소년	3	3.0%	6.0%
	여성/부녀	8	8.0%	16.0%
	저소득/생보대상자	19	19.0%	38.0%
	사회/지역주민	21	21.0%	42.0%
	행정/정책	16	16.0%	32.0%
	기타	5	5.0%	10.0%
전체		100	100.0%	200.0%

a. 범주형 변수 집단

SPSS 실행 결과 분석

출력결과에는 반응에 기초한 퍼센트와 각 케이스에 대한 퍼센트가 출력된다. 예를 들어 사회/지역주민이 업무대상인 경우는 반응에 기초한 경우에는 21.0%이고, 케이스에 기초한 경우에는 42.0%인 것으로 나타났다.

예제 12

사회복지사 실태 조사와 관련된 실습자료인 실습자료.sav에서 응답한 사회복지사들의 직장만족도를 높이기 위해 개선이 필요한 항목(다중응답)에 대한 도수분포표를 작성하시오.

||| SPSS 실행 방법 |||

개선이 필요한 항목은 모두 8가지로 모든 응답항목을 변수(C1-C8)로 지정하고 각 변수에 0 또는 1의 값을 부여하여 다음과 같이 자료를 입력한다.

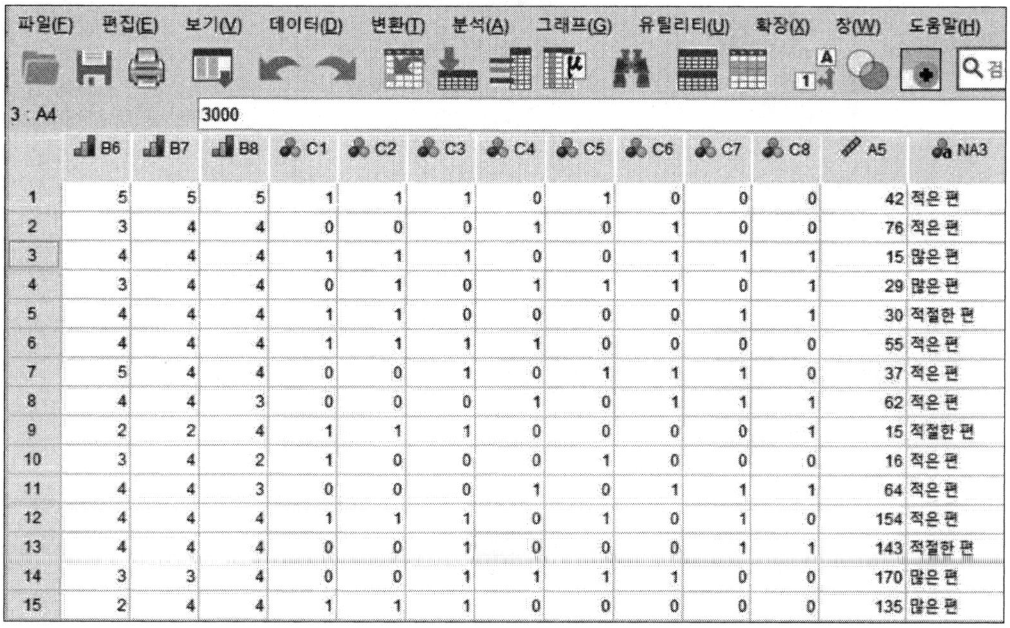

	B6	B7	B8	C1	C2	C3	C4	C5	C6	C7	C8	A5	NA3
1	5	5	5	1	1	1	0	1	0	0	0	42	적은 편
2	3	4	4	0	0	0	1	0	1	0	0	76	적은 편
3	4	4	4	1	1	1	0	0	1	1	1	15	많은 편
4	3	4	4	0	1	0	1	1	1	0	1	29	많은 편
5	4	4	4	1	1	0	0	0	0	1	1	30	적절한 편
6	4	4	4	1	1	1	1	0	0	0	0	55	적은 편
7	5	4	4	0	0	1	0	1	1	1	0	37	적은 편
8	4	4	3	0	0	0	1	0	1	1	1	62	적은 편
9	2	2	4	1	1	1	0	0	0	0	1	15	적절한 편
10	3	4	2	1	0	0	0	1	0	0	0	16	적은 편
11	4	4	3	0	0	0	1	0	1	1	1	64	적은 편
12	4	4	4	1	1	1	0	1	0	1	0	154	적은 편
13	4	4	4	0	0	1	0	0	0	1	1	143	적절한 편
14	3	3	4	0	0	1	1	1	1	0	0	170	많은 편
15	2	4	4	1	1	1	0	0	0	0	0	135	많은 편

위 자료를 살펴보면 첫 번째 응답자는 직장만족도를 높이기 위해 개선이 필요한 항목으로 C1(업무 내용의 적합성), C2(직장동료와의 관계), C3(직장상사와의 관계), C5(의견수렴, 의사결정구조 체계)를 선택했다는 것을 알 수 있다.

다중응답에 대한 도수분포표를 작성하기 위해서 먼저 다음 메뉴를 선택하여 다중응답변수를 생성해보자.

분석 ⇒ **다중반응** ⇒ **변수군 정의**

《다중반응 변수군 정의》 대화상자에서 변수군에 포함된 변수에 C1부터 C8까지의 변수를 선택하고, 개선이 필요한 항목 변수(C1-C8)는 이분형 변수이므로 변수들의 코딩형식에서 이분형(D)를 선택한 후 빈도화 값에 1을 입력한다. 이름에 다중응답 변수 이름을 C라 지정하고 레이블에 다중응답변수에 대한 설명으로 "직장만족도를 높이기 위해 개선이 필요한 사항"이라고 입력한다.

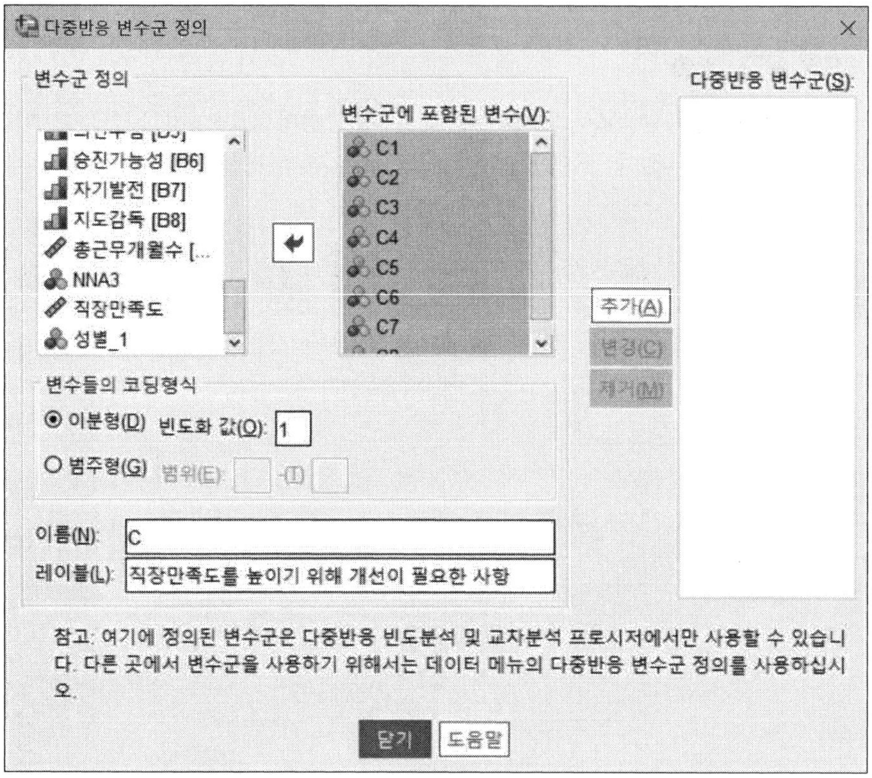

[추가]를 클릭하고, 다중반응 변수군에 $C가 추가되면 [닫기]를 클릭한다. 다중응답 변수를 만든 후에 다중응답 빈도분석을 수행하기 위하여 다음의 절차를 선택한다.

분석 ⇒ 다중반응 ⇒ 빈도분석

《다중반응 빈도분석》 대화상자에서 다중반응 변수군에 있는 변수 $C를 표작성 반응군으로 이동한 후 [확인]을 클릭하면 다중응답 빈도표를 얻을 수 있다.

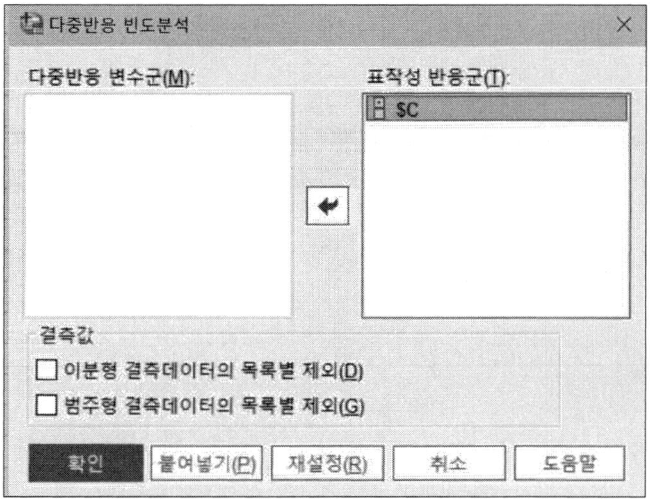

‖ SPSS 실행 결과 ‖

케이스 요약

	케이스					
	유효		결측		전체	
	N	퍼센트	N	퍼센트	N	퍼센트
$C[a]	50	100.0%	0	0.0%	50	100.0%

a. 값 1을(를) 가지는 이분형 변수 집단입니다.

$C 빈도

		반응		케이스 중 %
		N	퍼센트	
직장만족도를 높이기 위해 개선이 필요한 사항[a]	C1	25	12.8%	50.0%
	C2	26	13.3%	52.0%
	C3	26	13.3%	52.0%
	C4	21	10.7%	42.0%
	C5	22	11.2%	44.0%
	C6	26	13.3%	52.0%
	C7	25	12.8%	50.0%
	C8	25	12.8%	50.0%
전체		196	100.0%	392.0%

a. 값 1을(를) 가지는 이분형 변수 집단입니다.

Chapter 4

중심경향 및 산포

대표값

산포도

상대적 위치 표현

상자그림과 5점요약표시

사회복지 자료에 대한 기술통계

데이터 탐색을 활용한 사회복지 자료분석

3장에서 다룬 표나 그림에 의한 자료의 정리 방법은 하나의 자료에 대하여 여러 개의 표현이 가능하여 자료를 분석하는데 주관적인 판단이 개입될 수 있다는 단점을 가지고 있다. 이러한 단점을 보완하기 위하여 자료의 특성을 잘 나타내주는 수치적인 측도를 사용하게 되는데 수치적 측도에는 중심위치를 나타내는 대표값과 흩어진 정도를 나타내는 산포도, 비대칭의 정도를 나타내는 왜도와 뾰족함의 정도를 나타내는 첨도가 있다. 이 장에서는 이러한 수치적인 측도들을 이용하여 자료를 수치적으로 표현하는 방법을 설명하고자 한다.

SECTION 4.1 대표값

주어진 자료가 어떤 값을 중심으로 분포되어 있는가를 나타내는 측도인 대표값(representative value)에는 평균, 중위수, 최빈수 등이 있다. 이러한 대표값들 중에서 어느 것을 선택하여 이용할 것인가는 주어진 통계집단의 특성에 따라 신중히 고려해야 한다.

(1) 평균

평균(mean)에는 산술평균, 기하평균, 조화평균, 평방평균 등이 있는데 우리가 일반적으로 다루는 평균은 산술평균(arithmetic mean)을 의미한다.

산술평균은 중심위치를 나타내는 측도로서 매우 중요할 뿐만 아니라 통계적 추론을 하는데 있어서도 좋은 성질을 가지고 있다. 기하평균(geometric mean)은 비율의 대표값으로 인구변동율, 물가상승율 등을 구하는데 이용되며, 조화평균(harmonic mean)은 역수를 취하여 계산하는 대표값으로 시간에 따라 변하는 변량, 속도, 상품의 시세 등의 단위당 평균을 산출하는 데 이용된다. 또한, 평방평균(quadratic mean)은 자료들의 제곱을 평균하여 그 제곱근으로 계산되는 대표값이다.

일반적으로 가장 많이 사용되고 있는 산술평균은 양적자료에만 사용되며, 자료들을 모두 합해서 그 자료의 개수로 나누어 계산하게 된다. 예를 들어 자료 값들이 10, 20, 30, 40, 50과 같이 주어졌을 때, 평균은 다음과 같이 계산된다.

$$\text{평균} = \frac{10+20+30+40+50}{5} = 30$$

이들을 수학적 표현을 이용하여 일반화 시켜보기로 하자. 주어진 n개의 자료들을

$x_1, x_2, \cdots, x_n$ 이라 표기하면, 평균 $\bar{x}$ (엑스 바)는 다음과 같이 정의된다.

$$\bar{x} = \frac{1}{n}\sum_{i=1}^{n} x_i = \frac{1}{n}(x_1 + x_2 + \cdots + x_n)$$

위의 식에서 $\sum_{i=1}^{n} x_i$ 는 x_1 에서 x_n 까지의 자료 값들을 모두 합하는 표현이다. 평균은 자료 값들 중에 매우 크거나 작은 극단값(outlier)이 존재할 때, 이 극단값에 영향을 많이 받는다.

(2) 중위수와 사분위수

□ 중위수

자료 값들을 크기순으로 배열하였을 때 중앙에 위치하는 값을 중위수(median) 또는 중앙값이라 하고, Me 로 표기한다. 예를 들어 자료 값들이 20, 10, 40, 30, 100과 같이 주어졌을 때, 우선 자료 값들을 크기순으로 다음과 같이 배열한다.

10, 20, 30, 40, 100

위와 같이 자료의 수가 홀수인 경우는 중앙에 위치한 값은 세 번째 위치한 30이라는 사실을 쉽게 알 수 있다. 그러나 만약 80이라는 자료가 위의 자료에 추가되면

10, 20, 30, 40, 80, 100

와 같이 되는데, 이 경우는 자료의 수가 짝수가 되어 중앙에 위치한 값이 없으므로 세 번째와 네 번째 위치한 30과 40의 평균 35를 중위수로 정의한다.

일반적으로 n 개의 자료 $x_1, x_2, \cdots, x_n$ 을 크기순으로 배열하였을 때, 중위수는 다음과 같다.

- n 이 홀수일 때 : $\frac{n+1}{2}$ 번째 자료값
- n 이 짝수일 때 : $\frac{n}{2}$ 번째 자료값과 $\frac{n}{2}+1$ 번째 자료값의 평균

중위수는 자료의 수가 작은 경우에 간단하게 구할 수 있어서 산업현장에서 사용하기가 편리하지만, 자료의 수가 너무 많으면 중위수를 구하기가 쉽지 않은 경우도 있다. 그리고 극단값이 존재할 때 중위수는 평균보다 극단값에 영향을 받지 않지만, 자료 전체의 정보를 충분히 이용하지 못하는 단점을 가지고 있다. 따라서 극단값이 존재하는 경우를 제외하고는 대개의 경우 평균을 많이 사용한다.

□ 사분위수

자료값들을 크기순으로 배열하였을 때 전체 자료를 사등분하는 위치의 값을 사분위수(quartile)라 한다. 그 중 첫 번째를 제1사분위수라 하며 Q_1으로 표기하고, 세 번째를 제3사분위수라 하며 Q_3로 표기한다. 두 번째를 제2사분위수라 하며 Q_2로 표기하는데 이는 중위수에 해당된다. 예를 들어 자료 값들이 크기순으로

10, 20, 30, 40, 50, 60, 70

과 같이 주어졌을 때, 자료를 중위수를 기준으로 하여 두 그룹으로 이등분하는데 자료의 수가 홀수인 경우에는 다음과 같이 양쪽 모두에 중위수 40을 포함시킨다.

10, 20, 30, **40**	**40**, 50, 60, 70

이 때, 제1사분위수 Q_1은 첫 번째 그룹에서의 중앙에 위치한 값 20과 30의 평균인 25가 된다. 그리고 제3사분위수 Q_3는 두 번째 그룹에서의 중앙에 위치한 값 50과 60의 평균인 55가 된다. 위의 예에 자료 80이 추가되어 자료의 수가 짝수인 경우에는 다음과 같이 자료를 이등분한다.

10, 20, 30, 40	50, 60, 70, 80

이 때, 중위수는 40과 50의 평균인 45가 되며, 제1사분위수 Q_1은 첫 번째 그룹에서의 중앙에 위치한 값 20과 30의 평균인 25가 된다. 그리고 제3사분위수 Q_3는 두 번째 그룹에서의 중앙에 위치한 값 60과 70의 평균인 65가 된다.

(3) 최빈수

자료값 중에서 출현도수가 가장 많은 값을 최빈수(mode) 또는 최빈값이라 하고, Mo로 표기한다. 최빈수는 질적자료나 양적자료 모두에 사용되고 있으나, 주로 질적자료에서 더 많이 사용되고 있다.

질적자료의 예로 3장의 [예제 3]을 생각해 보자. 어느 유치원의 유치원생 20명들 중에서 파랑 색깔을 좋아하는 아동이 7명으로 가장 많은 도수를 가지고 있으므로 파랑 색깔이 최빈수가 된다. 또한, 양적자료의 예로 3장의 [예제 4]를 생각해 보자. 어느 지역의 사회복지사들의 지난달 월급에 대한 양적자료에서는 176(만원)과 180(만원)이 각각 7명으로 가장 많은 도수를 가지고 있으므로 176(만원)과 180(만원)이

최빈수가 된다. 이 예에서 우리는 최빈수가 반드시 하나만 존재하는 것이 아님을 알 수 있다.

최빈수는 도수분포곡선에서는 최고봉에 해당하는 변량의 값으로 가장 이해하기 쉬운 대표값이며, 반드시 하나만 존재하는 것은 아니다. 주로 의류업계에서 기성복의 치수를 정할 때 이용하고 있다.

(4) 대표값들 사이의 관계

산술평균($\overline{x}$), 중위수(Me), 최빈수(Mo) 사이에는 도수분포도가 단봉형으로 극히 비대칭이 아닐 때

$$\overline{x} - Mo \approx 3(\overline{x} - Me)$$

와 같은 "피어슨의 실험 공식"이 성립된다. 또한, 도수분포도의 모양에 따른 $\overline{x}$와 Me 및 Mo 사이의 관계를 살펴보면 다음과 같다.

첫째, 도수분포가 완전히 대칭인 경우 $\overline{x} = Me = Mo$인 관계가 성립된다.

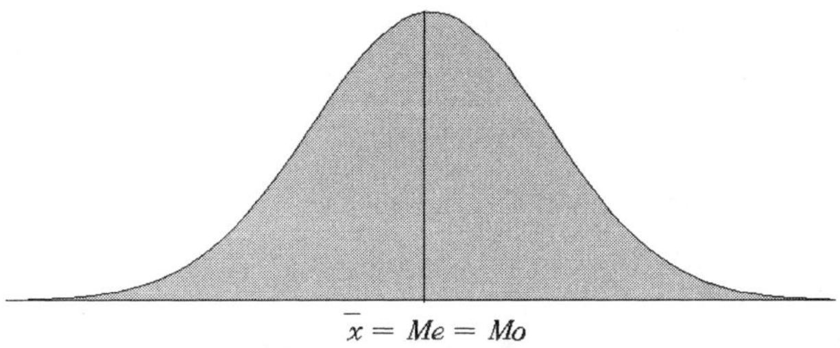

둘째, 도수분포가 왼쪽으로 꼬리가 길게 늘어진 분포의 경우 $\overline{x} < Me < Mo$인 관계가 성립된다.

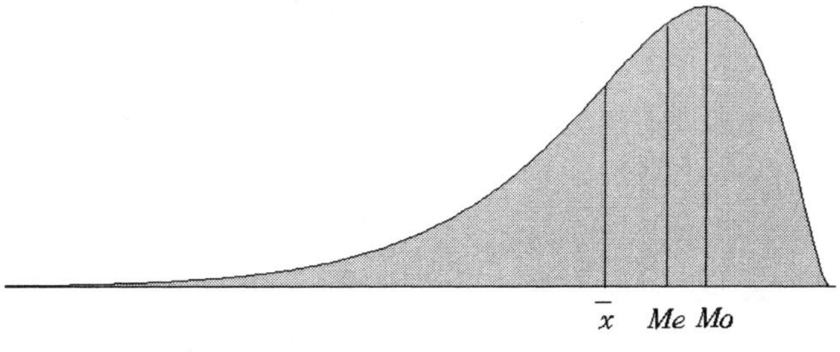

셋째, 도수분포가 오른쪽으로 꼬리가 길게 늘어진 분포인 경우 $\bar{x} > Me > Mo$ 인 관계가 성립된다.

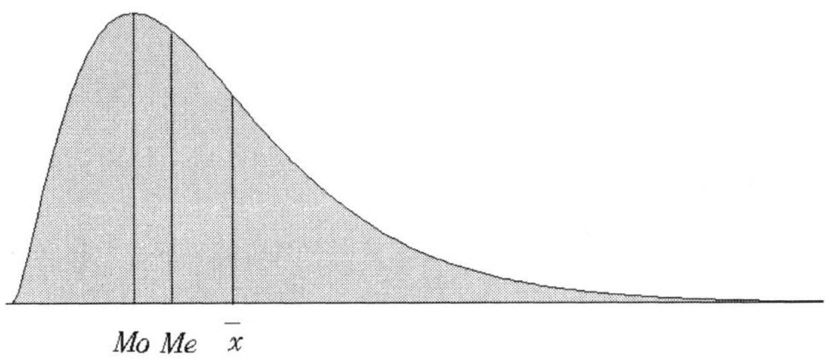

예제 1

어느 평가기관에서 A지역에 있는 사회복지시설을 100점 만점으로 평가한 점수가 다음과 같다.

60,	64,	71,	80,	90,	64,	68,	73,	76,	80,
84,	84,	76,	86,	87,	92,	96,	89,	92,	76

① 산술평균을 구하여라.
② 중위수를 구하여라.
③ 최빈수를 구하여라.
④ 사분위수를 구하여라.

[풀이]

① $\bar{x} = \frac{1}{20}(60 + 64 + \cdots + 76) = 79.4$

② 20개의 자료를 크기순으로 나열하면 다음과 같다.

60, 64, 64, 68, 71, 73, 76, 76, 76, 80,
80, 84, 84, 86, 87, 89, 90, 92, 92, 96

따라서 $Me = \frac{1}{2}(80 + 80) = 80$ 이다.

③ 자료 76이 가장 큰 빈도수 3을 가지므로 최빈수는 76이 된다.

④ 크기순으로 나열된 자료를 중위수를 기준으로 하여 두 그룹으로 이등분하면 다음과 같다. 따라서, 사분위수는 다음과 같이 구해질 수 있다.

60, 64, 64, 68, 71, 73, 76, 76, 76, 80	80, 84, 84, 86, 87, 89, 90, 92, 92, 96

$$Q_1 = \frac{1}{2}(71 + 73) = 72$$

$$Q_2 = Me = 80$$

$$Q_3 = \frac{1}{2}(87 + 89) = 88$$

SECTION 4.2 산포도

집단의 특성을 하나의 수치인 대표값으로 표현하는데 있어서 "대표값이 같다"는 것이 집단의 분포 상태도 같음을 의미하는 것은 아니다. 다시 말해서, 이는 자료들이 대표값을 중심으로 집중되어 있을 수도 있고 넓게 퍼져 있을 수도 있다는 것을 의미한다. 따라서 대표값만으로 자료의 분포 상태를 충분히 파악할 수 없으므로 자료를 정확하게 분석하기 위해서는 자료들이 그 대표값 주위에 어떻게 분포되어 있는가를 계량하는 측도인 산포도(dispersion)를 파악해야 한다. 또한, 분포의 대칭이나 비대칭의 정도를 나타내는 측도인 왜도(skewness)와 뾰족함의 정도를 나타내는 측도인 첨도(kurtosis)를 알게 되면 분포의 모양을 정확히 파악할 수 있다.

각 자료 x_i와 평균 $\bar{x}$와의 차 $(x_i - \bar{x})$를 평균에 대한 편차(deviation)라고 하며, 그 크기는 자료 x_i가 $\bar{x}$로부터 얼마나 멀리 떨어져 있는가를 나타내는 측도이다. 그러나 편차들의 합은 0이므로 편차들의 합으로서 자료가 퍼져 있는 정도를 나타낼 수는 없다.

따라서 편차들의 절대값의 합 또는 편차의 제곱합을 산포의 측도로 사용하게 되는데, 이 때 절대값의 합을 이용하여 평균편차를 정의할 수 있고, 제곱합을 이용하여 분산을 정의할 수 있다. 산포도의 종류에는 범위, 분산, 표준편차, 사분위범위 등이 있다.

(1) 범위와 사분위범위

❐ 범위

자료들 중에서 가장 큰 값과 가장 작은 값의 차이를 범위(range)라 하며, 범위는 자료의 흩어진 정도를 측정하는 가장 간단한 측도이다. 예를 들어 자료값들이 20, 10, 40, 30, 60과 같이 주어졌을 때, 범위는 다음과 같이 계산된다.

$$범위 = 60 - 10 = 50$$

일반적으로 주어진 n개의 자료 $x_1, x_2, \cdots, x_n$ 중에서 최대값을 $x_{\max}$, 최소값을 $x_{\min}$으로 표기하면, 범위 R은 다음과 같이 정의된다.

$$R = x_{\max} - x_{\min}$$

범위는 가장 쉽게 구할 수 있으며, 자료의 수가 많지 않을 때 산포도에 대한 좋은 추정치가 되므로 품질관리 등 산업현장에서 많이 이용되고 있다. 그러나 범위는 극단값이 있는 경우 영향을 많이 받으므로 매우 불안정한 산포도이다.

❒ 사분위범위

범위는 자료의 두 극단적인 값의 차이만을 나타내기 때문에 자료의 산포를 나타내기에 불충분하다는 단점이 있는데, 이를 보완하기 위한 측도로서 사분위범위(interquartile range)가 있다. 사분위범위는 제3사분위수와 제1사분위수의 차이로 정의되며, IQR로 표기한다.

$$IQR = Q_3 - Q_1$$

예를 들어 [예제 1]에서 구한 사분위수를 이용하여 사분위범위를 구해보자. 제1사분위수가 72이고 제3사분위수가 88이므로 사분위범위는 다음과 같다.

$$IQR = 88 - 72 = 16$$

사분위범위를 응용한 자료표현 방법으로 상자그림(box plot)이 있다.

(2) 분산 및 표준편차

❒ 분산

편차의 합 대신에 편차의 제곱합을 이용하는 분산과 표준편차는 산포의 측도로서 가장 많이 쓰이고 있다. 우선 예를 들어 자료 값들이

10, 20, 30, 40, 50

과 같이 주어졌을 때, 각 자료값과 평균과의 차이인 편차를 구해 보기로 하자. 주어진 자료의 평균이 30이므로 각 자료 값들과의 편차는 다음과 같이 구해진다.

-20, -10, 0, 10, 20

편차의 값은 항상 자료의 개수만큼 존재하게 되므로 이러한 값들을 하나의 값으로

나타내기 위한 방법으로 편차의 합을 생각해볼 수 있으나 위 자료에서 보는 바와 같이 편차를 모두 더하면 0이 된다.

물론 위의 자료뿐만 아니라 다른 자료도 마찬가지로 평균에 대한 편차의 합은 항상 0이 된다는 사실 때문에 산포도의 측도로써 편차의 합을 이용할 수 없다. 따라서 편차의 합 대신에 편차의 제곱합을 사용할 수 있는데 이 때, 편차의 제곱합은 자료의 수가 증가함에 따라 점점 커지기 때문에 그 자체로서는 산포의 측도가 되지 못한다. 따라서 편차의 제곱합을 자료의 수로 나누어서 산포의 측도로 사용하게 되는데, 이를 분산(variance)이라 한다.

자료가 모집단자료인지 표본자료인지에 따라 분산과 표준편차는 다르게 정의되는데 여기서는 자료가 표본인 경우에 대해서 분산을 정의해보고자 한다.

주어진 자료가 $x_1, x_2, \cdots, x_n$일 때 표본분산을 s^2은 다음과 같이 정의된다.

$$s^2 = \frac{1}{n-1}\sum_{i=1}^{n}(x_i - \overline{x})^2$$

여기서, 표본분산을 계산할 때, 자료의 수 n 대신에 $n-1$을 사용하는 이유는 모분산의 통계적 추론을 할 때 좋은 성질을 가지고 있기 때문이다. 이에 대한 설명은 일반통계학의 수준을 벗어나므로 여기서는 생략하기로 한다.
앞에서 구한 편차들을 제곱하여 분산을 구해 보면 다음과 같다.

$$\begin{aligned} s^2 &= \frac{1}{5-1}\{(-20)^2 + (-10)^2 + 0^2 + (10)^2 + (20)^2\} \\ &= 250 \end{aligned}$$

❐ 표준편차

편차의 제곱합으로 이루어진 분산의 양의 제곱근인 s를 표준편차(standard deviation)라 하는데, 이는 다음과 같이 정의된다.

$$s = \sqrt{\frac{1}{n-1}\sum_{i=1}^{n}(x_i - \overline{x})^2}$$

분산의 예에서 구한 $s^2 = 250$으로부터 표준편차를 구해 보면 다음과 같다.

$$s = \sqrt{250} = 15.81$$

분산과 표준편차는 편차의 제곱으로 계산된 것이므로 극단값이 존재하는 경우에 영향을 많이 받는다.

(3) 변이계수

표준편차의 산술평균에 대한 상대적 크기를 나타내는 측도를 변이계수(coefficient of variation) 또는 변동계수라 하며, 변이계수의 제곱을 상대분산(relative variance)이라 한다. 변이계수는 여러 다른 종류의 통계집단이나 동종의 집단일지라도 평균이 크게 다를 때 산포를 비교하기 위한 측도로 쓰이며 보통 백분율로 나타낸다. 산술평균을 $\bar{x}$, 표준편차를 s라 할 때, 변이계수 V_c는 다음과 같이 정의된다.

$$V_c = \frac{s}{\bar{x}} \times 100\,(\%)$$

예를 들어, 어느 노인복지시설에서 경력 10년 이상인 사회복지사들과 신입 사회복지사들의 연봉(단위 : 만원)을 조사하여 다음과 같은 결과를 얻었다고 하자.

구분	연봉평균($\bar{x}$)	표준편차(s)
경력 10년 이상인 사회복지사	4,000	300
신입 사회복지사	2,500	250

위의 표로부터 산포를 비교할 때, 단순히 평균과 표준편차를 사용하는 것은 의미가 없다. 왜냐하면, 경력 10년 이상인 사회복지사들의 연봉평균이 신입 사회복지사들의 평균 연봉보다 훨씬 많기 때문에 이로 인해서 분산과 표준편차가 따라서 커지기 때문이다. 이 때, 변이계수를 사용하게 되면 이러한 효과를 없앨 수 있으므로 경력 10년 이상인 사회복지사들과 신입 사회복지사들의 연봉평균에 대한 변이계수를 각각 구해 보면 다음과 같다.

경력 10년 이상인 사회복지사들의 변이계수 : $V_c = \dfrac{300}{4,000} \times 100 = 7.5\,(\%)$

신입 사회복지사들의 변이계수 : $V_c = \dfrac{250}{2,500} \times 100 = 10\,(\%)$

신입 사회복지사들의 연봉에 대한 표준편차가 작게 나타났음에도 불구하고, 변이계수는 신입 사회복지사들이 경력 10년 이상인 사회복지사들보다 더 크게 나타나고 있다. 이로부터 신입 사회복지사들의 연봉이 경력 10년 이상인 사회복지사들의 연봉보다 연봉평균을 중심으로 더 흩어져 있음을 알 수 있다.

예제 2

어느 사회복지사가 지난 12일 동안 지역주민들을 대상으로 사회복지 시설사용에 대하여 상담을 실시한 횟수는 다음과 같다.

10,	11,	12,	13,	12,	14,	13,	11,	13,	12,	12,	11

① 범위를 구하여라.
② 사분위범위를 구하여라.
③ 각 자료 값들의 편차를 구하여, 편차의 합이 0이 됨을 보여라.
④ 편차의 제곱합을 이용하여 분산을 구하여라.
⑤ 표준편차를 구하여라.
⑥ 변이계수를 구하여라.

[풀이]

① $R = 14 - 10 = 4$

② 먼저 12개의 자료를 크기순으로 나열한다.

10, 11, 11, 11, 12, 12	12, 12, 13, 13, 13, 14

$Q_1 = 11$, $Q_2 = 12$, $Q_3 = 13$ 이므로 $IQR = 13 - 11 = 2$ 이 된다.

③ $\bar{x} = \frac{1}{12}(10 + 11 + \cdots + 11) = 12$ 이므로 각 자료 값에 대한 편차와 그 제곱을 구해 보면 다음과 같다.

자 료	편 차	편차의 제곱
10	10-12=-2	4
11	11-12=-1	1
12	12-12=0	0
13	13-12=1	1
12	12-12=0	0
14	14-12=2	4
13	13-12=1	1
11	11-12=-1	1
13	13-12=1	1
12	12-12=0	0
12	12-12=0	0
11	11-12=-1	1
총 계	0	14

④ 편차의 제곱합이 14이므로 분산은 다음과 같이 구해진다.

$$s^2 = \frac{1}{12-1} \times 14 = 1.273$$

⑤ $s = \sqrt{1.273} = 1.128$

⑥ $V_c = \frac{1.128}{12} \times 100 = 9.4(\%)$ ■

SECTION 4.3 상대적 위치 표현

앞에서 다룬 대표값이나 산포도만으로 어떤 자료의 상대적 위치를 알아내기란 쉽지 않다. 이 때, 주어진 자료에 대하여 어떤 특정한 자료값이 어떤 위치에 있는가를 알아낼 수 있는 측도가 필요한데, 이 측도를 상대적 위치 측도(measure of relative standing)라 한다. 상대적 위치 측도에는 사분위수, 백분위수, z점수 등이 있다.

(1) 백분위수

자료값들을 크기순으로 배열하였을 때 자료를 100 등분하는 수를 백분위수(percentiles)라 한다. 자료값 중 p%가 그 값보다 작거나 같고, $(100-p)$%가 그 값보다 크거나 같게 하는 값을 제p백분위수라 한다.

앞에서 다룬 사분위수를 확대한 개념으로 자료의 수가 대략 30보다 큰 경우에 사용되며, 제1사분위수는 제25백분위수, 중위수는 제50백분위수, 제3사분위수는 제75백분위수에 해당된다.

(2) z점수

자료의 평균과 표준편차를 알고 있을 때, 어떤 특정한 자료값이 표준편차의 몇 배만큼 떨어져 있는가를 측정하는 측도로 z점수(z-score)가 있다. 어떤 자료들의 평균을 $\overline{x}$, 표준편차를 s라 할 때, 특정한 하나의 자료 x의 z점수는 다음과 같이 정의된다.

$$z = \frac{x - \overline{x}}{s}$$

z점수와 같은 표준점수(standard score)들은 모집단이나 표본 내에 속해 있는 개개의 자료 값들의 위치를 나타내는 측도로 이용된다. 이런 의미에서 표준점수들은 백분율과 비슷하며, 주로 사회학이나 교육학 및 심리학에서 이용되고 있다.

예를 들어, 어느 해에 특정 지역에 속해 있는 학교에 근무하는 모든 교사들의 평균

연령이 41세이고 표준편차가 7로 계산되었다고 하자. 이 경우 나이가 48세인 교사와 27세인 교사의 상대적 위치에 대해서 살펴보기로 하자. 나이가 48세인 교사는 학군내의 모든 교사들의 평균연령보다 7세 위에 있으며, 이 교사의 나이는 평균보다 1표준편차 위에 있다고 말할 수 있다. 또한, 나이가 27세인 교사는 학군내의 평균연령보다 14세 아래에 있으며, 표준편차가 7이기 때문에, 이 교사는 학군내의 평균보다 2표준편차 아래에 있다고 말할 수 있다

예제 3

지난 학기 사회복지조사론 과목을 수강한 학생들의 시험성적을 크기 순서에 따라 정리하면 다음과 같다.

70,	70,	72,	73,	74,	75,	76,	76,	77,	79
80,	81,	82,	83,	84,	85,	85,	87,	88,	88
90,	90,	90,	92,	92,	94,	95,	96,	97,	99

① 제20백분위수와 제60백분위수를 구하여라.

② 90점의 z점수를 구하여라.

[풀이]

① 자료의 수가 30이므로 제20백분위수보다 작은 자료값은 $30\times\frac{20}{100}=6$개이고, 그 보다 큰 자료값은 $30\times\frac{80}{100}=24$개이어야 한다. 따라서 제20백분위수는 6번째와 7번째 수의 중간값인 75.5가 된다. 마찬가지로 제60백분위수보다 작은 자료값은 18개이고, 그 보다 큰 자료값은 12개이어야 하므로, 제60백분위수는 18번째와 19번째 수의 중간값인 87.5가 된다.

② $\bar{x} = \frac{1}{30}(70 + 70 + \cdots + 99) = 84$

$$s^2 = \frac{1}{30-1}\{ (70-84)^2 + (70-84)^2 + \cdots + (99-84)^2 \}$$

$$= 72.67$$

표준편차는 $s = \sqrt{72.67} = 8.52$이므로 z점수를 다음과 같이 구할 수 있다.

$$z = \frac{90-84}{8.52} = 0.70$$ ■

SECTION 4.4 상자그림과 5점요약표시

(1) 상자그림

3장에서 설명한 줄기-잎 그림이 분포의 형태, 범위, 자료의 집중화 등의 정보를 주는데 반해 상자그림(box plot)은 분포의 대칭성, 자료의 중심위치, 산포의 정도, 분포의 꼬리 부분에서의 집중 정도, 이상 관찰점 등을 파악하는데 유용하게 사용된다.

상자그림은 사분위수를 이용하여 작성되며, 제1사분위수 Q_1, 제3사분위수 Q_3 사이를 중앙 부분(동체)이라 생각하여 상자 형태로 나타내고, 중위수(Me)의 위치에 선을 그려 넣는다. 그리고 Q_3보다 큰 수에 대해서는 Q_3를 나타내는 선에서 $Q_3 + 1.5\,IQR$을 넘지 않는 가장 큰 값까지 실선으로 연결한다. 여기서, IQR은 사분위범위로 $Q_3 - Q_1$와 같이 구해지며, $Q_3 + 1.5\,IQR$이 이상값 여부를 판단하게 되는 우측 경계값이 된다. 즉 실선으로 연결된 값보다 큰 수는 중심으로부터 멀리 떨어진 값(이상점)이라고 보아 각각의 값을 *표로 나타낸다.

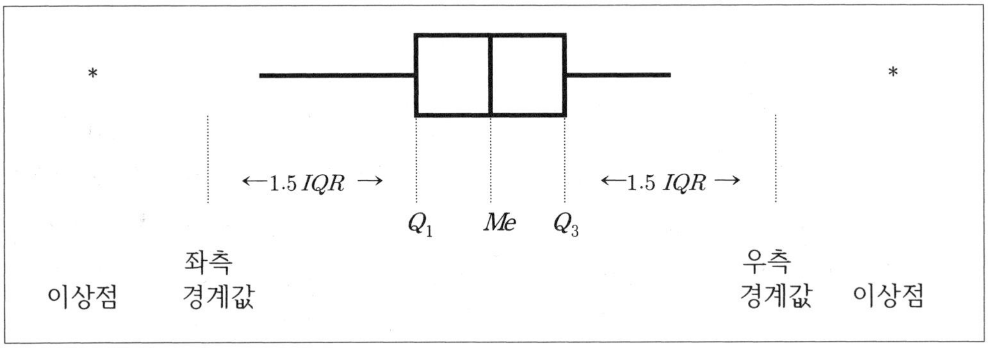

그림 4.1 상자그림

마찬가지 방법으로 Q_1보다 작은 수에 대해서도 Q_1을 나타내는 선으로부터 $Q_1 - 1.5\,IQR$보다 작지 않은 가장 작은 값까지 실선으로 연결하고 그 보다 작은 수는 각각 *표를 붙인다. 여기서, $Q_1 - 1.5\,IQR$은 이상값 여부를 판단하게 되는 좌측 경계값이 된다. 이렇게 만들어진 그림표를 상자그림이라 하며 이는 5점요약표시, 줄기-잎 그림과 함께 일련의 자료에 대한 모습을 나타내는 유용한 방법이다.

이러한 상자그림의 작성 과정을 순서대로 살펴보기로 하자. 먼저, 사분위수 값 Q_1,

Q_2 및 Q_3를 결정한 다음, Q_1과 Q_3를 상자 형태로 연결하고 상자 내부에 중위수를 직선으로 표시한다. 다음으로 사분위범위 $(IRQ = Q_3 - Q_1)$을 계산하여 Q_1과 Q_3로부터 각각 좌, 우로 $1.5IQR$ 크기의 범위(경계값)를 구하고 그 구간 사이에 들어있는 최대값과 최소값을 구하여 실선으로 연결한다. 마지막으로 양 경계를 벗어난 값을 *로 표시하고 이 점을 이상점으로 판정한다.

(2) 5점요약표시

주어진 자료를 중위수 Me, 제1사분위수 Q_1, 제3사분위수 Q_3 및 최대값 $x_{\max}$, 최소값 $x_{\min}$ 등 5개의 통계량의 조합 $[x_{\min}, Q_1, Me, Q_3, x_{\max}]$으로 나타내는 방법을 5점요약표시(5-number summary)라 하며, 줄기-잎 그림과 더불어 자료를 요약하는데 유용하게 사용되는 방법이다.

예제 4

(예제 1)의 자료를 통해 얻은 통계량들은 다음과 같다.

평균 : 79.4,	중위수 : 80,	최빈수 : 76
제1사분위수 : 72,	제3사분위수 : 88	
최소값 : 60,	최대값 : 96	

① 이들 통계량을 이용하여 상자그림을 그려라.
② (예제 1)의 자료를 5점요약표시로 요약하여라.

[풀이]

①

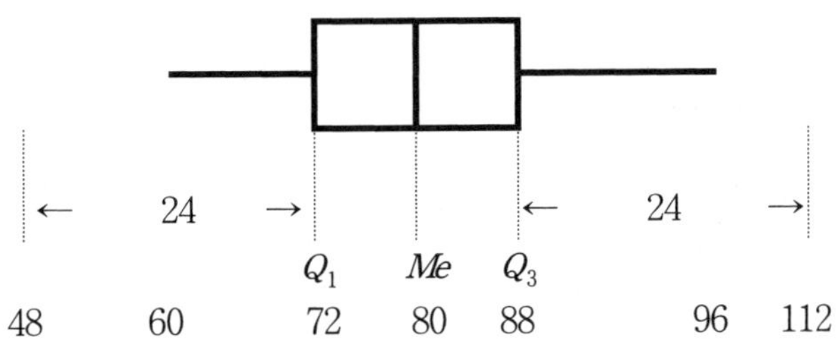

② $x_{\min} = 60, Q_1 = 72, Me = 80, Q_3 = 88, x_{\max} = 96$

$\Rightarrow [60, 72, 80, 88, 96]$ ■

SECTION 4.5 사회복지 자료에 대한 기술통계

예제 5

사회복지사 실태 조사와 관련된 실습자료인 실습자료.sav를 이용하여 조사된 사회복지사들의 현 직장에서의 총근무개월수에 대하여 다음을 구하시오.

① 산술평균을 구하여라.
② 중위수를 구하여라.
③ 최빈수를 구하여라.
④ 사분위수를 구하여라.

SPSS 실행 방법

통계자료의 중심성향 및 산포와 관련된 통계량을 SPSS를 이용하여 산출하기 위해서는 빈도분석, 기술통계, 데이터 탐색 메뉴를 이용하면 된다. 주어진 문제를 빈도분석 메뉴를 이용하여 해결하고자 한다면 SPSS에서 다음과 같이 선택한다.

분석 ⇒ 기술통계량 ⇒ 빈도분석

빈도분석 메뉴로부터 얻게 되는《빈도분석》대화상자에서 다음과 같이 분석하고자 하는 변수인 총근무개월수를 선택하고 도수분포표는 필요가 없으므로 빈도표 표시는 선택하지 않는다.

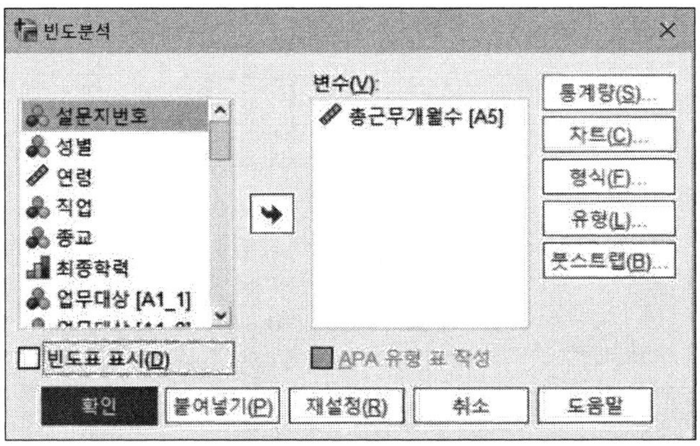

산출하고자 하는 통계량을 얻기 위해서 [통계량]을 클릭하면 나타나는《빈도분석:통

계량》 대화상자에서 필요한 통계량을 선택하면 된다. 여기서 사분위수, 평균, 중위수, 최빈값을 선택하고 [계속]을 클릭한 후 《빈도분석》 대화상자에서 [확인]을 클릭한다.

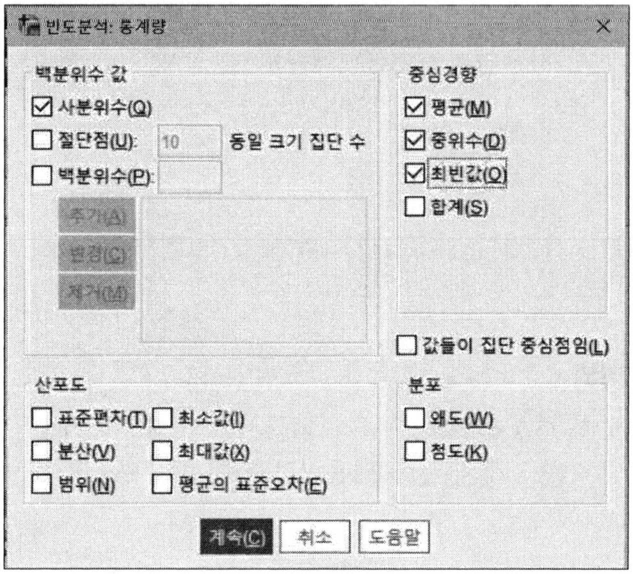

SPSS 실행 결과

통계량

총근무개월수

N	유효	50
	결측	0
평균		73.98
중위수		66.50
최빈값		62[a]
백분위수	25	31.50
	50	66.50
	75	111.50

a. 여러 최빈값이 있습니다. 가장 작은 값이 나타납니다.

SPSS 실행결과 분석

실행결과로부터 구하고자 하는 사회복지사들의 현 직장에서의 근무경력에 대한 산술평균, 중위수, 최빈수, 사분위수는 다음과 같이 구해질 수 있다. 최빈값의 경우 유일하게 존재하지 않을 수도 있으며, 결과에 표시된 것처럼 가장 작은 최빈값을 제시해준다.

① 산술평균 : 73.98(개월)
② 중위수 : 66.50(개월)
③ 최빈수 : 62(개월)
④ 사분위수 : 제1사분위수 : 31.50(개월),
　　　　　　제2사분위수 : 66.50(개월)
　　　　　　제3사분위수 : 111.50(개월)

예제 6

사회복지사 실태 조사 결과인 실습자료.sav를 이용하여 조사된 사회복지사들의 주당 근무시간에 대한 z점수를 구하시오.

||| SPSS 실행 방법 |||

주당 근무시간에 대한 z점수를 구하기 위해서는 SPSS의 기술통계 메뉴를 이용하면 된다. SPSS의 기술통계 메뉴를 이용하기 위해서는 다음을 선택한다.

분석 ⇒ **기술통계량** ⇒ **기술통계**

기술통계 메뉴로부터 얻게 되는 《기술통계》 대화상자에서 다음과 같이 z점수를 얻고자 하는 변수인 A2(주당근무시간)을 선택하고 표준화 값을 변수로 저장을 선택한 후 [확인]을 클릭한다.

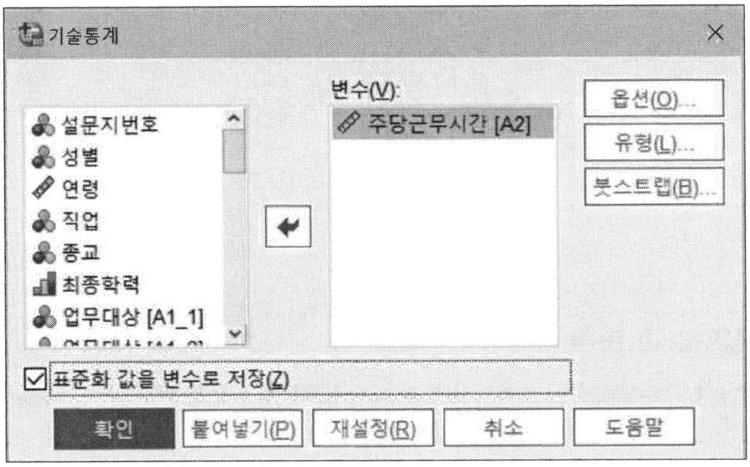

||| SPSS 실행 결과 |||

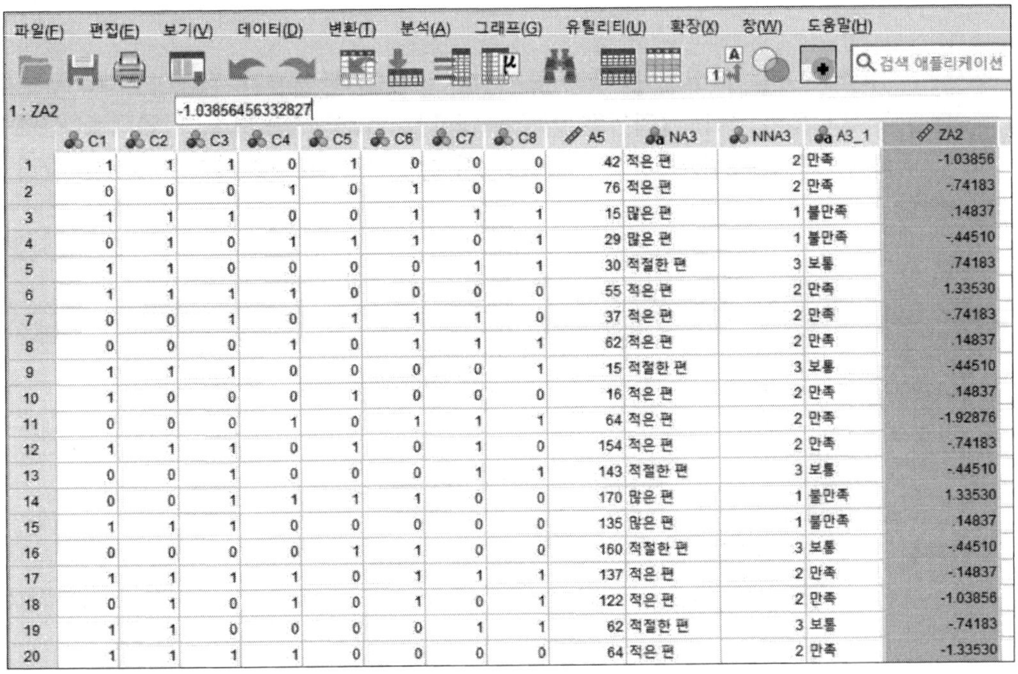

	C1	C2	C3	C4	C5	C6	C7	C8	A5	NA3	NNA3	A3_1	ZA2
1	1	1	1	0	1	0	0	0	42	적은 편	2	만족	-1.03856
2	0	0	0	1	0	1	0	0	76	적은 편	2	만족	-.74183
3	1	1	1	0	0	1	1	1	15	많은 편	1	불만족	.14837
4	0	1	0	1	1	1	0	1	29	많은 편	1	불만족	-.44510
5	1	1	0	0	0	0	1	1	30	적절한 편	3	보통	.74183
6	1	1	1	1	0	0	0	0	55	적은 편	2	만족	1.33530
7	0	0	1	0	1	1	1	0	37	적은 편	2	만족	-.74183
8	0	0	0	1	0	1	1	1	62	적은 편	2	만족	.14837
9	1	1	1	0	0	0	0	1	15	적절한 편	3	보통	-.44510
10	1	0	0	0	1	0	0	0	16	적은 편	2	만족	.14837
11	0	0	0	1	0	1	1	1	64	적은 편	2	만족	-1.92876
12	1	1	1	0	1	0	1	0	154	적은 편	2	만족	-.74183
13	0	0	1	0	0	0	1	1	143	적절한 편	3	보통	-.44510
14	0	0	1	1	1	1	0	0	170	많은 편	1	불만족	1.33530
15	1	1	1	0	0	0	0	0	135	많은 편	1	불만족	.14837
16	0	0	0	0	1	1	0	0	160	적절한 편	3	보통	-.44510
17	1	1	1	1	0	1	1	1	137	적은 편	2	만족	-.14837
18	0	1	0	1	0	1	0	1	122	적은 편	2	만족	-1.03856
19	1	1	0	0	0	0	1	1	62	적절한 편	3	보통	-.74183
20	1	1	1	1	0	0	0	0	64	적은 편	2	만족	-1.33530

||| SPSS 실행결과 분석 |||

SPSS 데이터 편집기의 데이터 보기를 선택하면 실행결과로부터 구하고자 하는 A2(주당 근무시간)에 대한 z 점수가 ZA2변수로 저장되어 있는 것을 알 수 있다.

SECTION 4.6 데이터 탐색을 활용한 사회복지 자료분석

예제 7

사회복지사 실태 조사와 관련된 실습자료인 실습자료.sav에서 응답한 사회복지사들의 연령 자료를 이용하여 줄기-잎 그림을 작성하시오.

||| SPSS 실행 방법 |||

앞에서 설명한 양적 자료에 대한 그림 표현인 줄기-잎 그림을 SPSS를 이용하여 작성하기 위해서는 SPSS의 데이터 탐색 메뉴를 이용하면 된다. SPSS의 데이터 탐색 메뉴를 이용하기 위해서는 다음을 선택한다.

분석 ⇒ 기술통계량 ⇒ 데이터 탐색

조사된 사회복지사들의 연령에 대한 줄기-잎 그림을 작성하기 위해서는 데이터 탐색 메뉴로부터 얻게 되는 《데이터 탐색》 대화상자에서 종속변수에 연령을 선택한다. 그리고 [도표]를 클릭해서 얻게 되는 《데이터 탐색:도표》 대화상자에서 줄기와 잎그림을 선택하면 된다.

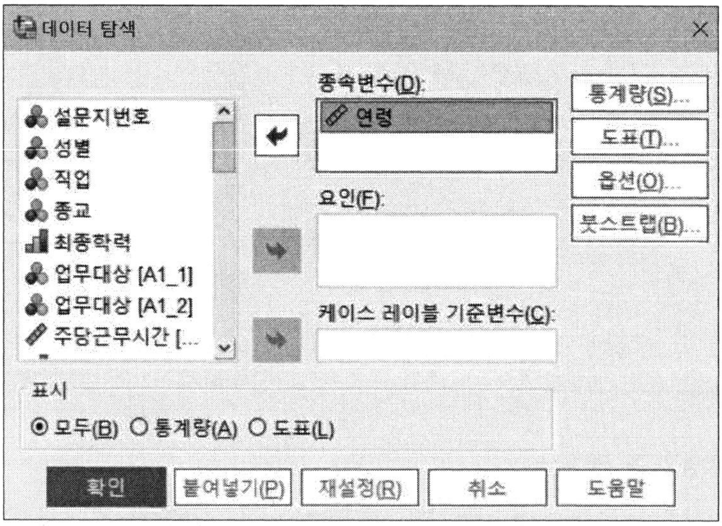

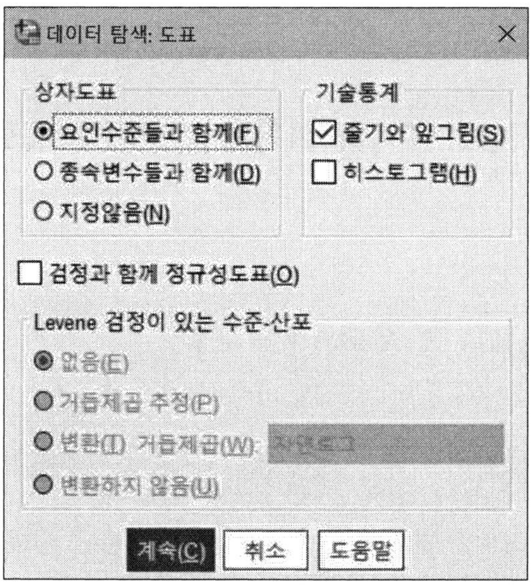

‖ SPSS 실행 결과 ‖

```
연령 줄기와 잎그림 도표
  9.00     2 . 778889999
 13.00     3 . 0000112333344
 12.00     3 . 556668888999
  9.00     4 . 011222344
  4.00     4 . 6688
  3.00     5 . 002

줄기 너비:     10
각 잎:       1 케이스
```

예제 8

사회복지사 실태 조사 결과인 실습자료.sav를 이용하여 조사된 사회복지사들의 현 직장에서의 근무경력에 대하여 다음을 구하시오. 단, 성별로 구분해서 각각 결과를 구하시오.

① 산술평균을 구하여라.
② 중위수를 구하여라.

‖ SPSS 실행 방법 ‖

기초통계량을 성별로 구분해서 각각 구하기 위해서는 SPSS의 데이터 탐색 메뉴를 이용하면 된다. 데이터 탐색 메뉴를 이용하기 위해서는 SPSS에서 다음과 같이 메뉴를 선택한다.

분석 ⇒ 기술통계량 ⇒ 데이터 탐색

위와 같이 선택해서 얻게 되는 《데이터 탐색》 대화상자에서 분석하고자 하는 변수인 총근무년수를 종속변수에 지정하고, 성별로 출력결과를 산출하기 위해서 요인에 성별을 지정한다. 또한, 산출하고자 하는 통계량을 얻기 위해서 [통계량]을 클릭하여 나타나는 《데이터 탐색:통계량》 대화상자에서 기술통계를 선택하고 [계속]을 클릭한 후 《데이터탐색》 대화상자에서 [확인]을 클릭한다. 기술통계를 선택하면 모든 기술통계량 값들을 제시해주므로 여기서 필요한 통계량 값을 찾아 사용하면 된다.

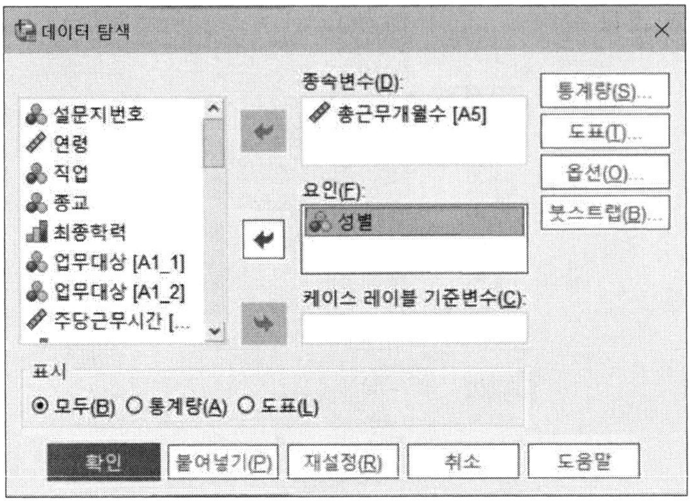

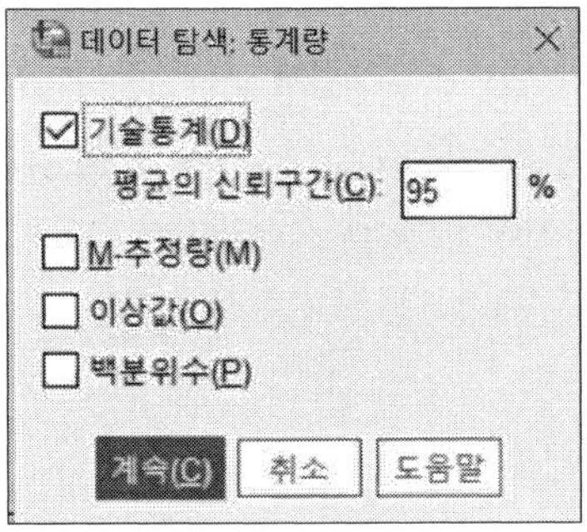

SPSS 실행결과 분석

실행결과로부터 구하고자 하는 사회복지사들의 현 직장에서의 총 근무개월 수에 대한 성별 산술평균과 중위수는 다음과 같다.

남자 사회복지사
① 산술평균 : 99.68(개월)
② 중위수 : 94.00(개월)

여자 사회복지사
① 산술평균 : 48.28(개월)
② 중위수 : 32.00(개월)

SPSS 실행 결과

케이스 처리 요약(O)

		케이스(S)					
		유효		결측값		총계	
	성별	N(C)	퍼센트(C)	N(C)	퍼센트(C)	N(C)	퍼센트(C)
총근무개월수	남자	25	100.0%	0	0.0%	25	100.0%
	여자	25	100.0%	0	0.0%	25	100.0%

기술통계

	성별			통계	표준화 오차
총근무개월수	남자	평균 순위		99.68	6.768
		평균의 95% 신뢰구간	하한	85.71	
			상한	113.65	
		5% 절사평균		98.29	
		중위수(D)		94.00	
		분산(V)		1145.060	
		표준화 편차		33.839	
		최소값(U)		55	
		최대값(X)		170	
		범위(R)		115	
		사분위수 범위		51	
		왜도(W)		.569	.464
		첨도(K)		-.714	.902
	여자	평균 순위		48.28	7.420
		평균의 95% 신뢰구간	하한	32.97	
			상한	63.59	
		5% 절사평균		45.27	
		중위수(D)		32.00	
		분산(V)		1376.293	
		표준화 편차		37.098	
		최소값(U)		15	
		최대값(X)		137	
		범위(R)		122	
		사분위수 범위		46	
		왜도(W)		1.287	.464
		첨도(K)		.645	.902

예제 9

사회복지사 실태조사 결과인 실습자료.sav를 이용하여 조사된 사회복지사들의 주당 근무시간에 대하여 다음을 구하시오.

① 범위를 구하여라.

② 사분위범위를 구하여라.

③ 표준편차를 구하여라.

||| SPSS 실행 방법 |||

SPSS의 데이터 탐색 메뉴를 이용하면 범위, 사분위범위, 표준편차를 구할 수 있다. 《데이터 탐색》 대화상자에서 분석하고자 하는 변수인 A2(근무시간)를 종속변수에 지정한다. 그리고 산출하고자 하는 통계량을 얻기 위해서 [통계량]을 클릭하여 나타나는 《데이터 탐색:통계량》 대화상자에서 기술통계를 선택하고 [계속]을 클릭한 다음 《데이터 탐색》 대화상자에서 [확인]을 클릭한다.

||| SPSS 실행 결과 |||

기술통계

			통계	표준화 오차
주당근무시간	평균 순위		41.50	.477
	평균의 95% 신뢰구간	하한	40.54	
		상한	42.46	
	5% 절사평균		41.41	
	중위수(D)		40.50	
	분산(V)		11.357	
	표준화 편차		3.370	
	최소값(U)		35	
	최대값(X)		49	
	범위(R)		14	
	사분위수 범위		5	
	왜도(W)		.543	.337
	첨도(K)		-.640	.662

||| SPSS 실행결과 분석 |||

실행결과로부터 구하고자 하는 사회복지사들의 현 직장에서의 주당 근무시간에 대한 범위, 사분위범위, 표준편차는 다음과 같다.

① 범위 : 14(시간)

② 사분위범위 : 5(시간)

③ 표준편차 : 3.370(시간)

예제 10

사회복지사 실태 조사 결과인 실습자료.sav를 이용하여 조사된 사회복지사들의 주당 근무시간에 대한 상자그림을 작성하시오.

||| SPSS 실행 방법 |||

상자그림을 작성하기 위해서는 데이터 탐색 메뉴를 이용하면 된다. 데이터 탐색 메뉴로부터 얻게 되는 《데이터 탐색》 대화상자에서 상자그림을 작성하고자 하는 변수인 A2(주당 근무시간)를 종속변수에 지정한다.

[도표]를 클릭해서 얻게 되는 《데이터 탐색:도표》 대화상자의 상자도표에서 종속변수들과 함께를 지정하고, [계속]을 클릭한 후 《데이터 탐색》 대화상자에서 [확인]을 클릭한다. 여기서, 요인변수들과 함께를 선택하면 요인별 상자그림을 작성할 수 있는데, 《데이터 탐색》 대화상자에 요인 변수가 반드시 지정되어 있어야 한다.

SPSS 실행 결과

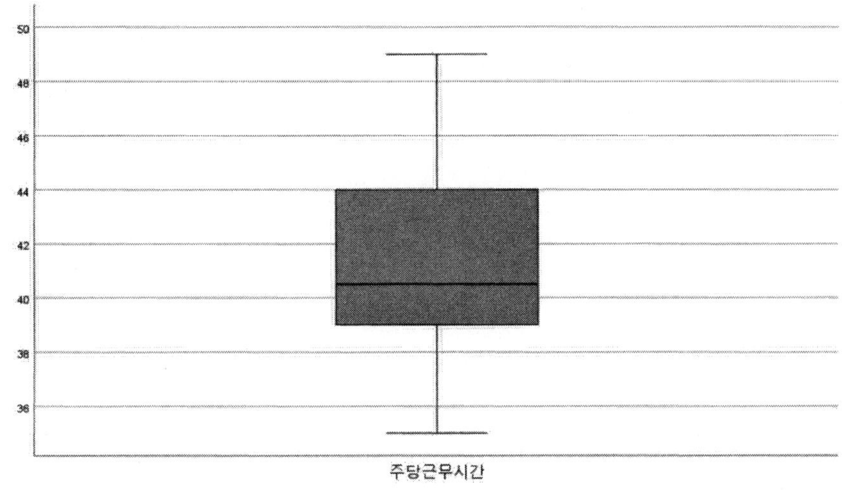

Chapter 5

정규분포

확률변수와 확률분포

정규분포

표준정규분포

이항분포와 정규분포의 근사관계

SPSS를 이용한 난수 발생 및 정규분포 확률 계산

SECTION 5.1 확률변수와 확률분포

통계학에서 관심 대상이 되는 확률변수의 확률분포를 구하는 것은 매우 중요하며 꼭 필요한 일이다. 확률변수가 셀 수 있는 이산적인 값을 가질 때, 이 변수를 이산확률변수(discrete random variable)라 하며, 이산확률변수에 대응하는 확률분포를 이산확률분포(discrete probability distribution)라 한다. 이산확률변수에는 아동보호센터에 접수된 아동학대 건수, 의료기 회사에서 다음 달에 판매할 의료장비의 수, 병원에서 진료를 받은 환자의 수, 어떤 지역에서의 1일 교통사고 건수, 일정량의 혈액 속에 있는 적혈구의 수 등이 있다.

이산확률분포 중 이항분포(binomial distribution)는 n번의 베르누이 시행에서 성공의 횟수가 X일 때, $P(X=x)=\binom{n}{x}p^x(1-p)^{n-x}$이며 $b(n,p)$로 표시한다. 이때, 베르누이 시행이란 시행의 결과가 성공과 실패 두 가지 경우만 일어나는 시행을 뜻하며 p는 성공확률, n은 시행횟수를 나타낸다.

한편, 확률변수가 셀 수 없는 연속적인 값을 가질 때, 이 변수를 연속확률변수(continuous random variable)라 하며, 연속확률변수에 대응하는 확률분포를 연속확률분포(continuous probability distribution)라 한다. 연속확률변수의 예로는 사회복지 실태조사에서 사회복지사의 연령, 월수입, 근무년수 또는 보육시설에 있는 아동의 키나 몸무게 등이 있다.

이 장에서는 연속확률분포 중에서 가장 대표적인 정규분포와 표준정규분포에 대하여 살펴보고, 이항분포와 정규분포의 근사관계를 다루어 보고자 한다.

SECTION 5.2 정규분포

정규분포는 통계적 추정과 검정에서 매우 중요한 역할을 할 뿐만 아니라 실제 대부분의 자료가 정규분포의 형태에 가깝고 또한 다음에 다루어질 중심극한정리에 의해 모든 확률분포들을 정규분포로 가정할 수 있기 때문에 실용성이 높다.

확률변수 X의 확률밀도함수가 다음과 같을 때, 확률변수 X는 정규분포(normal distribution)를 따른다고 하며, $N(\mu,\sigma^2)$으로 표시한다.

$$f(x)=\frac{1}{\sqrt{2\pi}\,\sigma}e^{-\frac{(x-\mu)^2}{2\sigma^2}}, \quad -\infty < x < \infty$$

여기서, $\pi = 3.14159 \cdots$, $e = 2.71828 \cdots$ 이다. 확률변수 X가 정규분포 $N(\mu, \sigma^2)$ 일 때 분포함수는

$$F(x) = P(X \le x) = \int_{-\infty}^{x} \frac{1}{\sqrt{2\pi}\,\sigma} e^{-\frac{(t-\mu)^2}{2\sigma^2}} dt$$

와 같이 정의되며, $f(x)$와 $F(x)$의 그래프는 다음과 같다.

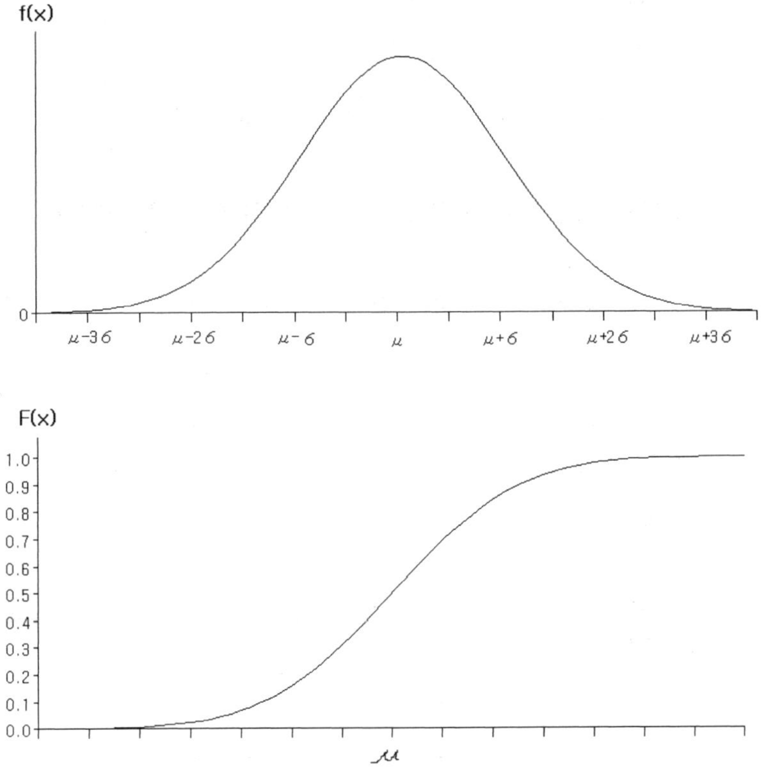

그림 5.1 정규분포의 확률밀도함수와 분포함수

정규분포 $N(\mu, \sigma^2)$의 확률밀도함수 그래프를 정규곡선(normal curve)이라 하며, 이 정규곡선은 $x = \mu$에 관해 좌우 대칭이며, 이 점에서 최대값 $\frac{1}{\sqrt{2\pi}\,\sigma}$ 을 갖는다. 또한, 구간 $(\mu - \sigma < x < \mu + \sigma)$에서는 아래로 오목(convex)하고, 구간 $(x < \mu - \sigma)$ 및 $(x > \mu + \sigma)$에서는 아래로 볼록(concave)하다.

정규분포는 평균과 표준편차에 의해 결정되므로 정규분포의 모양은 다양하게 나타날 수 있다. 평균은 같고 표준편차가 다른 경우에 평균의 위치는 일치하지만 분포

의 모양은 다음과 같이 매우 다르게 나타난다.

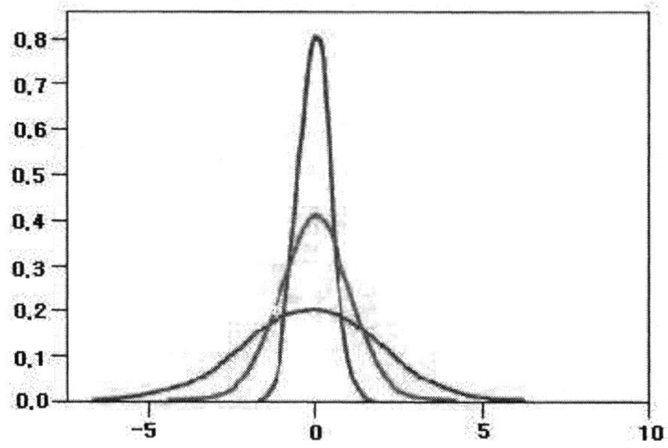

그림 5.2 평균은 같고 표준편차가 다른 정규분포

또한, 평균은 다르고 표준편차가 같은 경우에 분포의 모양은 같지만 평균의 위치는 다음과 같이 다르게 나타난다.

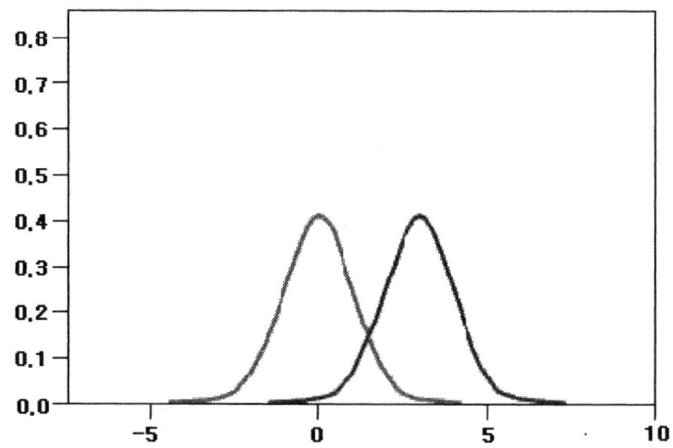

그림 5.3 평균은 다르고 표준편차가 같은 정규분포

한편, 확률변수 X가 $N(\mu, \sigma^2)$인 정규분포를 할 때, X의 기대값과 분산은 다음과 같다.

$$E(X) = \mu, \quad Var(X) = \sigma^2$$

또한, 정규분포의 왜도는 0이며 첨도는 3이다.

SECTION 5.3 표준정규분포

정규분포는 평균과 표준편차에 따라 그 모양과 위치가 달라지기 때문에, 서로 다른 두 정규분포의 성격을 비교하거나 확률을 계산하기 위해서는 표준화가 필요하다. 확률변수 X가 $N(\mu, \sigma^2)$인 정규분포를 할 때, 표준화확률변수

$$Z = \frac{X-\mu}{\sigma}$$

는 다음과 같은 확률밀도함수를 갖는다. 이 때, Z는 표준정규분포(standard normal distribution)를 따른다고 하고, $N(0,1)$로 표시한다.

$$\phi(z) = \frac{1}{\sqrt{2\pi}} e^{-\frac{z^2}{2}}, \quad -\infty < z < \infty$$

표준화확률변수 Z가 표준정규분포 $N(0,1)$을 따를 때 분포함수를 $\Phi(z)$는 다음과 같이 정의되며, 이를 표준정규분포함수(standard normal distribution function)라 한다.

$$\Phi(z) = P(Z \le z) = \int_{-\infty}^{z} \frac{1}{\sqrt{2\pi}} e^{-\frac{t^2}{2}} dt$$

표준정규분포에서 주어진 구간에 대한 확률을 직접 구하는 것이 쉽지 않으므로 이를 위하여 $N(0,1)$을 가지는 확률변수 Z에 대하여 $\Phi(z_0)$의 값을 각 z_0에 대해 구해서 부록의 <표 4>에 작성해 놓았는데, 이를 표준정규분포표라 한다.

표준정규분포표에는 표준화확률변수 Z에 대해 $P(0 \le Z \le z)$의 값이 수록되어 있다. 여기서 표준화확률변수 Z의 소수점 이하 두 자리 값에 해당하는 확률값을 구할 수 있는데 첫 번째 세로줄은 Z의 소수점 이하 첫째 자리수이고, 첫 번째 가로줄은 Z의 소수점 이하 둘째 자리수를 나타내고 있다.

예를 들어 $P(0 \le Z \le 1.56)$의 확률값은 표준정규분포표에서 세로 첫째 줄에서 1.5에 해당하는 줄과 가로 첫째 줄의 0.06에 해당하는 줄이 만나는 곳을 찾으면 되며, 그 값은 0.4406이다.

표준화확률변수 Z가 $N(0,1)$인 표준정규분포를 할 때, Z의 기대값과 분산은 다음과 같다.

$$E(Z) = 0, \quad Var(Z) = 1$$

확률변수 X가 $N(\mu, \sigma^2)$을 따를 때 확률 $P(a \le X \le b)$는 표준정규분포 $N(0,1)$을 이용하여 구하면 편리하다. 즉,

$$P(a \le X \le b) = P\left(\frac{a-\mu}{\sigma} \le \frac{X-\mu}{\sigma} \le \frac{b-\mu}{\sigma}\right)$$

$$= P(z_a \le Z \le z_b)$$

여기서, $z_a = \dfrac{a-\mu}{\sigma}$, $z_b = \dfrac{b-\mu}{\sigma}$ 이다.

$P(Z > z) = \alpha$가 되는 z값을 z_α로 표기하면, $P(Z > 1.645) = 0.05$ 이므로 $z_{0.05} = 1.645$ 이 된다. 또한, $P(Z > 1.96) = 0.025$ 이므로 $z_{0.025} = 1.96$ 이 되며, $P(Z > 2.576) = 0.005$ 이므로 $z_{0.005} = 2.576$ 이 된다.

다음으로 정규분포와 표준정규분포의 관계에 대해서 살펴보자. 이를 위해서는 두 분포를 그림으로 나타내보면 비교하기 쉽다. 여기서, X는 정규분포를 따르는 정규확률변수이고 Z는 표준정규분포를 따르는 표준정규확률변수를 나타낸다.

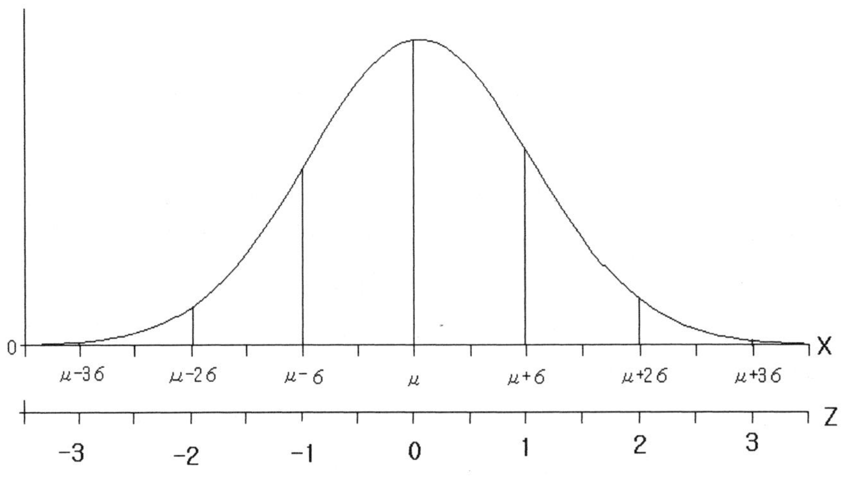

그림 5.4 정규분포와 표준정규분포의 관계

그림 5.4에서 정규확률변수 X가 구간 $(\mu-\sigma, \mu+\sigma)$, $(\mu-2\sigma, \mu+2\sigma)$, $(\mu-3\sigma, \mu+3\sigma)$에 들어갈 확률은 표준정규확률변수 Z가 구간 (-1,1), (-2,2), (-3,3)의 확률과 같다. 실제로 이 확률을 다음과 같이 구할 수 있으며, 이를 그림으로 나타내면 다음과 같다.

$$P(\mu-\sigma \le X \le \mu+\sigma) = P\left(\frac{\mu-\sigma-\mu}{\sigma} \le \frac{X-\mu}{\sigma} \le \frac{\mu+\sigma-\mu}{\sigma}\right)$$

$$= P(-1 \le Z \le 1)$$

$$= 2P(0 \le Z \le 1)$$

$$= 2\times 0.3413 = 0.6826$$

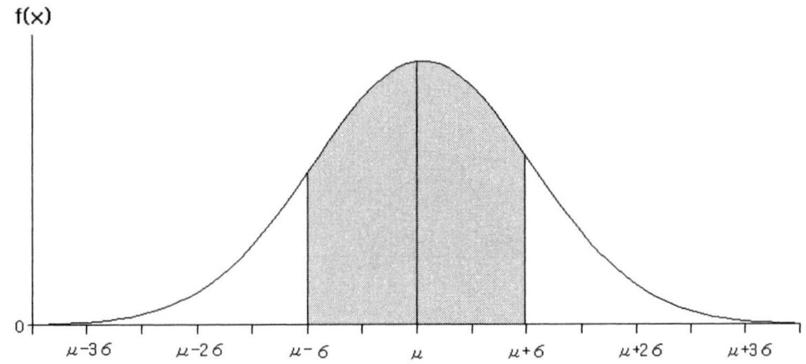

$$P(\mu-2\sigma \le X \le \mu+2\sigma) = P\left(\frac{\mu-2\sigma-\mu}{\sigma} \le \frac{X-\mu}{\sigma} \le \frac{\mu+2\sigma-\mu}{\sigma}\right)$$

$$= P(-2 \le Z \le 2)$$

$$= 2P(0 \le Z \le 2)$$

$$= 2\times 0.4772 = 0.9544$$

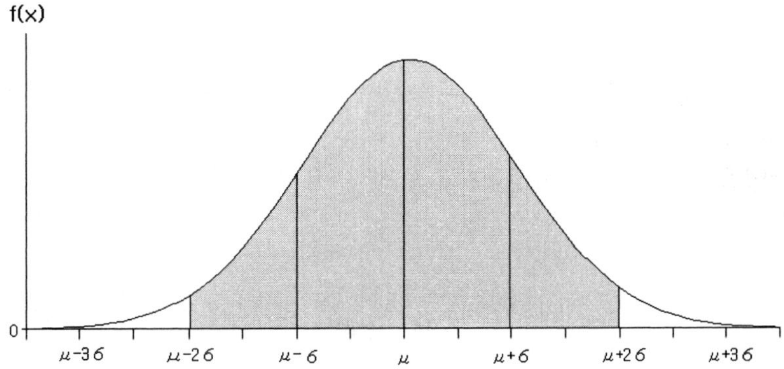

$$P(\mu - 3\sigma \le X \le \mu + 3\sigma) = P\left(\frac{\mu - 3\sigma - \mu}{\sigma} \le \frac{X - \mu}{\sigma} \le \frac{\mu + 3\sigma - \mu}{\sigma}\right)$$
$$= P(-3 \le Z \le 3)$$
$$= 2P(0 \le Z \le 3)$$
$$= 2 \times 0.4987 = 0.9973$$

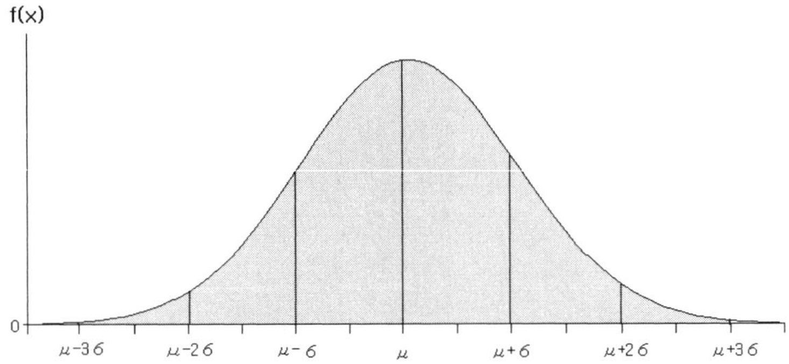

예제 1

확률변수 Z가 표준정규분포를 따를 때, 다음의 확률값을 구하여라.

① $P(-1.645 \le Z \le 1.645)$

② $P(-1.96 \le Z \le 1.96)$

③ $P(-2.576 \le Z \le 2.576)$

[풀이]

① $P(-1.645 \le Z \le 1.645) = 2P(0 \le Z \le 1.645)$를 구해야 하는데, 부록의 <표 4>는 Z값의 소수점 둘째 자리수까지의 확률만이 계산되어 있으므로 보간법을 이용하여 확률을 구해 보면 다음과 같다.

$P(0 \le Z \le 1.64) = 0.4495$, $P(0 \le Z \le 1.65) = 0.4505$ 로부터,

$$P(0 \le Z \le 1.645) = \frac{1.645 - 1.65}{1.64 - 1.65} \times 0.4495 + \frac{1.645 - 1.64}{1.65 - 1.64} \times 0.4505$$
$$= 0.225 + 0.225 = 0.45$$

를 얻을 수 있다. 따라서 구하는 확률값은 $2 \times 0.45 = 0.90$ 이다.

② $P(-1.96 \le Z \le 1.96) = 2P(0 \le Z \le 1.96)$
$= 2 \times 0.4750 = 0.95$

③ $P(-2.576 \le Z \le 2.576) = 2P(0 \le Z \le 2.576)$ 도 보간법을 이용하여 확률을 구할 수 있다.
$P(0 \le Z \le 2.57) = 0.4949$, $P(0 \le Z \le 2.58) = 0.4951$ 로부터,

$$P(0 \le Z \le 2.576) = \frac{2.576-2.58}{2.57-2.58} \times 0.4949 + \frac{2.576-2.57}{2.58-2.57} \times 0.4951$$

$$= 0.198 + 0.297 = 0.495$$

를 얻을 수 있다. 따라서 구하는 확률값은 $2 \times 0.495 = 0.99$ 이다. ■

예제 2

어느 노인이 집에서 사회복지시설까지 가는데 도보로 걸리는 시간은 평균이 20분, 표준편차가 3분인 정규분포를 따른다고 한다. 이 때, 다음 확률을 구하여라.

① 도보로 걸리는 시간이 25분 이상일 확률
② 도보로 걸리는 시간이 18분 미만일 확률
③ 도보로 걸리는 시간이 19분에서 24분일 확률

[풀이]
도보로 걸리는 시간을 X라 하면, $X \sim N(20, 3^2)$ 이다.

① $P(X \ge 25) = P\left(\frac{X-20}{3} \ge \frac{25-20}{3}\right)$
$= P(Z \ge 1.67)$
$= P(Z > 0) - P(0 < Z < 1.67)$
$= 0.5 - 0.4525 = 0.0475$

② $P(X < 18) = P\left(\frac{X-20}{3} < \frac{18-20}{3}\right)$
$= P(Z < -0.67)$
$= P(Z > 0) - P(0 < Z \le 0.67)$
$= 0.5 - 0.2486$
$= 0.2514$

③ $P(19 \le X \le 24) = P\left(\frac{19-20}{3} \le \frac{X-20}{3} \le \frac{24-20}{3}\right)$

$= P(-0.33 \le Z \le 1.33)$

$= P(0 \le Z \le 0.33) + P(0 \le Z \le 1.33)$

$= 0.1293 + 0.4082 = 0.5375$ ■

SECTION 5.4 이항분포와 정규분포의 근사관계

이항확률변수 X가 $b(n,p)$인 이항분포에서 성공의 확률 p 또는 실패의 확률 $q(=1-p)$의 값이 0 또는 1에 가깝지 않으며 시행횟수 $n=20$ 정도이면 이항분포 곡선은 정규곡선에 근사되고, p 또는 q가 0에 가까운 값을 갖는 경우라도 시행횟수 n이 상당히 큰 값을 가지면 마찬가지로 정규곡선에 근사하게 된다. 이러한 관계를 이항분포의 정규분포근사라 한다.

확률변수 X가 이항분포 $b(n,p)$를 할 때 n이 충분히 크면 X는 평균이 $\mu = np$이고 분산이 $\sigma^2 = npq$인 정규분포 $N(np, npq)$에 가까워진다. 이러한 경우에 이항분포 $b(n,p)$를 따르는 확률변수 X에 대하여

$$Z = \frac{x-np}{\sqrt{npq}}$$

의 분포는 표준정규분포 $N(0,1)$에 근사하게 된다.

이항분포의 확률을 정규분포에 근사시켜서 확률을 구할 때 유의할 점은 이항분포는 이산형이고, 정규분포는 연속형이라는 것이다. 이러한 경우에 먼저 다음과 같은 연속성 수정(correction for continuity)을 해야 보다 정확한 근사확률을 구할 수 있다. 즉, X가 이항분포 $b(n,p)$를 따를 때 임의의 정수 k에 대하여 다음과 같이 수정하여 확률을 계산한다. 단, k값이 크면 수정하지 않고 사용하기도 한다.

$$P(X=k) = P(k-0.5 \le X \le k+0.5)$$

예제 3

어느 사회복지시설에서 새롭게 마련하려고 하는 프로그램에 대한 지지도를 조사한 결과 그 지역 시민들 중에서 40%가 새로운 프로그램 시행을 지지하는 것으로 나타

났다. 한 모임에 참석한 50명의 시민들에 대하여 다음 각각의 확률을 구하여라.

① 새로운 프로그램 시행을 지지하는 시민이 30명 이상일 확률

② 새로운 프로그램 시행을 지지하는 시민이 9명 미만일 확률

③ 새로운 프로그램 시행을 지지하는 시민이 15명에서 21명 사이일 확률

[풀이]

모임에 참석한 사람들 중에서 새로운 프로그램 시행을 지지하는 시민의 수를 X라 하면, $X \sim b(50, 0.4)$이다. X의 평균과 분산은 각각

$$\mu = 50 \times 0.4 = 20$$
$$\sigma^2 = 50 \times 0.4 \times 0.6 = 12$$

이며, 이를 이용하면 X는 근사적으로 $N(20, 12)$인 정규분포를 따르게 되고, 연속성의 수정방법을 이용하여 근사 확률을 구할 수 있다.

① $P(X \geq 30) \approx P(X \geq 29.5)$

$$= P\left(\frac{X-20}{\sqrt{12}} \geq \frac{29.5-20}{\sqrt{12}}\right)$$
$$= P(Z \geq 2.74)$$
$$= 0.5 - P(0 \leq Z < 2.74)$$
$$= 0.5 - 0.4969 = 0.003$$

② $P(X < 9) \approx P(X \leq 9.5)$

$$= P\left(\frac{X-20}{\sqrt{12}} \leq \frac{9.5-20}{\sqrt{12}}\right)$$
$$= P(Z \leq -3.03)$$
$$= 0.5 - P(0 \leq Z < 3.03)$$
$$= 0.5 - 0.4988 = 0.001$$

③ $P(15 \leq X \leq 21) \approx P(14.5 \leq X \leq 21.5)$

$$= P\left(\frac{14.5-20}{\sqrt{12}} \leq \frac{X-20}{\sqrt{12}} \leq \frac{21.5-20}{\sqrt{12}}\right)$$
$$= P(-1.30 \leq Z \leq 0.43)$$
$$= P(0 \leq Z \leq 1.30) + P(0 \leq Z \leq 0.43)$$
$$= 0.4032 + 0.1664 = 0.570$$

SECTION 5.5 SPSS를 이용한 난수 발생 및 정규분포 확률 계산

예제 4

표준정규분포를 따르는 난수를 30개 생성하시오.

SPSS 실행 방법

정규분포를 따르는 확률변수에 대하여 특정 확률을 구하거나 정규분포를 하는 난수를 생성시키기 위해서는 변수계산 메뉴를 선택해서 정규분포와 관련된 함수를 이용하면 된다. SPSS에서 변수계산을 실행하기 위해서 다음을 선택하면 다음과 같은 《변수계산》 대화상자가 나타난다.

변환 ⇒ **변수계산**

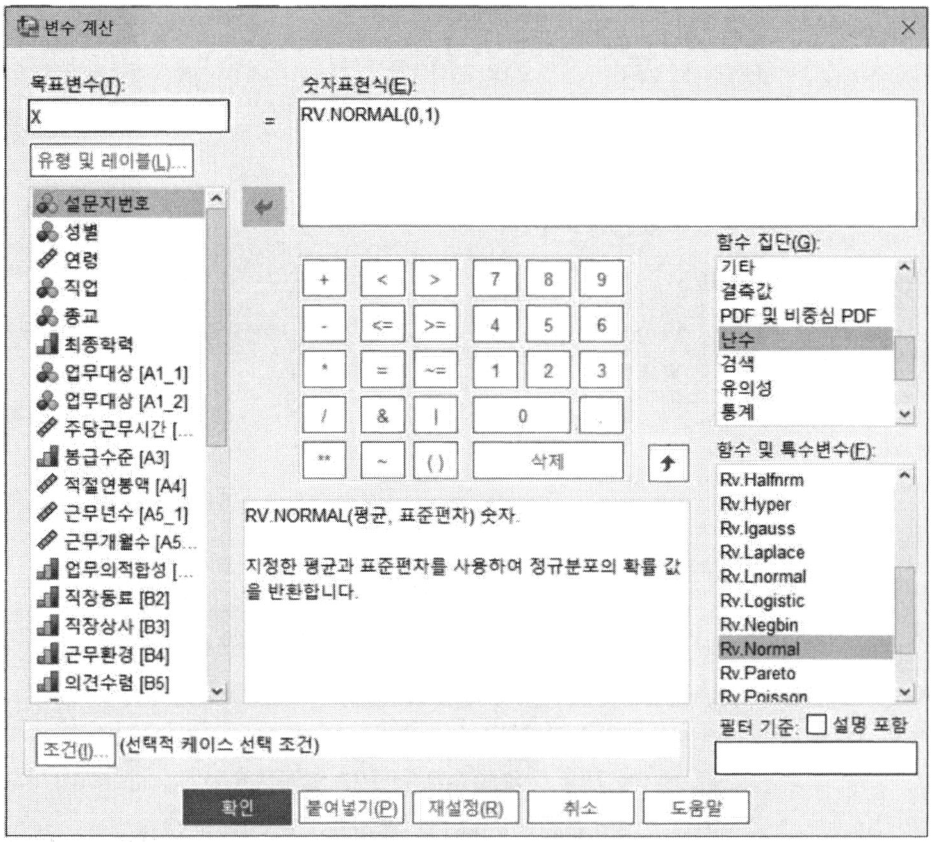

먼저, 변수계산 메뉴를 사용하기 전에 생성하고자 하는 난수의 수를 의미하는 일련번호라는 변수를 먼저 만들어야 한다. **그림 5.5**는 난수 30개를 생성하기 위해 1부터 30까지의 값을 가지는 일련번호 변수를 생성한 데이터보기 화면이다.

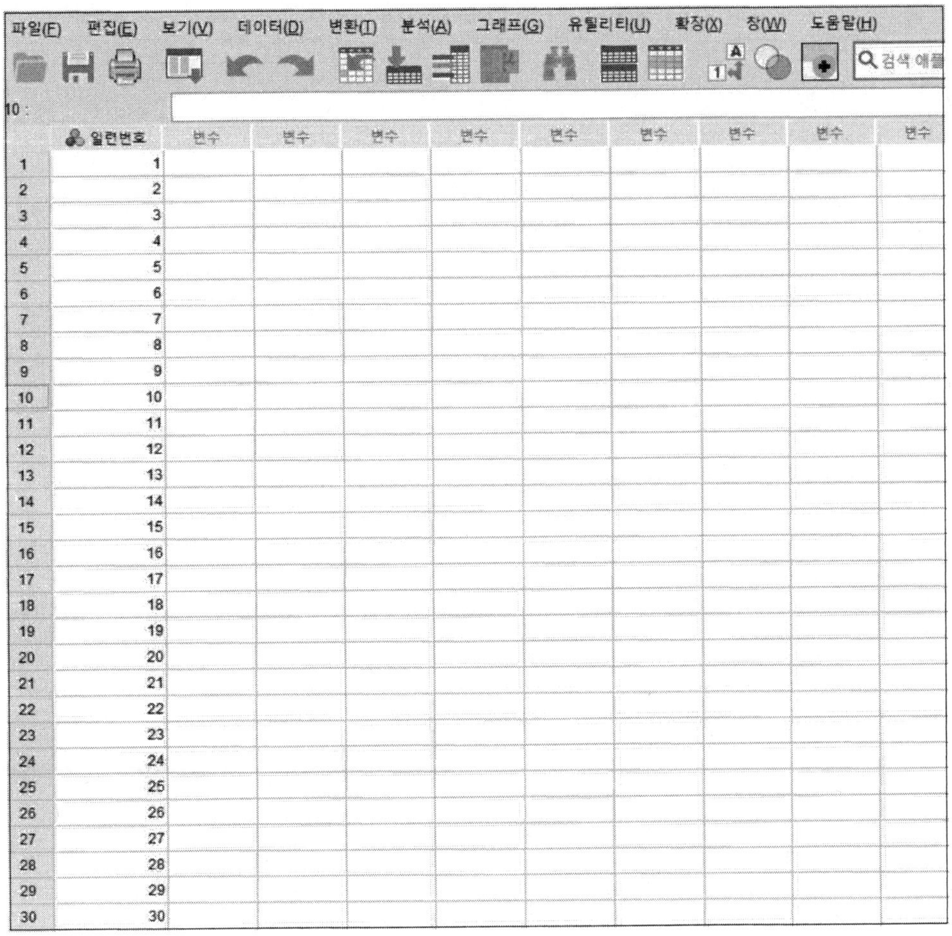

그림 5.5 일련번호 변수 생성

다음으로 《변수계산》 대화상자에서 목표변수를 지정한다. 목표변수는 생성된 난수를 나타내는 변수이름으로 여기서는 X로 지정하였다. 오른쪽 숫자표현식에 RV.NORMAL(0,1)라고 직접 입력해도 되고, 함수 형식을 모르는 경우에는 함수집단에서 난수를 선택하면 나타나는 함수 및 특수변수에서 RV.NORMAL을 선택한 다음 평균과 표준편차 값을 지정해주면 된다. 여기서는 표준정규분포이므로 평균 0, 표준편차 1의 값을 입력하면 된다. 모든 설정을 완료한 후 [확인]을 클릭하면 생성된 난수 변수 X가 다음과 같이 데이터셋에 추가되었음을 알 수 있다.

||| SPSS 실행 결과 |||

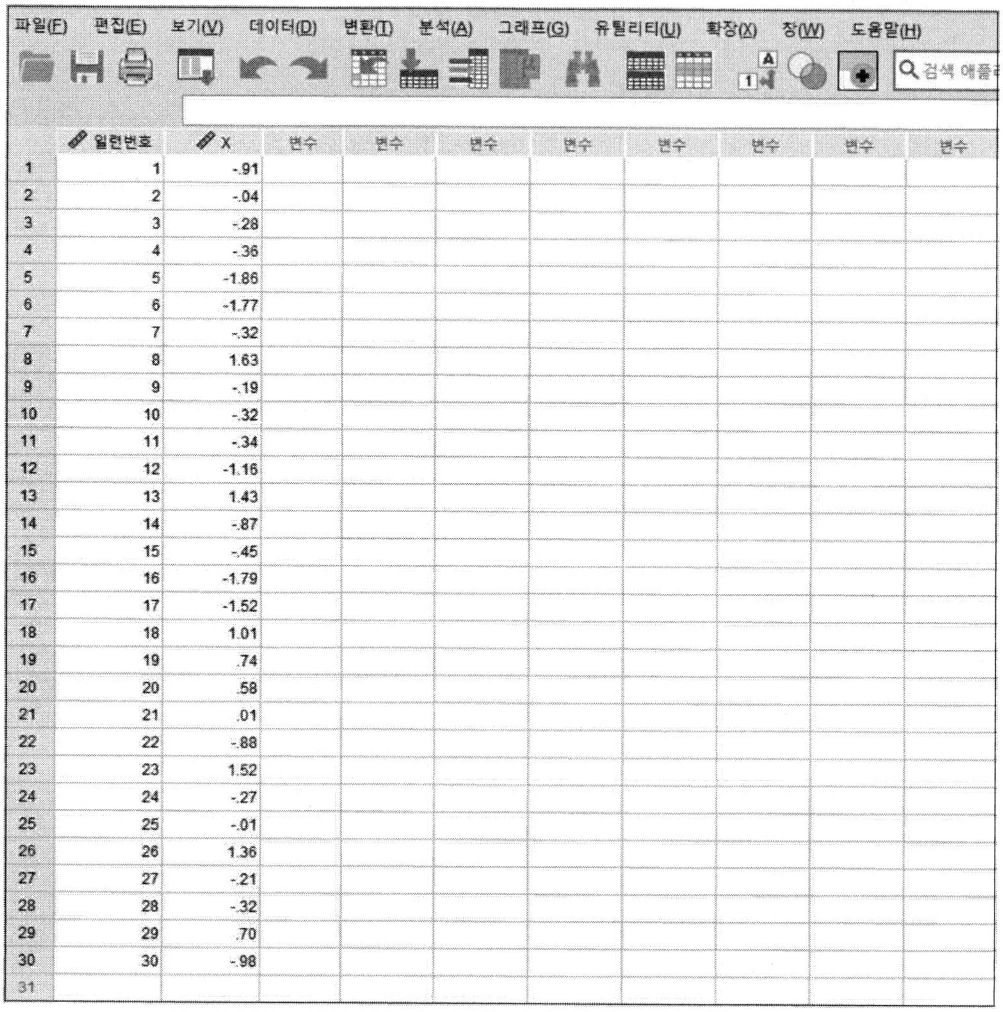

	일련번호	X	변수	변수	변수	변수	변수	변수	변수	변수
1	1	-.91								
2	2	-.04								
3	3	-.28								
4	4	-.36								
5	5	-1.86								
6	6	-1.77								
7	7	-.32								
8	8	1.63								
9	9	-.19								
10	10	-.32								
11	11	-.34								
12	12	-1.16								
13	13	1.43								
14	14	-.87								
15	15	-.45								
16	16	-1.79								
17	17	-1.52								
18	18	1.01								
19	19	.74								
20	20	.58								
21	21	.01								
22	22	-.88								
23	23	1.52								
24	24	-.27								
25	25	-.01								
26	26	1.36								
27	27	-.21								
28	28	-.32								
29	29	.70								
30	30	-.98								
31										

||| SPSS 실행결과 분석 |||

위의 실행결과처럼 표준정규분포를 따르는 난수 30개가 생성되었음을 알 수 있다.

예제 5

어느 노인이 집에서 사회복지시설까지 가는데 도보로 걸리는 시간은 평균이 20분, 표준편차가 3분인 정규분포를 따른다고 한다. 이 때, 도보로 걸리는 시간이 18분 미만일 확률을 구하시오.

||| SPSS 실행 방법 |||

도보로 걸리는 시간이 18분 미만일 확률을 구하기 위해서는 변수계산 메뉴로부터 얻게 되는 《변수계산》 대화상자의 함수에서 CDF.NORMAL(양,평균,표준편차)를 선택한 다음 아래와 같이 숫자표현식에 CDF.NORMAL(18,20,3)이라고 입력하면 된다.

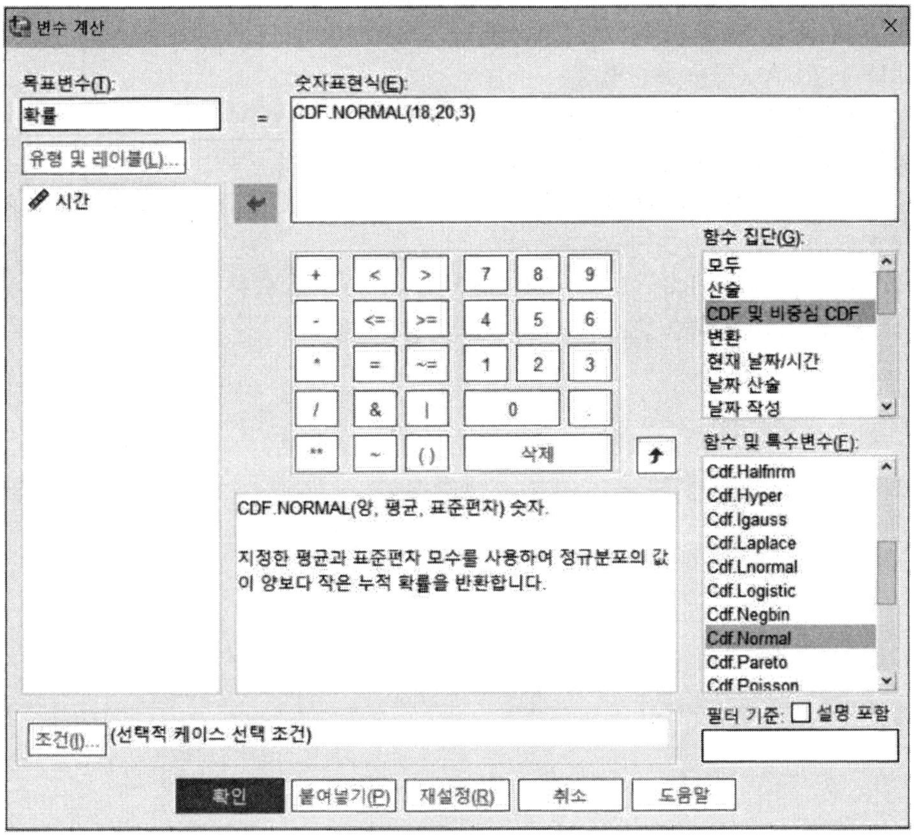

||| SPSS 실행 결과 |||

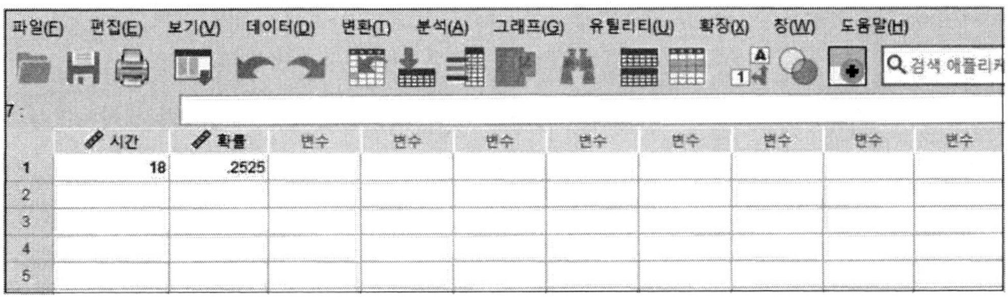

‖ SPSS 실행결과 분석 ‖

위의 실행결과로부터 구하고자하는 확률은 $P(X < 18) = 0.2525$와 같다.

참 고 사 항

정규분포와 관련 있는 함수로써 변수계산 대화상자의 함수에서 사용가능한 함수로는 다음과 같은 것이 있다.

- RV.NORMAL(평균,표준편차)
  : N(평균,표준편차)를 하는 난수를 생성
- CDF.NORMAL(양,평균,표준편차)
  : N(평균,표준편차)에서 "양"보다 작을 확률을 계산. 즉, $P(X \leq$ 양$)$를 계산
- IDF.NORMAL(확률,평균,표준편차)
  : N(평균,표준편차)에서 누적확률이 "확률"이 되는 x의 값을 계산. 즉 "$P(X \leq x) =$ 확률"을 만족하는 x의 값을 계산

Chapter 6

표본분포

표본추출

표본평균의 분포

두 표본평균 차이의 분포

그 밖의 표본분포

SPSS를 이용한 표본추출 및 표본분포

현대 통계학의 일반적인 특징은 모집단의 일부분을 토대로 하여 모집단의 분포에 관한 정보를 정확히 추측하는 일이다. 모집단에 관한 정보로 모평균이나 모분산과 같은 모집단의 특성값인 모수를 알고자 할 때, 모집단 전체를 조사하는 것이 불가능한 경우가 대부분이므로 일반적으로 모수는 미지로 남게 된다. 이 때, 모집단으로부터 표본을 추출하여 얻은 표본평균과 표본분산과 같은 표본의 특성을 나타내는 통계량을 이용하여 모수를 추정하게 된다. 이 통계량은 표본에 따라 각각 다른 값을 갖는 확률변수이므로 확률분포가 존재하게 되는데 이러한 통계량의 확률분포를 표본분포(sampling distribution)라고 한다.

이 장에서는 모집단에서 표본을 얻는 방법인 표본추출에 대해 알아보고, 표본변량의 함수로 계산되는 통계량의 확률분포인 표본분포를 표본평균의 분포, 표본평균의 차의 분포, χ^2 -분포, t -분포, F -분포로 나누어 설명하고자 한다.

SECTION 6.1 표본추출

모집단으로부터 표본을 얻는 방법을 표본추출(sampling)이라 하며, 표본추출은 표본이 추출될 가능성이 동등한가 그렇지 않은가에 따라 확률추출법과 비확률추출법으로 나누어진다. 또한, 추출된 표본을 되돌려 넣고 추출하는가 그렇지 않은가에 따라 복원추출법과 비복원추출법으로 구분된다. 각 추출방법에 대해서 자세히 살펴보자.

(1) 확률추출법과 비확률추출법

모집단으로부터 표본을 얻는 방법에는 확률추출법(probability sampling)과 비확률추출법(nonprobability sampling)이 있다.

모집단의 개체가 표본으로 추출될 가능성이 모두 동등하고 확실하게 전제된 조건하에서 객관적으로 표본을 추출하는 방법을 확률추출법 또는 임의추출법(random sampling)이라고 한다. 이 때, 임의추출에 의하여 추출된 표본을 임의표본(random sample) 또는 확률표본(probability sample)이라 한다.

또한, 모집단으로부터 표본을 추출할 때 주관적으로 모집단을 대표한다고 생각되는 표본을 추출하는 방법을 비확률추출법이라 하며, 비확률추출법은 각 개체가 추출될 확률을 알 수 없으므로 표본으로부터 모집단에 대한 어떠한 결론을 내릴 때의 정확성이나 신뢰수준을 측정할 수 없게 된다.

표 6.1은 확률추출법의 종류와 특성을 정리한 표로 확률추출법에는 단순임의추출법

(simple random sampling), 층화임의추출법(stratified random sampling), 계통임의추출법(systematic random sampling), 집락추출법(cluster sampling), 확률비례추출법(probability proportionate sampling) 등이 있다.

표 6.1 확률추출법의 종류 및 특성

구분	특성
단순 임의 추출법	크기 N인 모집단으로부터 크기 n인 표본을 비복원추출하는 방법의 수는 $\binom{N}{n}$가지일 때 이들 $\binom{N}{n}$개의 표본이 추출되는 확률이 동등하도록 추출하는 방법
층화 임의 추출법	모집단을 비슷한 성질을 갖는 것끼리 층(stratum)으로 분류하고, 각 층으로부터 임의로 표본을 추출하는 방법으로 추정의 정도를 높일 수 있으며, 층별 추정을 할 수 있으며, 각 층으로부터 표본을 어떻게 추출하는가에 따라서 추출법이 별도로 정의됨.
계통 임의 추출법	크기 N인 모집단으로부터 크기 n인 표본을 추출한다고 할 때, N을 n으로 나눈 몫을 k, 나머지를 r로 하여 $N=kn+r$으로 정의한 다음 $1,2,3,\cdots,k$ 중에서 임의로 1개의 숫자를 뽑아서 임의출발점(random starting point) $i\,(1\le i\le k)$로 지정하고, i에 순차로 추출간격(sampling interval) k를 더한 수 $[i,\ i+k,\ i+2k,\cdots,\ i+jk,\cdots,\ i+(n-1)k]$ 에 해당하는 모집단의 단위를 표본으로 추출하는 방법으로 임의출발점을 정하고, 그로부터 k번째마다 표본을 뽑는 방법이며, 대규모 조사에서 주로 사용되는 추출법으로 단순임의추출보다 추출 작업이 쉽고 경우에 따라서는 표본의 정도가 높기 때문에 실제 조사에서 널리 사용됨.
집락 추출법	조사단위 자체를 추출단위로 하는 다른 추출법과 달리 조사단위 또는 집계단위를 모은 집락(cluster)을 추출단위로 하는 추출방법
확률 비례 추출법	집락을 추출단위로 하는 집락추출에 있어서 집락의 크기가 매우 다른 경우에 집락의 크기에 비례하는 확률(probability proportional to size)로서 집락을 추출단위로 단순임의추출하여 집락에 포함된 조사단위 전체로 표본을 설정하는 방법으로 추출된 집락의 조사단위를 모두 조사하며, 모집단이 클 때 추출단위의 리스트를 작성하기가 어려운 경우 집락을 추출단위로 하면 추출작업이 편리하고, 조사비용 면에서도 집락추출이 단순임의추출보다 비용이 크게 절약된다는 장점이 있음.

표 6.2는 주관적인 관점에서 모집단을 대표한다고 생각되는 표본을 추출하는 추출방법인 비확률추출법의 종류와 특성을 정리한 표이다. 비확률추출법에는 무계획적 추출법(haphazard sampling), 판단추출법(judgement sampling), 지원자 추출법(volunteer sampling), 제한적 추출법(restrictive sampling), 눈덩이 추출법(snowball sampling), 할당추출법(quota sampling), 우연적 추출법(accidental sampling) 또는 편의추출법(convenience sampling) 등이 있다..

표 6.2 비확률추출법의 종류 및 특성

무계획적 추출법	대부분의 생물학적 연구에서 동물들을 기르는 커다란 우리나 물고기를 기르는 저수지에서 조사를 위해 견본을 선택하고자 할 때, 무계획적 추출법이 이용됨. 생물학적인 조사를 위해 우리 안으로 직접 손을 넣어 견본을 잡거나, 그물망을 이용하여 임의로 견본이 될 동물들을 잡는 방법으로 민첩하지 않거나 허약한 동물들이 먼저 견본으로 잡히게 되는 단점이 있으며, 이런 상황에 의해 발생되는 편향은 자료의 최종분석에 문제가 될 수 있음.
판단 추출법	전문가나 전문가들로 구성된 그룹이 모집단을 대표할 수 있다고 판단하는 전형적인 단위를 표본으로 추출하는 방법으로 의도적 추출법(purposive sampling)이라고도 함. 전문가들의 의견이 서로 일치하지 않을 경우, 조사에서 상당한 편향이 발생할 수 있음. **(예)** 어떤 조사기관에서는 대통령 선거결과를 예측하기 위해 지금까지의 대통령 선거에서 의례적으로 T시에서 압도적인 득표를 얻은 후보자가 선거에서 당선되는 적이 많았다는 것을 알고 T시에 거주하는 유권자들의 정치적 성향이 전국의 유권자들의 정치적 성향을 대표할 수 있을 것이라고 판단하여 T시에 거주하는 유권자들의 정치적 성향을 조사함.
지원자 추출법	응답자들이 사람으로 구성된 무계획적 추출법의 특별한 경우로 특정한 모집단에서 자료를 얻기 위해 이용되는 추출방법 **(예)** 많은 의학적 연구에서 연구자들은 윤리적인 의료규칙을 준수해야 하기 때문에, 자발적으로 지원하는 표본에 의해 연구를 실시함.

제한적 추출법	추출 대상이 제한하여 표본을 추출하는 방법으로 자료를 쉽게 얻을 수 있지만 심각한 편향을 갖는 표본이 추출될 수 있음. (예) 일반 대중들을 대상으로 하는 TV카메라 인터뷰들은 카메라맨이 카메라를 특정위치에 설치하고 인터뷰를 실시하거나 지나가는 보행인을 필름에 담게 되는데 이런 경우 추출대상이 제한됨.
눈덩이 추출법	표본을 선정할 수 있는 추출틀이 없거나 불완전한 추출틀을 갖고 있는 경우에 먼저 소수의 조사대상자를 찾아내어 조사를 실시한 후, 이들을 이용하여 이들이 알고 있는 다른 조사대상자를 소개받아 명부에 포함시켜 이들을 조사하고, 또 다른 조사대상자를 찾기 위해 이들을 이용하여 필요한 표본크기가 채워질 때까지 이러한 방법을 계속해서 수행해 가는 방법(작은 눈덩이를 굴려서 점점 큰 눈덩이를 만들어 가는 과정) 특정지역에 거주하는 특수한 종교집단이나 맹인집단, 마약 복용자 등 특수집단에 대한 연구에 주로 이용됨 조사집단의 구성원들이 다른 구성원들의 이름을 밝힘으로서 자신에게 불이익이 초래되게 된다면 조사의 효율성이 떨어질 수 있음.
할당 추출법	모집단의 구조와 같은 구조가 되도록 미리 표본을 할당해 놓은 상태에서 표본을 추출하는 방법 접근하기 쉬운 조사 대상자들을 골라 표본으로 선정한다면 표본의 대표성에 문제가 발생할 수 있음. (예) 어떤 학교의 재학생 중에 60%가 남학생이고, 40%가 여학생이라고 할 때 표본에 정확하게 60%의 남학생이 포함될 때까지 표본을 추출함(할당표본:quota sample).
우연적 추출법	우연적 표본(accidental sample)을 추출하는 방법으로 사람들을 조사자의 임의대로 활용할 수 있는 비확률표본 중에 하나로, 조사자가 조사비용을 줄이고 조사대상자를 쉽게 선정하려고 할 때 이용됨 (예 1) 어떤 조사기관에서 젊은 남녀들의 소비성향에 대한 성향조사를 실시할 때 조사비용을 줄이고, 조사대상자를 손쉽게 구하기 위해 자신이 졸업한 대학의 교수에게 부탁하여 그 교수의 강의를 수강하는 학생들을 대상으로 표본을 추출하여 성향조사를 실시함 (예 2) 쇼핑센터 앞을 지나가는 쇼핑객을 대상으로 면접조사를 실시하는 보행자 조사(sidewalk survey).

(2) 복원추출법과 비복원추출법

표본으로 추출된 것을 되돌려 넣고 전체를 대상으로 다시 추출하는 방법을 복원추출법(sampling with replacement)이라 하며, 복원추출법은 같은 표본이 중복되어 추출될 수 있다. 또한, 추출된 것을 되돌려 넣지 않고 추출하는 방법을 비복원추출법(sampling without replacement)이라 하며, 비복원추출법은 한번 추출된 것은 다시 추출되지 않는다. 예를 들어 {1, 2, 3}으로 구성된 모집단으로부터 2개의 표본을 임의로 추출하는 문제를 생각해 보기로 하자. 비복원으로 표본을 추출할 경우와 복원으로 추출할 경우 가능한 표본의 종류와 그 표본이 실제표본으로 추출될 확률은 다음과 같다.

표 6.3 비복원추출법

가능한 표본	확률
{1,2}	1/3
{1,3}	1/3
{2,3}	1/3

표 6.4 복원추출법

가능한 표본	확률
{1,1}	1/9
{1,2}	1/9
{1,3}	1/9
{2,1}	1/9
{2,2}	1/9
{2,3}	1/9
{3,1}	1/9
{3,2}	1/9
{3,3}	1/9

비복원추출의 경우 1이 실제 표본으로 추출되는 경우는 {1, 2}와 {1, 3}이므로 그 확률은 2/3이며, 2나 3이 실제 표본으로 추출될 확률도 마찬가지로 2/3가 된다. 복원추출의 경우 1이 실제 표본으로 두 번 추출되는 경우는 {1, 1}이므로 그 확률은 1/9이며, 2나 3이 실제 표본으로 두 번 추출될 확률도 마찬가지로 1/9가 된다. 또한, 1이 실제 표본으로 한 번 추출되는 경우는 {1, 2}, {1, 3}, {2, 1}, {3, 1}이므로 그 확률은 4/9이며, 2나 3이 실제 표본으로 한 번 추출될 확률도 마찬가지로 4/9가 된다.

이와 같이 비복원추출이나 복원추출은 모두 모집단의 모든 원소가 표본으로 추출될 확률이 동일한 확률추출법이다.

(3) 난수표에 의한 임의표본

임의표본을 추출하는 방법으로는 주머니 속에 숫자가 적힌 카드를 넣고 잘 섞어서 추출하는 방법이나 돌아가는 화살판과 같은 숫자판에 화살을 쏘아서 얻는 방법 등이 있을 수 있다. 표본을 추출하는 방법에는 이와 같이 여러 가지기 있을 수 있으나 모집단의 크기가 큰 경우에 있어서는 이러한 방법을 사용하는 것이 번거럽고 또한 불가능한 경우도 생기게 된다. 따라서 임의표본을 추출하는 데에는 난수표를 주로 사용하게 되며, 요즈음에는 컴퓨터에서 직접 난수를 발생하여 사용하기도 한다.

(0, 1, 2, 3, 4, 5, 6, 7, 8, 9)가 기록되어 있는 10개의 숫자카드를 넣은 주머니로부터 하나의 숫자를 복원추출하여 기록하는 과정을 되풀이하여 배열한 숫자를 난수표(table of random numbers)라 한다. 이 때, 각 숫자가 추출될 확률은 1/10으로 서로 같다. 이러한 난수표는 다양한 종류가 있으며 누구나 만들 수 있는 것으로 난수표의 일부가 부록의 <표 1>에 기재되어 있다.

예를 들어 200명의 학생들로부터 5명을 임의 추출하여 학생들의 평균 몸무게를 추정하고자 한다. 이 때 크기가 200인 모집단에서 크기가 5인 표본을 단순임의추출하는 것을 난수표를 사용하여 실행해 보기로 하자. 먼저 200명 학생 각각에 001로부터 200까지의 일련번호를 부여하여 명단을 만든다. **표 6.5**는 난수표를 사용하여 5명을 임의 추출하기 위하여 부록 <표 1>의 난수표로부터 임의로 선정된 난수표의 일부를 발췌한 결과이다..

표 6.5 난수표의 예(일부)

10480	15015	01536	02011	81647
22368	46573	25595	85393	30995
24130	48360	22527	97265	76393
42167	93093	06243	61680	07856
37570	39975	81837	16656	06121
77921	06907	11008	42751	27756
99562	72905	56420	69994	98872
96301	91977	05463	07972	18876
89579	14342	63661	10281	17453
85475	36857	53342	53988	53060

학생 200명은 최대 번호가 200인 3자리수가 부여됨으로 위의 난수표에서 처음 3열로부터 차례로 다음 수를 얻어 낼 수 있다.

104	223	241	421	375
779	995	963	895	854

그리고 처음 3열을 제외한 다음 3열(4, 5, 6열)로부터는 다음 수를 얻을 수 있다.

801	684	304	679	703
210	627	019	791	753

또한, 다음 3열(7, 8, 9열)로부터는

501	657	836	309	997
690	290	197	434	685

을 얻는다. 동일하게 다음 3열로부터

501	325	022	306	581
711	556	705	263	753
536	595	527	243	837
008	420	463	661	342
020	853	972	616	166
427	699	079	102	539

등을 얻을 수 있다. 이상의 나열된 3자리 숫자 중에서 처음부터 차례로 200이내의 숫자를 찾아 기록하면 다음과 같다.

104	019	197	022	008
020	166	079	102	

이 중에서 처음 5개의 숫자

104	19	197	22	8

에 해당하는 일련번호의 학생을 추출하여 표본을 구성하는 것이 크기가 200인 모집단으로부터 크기가 5인 표본을 난수표를 사용해서 단순임의추출하는 것이 된다. 이 때 추출에서 복원추출과 비복원추출이 다르다는 것을 이해할 필요가 있다.

많은 학생을 표본으로 추출해야 하는 경우 즉 표본의 크기가 좀 클 경우에는 제한된 난수표를 절약해서 이용해야 하므로 다음과 같은 방법을 생각할 수 있다. 난수표로부터 얻어진 일련 번호 중 200을 초과하는 수가 있으면 그 수에서 200을 빼고, 만약 400을 초과하는 수가 있다면 400을 빼는 식으로 하여 표본을 선정한다. 예를 들어 처음 3열에서 얻어낸 숫자

104 223 241 421 375

로부터 200에 배수를 뺀

104 23 41 221 175

에 해당하는 일련번호의 학생을 표본으로 선정하면 난수표를 절약하면서 표본을 추출할 수 있다.

예제 1

표 6.5의 난수표를 이용하여 크기가 900인 모집단으로부터 크기가 10인 표본을 추출하여라.

[풀이]
모집단의 크기가 900이므로 추출된 난수 중 900보다 큰 수를 제외하고 10개의 난수를 생상하며 다음과 같다.

104 223 241 421 375 779 895 854 801 684 ■

SECTION 6.2 표본평균의 분포

표본평균의 분포는 모집단 분포가 유한모집단인지 무한모집단인지에 따라 그 분포가 달라지며, 모집단이 정규모집단인지 아닌지에 따라서도 그 분포가 다르게 나타난다. 또한, 모집단으로부터 표본을 복원으로 추출할 것인지 비복원으로 추출할 것인지에 따라 표본평균의 분포에 대한 분산의 형태가 달라진다.

(1) 모집단분포가 유한 또는 무한모집단일 때 표본평균의 분포

표본평균의 표본분포를 설명하기 위하여 {1, 2, 3}으로 구성된 모집단으로부터 2개의 표본을 임의로 추출하는 문제를 생각해 보자. 먼저 모집단에 대한 정보를 얻기 위하여 모집단의 확률분포를 표로 나타내면 다음과 같다.

표 6.6 모집단의 확률분포

x	$p(x)$
1	1/3
2	1/3
3	1/3
총계	1

모집단의 확률분포를 나타내는 **표 6.6**으로부터 모평균과 모분산을 각각 구해 보면 다음과 같다.

$$\mu = \sum x p(x) = 1\times\frac{1}{3} + 2\times\frac{1}{3} + 3\times\frac{1}{3} = 2$$

$$\begin{aligned}\sigma^2 &= \sum x^2 p(x) - \mu^2 \\ &= 1^2\times\frac{1}{3} + 2^2\times\frac{1}{3} + 3^2\times\frac{1}{3} - 2^2 \\ &= \frac{2}{3}\end{aligned}$$

표 6.7은 모집단 {1, 2, 3}에서 크기가 2인 임의표본을 비복원추출한다고 할 때 가능한 모든 표본과 그 평균을 구한 결과이고, **표 6.8**은 이를 이용하여 표본평균의 표본분포를 구한 결과이다.

표 6.7 가능한 표본과 그 평균

가능한 표본	$\bar{x}$
{1,2}	1.5
{1,3}	2.0
{2,3}	2.5

표 6.8 표본평균의 표본분포

$\bar{x}$	$p(\bar{x})$
1.5	1/3
2.0	1/3
2.5	1/3

이제 모평균 μ와 표본평균 $\bar{x}$의 관계를 살펴보자. **표 6.6**으로부터 모평균 $\mu = 2$임을 알 수 있다. **표 6.7**에서 볼 수 있는 것처럼 표본평균 $\bar{x}$는 어떤 표본이 추출되었는가에 따라 1.5, 2.0, 2.5와 같이 그 값이 달라지는 확률변수임을 알 수 있다.

표본평균 $\bar{x}$의 확률분포를 나타내는 **표 6.8**에서 표본평균 $\bar{x}$의 기대값 $E(\bar{x})$을 다음과 같이 구할 수 있다.

$$E(\bar{x}) = \sum \bar{x}\, p(\bar{x})$$
$$= 1.5 \times \frac{1}{3} + 2 \times \frac{1}{3} + 2.5 \times \frac{1}{3} = 2$$

표본평균 $\bar{x}$는 모평균 μ와 그 값이 같지는 않지만 평균적으로 같음을 알 수 있다. 그러므로 모평균이 μ인 모집단으로부터 임의표본을 복원 또는 비복원으로 추출했을 때, 모평균 μ와 표본평균 $\bar{x}$ 사이에는 다음과 같은 관계가 성립된다.

$$E(\bar{x}) = \mu$$

이제 **표 6.8**로부터 표본평균 $\bar{x}$의 분산을 구해 보면 다음과 같다.

$$Var(\bar{x}) = E(\bar{x}^2) - [E(\bar{x})]^2$$
$$= \sum \bar{x}^2 p(\bar{x}) - [E(\bar{x})]^2$$
$$= 1.5^2 \times \frac{1}{3} + 2^2 \times \frac{1}{3} + 2.5^2 \times \frac{1}{3} - 2^2$$
$$= 0.167$$

모평균이 μ이고, 모분산이 σ^2인 크기가 N인 유한모집단에서 크기 n인 표본을 비복원추출할 때, 모분산 σ^2과 표본평균 $\bar{x}$의 분산 $Var(\bar{x})$ 사이에는 다음과 같은 관계가 성립된다.

$$Var(\bar{x}) = \sigma^2_{\bar{x}} = \frac{N-n}{N-1}\frac{\sigma^2}{n}$$

여기서, $(N-n)/(N-1)$을 유한모집단수정계수라고 하며, 표본평균의 표준편차 $\sqrt{Var(\bar{x})} = \sigma_{\bar{x}}$를 표준오차(standard error)라고 한다.

표 6.6으로부터 구한 모분산 $\sigma^2 = 2$를 이용하여 $\bar{x}$의 분산 $Var(\bar{x})$을 구해 보면

$$Var(\bar{x}) = \frac{3-2}{3-1}\frac{2/3}{2} = \frac{1}{6} = 0.167$$

이 되며, 이는 **표 6.8**에서 구한 표본평균 $\bar{x}$의 분산 0.167과 일치하고 있다.

한편, 모평균이 μ이고, 모분산이 σ^2인 크기가 N인 유한모집단에서 크기 n인 표본을 복원추출할 때, 모분산 σ^2과 표본평균 $\bar{x}$의 분산 사이에는 다음과 같은 관계

가 성립된다.

$$Var(\overline{x}) = \frac{\sigma^2}{n}$$

이로부터 유한모집단에서는 표본을 비복원으로 추출하는지 복원으로 추출하는지에 따라 표본평균 $\overline{x}$의 분산 형태가 달라짐을 알 수 있다. 그러나 무한모집단에서 표본을 비복원으로 추출할 경우에는 $\sigma^2_{\overline{x}} \rightarrow \frac{\sigma^2}{n}$이므로 표본을 복원으로 추출하여 얻은 분산의 형태와 같아지게 된다. 한편, $\frac{n}{N}$을 추출률(sampling fraction)이라 하는데, 이 추출률이 충분히 작으면 유한모집단에서 표본을 비복원으로 추출할 때에도 $\sigma^2_{\overline{x}} \approx \frac{\sigma^2}{n}$이 되므로 복원추출이나 비복원추출이나 동일한 결과를 얻게 된다.
이러한 결과들로부터 표본평균 $\overline{x}$의 평균은 모평균과 같으며, 표본의 크기 n이 클수록 $\overline{x}$의 분산은 0에 가깝게 되어 $\overline{x}$는 모평균 근처에 밀집되어 분포함을 알 수 있다.

예제 2

모집단 $\{1, 2, 3\}$으로부터 2개의 표본을 임의로 복원추출할 때,

① 가능한 표본과 그 평균을 구하여라.

② 표본평균의 표본분포를 구하여라.

③ 표본평균의 기대값과 분산을 구하여라.

④ $E(\overline{x}) = \mu$, $Var(\overline{x}) = \frac{\sigma^2}{n}$이 성립됨을 보여라.

[풀이]

①

가능한 표본	$\overline{x}$
$\{1,1\}$	1
$\{1,2\}$	1.5
$\{1,3\}$	2
$\{2,1\}$	1.5
$\{2,2\}$	2
$\{2,3\}$	2.5
$\{3,1\}$	2
$\{3,2\}$	2.5
$\{3,3\}$	3

②

$\bar{x}$	$p(\bar{x})$
1.0	1/9
1.5	2/9
2.0	3/9
2.5	2/9
3.0	1/9
총계	1

③

$$E(\bar{x}) = \sum \bar{x}\, p(\bar{x}) = 1 \times \frac{1}{9} + 1.5 \times \frac{1}{9} + \cdots + 3 \times \frac{1}{9} = 2$$

$$Var(\bar{x}) = \sum \bar{x}^2 p(\bar{x}) - [E(\bar{x})]^2 = 1^2 \times \frac{1}{9} + 1.5^2 \times \frac{1}{9} + \cdots + 3^2 \times \frac{1}{9} - 2^2 = 0.333$$

④ 모평균 μ와 모분산 σ^2을 구해보면

$$\mu = \frac{1}{3}(1+2+3) = 2,$$

$$\sigma^2 = \frac{1}{3}[(1-2)^2 + (2-2)^2 + (3-2)^2] = \frac{2}{3}$$ 이므로

$$E(\bar{x}) = \mu = 2,$$

$$Var(\bar{x}) = \frac{2/3}{2} = \frac{1}{3} = 0.333$$

이 된다. 따라서 ③에서 구한 결과와 일치함을 알 수 있다. ■

앞의 (예제 2)에서 보는 바와 같이 모집단과 표본의 크기가 아주 작은 경우에는 가능한 모든 표본들을 나열하여 표본분포를 구하는 것이 어렵지 않지만, 모집단과 표본의 크기가 조금만 커도 이러한 방법으로 표본분포를 구한다는 것은 거의 불가능한 일이다. 따라서 이를 위해 모집단의 분포에 따라 표본평균의 분포에 대한 다음과 같은 이론들이 개발되어 있다.

(2) 모집단분포가 $N(\mu, \sigma^2)$일 때 표본평균의 분포

모집단분포가 정규분포를 따를 때, 표본평균의 분포도 정규분포를 따른다는 사실로부터 정규모집단 $N(\mu, \sigma^2)$에서 크기 n인 표본의 표본평균 $\bar{x}$는 정규분포

$N\left(\mu, \frac{\sigma^2}{n}\right)$을 따른다. 이 때, 표본평균 $\overline{x}$를 표준화시킨 표준화확률변수

$$Z = \frac{\overline{x} - \mu}{\sigma / \sqrt{n}}$$

는 표준정규분포 $N(0,1)$을 따른다.

(3) 모집단분포가 정규분포가 아닐 때 표본평균의 분포

모집단의 분포가 정규분포가 아닐 경우 표본평균 $\overline{x}$가 정규분포를 따르는지 알 수 없다. 그러나 표본의 크기가 충분히 클 때는 표본평균 $\overline{x}$의 분포는 정규분포로 볼 수 있는데 이는 다음과 제시되는 중심극한정리(central limit theorem)에 근거를 두고 있다.

중심극한정리

모평균이 μ이고, 모분산이 σ^2인 모집단(임의의 분포)으로부터 크기 n인 표본의 표본평균 $\overline{x}$의 확률분포는 $n \to \infty$일 때 $N\left(\mu, \frac{\sigma^2}{n}\right)$에 수렴한다. 따라서 표준화확률변수를 Z라 할 때

$$Z = \frac{\overline{x} - \mu}{\sigma / \sqrt{n}}$$

의 확률분포는 $n \to \infty$일 때 표준정규분포 $N(0,1)$에 수렴한다.

예제 3

어느 유치원에서 유치원생들을 대상으로 지능지수 검사를 실시한 결과 지능지수의 평균이 120이고 표준편차가 8인 정규분포를 따르는 것으로 나타났다. 이 유치원생들로부터 임의로 16명을 추출하여 얻은 지능지수의 평균이 125 이상 될 확률을 구하여라.

[풀이]

표본으로 추출된 지능지수의 평균 $\overline{x}$는

$$E(\overline{x}) = 120, \quad Var(\overline{x}) = \frac{8^2}{16} = 4$$

인 정규분포를 따른다. 따라서 구하는 확률은 다음과 같다.

$$P(\overline{x} \geq 125) = P\left(\frac{\overline{x}-120}{2} \geq \frac{125-120}{2}\right)$$
$$= P(Z \geq 2.5)$$
$$= 0.5 - P(0 \leq Z < 2.5)$$
$$= 0.5 - 0.4938 = 0.0062$$

SECTION 6.3 두 표본평균 차이의 분포

두 정규모집단을 $N(\mu_1,\sigma_1^2)$, $N(\mu_2,\sigma_2^2)$이라 할 때 $N(\mu_1,\sigma_1^2)$인 모집단으로부터 추출한 크기 n_1인 임의표본의 표본평균을 $\overline{x}_1$라 하고, $N(\mu_2,\sigma_2^2)$인 모집단으로부터 추출한 크기 n_2인 임의표본의 표본평균을 $\overline{x}_2$라 하자. 이 때, $\overline{x}_1$와 $\overline{x}_2$가 독립이라고 가정하고, 표본평균의 차 $\overline{x}_1 - \overline{x}_2$의 표본분포를 살펴보기로 하자.

여기서, $\overline{x}_1$와 $\overline{x}_2$의 분포는 각각 다음과 같은 정규분포를 따른다.

$$\overline{x}_1 \sim N\left(\mu_1, \frac{\sigma_1^2}{n_1}\right), \quad \overline{x}_2 \sim N\left(\mu_2, \frac{\sigma_2^2}{n_2}\right)$$

그러므로 $(\overline{x}_1 - \overline{x}_2)$의 기대값과 분산은 다음과 같이 구할 수 있다.

$$E(\overline{x}_1 - \overline{x}_2) = E(\overline{x}_1) - E(\overline{x}_2) = \mu_1 - \mu_2$$
$$Var(\overline{x}_1 - \overline{x}_2) = \sigma^2_{\overline{x}_1 - \overline{x}_2}$$
$$= Var(\overline{x}_1) + Var(\overline{x}_2) = \frac{\sigma_1^2}{n_1} + \frac{\sigma_2^2}{n_2}$$

이를 이용하면 $(\overline{x}_1 - \overline{x}_2)$의 분포는 다음과 같은 정규분포를 따른다.

$$(\overline{x}_1 - \overline{x}_2) \sim N\left(\mu_1 - \mu_2, \frac{\sigma_1^2}{n_1} + \frac{\sigma_2^2}{n_2}\right)$$

따라서 다음과 같이 정의되는 표준화확률변수는 표준정규분포 $N(0, 1)$을 따른다.

$$Z = \frac{(\bar{x}_1 - \bar{x}_2) - (\mu_1 - \mu_2)}{\sqrt{\frac{\sigma_1^2}{n_1} + \frac{\sigma_2^2}{n_2}}}$$

예제 4

A 지역과 B지역에서 근무하고 있는 사회복지사들의 평균 근무년수가 각각 12년, 10년이고 표준편차는 각각 2년, 1년이다. A 지역에서 25명, B지역에서 36명의 사회복지사들을 임의로 추출했을 때, A 지역 사회복지사의 평균 근무년수가 B지역 사회복지사의 평균 근무년수보다 적어도 3년 이상 길 확률을 구하여라.

[풀이]

A 지역 사회복지사의 평균 근무년수를 $\bar{x}_1$, B지역 사회복지사의 평균 근무년수를 $\bar{x}_2$라고 하면,

$$E(\bar{x}_1 - \bar{x}_2) = \mu_1 - \mu_2 = 12 - 10 = 2$$

$$\sigma_{\bar{x}_1 - \bar{x}_2} = \sqrt{\frac{2}{25} + \frac{1}{36}} = 0.328$$

이므로 $(\bar{x}_1 - \bar{x}_2)$는 $N(2, 0.328^2)$를 따른다. 그러므로 구하고자 하는 확률은 다음과 같다.

$$\begin{aligned} P(\bar{x}_1 - \bar{x}_2 \geq 3) &= P\left(\frac{(\bar{x}_1 - \bar{x}_2) - 2}{0.328} \geq \frac{3-2}{0.328}\right) \\ &= P(Z \geq 3.048) \\ &= 0.0011 \end{aligned}$$

SECTION 6.4 그 밖의 표본분포

앞에서 설명한 바와 같이 표본의 크기가 클 때 중심극한정리로부터 표본평균의 표본분포는 근사적으로 정규분포를 따른다. 정규분포 이외에 통계학에서 사용되는 중요한 표본분포로 χ^2-분포, t-분포, F-분포가 있다. 이 절에서는 이러한 분포들에 대해서 살펴보고자 한다.

(1) χ^2-분포

정규모집단에서 임의로 추출한 표본으로부터 구한 표본분산 s^2은 모분산 σ^2의 통계적 추측에 유용하게 사용된다. 표본분산 s^2과 모분산 σ^2과의 관계를 살펴볼 수 있는 분포로 χ^2-분포가 있다.

확률변수 X의 확률밀도함수가 다음과 같이 주어질 때, X는 자유도(degrees of freedom)가 n인 χ^2-분포(chi-square distribution)를 따른다고 한다.

$$f(x) = \frac{1}{2^{\frac{n}{2}}\Gamma\left(\frac{n}{2}\right)} x^{\frac{n}{2}-1} e^{-\frac{x}{2}}, \quad x > 0$$

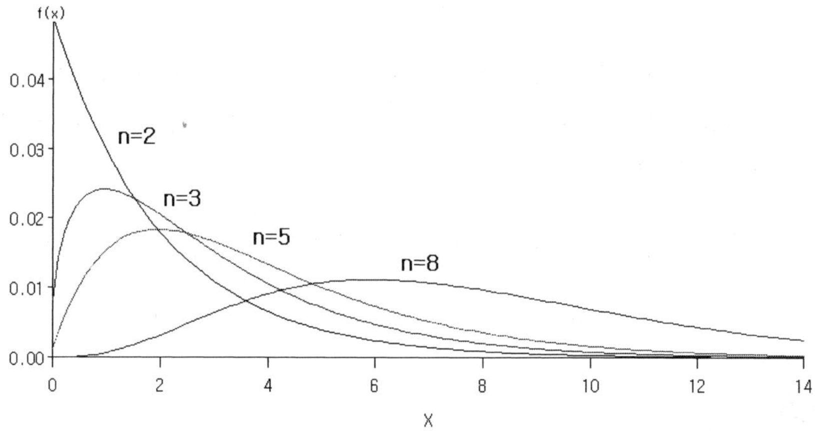

그림 6.1 χ^2 -분포의 확률밀도함수

χ^2-분포는 자유도 n의 크기에 따라 분포의 모양이 변하며, 자유도가 커지면 대칭에 가까워지며 여러 집단들 사이의 독립성 검정과 적합도 검정을 하는데 주로 사용된다. $x_1, x_2, \cdots, x_n$이 각각 자유도 $n_1, n_2, \cdots, n_n$인 χ^2-분포를 따르는 서로 독립인 확률변수라 할 때 n개의 확률변수들의 합 $Y = \sum_{i=1}^{n} x_i$는 자유도가 $n = \sum_{i=1}^{n} n_i$인 χ^2-분포를 따르게 된다. **그림 6.1**은 자유도의 변화에 따른 χ^2-분포의 확률밀도함수를 그래프로 나타낸 것이다.

확률변수 X가 자유도 n인 χ^2-분포를 따를 때, $P(X > \chi_0^2) = \alpha$를 만족하는 상수 χ_0을 자유도가 n인 χ^2-분포의 α점이라 하며, $\chi^2_{(n,\alpha)}$로 표기한다. 자유도 n과 α

의 변화에 따른 $\chi^2_{(n,\alpha)}$의 값은 부록의 <표 6>에 수록되어 있다. 예를 들어 $n = 15$이고 $\alpha = 0.05$일 때, 부록의 <표 6>으로부터 $\chi^2_{(15,0.05)} = 24.9958$이며, $n = 20$이고 $\alpha = 0.01$일 때 $\chi^2_{(20,0.01)} = 37.5662$를 얻을 수 있다.

확률변수 X가 자유도 n인 χ^2-분포를 할 때, X의 기대값과 분산은 다음과 같다.

$$E(X) = n, \quad Var(X) = 2n$$

χ^2-분포와 정규분포의 관계

- 표준정규분포를 따르는 확률변수 $Z \sim N(0,1)$가 표준정규분포를 따르는 확률변수일 때 확률변수 Z^2은 자유도가 1인 χ^2-분포를 따른다.

$$Z^2 \sim \chi^2(1)$$

- 평균이 μ이고 분산 σ^2인 정규모집단 $N(\mu, \sigma^2)$으로부터 추출된 크기 n인 임의표본의 표본평균을 $\bar{x}$, 표본분산을 s^2이라 할 때 $\bar{x}$와 s^2은 독립이면 확률변수 Y는 자유도 $n-1$인 χ^2-분포를 한다.

$$Y = \sum_{i=1}^{n}\left(\frac{x_i - \bar{x}}{\sigma}\right)^2 = \frac{(n-1)s^2}{\sigma^2} \sim \chi^2(n-1)$$

예제 5

X가 자유도 $n = 10$인 χ^2-분포를 따른다고 할 때,

① $P(X > \chi^2_0) = 0.05$를 만족하는 χ^2_0를 구하여라.

② $P(X > \chi^2_0) = 0.025$를 만족하는 χ^2_0를 구하여라.

③ $E(X)$를 구하여라.

④ $Var(X)$를 구하여라.

[풀이]

① $\chi^2_{(10,0.05)} = 18.3073$

② $\chi^2_{(10,0.025)} = 20.4831$

③ $E(X) = n = 10$

④ $Var(X) = 2n = 2 \times 10 = 20$ ■

예제 6

X_1은 자유도가 3인 χ^2-분포를 따르고, X_2는 자유도가 4인 χ^2-분포를 따를 때, X_1+X_2는 어떤 분포를 따르겠는가? 이 때, X_1과 X_2는 서로 독립이다.

[풀이]

X_1+X_2는 자유도가 $7(=3+4)$인 χ^2-분포를 따른다. ■

(2) t-분포

6.2절에서 중심극한정리를 통해 확률변수 $Z=\dfrac{\overline{x}-\mu}{\sigma/\sqrt{n}}$는 표준정규분포를 따른다는 사실에 대해 설명하였다. 한편, σ^2을 모르는 경우 표본분산 s^2으로 대치하여 얻게 되는 $T=\dfrac{\overline{x}-\mu}{s/\sqrt{n}}$는 표본의 크기가 클 때 표준정규분포에 근사하게 된다.

하지만 표본의 크기가 작을 때 $T=\dfrac{\overline{x}-\mu}{s/\sqrt{n}}$는 표준정규분포를 따른다고 할 수 없게 되며, 이 때 사용할 수 있는 분포로 t-분포가 있다.

확률변수 t의 확률밀도함수가

$$f(t)=\frac{\Gamma\left(\frac{n+1}{2}\right)}{\sqrt{n\pi}\,\Gamma\left(\frac{n}{2}\right)}\left(1+\frac{t^2}{n}\right)^{-\frac{n+1}{2}}, \quad -\infty<t<\infty$$

와 같이 정의될 때, T는 자유도가 n인 t-분포(t-distribution)를 따른다고 하며, T의 기대값과 분산은 다음과 같다.

$$E(T)=0,\quad Var(T)=\frac{n}{n-2}$$

t-분포는 자유도 n에 따라 그 모양이 변하고, 0을 중심으로 좌우대칭이며 자유도가 충분히 커지면($n\to\infty$)일 때는 표준정규분포와 일치한다. t-분포의 확률밀도함수를 그래프로 표현하면 **그림 6.2**와 같다.

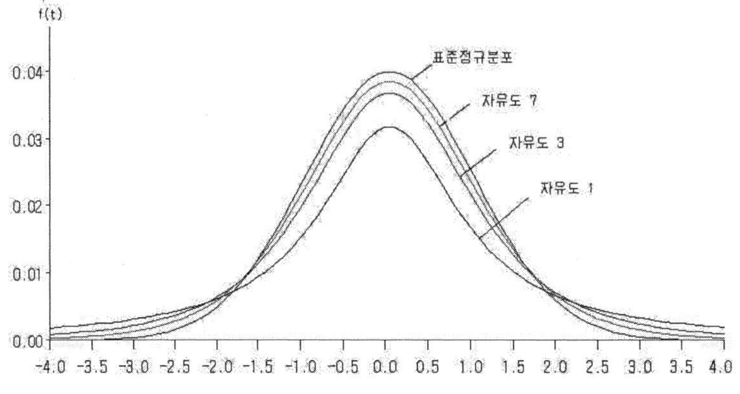

그림 6.2 t - 분포의 확률밀도함수

t-분포는 표본의 크기 n이 작을 때, 즉 $n < 30$일 경우에 주로 이용되며, 모평균, 모평균의 차 또는 회귀계수의 추정이나 검정에 쓰인다.

확률변수 T가 자유도 n인 t-분포를 따를 때, $P(T > t_0) = \alpha$를 만족하는 상수 t_0을 자유도가 n인 t-분포의 α점이라 하며, $t_{(n,\alpha)}$로 표기한다. 자유도 n과 α의 변화에 따른 $t_{(n,\alpha)}$의 값은 부록의 <표 5>에 수록되어 있다. 예를 들어 $n = 15$이고 $\alpha = 0.05$일 때, <표 5>로부터 $t_{(15,0.05)} = 1.753$이며, $n = 20$이고 $\alpha = 0.01$일 때 $t_{(20,0.01)} = 2.528$을 얻을 수 있다.

t - 분포와 정규분포의 관계

- Z가 표준정규분포 $N(0,1)$를 따르고 V가 자유도 n인 χ^2-분포를 따를 때, Z와 V가 독립이면 다음과 같이 정의되는 확률변수는 자유도가 n인 t-분포를 따른다.

$$\frac{Z}{\sqrt{V/n}} \sim t(n)$$

- 정규모집단 $N(\mu, \sigma^2)$으로부터 추출된 크기 n인 임의표본의 표본평균과 표본분산을 각각 $\bar{x}$, s^2이라 할 때 다음과 같이 정의되는 통계량은 자유도가 $n-1$인 t-분포를 한다.

$$\frac{\bar{x} - \mu}{s / \sqrt{n}} \sim t(n-1)$$

예제 7

X가 자유도 $n = 10$인 t-분포를 따른다고 할 때,

① $P(X > t_0) = 0.05$를 만족하는 t_0를 구하여라.

② $P(|X| > t_0) = 0.05$를 만족하는 t_0를 구하여라.

③ 확률변수의 기댓값과 분산을 구하여라.

[풀이]

① $t_{(10,\,0.05)} = 1.812$

② $t_{(10,\,0.025)} = 2.228$

③ $E(X) = 0$, $Var(X) = \dfrac{10}{10-2} = 1.25$ ■

예제 8

X가 t-분포를 따른다고 할 때, 다음을 구하여라.

① $n = \infty$일 때, $P(X > t_0) = 0.05$를 만족하는 t_0

② $n = \infty$일 때, $P(X > t_0) = 0.025$를 만족하는 t_0

③ $n = \infty$일 때, $P(X > t_0) = 0.005$를 만족하는 t_0

[풀이]

① $t_{(\infty,\,0.05)} = 1.645$

② $t_{(\infty,\,0.025)} = 1.96$

③ $t_{(\infty,\,0.005)} = 2.576$

이 결과로부터 $n \to \infty$일 때 정규분포의 확률과 같아짐을 알 수 있다. ■

예제 9

모평균이 4인 정규모집단 $N(4, \sigma^2)$으로부터 표본을 임의로 10개를 추출하여 다음과 같은 자료를 얻었다.

$$\sum_i x_i = 48, \qquad \sum_i x_i^2 = 250$$

이 때, 통계량 $X = \dfrac{\bar{x} - \mu}{s / \sqrt{n}}$의 값을 구하여라.

[풀이]

$$\bar{x} = \frac{48}{10} = 4.8\ ,\ \mu = 4\ ,$$

$$s = \sqrt{\frac{1}{n-1}\left(\sum x_i^2 - n\bar{x}^2\right)} = \sqrt{\frac{1}{10-1}\{250 - 10(4.8)^2\}} = 1.476$$

이므로 구하고자 하는 통계량의 값은 $X = \dfrac{4.8-4}{1.476/\sqrt{10}} = 1.714$ 이 된다. ■

(3) F-분포

두 정규모집단에서 임의로 추출한 표본으로부터 구한 두 표본분산 s_1^2, s_2^2과 두 모분산 σ_1^2, σ_2^2과의 관계를 이용하여 두 모분산 비를 추론하는데 사용하는 분포로 F-분포가 있다. 확률변수 X의 확률밀도함수가 다음과 같이 주어질 때, X는 자유도 (n_1, n_2)인 F-분포(F-distribution)를 따른다고 한다.

$$f(x) = \frac{\Gamma\left(\frac{n_1+n_2}{2}\right)}{\Gamma\left(\frac{n_1}{2}\right)\Gamma\left(\frac{n_2}{2}\right)}\left(\frac{n_1}{n_2}\right)^{\frac{n_1}{2}} x^{\frac{n_1}{2}-1}\left(1+\frac{n_1}{n_2}x\right)^{-\frac{1}{2}(n_1+n_2)}\ ,\ x > 0$$

F-분포는 오른쪽으로 꼬리가 길게 늘어진 분포 모양을 갖지만 자유도가 증가함에 따라 대칭분포에 가까워진다. 또한, 이 분포는 두 모분산의 비를 추론하거나 분산분석, 실험계획법 등에서 많이 사용된다. 자유도가 (n_1, n_2)인 F-분포를 따르는 확률변수 X의 기대값과 분산은 다음과 같다.

$$E(X) = \frac{n_2}{n_2-2}\ ,\ n_2 > 2$$

$$Var(X) = \frac{2n_2^2(n_1+n_2-2)}{n_1(n_2-2)^2(n_2-4)}\ ,\ n_2 > 4$$

X가 자유도 (n_1, n_2)인 F-분포를 따를 때, $P(X > F_0) = \alpha$를 만족하는 상수 F_0를 자유도가 (n_1, n_2)인 F-분포의 α점이라 하며, $F_{(n_1, n_2, \alpha)}$로 표기한다. 자유도 (n_1, n_2)와 $\alpha = 0.10, 0.05, 0.01$의 변화에 따른 $F_{(n_1, n_2, \alpha)}$의 값은 부록의 <표 7>에 수록되어 있다. 예를 들어 $n_1 = 10, n_2 = 10$이고 $\alpha = 0.05$일 때, <표 7>로부터 $F_{(10,10,0.05)} = 2.98$이며, $n_1 = 10, n_2 = 20$이고 $\alpha = 0.01$일 때 $F_{(10,20,0.01)} = 3.37$을 얻을 수 있다. **그림 6.3**은 F-분포의 확률밀도함수를 그래프를 나타낸다.

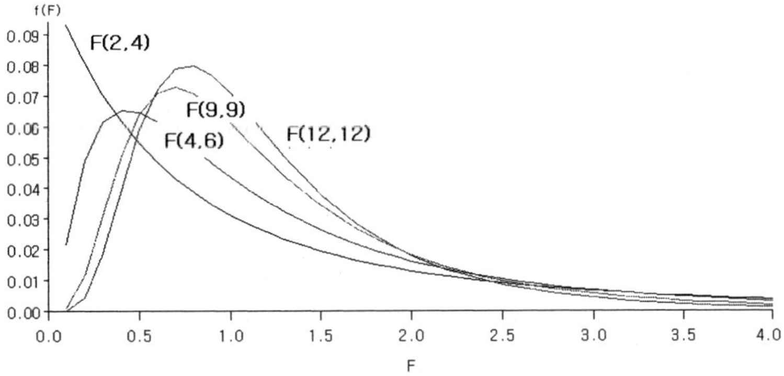

그림 6.3 F-분포의 확률밀도함수

한편, 자유도가 (n_1, n_2)인 F-분포의 α점에 대하여 다음 관계가 성립된다.

$$F_{(n_2, n_1, 1-\alpha)} = \frac{1}{F_{(n_1, n_2, \alpha)}}$$

정규분포, t-분포, χ^2-분포 F-분포와의 관계

- X_1과 X_2가 각각 자유도 n_1과 n_2인 χ^2-분포를 하는 확률변수이고, 서로 독립이면 다음과 같이 정의되는 통계량 X는 자유도가 (n_1, n_2)인 F-분포를 따른다.

$$X = \frac{X_1^2/n_1}{X_2^2/n_2} \sim F(n_1, n_2)$$

- 두 정규모집단 $N(\mu_1, \sigma_1^2)$, $N(\mu_2, \sigma_2^2)$으로부터 임의로 추출한 크기 n_1, n_2인 독립확률표본의 표본분산을

$$s_1^2 = \frac{1}{n_1 - 1}\sum_{i=1}^{n_1}(x_i - \overline{x})^2 \quad , \quad s_2^2 = \frac{1}{n_2 - 1}\sum_{i=1}^{n_2}(x_i - \overline{x})^2$$

라고 하면 다음과 같이 정의되는 통계량 X는 자유도 $(n_1 - 1, n_2 - 1)$인 F-분포를 따른다.

$$X = \frac{s_1^2/\sigma_1^2}{s_2^2/\sigma_2^2} \sim F(n_1 - 1, n_2 - 1)$$

- X가 자유도 n인 t-분포를 할 때, X^2은 자유도$(1, n)$인 F-분포를 한다.

예제 10

F-분포의 다음 확률값을 구하여라.

① $F_{(5,4,0.10)}$ ② $F_{(15,15,0.05)}$ ③ $F_{(6,10,0.05)}$ ④ $F_{(10,6,0.95)}$

[풀이]

① $F_{(5,4,0.10)} = 4.05$ ② $F_{(15,15,0.05)} = 2.40$

③ $F_{(6,10,0.05)} = 3.22$ ④ $F_{(10,6,0.95)} = \dfrac{1}{F_{(6,10,0.05)}} = \dfrac{1}{3.22} = 0.311$ ■

SECTION 6.5 SPSS를 이용한 표본추출 및 표본분포

예제 11

사회복지사 실태 조사 결과인 실습자료.sav에 대하여 단순임의추출법으로 30개의 표본을 추출하시오.

SPSS 실행 방법

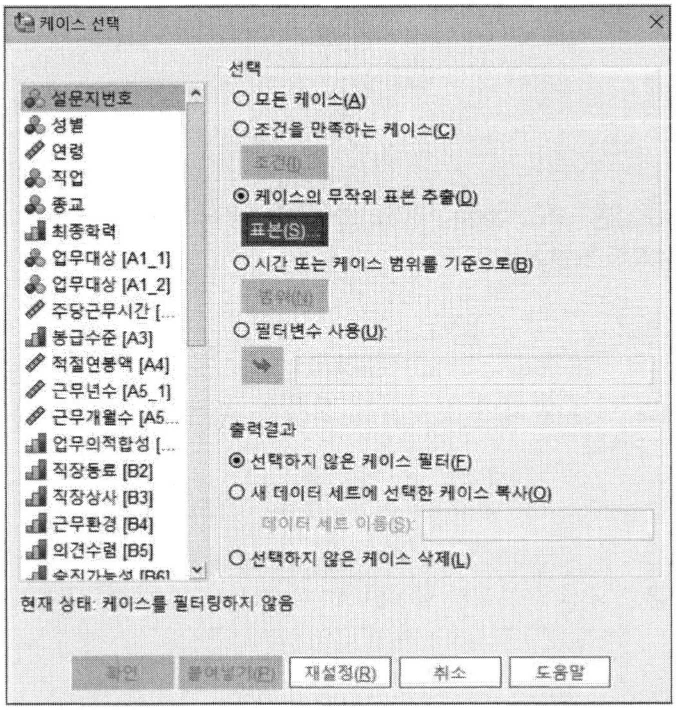

단순임의추출법으로 30개의 표본을 추출하기 위해서는 SPSS의 데이터 메뉴를 이용하면 된다. 데이터 메뉴의 케이스 선택 메뉴를 선택해서 얻게 되는 《케이스 선택》 대화상자에서 아래와 같이 케이스의 무작위 표본 추출을 선택한다.

이렇게 해서 얻게 되는 《케이스 선택:표본추출》 대화상자에서 표본크기를 지정하면 되는데 30개의 표본을 추출하기 위해서는 정확하게 30개의 케이스(처음 50개의 케이스 중에서)와 같이 입력한다. 그리고 [계속]을 클릭하고 《데이터탐색》 대화상자에서 [확인]을 클릭한다.

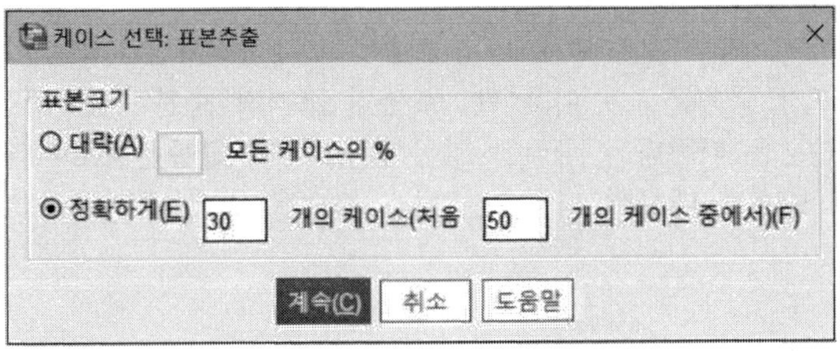

SPSS 실행 결과

	설문지번호	성별	연령	직업	종교	최종학력	A1_1	A1_2	A2	A3	A4	A5_1	A5_2
1	1	2	31	1	1	1	7	8	38	4	3200	3	6
2	2	1	38	2	2	2	5	6	39	4	3500	6	4
3	3	2	29	5	3	2	2	3	42	2	3000	1	3
4	4	2	30	3	1	2	3	6	40	2	3100	2	5
5	5	2	28	4	3	2	7	8	44	3	3000	2	6
6	6	1	33	4	3	2	3	5	46	4	3600	4	7
7	7	2	32	2	2	2	2	3	39	5	3800	3	1
8	8	1	35	4	2	3	1	6	42	5	3900	5	2
9	9	2	29	5	1	2	2	3	40	3	3000	1	3
10	10	2	27	4	2	1	6	7	42	4	2800	1	4
11	11	2	33	4	2	1	1	6	35	4	3100	5	4
12	12	1	48	3	2	2	4	8	39	4	3600	12	10
13	13	1	46	2	1	2	5	7	40	3	3800	11	11
14	14	1	48	2	3	2	7	8	46	2	4000	14	2
15	15	1	50	4	2	1	4	6	42	2	3800	11	3
16	16	1	52	5	1	3	7	8	40	3	4500	13	4
17	17	2	43	5	3	1	1	6	41	5	3200	11	5
18	18	1	42	4	2	3	8	9	38	5	3800	10	2
19	19	2	36	1	4	2	6	7	39	3	3600	5	2
20	20	1	39	1	4	2	2	3	37	4	3500	5	4
21	21	2	34	4	2	2	5	6	41	2	3200	5	6
22	22	2	38	1	1	2	6	7	40	2	3500	8	6
23	23	2	30	5	2	1	2	3	46	3	2500	2	6
24	24	2	28	4	2	2	7	8	48	2	3200	1	7
25	25	2	29	1	1	1	3	7	39	3	3000	1	9

||| SPSS 실행결과 분석 |||

실행결과로부터 50개의 전체 케이스 중에서 정확하게 30개의 케이스가 추출된 것을 알 수 있다. 추출되지 않은 케이스는 케이스번호에 대각선이 그어지고 자료의 마지막 열에 자동적으로 생성되는 filter_$ 변수는 0 또는 1의 값을 가지며, 선택된 케이스는 1의 값을 가지고, 제외된 케이스는 0의 값을 가지고 있다. 물론, 위의 실행결과에 있는 30개의 랜덤하게 추출된 케이스들은 《케이스 선택:표본추출》 메뉴를 사용할 때마다 서로 다른 케이스들이 선택되게 된다.

예제 12

모집단의 분포가 균등분포를 따를 때, 표본의 크기가 충분히 큰 경우에 표본평균의 분포가 정규분포를 따른다는 사실을 알아보시오. 즉, 균등분포로부터 난수를 발생시키고, 생성된 난수에 대하여 평균을 구하는 작업을 반복 수행하여 표본평균의 분포를 살펴보시오.

||| SPSS 실행 방법 |||

먼저, 균등분포를 따르는 난수를 30개 발생시키기 위해서는 SPSS 데이터편집기 창에서 변수보기 창을 이용하여 먼저 변수 u1-u30을 정의한 후 변수계산 메뉴를 사용하면 된다.

《변수계산》 대화상자에서 난수를 발생시킬 때 몇 개의 난수를 생성할 것인지는 지정하지 않는다. 따라서, 변수 u1에 균등분포를 따르는 50개의 난수를 생성하기 위해서는 난수 발생 단계 이전에 먼저 u1변수에 임의의 값을 50행에 걸쳐 입력한다. 여기서 입력되는 값은 무의미한 값으로 생성된 난수 값으로 대체될 것이므로 어떤 값이 들어가도 상관없다.

변환의 변수계산 메뉴를 선택해서 얻게 되는 《변수계산》 대화상자에서 함수집단에서 난수를 지정하고, 나타나는 함수 중에서 RV.UNIFORM을 선택하여 구간 값에 0과 1을 각각 입력한 다음 [확인]을 클릭하면 50개의 난수를 발생시킬 수 있다. 이와 관련한 자세한 내용은 2장의 5.5절의 예제 4에서 설명한 표준정규분포를 따르는 난수발생 방법을 참조하기 바란다.

구간 (0,1)에서 균등분포를 따르는 난수를 발생시키기 위해서 숫자표현식에 직접 RV.UNIFORM(0,1)과 같이 입력해도 동일한 결과를 얻을 수 있다. 같은 방법으로 u2-u30에 대해서도 균등분포를 하는 난수를 각각 50개씩 발생시킬 수 있다. 다음 결과는 모든 변수에 50개의 난수가 생성된 후 데이터보기 화면의 일부분을 보여주고 있다.

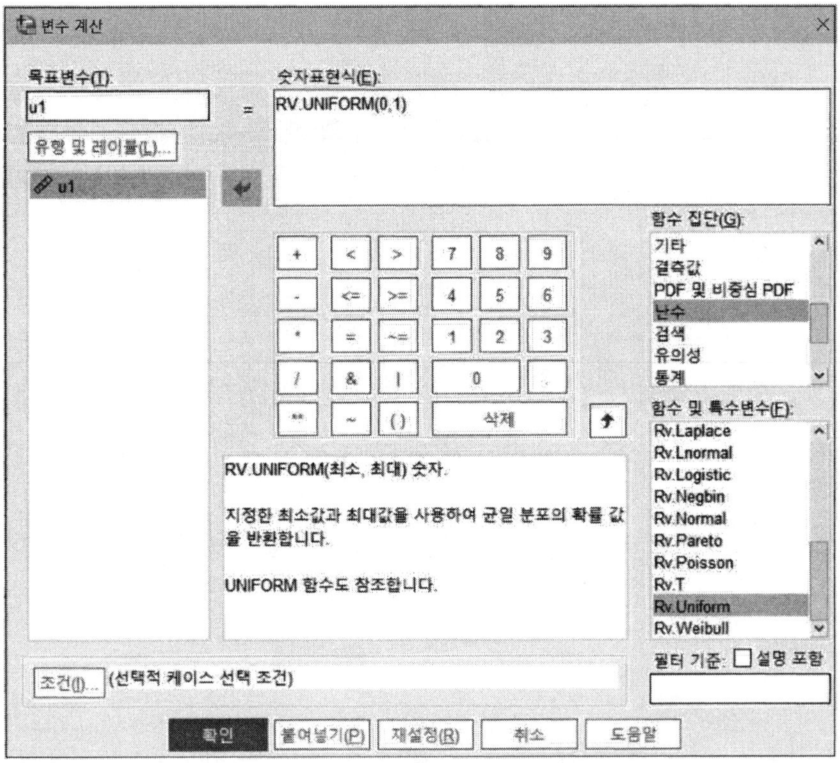

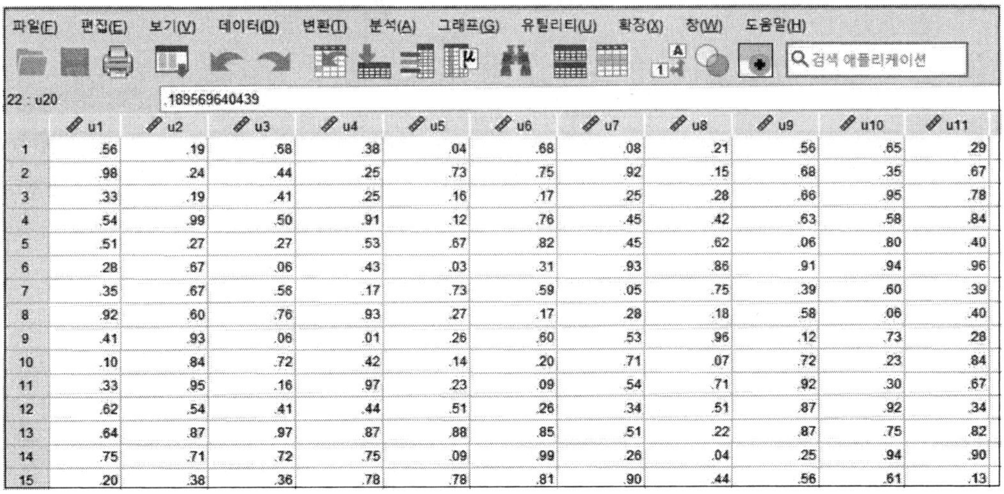

	u1	u2	u3	u4	u5	u6	u7	u8	u9	u10	u11
1	.56	.19	.68	.38	.04	.68	.08	.21	.56	.65	.29
2	.98	.24	.44	.25	.73	.75	.92	.15	.68	.35	.67
3	.33	.19	.41	.25	.16	.17	.25	.28	.66	.95	.78
4	.54	.99	.50	.91	.12	.76	.45	.42	.63	.58	.84
5	.51	.27	.27	.53	.67	.82	.45	.62	.06	.80	.40
6	.28	.67	.06	.43	.03	.31	.93	.86	.91	.94	.96
7	.35	.67	.56	.17	.73	.59	.05	.75	.39	.60	.39
8	.92	.60	.76	.93	.27	.17	.28	.18	.58	.06	.40
9	.41	.93	.06	.01	.26	.60	.53	.96	.12	.73	.28
10	.10	.84	.72	.42	.14	.20	.71	.07	.72	.23	.84
11	.33	.95	.16	.97	.23	.09	.54	.71	.92	.30	.67
12	.62	.54	.41	.44	.51	.26	.34	.51	.87	.92	.34
13	.64	.87	.97	.87	.88	.85	.51	.22	.87	.75	.82
14	.75	.71	.72	.75	.09	.99	.26	.04	.25	.94	.90
15	.20	.38	.36	.78	.78	.81	.90	.44	.56	.61	.13

이제, 발생된 난수를 이용하여 표본의 크기가 30인 표본들의 평균을 구하기 위해서 변환의 변수계산 메뉴를 선택해서 얻게 되는 《변수계산》 대화상자에서 목표변수에 변수이름을 평균으로 지정하고, 함수집단으로 통계를 선택한 후 나타나는 함수 및

특수변수 중에서 Mean을 선택하여 다음과 같이 입력하면 된다.

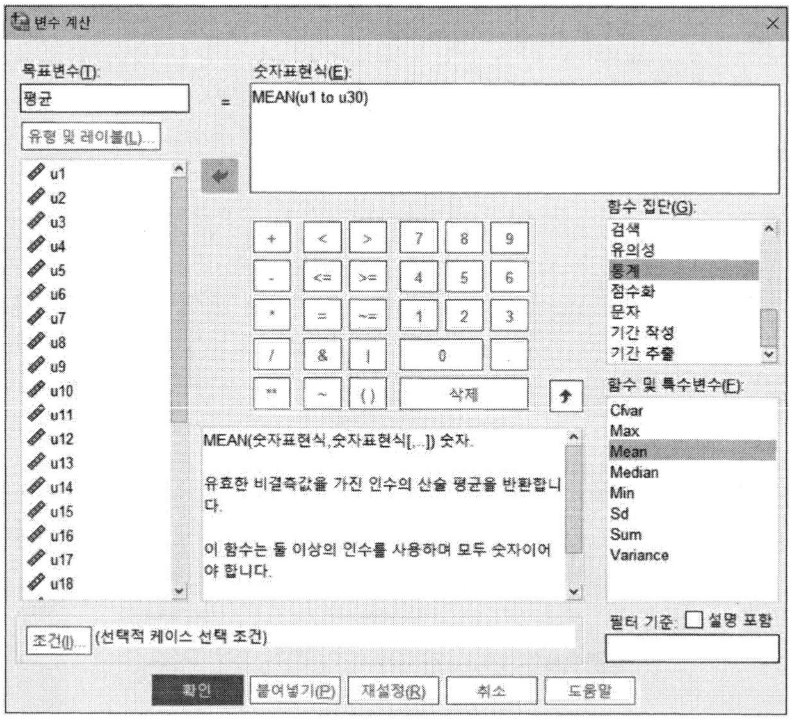

다음은 평균 변수가 추가된 데이터보기 화면의 일부를 보여준다.

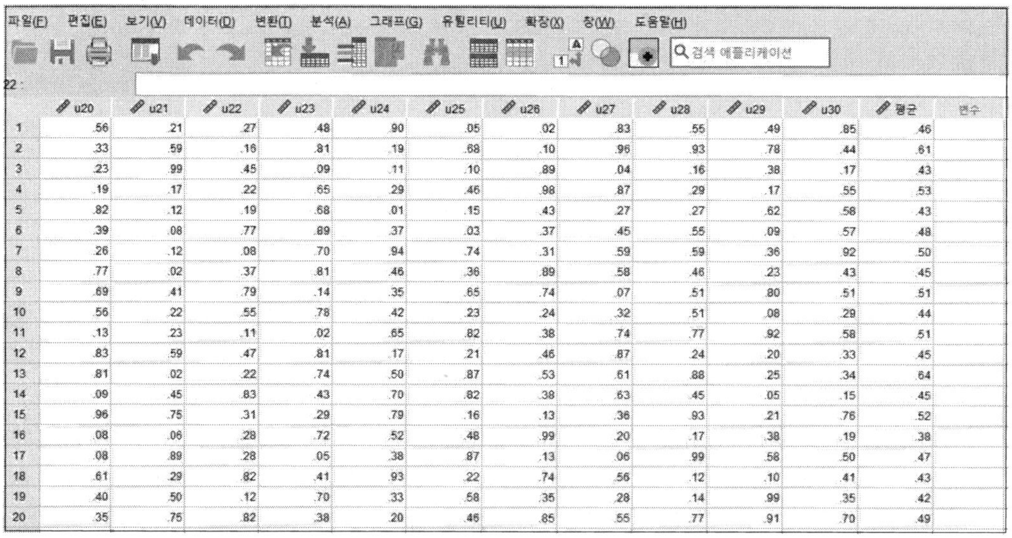

	u20	u21	u22	u23	u24	u25	u26	u27	u28	u29	u30	평균	변수
1	.56	.21	.27	.48	.90	.05	.02	.83	.55	.49	.85	.46	
2	.33	.59	.16	.81	.19	.68	.10	.96	.93	.78	.44	.61	
3	.23	.99	.45	.09	.11	.10	.89	.04	.16	.38	.17	.43	
4	.19	.17	.22	.65	.29	.46	.98	.87	.29	.17	.55	.53	
5	.82	.12	.19	.68	.01	.15	.43	.27	.27	.62	.58	.43	
6	.39	.08	.77	.89	.37	.03	.37	.45	.55	.09	.57	.48	
7	.26	.12	.08	.70	.94	.74	.31	.59	.59	.36	.92	.50	
8	.77	.02	.37	.81	.46	.36	.89	.58	.46	.23	.43	.45	
9	.69	.41	.79	.14	.35	.65	.74	.07	.51	.80	.51	.51	
10	.56	.22	.55	.78	.42	.23	.24	.32	.51	.08	.29	.44	
11	.13	.23	.11	.02	.65	.82	.38	.74	.77	.92	.58	.51	
12	.83	.59	.47	.81	.17	.21	.46	.87	.24	.20	.33	.45	
13	.81	.02	.22	.74	.50	.87	.53	.61	.88	.25	.34	.64	
14	.09	.45	.83	.43	.70	.82	.38	.63	.45	.05	.15	.45	
15	.96	.75	.31	.29	.79	.16	.13	.36	.93	.21	.76	.52	
16	.08	.06	.28	.72	.52	.48	.99	.20	.17	.38	.19	.38	
17	.08	.89	.28	.05	.38	.87	.13	.06	.99	.58	.50	.47	
18	.61	.29	.82	.41	.93	.22	.74	.56	.12	.10	.41	.43	
19	.40	.50	.12	.70	.33	.58	.35	.28	.14	.99	.35	.42	
20	.35	.75	.82	.38	.20	.46	.85	.55	.77	.91	.70	.49	

이제 난수들의 분포와 표본평균의 분포를 비교하기 위해서 분석의 히스토그램 메뉴를 이용하여 다음과 같이 난수의 히스토그램과 표본평균의 히스토그램을 작성할 수 있다. 물론 이러한 결과는 난수를 발생시킬 때마다 서로 다른 자료를 얻게 되므로 히스토그램의 모양도 다르게 된다.

‖ SPSS 실행 결과 ‖

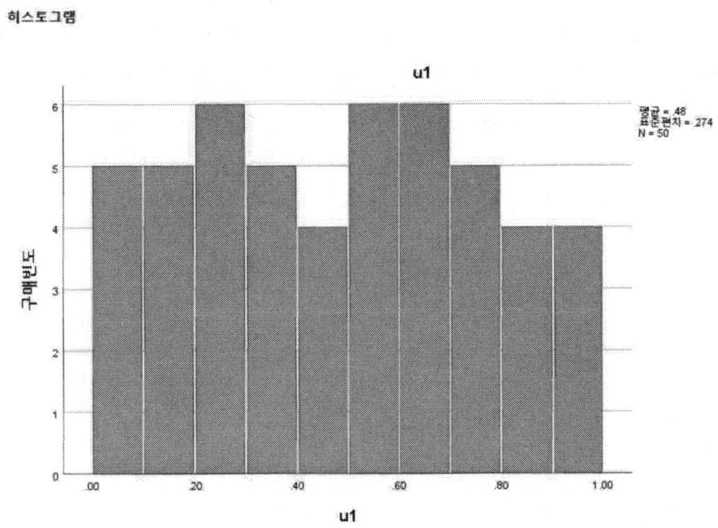

그림 6.4 균등분포를 따르는 난수의 히스토그램

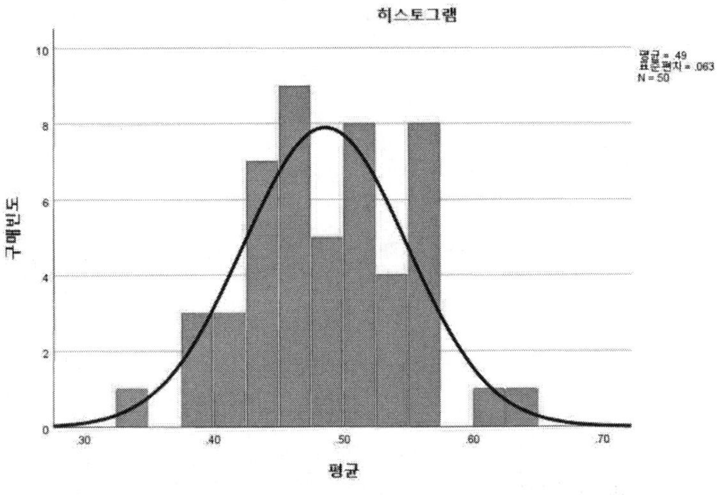

그림 6.5 모집단이 균등분포일 때 표본평균의 히스토그램

예제 13

확률변수 X가 자유도 $n=10$인 χ^2-분포를 따른다고 할 때, $P(X \le 20)$의 값을 SPSS를 이용하여 구하시오.

SPSS 실행 방법

주어진 확률을 구하기 위해서는 변수계산 메뉴로부터 얻게 되는 《변수계산》 대화상자에서 목표변수를 먼저 지정한다. 이 예에서는 목표변수의 이름을 확률로 지정하였다. 다음으로 함수집단에서 CDF 및 비중심 CDF를 선택하면 나타나는 함수 및 특수변수 중에서 CDF.CHISQ를 선택한다. 이 함수 CDF.CHISQ(양, 지유도)에서 양과 자유도를 입력해주면 되는데 여기서, 양은 확률을 구하고자 하는 임계값으로 이 문제에서는 20이 되며, 자유도는 10이므로 이 값을 직접 입력한 다음 [확인]을 클릭한다.

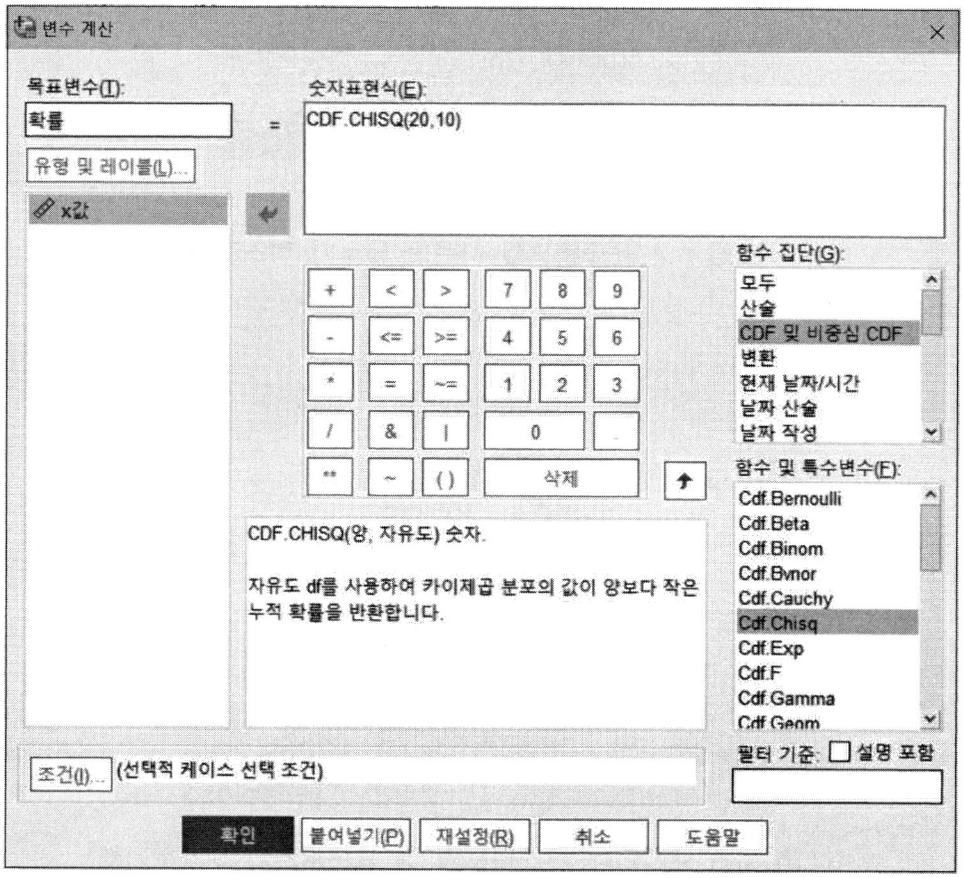

SPSS 실행 결과

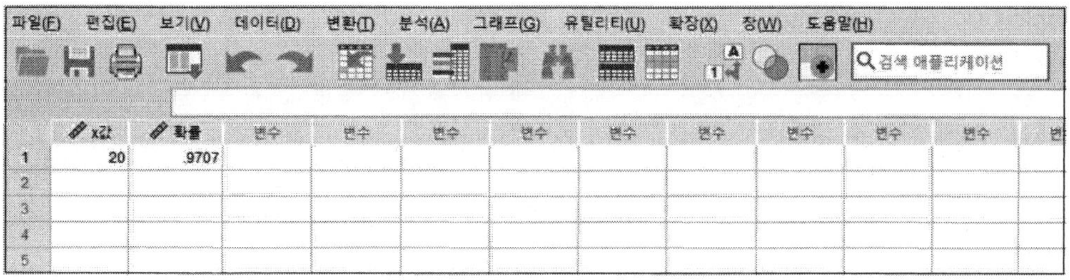

SPSS 실행결과 분석

위의 결과로부터 $P(X \leq 20) = 0.9707$임을 알 수 있다.

참 고 사 항

t-분포 또는 F-분포를 따르는 확률변수에서 특정 확률을 구하기 위해서는 《변수계산》 대화상자의 함수에서 다음의 함수를 이용하면 된다.

- CDF.T(양,자유도)
  : t-분포에서 "양"보다 작을 확률인 $P(X \leq$ 양$)$을 계산
- CDF.F(양,자유도1,자유도2)
  : F-분포에서 "양"보다 작을 확률인 $P(X \leq$ 양$)$을 계산

Chapter 7

통계적 추정

점추정

구간추정

표본크기 결정

사회복지 자료에 대한 점추정 및 구간추정

일상생활에서 주어지는 정보를 토대로 미지의 현상에 대한 추측을 하거나 어떤 현상에 대한 기존의 주장이 옳은가를 결정해야 하는 경우가 있다. 이를 위해 관심의 대상인 모집단으로부터 표본을 추출하고, 모집단의 분포형태, 모집단의 특성을 나타내는 모수를 표본 정보를 기초로 하여 모집단에 관한 정보를 추측 또는 결정하게 되는데 이러한 일련의 과정을 통계적 추론(statistical inference)이라 한다.

통계적 추론은 크게 모수의 참값으로 추측되는 값을 구하는 추정(estimation)과 모수에 대한 예상, 주장 또는 추측 등의 옳고 그름을 판단하는 가설검정(testing of hypothesis)으로 나누어진다. 또한, 추정은 점추정(point estimation)과 구간추정(interval estimation)으로 구분된다.

일반적으로 점추정 값과 모집단의 모수는 정확히 일치하지 않는다. 이러한 불일치를 오차(error)라고 하는데, 추정값이 갖는 이러한 오차에 대해 점추정과 같이 하나의 값으로만 모수를 추정하는 것은 의미가 없을 수 있다. 즉, 추정값과 모수가 정확하게 일치하지 않으면 그 추정값이 모수와 얼마나 차이가 나는지 알 수 없다. 따라서 이러한 경우에는 모수에 대한 하나의 점추정 값을 구하기보다는 모수가 포함되어 있을 것으로 생각되는 구간을 추정하는 것이 바람직하다.

한편, 모수를 추정하기 위하여 표본을 추출할 때 표본의 크기를 얼마로 하여야 할 것인가를 결정해야 한다. 일반적으로 표본의 크기가 너무 크면 시간과 노력이 많이 소비되는 반면에 표본의 크기가 너무 작으면 오차가 커지게 된다. 따라서 정해진 오차의 한계(limit of error)를 만족시키는 표본의 크기 결정이 필요하다.

이 장에서는 점추정의 개념과 모평균의 점추정, 모비율의 점추정, 그리고 모분산과 모표준편차의 점추정에 대하여 살펴보고, 구간추정의 개념과 모평균의 구간추정, 모비율의 구간추정, 두 모평균 차이의 구간추정, 두 모비율 차이의 구간추정에 대하여 살펴보고자 한다. 또한, 모평균 및 모비율의 추정에서 필요한 표본의 크기에 대하여 각각 살펴보고, 모평균과 모비율의 추정이 동시에 필요한 경우에 필요한 표본의 크기에 대하여 다루어 보고자 한다.

SECTION 7.1 점추정

(1) 점추정의 개념

모집단으로부터 추출된 표본을 이용하여 하나의 값으로 모수를 추정하는 것을 점추정이라 한다. 모수에 대한 점추정을 할 때 쓰는 점추정량(point estimator)으로는 표본평균, 중위수, 최빈수 등 여러 가지가 있을 수 있는데 이 중 좋은 성질을 가지고 있는 추정량을 사용하는 것이 바람직하다.

미지의 모수를 θ 라 할 때, θ 를 추정하는데 통계량 $\hat{\theta}$ 이 사용되었다면 $\hat{\theta}$ 을 θ 의 추정량(estimator)이라 하고, θ 의 통계값을 θ 의 추정값(estimate)이라 한다. 추정량은 추출된 표본에 따라 변하는 통계량이고, 미지의 모수 θ 에 대한 통계량은 여러 가지가 있을 수 있다. 따라서 어떤 추정량 $\hat{\theta}$ 가 좋고 나쁜지는 추정량의 표본분포가 모수 θ 주위에 어떤 형태로 분포되어 있는가에 달려 있다고 할 수 있다. 좋은 추정량 $\hat{\theta}$ 가 갖는 성질로 비편향성, 유효성, 일치성, 충분성 등이 있다. 표본평균 $\overline{x}$ 는 이러한 좋은 성질들을 모두 가지고 있는 좋은 추정량이다.

어떤 추정량 $\hat{\theta}$ 의 모든 값에 대하여 $E(\hat{\theta}) = \theta$ 이면, 추정량 $\hat{\theta}$ 는 비편향성(unbiasedness)을 갖는다고 하고, $\hat{\theta}$ 을 θ 의 비편향추정량(unbiased estimator)이라 한다.

비편향추정량이 아닌 추정량을 편향추정량(biased estimator)이라 하며, $\hat{\theta}$ 가 θ 의 편향추정량이면 $b(\hat{\theta}) = E(\hat{\theta}) - \theta$ 를 편향(bias)이라 한다.

모수 θ 에 대한 두 비편향추정량을 $\hat{\theta}_1, \hat{\theta}_2$ 라 하고, 각각의 분산을 $Var(\hat{\theta}_1)$, $Var(\hat{\theta}_2)$ 이라 할 때 $Var(\hat{\theta}_1) < Var(\hat{\theta}_2)$ 이면 $\hat{\theta}_1$ 은 $\hat{\theta}_2$ 보다 더 유효한 추정량(more efficient estimator)이라 한다. 모수 θ 의 가능한 모든 비편향추정량 중에서 가장 작은 분산을 갖는 추정량을 최량유효추정량(the most efficient estimator) 또는 최소분산비편향추정량(minimum variance unbiased estimator)이라 한다.

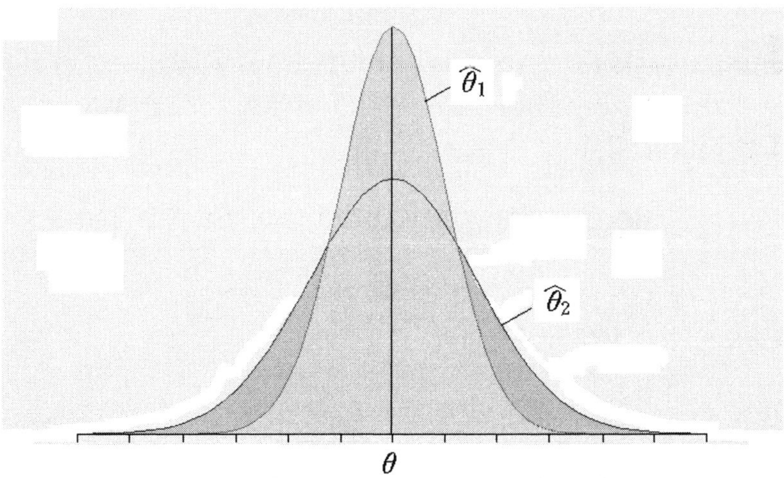

그림 7.1 θ 의 비편향추정량 $\hat{\theta}_1, \hat{\theta}_2$ 의 분포

(2) 모평균의 점추정

모평균은 모집단의 분포에서 중심의 위치를 나타내는 중요한 정보이다. 모평균 μ의 추정량으로 여러 가지 통계량이 사용될 수 있으며, 그 중 가장 대표적인 것이 표본평균이다. 모집단으로부터 추출한 크기 n인 임의표본을 $x_1, x_2, \cdots, x_n$이라 할 때, 모평균의 추정량인 표본평균은 다음과 같이 정의된다.

$$\bar{x} = \frac{1}{n}\sum_{i=1}^{n} x_i$$

모평균이 μ이고 모분산이 σ^2인 무한모집단으로부터 크기 n인 표본을 복원추출할 때, 표본평균 $\bar{x}$의 기댓값과 분산은 다음과 같다.

$$E(\bar{x}) = \mu, \quad Var(\bar{x}) = \frac{\sigma^2}{n}$$

따라서 $\bar{x}$는 모평균 μ의 비편향추정량이고, $\bar{x}$의 분산이 $\frac{\sigma^2}{n}$이므로 그 표준편차는 $\frac{\sigma}{\sqrt{n}}$이 된다. 이 때, 추정량의 표준편차 $\frac{\sigma}{\sqrt{n}}$는 어떤 비편향추정량이 얼마나 좋은 추정량인가를 나타내는 추정량의 정도를 의미하는 측도로서 표준오차(standard error)라고 한다. 그러나 일반적으로 σ는 미지이므로 σ 대신에 표본표준편차 s를 대입하여 $\frac{s}{\sqrt{n}}$를 사용하는데 이를 표준오차의 추정값이라 한다.

예제 1

어느 학부의 수능평균점수를 알아보기 위하여 10명의 학생을 표본으로 추출하여 얻은 점수들은 다음과 같다.

300, 320, 280, 310, 300, 290, 270, 260, 330, 280

① 수능점수에 대한 모평균 μ의 점추정값을 구하여라.
② 표준오차의 추정값을 구하여라.

[풀이]

① $\hat{\mu} = \bar{x} = \frac{1}{10}(300 + 320 + \cdots + 280) = 294$

② $\frac{s}{\sqrt{n}}$에서

$$s^2 = \frac{1}{10-1}[(300-294)^2 + (320-294)^2 + \cdots + (280-294)^2]$$

$$= 493.33$$

로부터 $s = \sqrt{493.33} = 22.21$ 이므로 표준오차의 추정값은 $\frac{22.21}{\sqrt{10}} = 7.024$ 와 같다. ■

(3) 모비율의 점추정

모비율(population proportion)은 정부 시책에 대한 국민의 지지율이나 복지 프로그램의 만족도, 상품의 시장 점유율 등과 같이 모집단에서 어떤 특정 속성을 갖는 비율을 의미한다. 따라서 모비율의 추정은 사회 여론조사, 시장조사 등의 분야에서 많이 요구되고 있다.

어떤 특정한 속성에 대한 모비율이 p 인 무한모집단으로부터 n 개의 임의표본을 추출하였을 때, 특정한 속성을 가지고 있는 개체의 총수를 X 라 하면 X 는 이항분포 $b(n, p)$ 를 따른다. 이 때, 모비율의 추정량인 표본비율(sample proportion)은 다음과 같이 정의된다.

$$\hat{p} = \frac{X}{n}$$

확률변수 X 가 이항분포 $b(n, p)$ 를 따를 때, X 의 기댓값과 분산은 다음과 같이 정의된다.

$$E(X) = np, \quad Var(X) = np(1-p)$$

이를 이용하면 표본비율 $\hat{p}$ 의 기대값과 분산은 다음과 같이 구할 수 있다.

$$E(\hat{p}) = E\left(\frac{X}{n}\right) = \frac{1}{n}E(X) = \frac{np}{n} = p$$

$$Var(\hat{p}) = Var\left(\frac{X}{n}\right) = \frac{1}{n^2}Var(X) = \frac{np(1-p)}{n^2} = \frac{p(1-p)}{n}$$

따라서, 표본비율 $\hat{p}$ 는 모비율 p 의 비편향추정량이고, 표본비율 $\hat{p}$ 의 표준오차는 $\sqrt{\frac{p(1-p)}{n}}$ 이며, 표준오차의 추정값은 $\sqrt{\frac{\hat{p}(1-\hat{p})}{n}}$ 가 됨을 알 수 있다.

예제 2

어느 지역 사회복지사들을 대상으로 현재 사회복지사들에게 가장 필요한 교육이 무엇인가에 대한 조사를 실시하고자 한다. 200명의 사회복지사들을 임의로 추출하여 조사한 결과 180명이 컴퓨터 관련교육이라고 응답하였고, 나머지 20명은 기타 다른 응답을 하였다. 이 때, 컴퓨터 관련 교육이라고 응답한 사회복지사의 비율을 추정하고 표준오차의 추정값을 구하여라.

[풀이]

- 점추정량 : $\hat{p} = \frac{180}{200} = 0.9$
- 표준오차의 추정값 : $\sqrt{\frac{\hat{p}(1-\hat{p})}{n}} = \sqrt{\frac{0.9 \times 0.1}{200}} = 0.021$ ■

(4) 모분산과 모표준편차의 점추정

모분산과 모표준편차는 모집단분포에서 산포도를 나타내는 중요한 정보이다. 모평균이 μ이고 모분산이 σ^2인 모집단으로부터 추출된 크기 n인 임의표본을 $x_1, x_2, \cdots, x_n$이라 할 때, 모분산의 추정량인 표본분산은 다음과 같이 정의된다.

$$s^2 = \frac{1}{n-1}\sum_{i=1}^{n}(x_i - \bar{x})^2$$

무한모집단으로부터 임의표본을 추출하여 얻은 표본분산 s^2은 다음과 같은 성질을 갖는다.

$$E(s^2) = \sigma^2$$

따라서 s^2는 모분산 σ^2의 비편향추정량임을 알 수 있다. 모표준편차(population standard deviation) σ의 추정량인 표본표준편차(sample standard deviation)는 다음과 같이 정의된다.

$$s = \sqrt{\frac{1}{n-1}\sum_{i=1}^{n}(x_i - \bar{x})^2}$$

이 때, $E(s) < \sigma$이므로 s는 모표준편차 σ의 비편향추정량은 아니다. 그러나 표본의 크기 n이 충분히 크면($n > 30$), 편향이 적어서 s를 σ의 추정량으로 사용할 수 있다.

예제 3

3명의 아동들로 구성된 모집단을 가정하고 이들 아동들이 지난 달 학습지를 구입하는 데 들어간 비용에 관심이 있다고 하자. 실제로 아동들의 학습지 구입비용은 각각 3만원, 4만원, 5만원이었다. 이 모집단에서 2명의 학생을 임의로 복원추출하였을 때,

① 모평균 μ와 모분산 σ^2을 구하여라.

② μ의 점추정량 $\overline{x}$와 σ^2의 점추정량 s^2을 구하여라.

③ $\overline{x}$가 μ의 비편향추정량임을 보여라.

④ s^2가 σ^2의 비편향추정량임을 보여라.

[풀이]

① $\mu = \frac{1}{3}(3+4+5) = 4$

$\sigma^2 = \frac{1}{3}\{(3-4)^2 + (4-4)^2 + (5-4)^2\} = \frac{2}{3}$

② 표본으로 3과 4가 추출되었을 때, 모평균 μ의 점추정값 $\overline{x} = \frac{1}{2}(3+4) = 3.5$이고, 이 때 모분산 σ^2의 점추정량 s^2은 다음과 같다.

$$s^2 = \frac{1}{2-1}\{(3-3.5)^2 + (4-3.5)^2\} = 0.5$$

크기가 3인 모집단으로부터 크기가 2인 표본을 복원으로 추출하는 경우 나타날 수 있는 경우의 수는 $3^2 = 9$(가지)로 이들로부터 구한 $\overline{x}$와 s^2은 다음과 같다.

표본	$\overline{x}$	s^2
3, 3	3	0
3, 4	3.5	0.5
3, 5	4	2
4, 3	3.5	0.5
4, 4	4	0
4, 5	4.5	0.5
5, 3	4	2
5, 4	4.5	0.5
5, 5	5	0

③ $E(\overline{x}) = \frac{1}{9}(3 + 3.5 + \cdots + 5) = 4$

$E(\bar{x}) = \mu$ 이므로 $\bar{x}$ 는 μ 의 비편향추정량이다.

④ $E(s^2) = \frac{1}{9}(0 + 0.5 + \cdots + 0) = \frac{2}{3}$

$E(s^2) = \sigma^2$ 이므로 s^2 는 σ^2 의 비편향추정량이나. ■

SECTION 7.2 구간추정

(1) 구간추정의 개념

모수가 포함될 만한 숫자들의 범위를 명시하여 주는 추정방법으로 미지의 모수 θ 의 참값이 속할 것으로 기대되는 구간을 추정하는 것을 구간추정이라 한다. 점추정값 자체에 표본오차만을 고려하여 구간으로 나타내는 경우, 주어진 구간이 얼마나 신뢰성이 있는지 알 수 없다. 따라서 신뢰도(degree of confidence)를 고려한 구간추정을 해야 하는데, 이를 신뢰구간(confidence interval) 추정이라 한다. 그리고 주어진 구간에 부여하는 신뢰도의 값을 신뢰수준(confidence level)이라 하는데, 보통 0.90, 0.95, 0.99를 신뢰수준으로 사용한다.

신뢰수준에 대비되는 값으로 유의수준(significance level)이 있으며 통계적 가설검정에서 사용된다. 유의수준은 (1-신뢰수준)으로 결정되며, α 로 표기한다.

미지의 모수 θ 의 구간추정을 위하여 표본으로부터 계산한 추정량 $\hat{\theta}_1$, $\hat{\theta}_2$ 를 정하고 주어진 양수 $\alpha\ (0 < \alpha < 1)$ 에 대하여

$$P(\hat{\theta}_1 < \theta < \hat{\theta}_2) = 1 - \alpha$$

가 만족될 때 구간$(\hat{\theta}_1, \hat{\theta}_2)$를 θ 의 $(1-\alpha)100\%$ 신뢰구간 또는 구간추정량(interval estimator)이라 하고, $(1-\alpha)$를 신뢰수준(confidence level) 또는 신뢰도라 한다. 그리고 $\hat{\theta}_1$ 와 $\hat{\theta}_2$ 를 신뢰한계(confidence limits)라 하며, $\hat{\theta}_1$ 을 신뢰하한(confidence lower limit), $\hat{\theta}_2$ 을 신뢰상한(confidence upper limit)이라 한다.

(2) 모평균의 구간추정

모평균의 구간추정은 모분산 σ^2 을 아는 경우와 모르는 경우로 크게 나눌 수 있다. 모분산 σ^2 을 아는 경우, 모집단 분포가 정규모집단이거나 모집단 분포가 정규분포가 아닌 임의의 모집단이지만 표본의 크기가 대표본일 때, Z-통계량을 이용하여 모평균의 구간추정을 한다. 한편, 모분산 σ^2 을 모르는 경우에는 σ^2 대신에 표본분산

s^2 을 이용하게 되는데, 표본의 크기가 대표본일 때는 Z-통계량을 이용하고, 표본의 크기가 소표본일 때는 t-통계량을 이용하여 모평균의 구간추정을 한다.

❐ 모분산 σ^2을 아는 경우 모평균 μ의 구간추정

정규모집단 $N(\mu,\sigma^2)$에서 모분산 σ^2 을 알고 있을 때 미지의 모평균 μ의 신뢰구간을 구해 보자. 정규모집단으로부터 추출한 크기가 n인 임의표본의 표본평균 $\overline{x}$는 평균이 μ이고 분산이 σ^2/n인 정규분포를 따르므로 이를 표준화한 Z-통계량은 표준정규분포를 따른다.

$$Z = \frac{\overline{x}-\mu}{\sigma/\sqrt{n}} \sim N(0,1)$$

따라서 표준정규분포의 성질로부터 임의의 양수 $\alpha\,(0<\alpha<1)$에 대하여 다음이 성립한다.

$$P\left(-z_{\alpha/2} < Z < z_{\alpha/2}\right) = 1-\alpha$$

여기서, $z_{\alpha/2}$는 표준정규분포 $N(0,1)$에서 오른쪽 꼬리의 면적이 $(\alpha/2)$인 점을 나타내며, 구간추정에서 $z_{\alpha/2}$값으로 $z_{0.05}=1.645$, $z_{0.025}=1.96$, $z_{0.005}=2.576$이 주로 사용된다. 그림 7.2는 이를 그림으로 표현한 것이다.

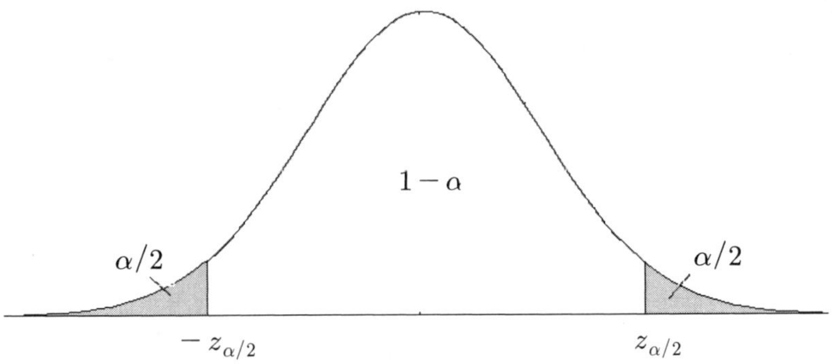

그림 7.2 신뢰수준과 유의수준

위 식에 Z-통계량을 대입하면

$$P\left(-z_{\alpha/2} < \frac{\overline{x}-\mu}{\sigma/\sqrt{n}} < z_{\alpha/2}\right) = 1-\alpha$$

이므로, 좌변 항의 괄호 속의 부등식을 μ에 관해 풀어 써서 정리하면 다음과 같이 쓸 수 있다.

$$P\left(\bar{x}- z_{\alpha/2}\frac{\sigma}{\sqrt{n}} < \mu < \bar{x}+ z_{\alpha/2}\frac{\sigma}{\sqrt{n}}\right) = 1-\alpha$$

따라서 모평균 μ에 대한 $(1-\alpha)100\%$ 신뢰구간은 다음과 같다.

$$\left(\bar{x}- z_{\alpha/2}\frac{\sigma}{\sqrt{n}}\ ,\ \bar{x}+ z_{\alpha/2}\frac{\sigma}{\sqrt{n}}\right)$$

이것은 모평균 μ가 위의 구간에 포함될 것을 $(1-\alpha)100\%$ 신뢰할 수 있음을 의미한다. 이 때, "모평균 μ가 신뢰구간에 포함될 확률은 $1-\alpha$이다."라는 것은 잘못된 표현이다. 왜냐하면, 모수는 고정된 상수이므로 모평균 μ가 계산된 신뢰구간에 포함될 확률은 0 아니면 1이기 때문이다. 그러나 그 확률이 0일지 1일지는 알 수 없다. 그러므로 신뢰구간에서는 확률이라는 표현을 사용하지 않는 것이 바람직하다. 따라서 이럴 경우에 "표본으로부터 계산된 모평균 μ에 대한 $(1-\alpha)100\%$ 신뢰구간"이라는 것이 올바른 표현이 된다.

한편, 모집단의 분포가 정규분포가 아닌 임의의 모집단에서 모분산 σ^2을 알고 있을 때 미지의 모평균 μ의 신뢰구간은 n이 대표본일 경우 중심극한정리에 의해 위의 식을 그대로 사용한다.

예제 4

어느 아동보육시설에서 아동들의 평균 IQ를 추정하기 위하여 25명의 아동을 임의로 추출하여 IQ 검사를 실시하였다. 그 결과 아동들의 IQ 평균은 $\bar{x} = 120$으로 조사되었고, IQ의 표준편차는 $\sigma = 10$으로 알려져 있다. 이 때, 아동들의 IQ 모평균 μ에 대한 95% 신뢰구간을 구하여라.

[풀이]

$$120 - 1.96\frac{10}{\sqrt{25}} < \mu < 120 + 1.96\frac{10}{\sqrt{25}}$$
$$\Rightarrow 120 - 3.92 < \mu < 120 + 3.92$$
$$\Rightarrow 116.08 < \mu < 123.92$$

❒ 모분산 σ^2을 모르는 경우 모평균 μ의 구간추정

정규모집단 $N(\mu,\sigma^2)$에서 모분산 σ^2을 모를 때 미지의 모평균 μ의 신뢰구간을 구해 보자. 우선, 정규모집단으로부터 추출한 표본의 크기 n이 대표본 $(n \geq 30)$일 경우 모평균 μ에 대한 $(1-\alpha)100\%$ 신뢰구간은 모표준편차 σ대신 표본표준편차 s를 대입하여 다음과 같이 구할 수 있다.

$$\left(\overline{x}-z_{\alpha/2}\frac{s}{\sqrt{n}}\ ,\ \overline{x}+z_{\alpha/2}\frac{s}{\sqrt{n}}\right)$$

또한, 모집단의 분포가 정규분포가 아닌 임의의 모집단에서 n이 대표본일 경우 중심극한정리에 의해 $\overline{x}$는 근사적으로 정규분포를 따르므로 모표준편차 σ는 표본표준편차 s로 추정될 수 있으므로 모평균 μ의 구간추정은 위의 식을 그대로 사용할 수 있다. 위의 식을 이용하여 신뢰구간을 구하는 경우 표본에 따라 $\overline{x}$와 s가 변하므로 신뢰구간도 변하게 된다. 따라서 신뢰구간을 반복적으로 구할 때, 이 신뢰구간 중에는 모평균 μ를 포함하지 않는 경우도 있지만, 위의 공식을 사용하여 구간추정을 할 경우에 전체의 약 $(1-\alpha)100\%$ 정도는 모평균 μ를 포함할 것으로 기대할 수 있다.

예제 5

어느 사회복지기관에서 새롭게 만든 프로그램 홍보를 위하여 노인들을 대상으로 전화통화를 실시하였다. 사회복지기관에서는 노인 한 사람 당 홍보 시간을 추정하기 위하여 임의로 선정된 노인 81명의 전화통화 시간을 측정하였다. 그 결과 평균($\overline{x}$)은 3분이었고, 분산(s^2)는 1.2분으로 나타났다. 평균 전화홍보 시간 μ에 대한 99% 신뢰구간을 구하여라.

[풀이]

모분산 σ^2은 모르지만 표본의 크기가 81로 대표본이므로 $\overline{x}$는 근사적으로 정규분포를 따르므로 모평균 μ에 대한 99% 신뢰구간은 다음과 같다.

$$3-2.576\frac{1.095}{\sqrt{81}}<\mu<3+2.576\frac{1.095}{\sqrt{81}}$$

$$\Rightarrow 3-0.314<\mu<3+0.314$$

$$\Rightarrow 2.686<\mu<3.314$$

■

한편, 표본의 크기 n이 소표본($n<30$)일 경우 모집단이 정규분포를 따를 때에도 σ 대신 s를 대입한 것이 정규분포와는 크게 다를 수 있으므로 이러한 경우 다른 분포가 필요하게 된다. 따라서 Z-통계량에서 σ 대신 s를 대입한 t-통계량은 다음과 같이 정의되며 t-통계량은 자유도 $n-1$인 t-분포를 따른다.

$$t=\frac{\overline{x}-\mu}{s/\sqrt{n}}$$

그러므로 임의의 양수 $\alpha\ (0 < \alpha < 1)$에 대하여 다음이 성립한다.

$$P\left(-t_{(n-1,\alpha/2)} < \frac{\bar{x}-\mu}{s/\sqrt{n}} < t_{(n-1,\alpha/2)}\right) = 1-\alpha$$

여기서, $t_{(n-1,\alpha/2)}$는 자유도 $n-1$인 t-분포의 오른쪽 꼬리의 면적이$(\alpha/2)$인 점을 나타내며, 구간추정에서 $t_{(n-1,\alpha/2)}$값으로 $t_{(10,0.025)} = 2.228$, $t_{(20,0.025)} = 2.086$, $t_{(\infty,0.025)} = 1.96$이 주로 사용된다. 주어진 자유도와 신뢰수준에 따른 $t_{(n-1,\alpha/2)}$는 부록 <표 5>의 t-확률분포표를 이용하면 된다. 위 식의 좌변 항의 괄호 속의 부등식을 μ에 관해 풀어서 정리하면 다음과 같이 쓸 수 있다.

$$P\left(\bar{x}-t_{(n-1,\alpha/2)}\frac{s}{\sqrt{n}} < \mu < \bar{x}+t_{(n-1,\alpha/2)}\frac{s}{\sqrt{n}}\right) = 1-\alpha$$

따라서 모집단이 정규분포를 따르고 $n < 30$인 경우 모평균 μ에 대한 $(1-\alpha)100\%$ 신뢰구간은 다음과 같다.

$$\left(\bar{x}-t_{(n-1,\alpha/2)}\frac{s}{\sqrt{n}},\ \bar{x}+t_{(n-1,\alpha/2)}\frac{s}{\sqrt{n}}\right)$$

예제 6

어느 유치원에서 유치원생들의 생활태도를 6번에 거처 점수화하여 다음과 같이 측정하였다. 측정치는 0점에서 1점 사이의 값으로 주어지며, 1점에 가까울수록 생활태도가 양호한 것을 나타낸다. 여기서, 모집단이 정규분포를 따른다고 가정하자.

측정순서	측정치	(측정치)^2
1	0.5	0.25
2	1.0	1.00
3	0.9	0.81
4	0.2	0.04
5	0.7	0.49
6	0.4	0.16

이 결과로부터 생활태도의 평균점수 μ에 대한 95% 신뢰구간을 구하여라.

[풀이]

모분산 σ^2을 모르고 표본의 크기가 6으로 소표본이다. 모집단의 분포가 정규분포이므로 측정치를 x_i라 하면 $\sum_{i=1}^{6} x_i = 3.7$이고, $\sum_{i=1}^{6} x_i^2 = 2.75$이다. 따라서,

$$\bar{x} = \frac{3.7}{6} = 0.617$$

$$s = \sqrt{\frac{1}{n-1}\left[\sum_{i=1}^{n} x_i^2 - \frac{(\sum x_i)^2}{n}\right]} = \sqrt{\frac{1}{6-1}\left[2.75 - \frac{(3.7)^2}{6}\right]} = 0.0937$$

와 같이 구해지며, $t_{(6-1,\,0.025)} = 2.571$이므로 모평균 μ에 대한 95% 신뢰구간은 다음과 같다.

$$0.617 - 2.571 \times \frac{0.0937}{\sqrt{6}} < \mu < 0.617 + 2.571 \times \frac{0.0937}{\sqrt{6}}$$

$$\Rightarrow 0.617 - 0.321 < \mu < 0.617 + 0.321$$

$$\Rightarrow 0.296 < \mu < 0.938$$

■

(3) 모비율의 구간추정

이항모집단의 모비율 p의 점추정량은 $\hat{p} = \frac{X}{n}$이며, 여기서 X를 어떤 특정한 속성을 가지고 있는 개체의 총수라 하면 X는 이항분포 $b(n, p)$를 따른다. 또한, 표본의 크기 n이 대표본일 때, X의 분포는 근사적으로 다음과 같은 정규분포를 따른다.

$$X \sim N(np,\ np(1-p))$$

이 때, 대표본의 기준은 $n\hat{p} > 5$이고 $n(1-\hat{p}) > 5$로 n이 충분히 큰 경우를 의미한다. 따라서 다음에 정의되는 통계량 Z는 근사적으로 표준정규분포를 따르게 된다.

$$Z = \frac{X - np}{\sqrt{n\hat{p}(1-\hat{p})}} = \frac{\hat{p} - p}{\sqrt{\frac{\hat{p}(1-\hat{p})}{n}}}$$

임의의 양수 $\alpha\ (0 < \alpha < 1)$에 대하여

$$P\left(-z_{\alpha/2} < \frac{\hat{p} - p}{\sqrt{\frac{\hat{p}(1-\hat{p})}{n}}} < z_{\alpha/2}\right) = 1 - \alpha$$

가 성립하므로 좌변 항의 괄호 속의 부등식을 p에 관해 풀어서 정리하면 다음과 같이 쓸 수 있다.

$$P\left(\hat{p} - z_{\alpha/2}\sqrt{\frac{\hat{p}(1-\hat{p})}{n}} < p < \hat{p} + z_{\alpha/2}\sqrt{\frac{\hat{p}(1-\hat{p})}{n}}\right) = 1 - \alpha$$

따라서 표본의 크기 n이 대표본일 때, 모비율 p에 대한 $(1-\alpha)100\%$ 신뢰구간은 다음과 같다.

$$\left(\hat{p}-z_{\alpha/2}\sqrt{\frac{\hat{p}(1-\hat{p})}{n}}\ ,\ \hat{p}+z_{\alpha/2}\sqrt{\frac{\hat{p}(1-\hat{p})}{n}}\right)$$

예제 7

어느 라디오 방송국에서는 특수아동 교육프로그램에 대한 청취율을 조사하고자 한다. 그 프로그램이 방송되는 시간에 1,000명의 사람을 임의로 추출하여 조사한 결과 700명이 청취하고 있는 것으로 나타났다. 이 특수아동 교육프로그램에 대한 청취율의 95% 신뢰구간을 구하여라.

[풀이]

$\hat{p}=\frac{700}{1,000}=0.7$이고 $z_{\alpha/2}=z_{0.025}=1.96$이므로 청취율의 95% 신뢰구간은 다음과 같다.

$$0.7-1.96\sqrt{\frac{0.7\times0.3}{100}}<p<0.7+1.96\sqrt{\frac{0.7\times0.3}{100}}$$

$$\Rightarrow 0.7-0.0284<p<0.7+0.0284$$

$$\Rightarrow 0.6716<p<0.7284$$

(4) 두 모평균 차이의 구간추정

서로 독립인 두 개의 정규모집단 $N(\mu_1,\sigma_1^2)$, $N(\mu_2,\sigma_2^2)$에서 두 모평균의 차인 $\mu_1-\mu_2$의 신뢰구간을 두 모분산 σ_1^2과 σ_2^2을 아는 경우와 모르는 경우로 나누어서 살펴보자. 또한, 표본의 크기에 따라 사용되는 추정방법이 다르므로 모집단의 상황과 표본의 크기를 고려하여 적절한 추정방법을 사용해야 한다.

❐ 두 모분산 σ_1^2과 σ_2^2을 아는 경우 $(\mu_1-\mu_2)$의 구간추정

두 개의 정규모집단 $N(\mu_1,\sigma_1^2)$, $N(\mu_2,\sigma_2^2)$으로부터 크기가 n_1, n_2인 서로 독립인 임의표본을 추출할 때 각각의 표본평균을 $\bar{x}_1$, $\bar{x}_2$라 하면, 통계량 $\bar{x}_1-\bar{x}_2$의 기대값과 분산은 다음과 같다.

$$E(\bar{x}_1-\bar{x}_2)=\mu_1-\mu_2$$

$$Var(\overline{x}_1 - \overline{x}_2) = \frac{\sigma_1^2}{n_1} + \frac{\sigma_2^2}{n_2}$$

$\overline{x}_1 - \overline{x}_2$를 표준화한 Z-통계량은 표준정규분포를 따른다.

$$Z = \frac{(\overline{x}_1 - \overline{x}_2) - (\mu_1 - \mu_2)}{\sqrt{\frac{\sigma_1^2}{n_1} + \frac{\sigma_2^2}{n_2}}} \sim N(0,1)$$

따라서 표준정규분포의 성질로부터 임의의 양수 $\alpha\ (0 < \alpha < 1)$에 대하여

$$P(-z_{\alpha/2} < Z < z_{\alpha/2}) = 1 - \alpha$$

가 성립한다. 이 식에 Z-통계량을 대입하여 좌변 항의 괄호 속의 부등식을 μ에 관해 풀어서 정리하면 다음과 같이 쓸 수 있다.

$$P\left((\overline{x}_1 - \overline{x}_2) - z_{\alpha/2}\sqrt{\frac{\sigma_1^2}{n_1} + \frac{\sigma_2^2}{n_2}} < \mu_1 - \mu_2 < (\overline{x}_1 - \overline{x}_2) + z_{\alpha/2}\sqrt{\frac{\sigma_1^2}{n_1} + \frac{\sigma_2^2}{n_2}} \right) = 1 - \alpha$$

따라서 두 모평균의 차인 $\mu_1 - \mu_2$에 대한 $(1-\alpha)100\%$ 신뢰구간은 다음과 같다.

$$\left((\overline{x}_1 - \overline{x}_2) - z_{\alpha/2}\sqrt{\frac{\sigma_1^2}{n_1} + \frac{\sigma_2^2}{n_2}},\quad (\overline{x}_1 - \overline{x}_2) + z_{\alpha/2}\sqrt{\frac{\sigma_1^2}{n_1} + \frac{\sigma_2^2}{n_2}} \right)$$

또한, 두 모집단의 분포가 정규분포가 아닌 임의의 모집단에서 두 모분산 σ_1^2과 σ_2^2을 알고 있을 때 두 모평균의 차 $\mu_1 - \mu_2$의 신뢰구간은 n_1, n_2가 대표본일 경우 중심극한정리에 의해 위의 식을 그대로 사용한다.

예제 8

A지역에서 30명의 보육교사들을 임의추출하여 지난달에 받은 상여금의 표본평균을 구한 결과 $\overline{x}_1 = 600$(천원)이었다. 그리고 인근의 B지역에서 40명의 보육교사를 임의추출하여 지난달에 받은 상여금의 표본평균을 구한 결과는 $\overline{x}_2 = 550$(천원)이었다. 두 지역의 상여금에 대한 모표준편차는 각각 $\sigma_1 = 10, \sigma_2 = 15$(천원)로 알려져 있을 때, 두 지역간의 상여금 모평균의 차인 $\mu_1 - \mu_2$에 대한 95% 신뢰구간을 구하여라.

[풀이]

$$(600-550)-1.96\sqrt{\frac{10^2}{30}+\frac{15^2}{40}} < \mu_1-\mu_2 < (600-550)+1.96\sqrt{\frac{10^2}{30}+\frac{15^2}{40}}$$

$$\Rightarrow 50-5.866 < \mu_1-\mu_2 < 50+5.866$$

$$\Rightarrow 44.134 < \mu_1-\mu_2 < 55.866$$

❏ 두 모분산 σ_1^2과 σ_2^2을 모를 때 $(\mu_1-\mu_2)$의 구간추정 : 대표본

두 개의 정규모집단 $N(\mu_1,\sigma_1^2)$, $N(\mu_2,\sigma_2^2)$에서 두 모분산 σ_1^2과 σ_2^2을 모를 때 두 모평균의 차인 $\mu_1-\mu_2$의 신뢰구간을 구해 보자. 우선, 두 정규모집단으로부터 추출한 표본의 크기 n_1, n_2가 대표본$(n_1 \ge 30, n_2 \ge 30)$일 경우 $\mu_1-\mu_2$에 대한 $(1-\alpha)100\%$ 신뢰구간은 모표준편차 σ_1과 σ_2 대신 표본표준편차 s_1과 s_2를 대입하여 다음과 같이 구할 수 있다.

$$\left((\bar{x}_1-\bar{x}_2)-z_{\alpha/2}\sqrt{\frac{s_1^2}{n_1}+\frac{s_2^2}{n_2}},\ (\bar{x}_1-\bar{x}_2)+z_{\alpha/2}\sqrt{\frac{s_1^2}{n_1}+\frac{s_2^2}{n_2}}\right)$$

또한, 두 모집단의 분포가 정규분포가 아닌 임의의 모집단에서 n_1, n_2가 대표본일 경우 중심극한정리에 의해 $\bar{x}_1-\bar{x}_2$는 근사적으로 정규분포를 따르므로 모표준편차 σ_1과 σ_2는 표본표준편차 s_1과 s_2로 추정될 수 있으므로 $\mu_1-\mu_2$의 구간추정은 위의 식을 그대로 사용할 수 있다.

예제 9

대도시와 중소도시의 사회복지시설에 근무하고 있는 사회복지사들의 연봉액(단위:만원)을 비교하기 위하여 각각 100명씩을 임의추출하여 연봉액을 조사한 결과 다음과 같은 자료를 얻었다.

대기업 : $\bar{x}_1 = 2{,}000,\ s_1 = 30$

중소기업 : $\bar{x}_2 = 1{,}900,\ s_2 = 25$

① 대도시와 중소도시간의 사회복지사들의 연봉액 평균 차이를 추정하여라.
② $\mu_1-\mu_2$에 대한 표준오차를 구하여라.
③ $\mu_1-\mu_2$에 대한 95% 신뢰구간을 구하여라.

[풀이]

① $\mu_1 - \mu_2$의 추정값 : $\overline{x}_1 - \overline{x}_2 = 2{,}000 - 1{,}900 = 100$

② 표준오차 : $\sqrt{\dfrac{30^2}{100} + \dfrac{25^2}{100}} = 3.905$

③ $\mu_1 - \mu_2$에 대한 95% 신뢰구간 :

$$(2{,}000 - 1{,}900) - 1.96 \times 3.905 < \mu_1 - \mu_2 < (2{,}000 - 1{,}900) + 1.96 \times 3.905$$

$\Rightarrow 100 - 6.248 < \mu_1 - \mu_2 < 100 + 6.248$

$\Rightarrow 93.752 < \mu_1 - \mu_2 < 106.248$ ■

한편, 표본의 크기 n_1, n_2가 소표본$(n_1 < 30,\ n_2 < 30)$일 경우 두 모평균의 차에 대한 추정에서는 $\overline{x}_1 - \overline{x}_2$를 표준화시킨 Z-통계량을 사용할 수 없으며, t-통계량을 이용하여야 한다. t-통계량을 사용하는 경우, $\sigma_1^2 = \sigma_2^2$(두 모집단의 모분산이 같은 경우)와 $\sigma_1^2 \neq \sigma_2^2$(두 모집단의 모분산이 다른 경우)로 나누어서 신뢰구간을 구해야 한다.

❐ 두 모분산 σ_1^2과 σ_2^2을 모르지만 $\sigma_1^2 = \sigma_2^2$일 때 $\mu_1 - \mu_2$의 구간추정 : 소표본

두 모집단의 모분산이 알려지지 않았지만 동일하다고$(\sigma_1^2 = \sigma_2^2 = \sigma^2)$ 가정할 수 있는 경우 공통분산 σ^2에 대한 추정은 다음과 같은 합동추정량을 사용한다.

$$s_p^2 = \frac{(n_1 - 1)s_1^2 + (n_2 - 1)s_2^2}{n_1 + n_2 - 2}$$

따라서 합동추정량 s_p^2을 이용하여 $\overline{x}_1 - \overline{x}_2$를 표준화시킨 t-통계량은 다음과 같이 정의되며, 통계량 t는 자유도 $n_1 + n_2 - 2$인 t-분포를 따른다.

$$t = \frac{(\overline{x}_1 - \overline{x}_2) - (\mu_1 - \mu_2)}{s_p\sqrt{\dfrac{1}{n_1} + \dfrac{1}{n_2}}} \sim t(n_1 + n_2 - 2)$$

그러므로 임의의 양수 $\alpha\ (0 < \alpha < 1)$에 대하여 다음이 성립한다.

$$P\left(-t_{(n_1 + n_2 - 2,\,\alpha/2)} < \frac{(\overline{x}_1 - \overline{x}_2) - (\mu_1 - \mu_2)}{s_p\sqrt{\dfrac{1}{n_1} + \dfrac{1}{n_2}}} < t_{(n_1 + n_2 - 2,\,\alpha/2)}\right) = 1 - \alpha$$

위 식의 좌변 항의 괄호 속의 부등식을 $(\mu_1 - \mu_2)$에 관해 풀어서 정리하면 다음과 같이 쓸 수 있다.

$$P\left((\bar{x}_1 - \bar{x}_2) - t_{(n_1+n_2-2,\alpha/2)}\, s_p \sqrt{\frac{1}{n_1}+\frac{1}{n_2}} < \mu_1 - \mu_2 \right.$$
$$\left. < (\bar{x}_1 - \bar{x}_2) + t_{(n_1+n_2-2,\alpha/2)}\, s_p \sqrt{\frac{1}{n_1}+\frac{1}{n_2}} \right) = 1-\alpha$$

따라서 소표본에서 두 모평균의 차인 $\mu_1 - \mu_2$에 대한 $(1-\alpha)100\%$ 신뢰구간은 다음과 같다.

$$\left((\bar{x}_1 - \bar{x}_2) - t_{(n_1+n_2-2,\alpha/2)}\, s_p \sqrt{\frac{1}{n_1}+\frac{1}{n_2}}, \right.$$
$$\left. (\bar{x}_1 - \bar{x}_2) + t_{(n_1+n_2-2,\alpha/2)}\, s_p \sqrt{\frac{1}{n_1}+\frac{1}{n_2}} \right)$$

예제 10

두 종류의 각기 다른 교육방법 A, B가 아동들의 학습효과를 증가시키는지 조사하려고 한다. 10명의 아동을 임의로 두 그룹으로 나누어서 실험을 실시하여 수업시간에 교육받은 내용을 모두 암기하는데 걸리는 시간(단위:분)을 조사하여 학습효과를 측정한 결과가 다음과 같았다. 암기하는 데 걸리는 시간이 작을수록 학습효과가 뛰어난 교육방법으로 평가하기로 한다. 이 때, 교육방법 A, B에 따른 학습내용의 암기 시간은 분산이 서로 같은 정규분포를 따른다고 가정한다.

교육방법 A	13	14	9	11	13
교육방법 B	9	10	12	11	8

① 교육방법 A, B에 따른 학습내용의 암기 시간의 차 $\mu_1 - \mu_2$를 추정하여라.

② $\mu_1 - \mu_2$에 대한 95% 신뢰구간을 구하여라.

[풀이]

① $\bar{x}_1 = \frac{1}{5}(13+14+9+11+13) = 12$

$\bar{x}_2 = \frac{1}{5}(9+10+12+11+9) = 10$

$\Rightarrow$ $\mu_1 - \mu_2$의 추정값 : $\bar{x}_1 - \bar{x}_2 = 12 - 10 = 2$

② $s_1^2 = \frac{1}{5-1}[(13-12)^2+(14-12)^2+\cdots+(13-12)^2] = 3.8$

$s_2^2 = \frac{1}{5-1}[(9-10)^2+(10-10)^2+\cdots+(8-10)^2] = 2.5$

$\Rightarrow s_p^2 = \frac{(5-1)\times 3.8+(5-1)\times 2.5}{5+5-2} = 3.15$

$\Rightarrow s_p = 1.775$

$t_{(8,\,0.025)} = 2.306$ 이므로, $\mu_1 - \mu_2$에 대한 95% 신뢰구간은 다음과 같다.

$$(12-10) - (2.036)(1.775)\sqrt{\frac{1}{5}+\frac{1}{5}} < \mu_1 - \mu_2 < (12-10) + (2.036)(1.775)\sqrt{\frac{1}{5}+\frac{1}{5}}$$

$\Rightarrow 10 - 2.589 < \mu_1 - \mu_2 < 10 + 2.589$

$\Rightarrow 7.411 < \mu_1 - \mu_2 < 12.589$ ■

❒ 두 모분산 σ_1^2과 σ_2^2을 모르고 $\sigma_1^2 \neq \sigma_2^2$일 때 $\mu_1 - \mu_2$의 구간추정 : 소표본

두 모집단의 모분산이 알려지지 않고 서로 다른 경우($\sigma_1^2 \neq \sigma_2^2$) 통계량 t는 근사적으로 자유도가 n^*인 t-분포를 따른다.

$$t = \frac{(\bar{x}_1 - \bar{x}_2) - (\mu_1 - \mu_2)}{\sqrt{\frac{s_1^2}{n_1}+\frac{s_2^2}{n_2}}} \sim t(n^*)$$

여기서, 자유도 n^*는 다음과 같이 구해지며, 자유도 값이 정수가 아닌 경우 소수점 이하 값을 버림하여 얻어지는 정수값을 자유도로 결정한다.

$$n^* = \frac{\left(\frac{s_1^2}{n_1}+\frac{s_2^2}{n_2}\right)^2}{\frac{(s_1^2/n_1)^2}{n_1-1}+\frac{(s_2^2/n_2)^2}{n_2-1}}$$

따라서 $(\mu_1 - \mu_2)$에 대한 $(1-\alpha)100\%$ 신뢰구간을 구하면 다음과 같다.

$$\left((\bar{x}_1 - \bar{x}_2) - t_{(n^*,\alpha/2)}\sqrt{\frac{s_1^2}{n_1}+\frac{s_2^2}{n_2}},\ (\bar{x}_1 - \bar{x}_2) + t_{(n^*,\alpha/2)}\sqrt{\frac{s_1^2}{n_1}+\frac{s_2^2}{n_2}}\right)$$

예제 11

두 종류의 어린이 음료수 A와 B의 철분 함유량(단위:mg)을 비교하기 위하여 두 종류의 음료수를 임의로 추출하여 조사한 결과가 다음과 같다.

종류	표본크기	표본평균	표본분산
A	$n_1 = 10$	$\bar{x}_1 = 4.2$	$s_1^2 = 0.8$
B	$n_2 = 8$	$\bar{x}_2 = 3.6$	$s_2^2 = 0.5$

이 때, 각 표본은 정규모집단으로부터 추출되었으며, 두 음료수의 철분 함유량에 대한 모분산은 알려져 있지 않고, 서로 다른 값을 가진다고 가정한다. 두 음료수 A와 B의 철분 함유량의 차에 대한 95% 신뢰구간을 구하여라.

[풀이]

자유도는

$$n^* = \frac{\left(\frac{0.8}{10} + \frac{0.5}{8}\right)^2}{\frac{(0.8/10)^2}{10-1} + \frac{(0.5/8)^2}{8-1}} = 16$$

이고, $t_{(16,0.025)} = 2.110$이므로 $\mu_1 - \mu_2$에 대한 95% 신뢰구간은 다음과 같다.

$$(4.2-3.6) - 2.110\sqrt{\frac{0.8}{10}+\frac{0.5}{8}} < \mu_1 - \mu_2 < (4.2-3.6) + 2.110\sqrt{\frac{0.8}{10}+\frac{0.5}{8}}$$

$$\Rightarrow 0.6 - 0.7965 < \mu_1 - \mu_2 < 0.6 + 0.7965$$

$$\Rightarrow -0.1965 < \mu_1 - \mu_2 < 1.3965$$

(5) 짝비교 : 두 모집단의 차이에 대한 모평균의 구간추정

두 모집단이 서로 독립이 아닌 경우, 예를 들어 실험의 효과를 알아보기 위한 실험 전과 실험 후의 비교나 왼손과 오른손의 쥐는 힘의 비교 등 한 개체에서 그 처리 효과를 비교할 때, 짝비교(paired comparison) 방법을 사용한다. 왼손과 오른손의 힘에 차이가 있는지를 비교하고자 할 때 모집단으로부터 표본이 추출되면 이들의 왼손의 쥐는 힘을 측정한다. 다음으로 동일 개체에 대해 오른손의 쥐는 힘을 측정해야 왼손과 오른손의 쥐는 힘에 차이가 있는지를 비교할 수 있다. 따라서, 이와 같이 얻어진 두 개의 표본은 사실상 동일한 대상을 측정한 값들이다. 이러한 표본을 대응표본(paired sample) 또는 짝표본이라고 하며, 이러한 경우에 사용되는 방법이 짝비교이다. 이와 같은 짝비교에서는 각 짝의 실험단위에 처리 1과 처리 2를 적용하여 각 짝에서 얻은 관측값의 차를 이용하여 두 처리를 비교할 수 있다. 짝비교에서의 자료의 구조는 다음과 같다.

짝	처리 1(X_1)	처리 2(X_2)	차($D = X_1 - X_2$)
1	X_{11}	X_{21}	$D_1 = X_{11} - X_{21}$
2	X_{12}	X_{22}	$D_2 = X_{12} - X_{22}$
$\vdots$	$\vdots$	$\vdots$	$\vdots$
n	X_{1n}	X_{2n}	$D_n = X_{1n} - X_{2n}$

두 확률변수 X_1과 X_2가 각각 정규분포를 따른다고 가정할 때 이들의 차이 $D_i = X_{1i} - X_{2i}$는 $N(\mu_D, \sigma_D^2)$를 따른다. 이 때, μ_D는 차이에 대한 모평균이고, σ_D^2는 차이에 대한 모분산으로 알려져 있다고 가정한다. 또한, 짝 (X_{1i}, X_{2i})는 서로 독립적으로 추출되며 X_{1i}와 X_{2i}는 일반적으로 강한 양의 상관관계를 갖는다.

차이 $D_1, D_2, \cdots, D_n$의 표본평균 $\overline{D} = \frac{1}{n}\sum_{i=1}^{n} D_i$는 정규분포를 따른다.

$$\overline{D} \sim N\left(\mu_D, \frac{\sigma_D^2}{n}\right)$$

그리고, 이를 표준화한 Z-통계량은 표준정규분포 $N(0,1)$을 따른다.

$$Z = \frac{\overline{D} - \mu_D}{\sigma_D / \sqrt{n}} \sim N(0,1)$$

따라서, 표준정규분포의 성질로부터 임의의 양수 $\alpha\ (0 < \alpha < 1)$에 대하여 다음이 성립한다.

$$P(-z_{\alpha/2} < Z < z_{\alpha/2}) = 1 - \alpha$$

위의 식에 Z-통계량을 대입하여 좌변 항의 괄호 속의 부등식을 μ_D에 관해 풀어서 정리하면 다음과 같이 쓸 수 있다.

$$P\left(\overline{D} - z_{\alpha/2}\frac{\sigma_D}{\sqrt{n}} < \mu_D < \overline{D} + z_{\alpha/2}\frac{\sigma_D}{\sqrt{n}}\right) = 1 - \alpha$$

따라서 차이의 모평균인 μ_D에 대한 $(1-\alpha)100\%$ 신뢰구간은 다음과 같다.

$$\left(\overline{D} - z_{\alpha/2}\frac{\sigma_D}{\sqrt{n}} \ , \ \overline{D} + z_{\alpha/2}\frac{\sigma_D}{\sqrt{n}}\right)$$

또한, σ_D^2은 모르지만 표본의 크기 n이 대표본일 때, σ_D^2 대신에 표본분산 s_D^2을 대입한 다음과 같은 Z-통계량을 사용한다.

$$Z = \frac{\overline{D} - \mu_D}{s_D/\sqrt{n}} \sim N(0,1)$$

여기서, $s_D^2 = \frac{1}{n-1}\sum_{i=1}^{n}(D_i - \overline{D})^2$이다. 마찬가지 방법으로 차이의 모평균인 μ_D에 대한 $(1-\alpha)100\%$ 신뢰구간을 구해 보면 다음과 같다.

$$\left(\overline{D} - z_{\alpha/2}\frac{s_D}{\sqrt{n}} \ , \ \overline{D} + z_{\alpha/2}\frac{s_D}{\sqrt{n}}\right)$$

예제 12

어느 보육기관에서 특정한 훈련 프로그램을 실시하기 전과 후의 아동들의 성취동기를 비교하기 위하여 임의로 선정된 50명의 아동들의 점수를 각각 측정하였다. 그 결과 훈련 프로그램 실시전과 실시후의 차에 대한 표본평균과 표본표준편차는 다음과 같이 얻어졌다.

$$\overline{D} = 2.0, \ s_D = 0.3$$

이 때, 특정한 훈련 프로그램 실시전과 실시후의 점수 차이의 모평균에 대한 95% 신뢰구간을 구하여라.

[풀이]

σ_D^2은 모르지만 표본의 크기가 50으로 대표본이므로 훈련 프로그램 실시전과 실시후의 점수 차이의 평균은 정규분포를 따르게 된다. 따라서 μ_D에 대한 95% 신뢰구간은 다음과 같다.

$$2.0 - 1.96\frac{0.3}{\sqrt{50}} < \mu_D < 2.0 + 1.96\frac{0.3}{\sqrt{50}}$$

$$\Rightarrow 2.0 - 0.083 < \mu_D < 2.0 + 0.083$$

$$\Rightarrow 1.917 < \mu_D < 2.083$$

■

한편, σ_D^2을 모르고 표본의 크기가 소표본일 때 다음과 같은 t-통계량

$$t = \frac{\overline{D} - \mu_D}{s_D / \sqrt{n}}$$

을 이용하며, 이 통계량 t는 자유도 $n-1$인 t-분포를 따른다. 따라서 마찬가지 방법으로 차이에 대한 모평균인 μ_D에 대한 $(1-\alpha)100\%$ 신뢰구간을 구해 보면 다음과 같다.

$$\left(\overline{D} - t_{(n-1,\alpha/2)} \frac{s_D}{\sqrt{n}} \;\; , \;\; \overline{D} + t_{(n-1,\alpha/2)} \frac{s_D}{\sqrt{n}} \right)$$

예제 13

어느 사회복지기관에서 그 지역의 사회복지사들을 대상으로 실시한 컴퓨터 교육이 작업능률을 향상시키는지를 알아보기 위하여 10명을 추출하여 교육 이전(X_1)과 교육이후(X_2)의 작업능률을 100점 만점으로 점수화하여 얻은 자료가 다음과 같다.

번 호	1	2	3	4	5	6	7	8	9	10
교육이전(X_1)	70	75	65	80	90	88	77	60	95	85
교육이후(X_2)	75	80	60	85	90	90	80	75	90	88

교육이전과 교육이후의 작업능률의 차이에 대한 모평균 μ_D의 95% 신뢰구간을 구하여라.

[풀이]

번호	1	2	3	4	5	6	7	8	9	10
$D_i = X_{1i} - X_{2i}$	-5	-5	5	-5	0	-2	-3	-15	5	-3

교육이전과 교육이후의 작업능률의 차이를 구한 다음 이를 이용하여 다음을 구할 수 있다.

$$\overline{D} = \frac{1}{10}(-5-5+\cdots-3) = -2.8$$

$$s_D^2 = \frac{1}{10-1}\{(-5-2.8)^2 + \cdots + (-3-2.8)^2\} = 32.63$$

$t_{(10-1,\,0.025)} = 2.262$ 이므로 μ_D에 대한 95% 신뢰구간은 다음과 같다.

$$-2.8-2.262\frac{5.712}{\sqrt{10}} < \mu_D < -2.8+2.262\frac{5.712}{\sqrt{10}}$$

$$\Rightarrow -2.8-4.086 < \mu_D < -2.8+4.086$$

$$\Rightarrow -6.886 < \mu_D < 1.286$$ ■

(6) 두 모비율 차이의 구간추정

두 이항모집단으로부터 크기가 n_1, n_2인 서로 독립인 임의표본의 표본비율을 각각 $\hat{p}_1, \hat{p}_2$이라 하면, 통계량 $\hat{p}_1-\hat{p}_2$의 기대값과 분산은 다음과 같다.

$$E(\hat{p}_1-\hat{p}_2) = p_1 - p_2$$

$$Var(\hat{p}_1-\hat{p}_2) = \frac{p_1(1-p_1)}{n_1}+\frac{p_2(1-p_2)}{n_2}$$

두 독립인 표본의 크기 n_1, n_2가 충분히 클 때, $\hat{p}_1-\hat{p}_2$를 표준화한 Z-통계량인

$$Z=\frac{(\hat{p}_1-\hat{p}_2)-(p_1-p_2)}{\sqrt{\frac{\hat{p}_1(1-\hat{p}_1)}{n_1}+\frac{\hat{p}_2(1-\hat{p}_2)}{n_2}}}$$

는 근사적으로 표준정규분포를 따른다. 그러므로 임의의 양수 α $(0<\alpha<1)$에 대하여

$$P\left(-z_{\alpha/2}<\frac{(\hat{p}_1-\hat{p}_2)-(p_1-p_2)}{\sqrt{\frac{\hat{p}_1(1-\hat{p}_1)}{n_1}+\frac{\hat{p}_2(1-\hat{p}_2)}{n_2}}}<z_{\alpha/2}\right)=1-\alpha$$

가 성립한다. 그러므로 좌변 항의 괄호 속의 부등식을 p_1-p_2에 관해 풀어서 정리하면 다음과 같이 쓸 수 있다.

$$P\left((\hat{p}_1-\hat{p}_2)-z_{\alpha/2}\sqrt{\frac{\hat{p}_1(1-\hat{p}_1)}{n_1}+\frac{\hat{p}_2(1-\hat{p}_2)}{n_2}}<p_1-p_2\right.$$
$$\left.<(\hat{p}_1-\hat{p}_2)+z_{\alpha/2}\sqrt{\frac{\hat{p}_1(1-\hat{p}_1)}{n_1}+\frac{\hat{p}_2(1-\hat{p}_2)}{n_2}}\right)=1-\alpha$$

따라서 대표본에서 두 모비율의 차인 p_1-p_2에 대한 $(1-\alpha)100\%$ 신뢰구간은 다음과 같다.

$$\left((\hat{p}_1-\hat{p}_2)-z_{\alpha/2}\sqrt{\frac{\hat{p}_1(1-\hat{p}_1)}{n_1}+\frac{\hat{p}_2(1-\hat{p}_2)}{n_2}}\right.,$$

$$\left.(\hat{p}_1 - \hat{p}_2) + z_{\alpha/2}\sqrt{\frac{\hat{p}_1(1-\hat{p}_1)}{n_1} + \frac{\hat{p}_2(1-\hat{p}_2)}{n_2}}\,\right)$$

예제 14

A, B 두 지역의 주민들을 대상으로 새로운 노인복지시설이 자기 지역으로 유치되는 것에 대한 찬.반 의견을 조사한 결과는 다음과 같다.

지역 / 의견	A	B
찬성	130	55
반대	70	45
전체	200	100

노인복지시설 유치에 대한 두 지역의 찬성률 차에 대한 95% 신뢰구간을 구하여라.

[풀이]

$\hat{p}_1 = \dfrac{130}{200} = 0.65$, $\hat{p}_2 = \dfrac{55}{100} = 0.55$ 이므로

$$(0.65-0.55) - 1.96\sqrt{\frac{0.65\times0.35}{200} + \frac{0.55\times0.45}{100}} < p_1 - p_2$$

$$< (0.65-0.55) + 1.96\sqrt{\frac{0.65\times0.35}{200} + \frac{0.55\times0.45}{100}}$$

$$\Rightarrow 0.1 - 0.1178 < p_1 - p_2 < 0.1 + 0.1178$$

$$\Rightarrow -0.018 < p_1 - p_2 < 0.2178$$

■

SECTION 7.3 표본크기 결정

(1) 모평균 추정에서의 표본크기 결정

표본의 크기를 결정하기 전에 반드시 고려되어야 할 요인은 신뢰수준과 신뢰구간이다. 신뢰수준은 받아들이고자 하는 오차의 위험수준을 나타내며, 신뢰구간은 표본추출 정도의 수준을 결정해주며 대표적으로 90%, 95%, 99%의 신뢰구간이 이용된다.

모평균 μ를 추정하는데 있어서 오차의 한계를 정해진 값 d보다 작게 하려면 표본의 크기를 얼마로 하면 좋은가를 결정해 보자.

모분산 σ^2을 알고 있을 때 모평균 μ에 대한 $(1-\alpha)100\%$ 신뢰구간

$$\bar{x} \pm z_{\alpha/2}\frac{\sigma}{\sqrt{n}}$$

에서 표준정규분포에서의 오른쪽 꼬리면적이 $\alpha/2$가 되는 값 $z_{\alpha/2}$와 표준오차 $\frac{\sigma}{\sqrt{n}}$의 곱인 $z_{\alpha/2}\frac{\sigma}{\sqrt{n}}$는 모수와 추정량의 차이로서 오차가 이것보다 작을 가능성이 $(1-\alpha)100\%$ 임을 의미한다. 이 때, $z_{\alpha/2}\frac{\sigma}{\sqrt{n}}$를 모평균 μ의 추정에서 $(1-\alpha)100\%$ 오차의 한계(limit of error)라고 한다. 따라서 오차의 한계 $z_{\alpha/2}\frac{\sigma}{\sqrt{n}}$를 d와 같게 두면

$$d = z_{\alpha/2}\frac{\sigma}{\sqrt{n}}$$

와 같고 이 식을 n에 대해서 풀면 다음과 같은 표본의 크기를 얻을 수 있다.

$$n = \left(\frac{z_{\alpha/2}\,\sigma}{d}\right)^2$$

위의 식은 모표준편차 σ를 알고 있는 경우에만 사용 가능하며, 실제로 σ를 모르는 경우가 대부분이므로 예비표본을 미리 추출하여 σ를 추정하여 표본의 크기 n을 구할 수 있다.

예제 15

어느 대학에서는 올해 입학한 신입생의 한 달 평균 용돈을 추정하고자 한다. 작년도 신입생의 한 달 평균 용돈은 10만원이고, 표준편차는 4만원인 것으로 알려져 있다. 올해 입학한 신입생들의 한 달 용돈의 95% 추정오차한계가 1만원 이내가 되기 위해서 필요한 표본의 크기를 구하여라.

[풀이]

$$n \geq \left(z_{0.025}\frac{\sigma}{d}\right)^2 = \left(1.96 \times \frac{4}{1}\right)^2 = 61.47$$

따라서 필요한 표본의 크기는 $n = 62$이다. ■

(2) 모비율 추정에서의 표본크기 결정

모비율 p에 대한 $(1-\alpha)100\%$ 신뢰구간

$$\hat{p} \pm z_{\alpha/2}\sqrt{\frac{\hat{p}(1-\hat{p})}{n}}$$

에서 오차의 한계 $z_{\alpha/2}\sqrt{\frac{\hat{p}(1-\hat{p})}{n}}$ 를 d와 같게 두고, n에 대해서 풀면 다음과 같은 식을 얻을 수 있다.

$$n = \hat{p}(1-\hat{p})\left(\frac{z_{\alpha/2}}{d}\right)^2$$

위의 식은 $\hat{p}$의 값을 사전조사나 과거의 경험에 의해 알고 있는 경우에만 사용 가능하다. 만일 p값에 대한 사전정보가 전혀 없을 때는 $\hat{p}(1-\hat{p})$의 최대변동인 $\hat{p}=1/2$을 주로 사용하며, 이 때 표본의 크기 n은 다음과 같이 결정다.

$$n = \frac{1}{4}\left(\frac{z_{\alpha/2}}{d}\right)^2$$

95% 또는 99% 신뢰수준 하에서 비율에 관한 다양한 신뢰구간의 오차한계에 대하여 위의 식을 이용하여 모비율 추정에 필요한 표본의 크기를 구해보면 **표 7.1**과 같다.

표 7.1 모비율 추정에서의 표본의 크기

신뢰구간 오차의 한계(%)	표본의 크기	
	95%신뢰수준	99%신뢰수준
±1	9,604	16,590
±2	2,401	4,148
±3	1,068	1,844
±4	601	1,037
±5	385	664
±6	267	461
±7	196	339
±8	151	260
±9	119	205
±10	97	166

예제 16

어느 대학의 아동복지학과에서는 학생들의 복수전공률을 조사하고자 한다. 지난번의 조사 결과에 의하면 학생들의 복수전공률이 35%이었다. 복수전공률의 99% 추정오차한계가 3% 이내가 되기 위해서 필요한 표본의 크기를 구하여라.

[풀이]

$$n \geq (0.35)(0.65)\left(\frac{2.576}{0.03}\right)^2 = 1{,}677.39$$

따라서 필요한 표본의 크기는 $n = 1{,}678$ 이다. ■

예제 17

어느 지역 사회복지기관에서 새롭게 개발한 청소년 복지프로그램을 지역 주민들에게 알리기 위하여 홍보활동을 벌인 후에 새로운 청소년 복지프로그램에 대한 인지도를 조사하기 위한 계획을 수립하였다. 임의로 추출된 지역 주민들을 대상으로 전화조사를 실시하여 새로운 청소년 복지프로그램에 대한 인지율을 추정하고자 한다. 인지율의 95% 추정오차한계가 3% 이내가 되기 위해서 필요한 표본의 크기를 구하여라.

[풀이]

새롭게 개발한 청소년 복지프로그램이기 때문에 인지율에 대한 사전 정보가 전혀 없으므로

$$n \geq \frac{1}{4}\left(\frac{z_{0.025}}{d}\right)^2 = \frac{1}{4}\left(\frac{1.96}{0.03}\right)^2 = 1{,}067.1$$

에서 필요한 표본의 크기는 $n = 1{,}068$ 이다. ■

(3) 모평균과 모비율 추정이 동시에 존재하는 경우의 표본크기 결정

(1)에서는 양적인 비율자료에서 모평균 추정에서의 표본의 크기를 결정하는 방법을 살펴보았고, (2)에서는 구간자료만이 존재하는 경우 모비율 추정에서의 표본의 크기를 결정하는 방법을 살펴보았다. 그러나 대부분의 조사에서는 비율자료와 구간자료가 함께 나타나게 되어 모평균과 모비율의 추정이 동시에 존재하게 된다. 예를 들어 어떤 조사에서는 가계소득이나 나이 또는 근무연수와 같은 비율자료와 남녀의 구성비라든가 어떤 의견에 대하여 찬성하는 사람이 몇 퍼센트인가와 같은 구간자료

가 동시에 나타나게 된다. 이러한 조사에서 모평균과 모비율의 추정에 필요한 표본의 크기를 결정하기 위하여 어떠한 공식을 사용해야 할 것인가는 중요한 문제이다. 다양한 오차의 한계들 또는 신뢰구간들을 가지는 모든 비율변수와 구간변수들에 대하여 앞에서 다룬 표본의 크기를 구하는 식을 이용하여 그 크기를 구한 후 이를 종합하여 그 중에서 가장 큰 표본의 크기를 요구하는 변수에 맞추어 표본의 크기를 설정하는 것이 바람직하다.

예를 들어 가계소득에 대해서는 400명의 응답자가 필요하고, 나이에 대해서는 300명, 어떤 의견의 찬성률에 대해서는 500명이 필요할 경우에 이들 중에서 가장 큰 500명의 응답자들을 확보하여 이를 조사에 필요한 표본의 크기로 결정해야 한다. 대부분의 경우 여러 변수들에 대하여 표본의 크기를 반복적으로 구하게 되는데 이러한 힘든 과정을 피하기 위하여 전체적인 오차의 한계와 신뢰수준에 부합되는 표본의 크기를 결정하는 데 **표 7.1**을 주로 사용하게 된다. **표 7.1**에 주어진 표본의 크기는 구간자료에 대해서는 가장 엄격한 요구를 만족하고 있다. 그러나 어떤 특정한 구간변수가 가장 중요할 경우 전체적인 표본의 크기를 그 변수에 대하여 필요한 표본의 크기로 맞추어 결정하는 것도 바람직한 방법이다.

예제 18

어느 대학에서는 올해 입학한 신입생들을 대상으로 신입생들의 의식구조에 관한 설문조사를 하고자 한다. 정해진 오차의 한계와 신뢰수준에 의해 얻어진 지난해 자료에 의하면, 학생들의 용돈에 대해서는 500명의 응답자가 필요하고, 학부와 전공에 대한 만족도에 대해서는 600명, 학생회에 대한 지지율에 대해서는 700명이 필요한 것으로 나타났다. 지난해와 동일한 오차의 한계와 신뢰수준 하에서 설문조사를 하고자 할 경우에 표본의 크기는 몇 명으로 하는 것이 바람직하겠는가?

[풀이]

500명, 600명, 700명 중에서 그 크기가 가장 큰 학생회 지지율에 대한 변수에 맞추어 표본의 크기를 700명으로 결정하는 것이 바람직하다. ■

SECTION 7.4 사회복지 자료에 대한 점추정 및 구간추정

예제 19

사회복지사들의 주당평균근무시간을 알아보기 위해서 조사된 자료를 이용하여 다음을 구하여라.

① 주당 근무시간에 대한 모평균 μ의 점추정량 $\bar{x}$를 구하여라.
② 표준오차의 추정값을 구하여라.

‖ SPSS 실행 방법 ‖

SPSS를 사용하여 주당 근무시간에 대한 모평균의 점추정량을 구하기 위해서는 4.5절에서 설명한 것처럼 기술통계 메뉴를 이용하면 된다.

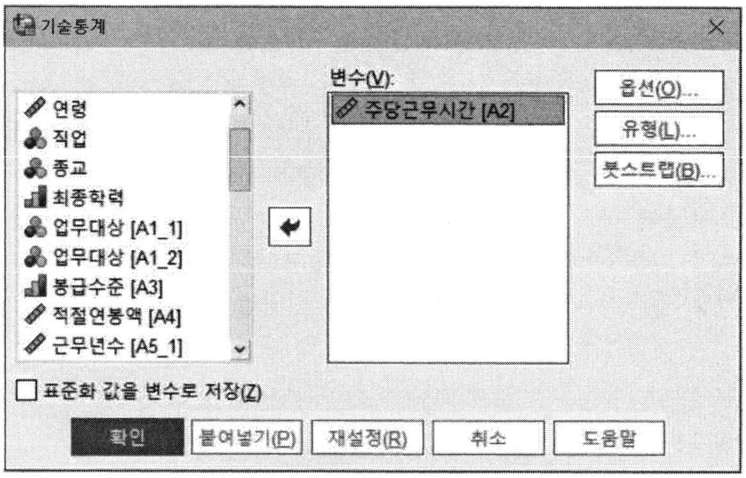

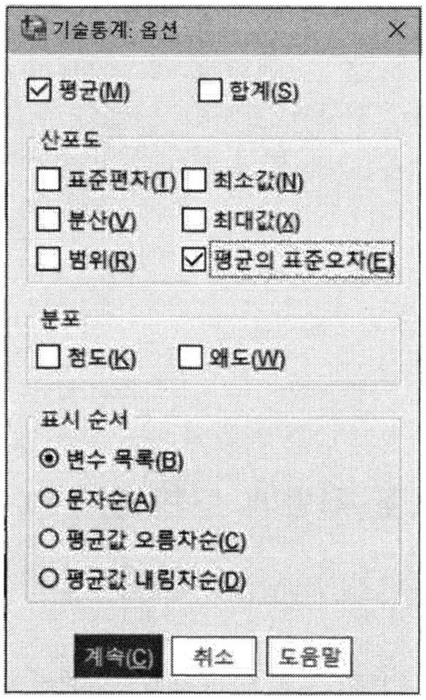

기술통계 메뉴를 선택해서 얻게 되는 《기술통계》 대화상자에서 주당 근무시간 변수인 A2를 선택한 후 [옵션]을 클릭한다. 《기술통계:옵션》 대화상자에서 평균과 평균의 표준오차를 선택하고 [계속]을 클릭한 다음 《기술통계》 대화상자에서 확인을 클릭한다.

‖ SPSS 실행 결과 ‖

기술통계량

	N	평균	
	통계량	통계량	표준오차
주당근무시간	50	41.50	.477
유효 N(목록별)	50		

‖ SPSS 실행결과 분석 ‖

실행결과로부터 구하고자 하는 사회복지사들의 주당평균근무시간에 대한 점추정량과 표준오차의 추정값은 다음과 같다.

① $\hat{\mu} = \overline{x} = 41.50$

② 표준오차의 추정값 : 0.477

예제 20

사회복지사들의 주당평균근무시간을 알아보기 위해서 조사된 자료를 이용하여 평균 주당 근무시간 μ에 대한 99% 신뢰구간을 구하여라.

‖ SPSS 실행 방법 ‖

SPSS를 사용하여 모평균 μ에 대한 신뢰구간을 구하기 위해서는 4.8절에서 설명된 데이터탐색 메뉴를 이용하면 된다.

데이터탐색 메뉴를 선택해서 얻게 되는 《데이터 탐색》 대화상자에서 주당근무시간 변수인 A2를 선택한 후 [통계량]을 클릭한다. 《데이터 탐색: 통계량》 대화상자에서 99%신뢰구간을 구하기 위해서 기술통계-평균의 신뢰구간에 디폴트인 95대신에 99를 입력하고 [계속]을 클릭한 다음 《데이터 탐색》 대화상자에서 확인을 클릭한다.

‖ SPSS 실행결과 분석 ‖

실행결과로부터 구하고자 하는 사회복지사들의 주당 평균근무시간 μ에 대한 99% 신뢰구간은 (40.22, 42.78)이다.

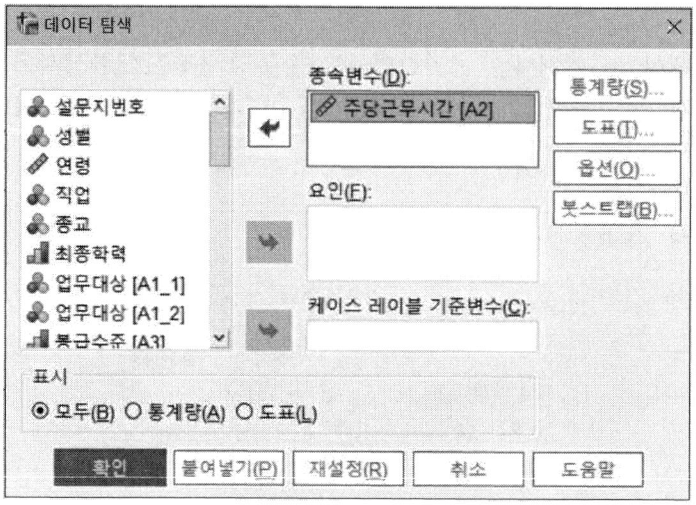

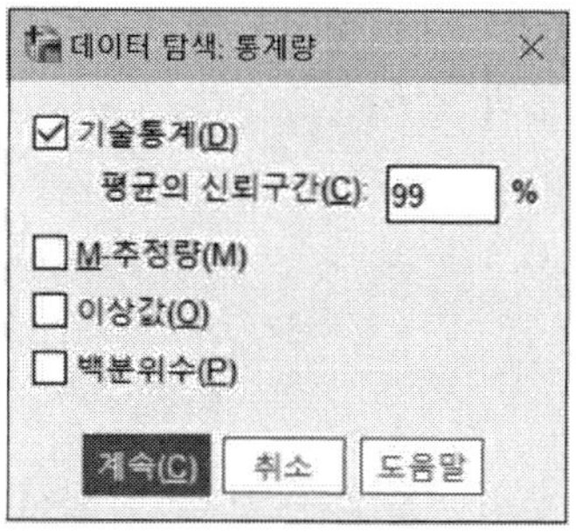

‖ SPSS 실행 결과 ‖

기술통계

			통계	표준화 오차
주당근무시간	평균 순위		41.50	.477
	평균의 99% 신뢰구간	하한	40.22	
		상한	42.78	
	5% 절사평균		41.41	
	중위수(D)		40.50	
	분산(V)		11.357	
	표준화 편차		3.370	
	최소값(U)		35	
	최대값(X)		49	
	범위(R)		14	
	사분위수 범위		5	
	왜도(W)		.543	.337
	첨도(K)		-.640	.662

예제 21

사회복지사 실태조사 결과인 실습자료.sav를 사용하여 성별에 따라 사회복지사들의 주당 평균근무시간을 비교하고자 한다.

① 남자와 여자 사회복지사들의 근무시간의 평균 차 $\mu_1 - \mu_2$를 추정하여라.

② $\mu_1 - \mu_2$에 대한 95% 신뢰구간을 구하여라.

SPSS 실행 방법

SPSS를 사용하여 평균 차 $(\mu_1 - \mu_2)$를 추정하고, 신뢰구간을 구하기 위해서는 독립표본 T검정 메뉴를 이용하면 된다. 독립표본 T검정 메뉴를 선택해서 얻게 되는 《독립표본 T검정》 대화상자에서 남자와 여자 사회복지사들의 주당근무시간의 평균의 차에 대한 추정값을 구하는 것이므로 주당 근무시간 변수인 A2를 검정 변수로 선택하고, 남자와 여자로 집단을 구분해주는 성별을 집단변수로 선택한다. 집단변수에 성별을 지정하면, 다음 대화상자에서처럼 성별(?,?)로 나타난다. 따라서 성별에 의해 구분되는 집단 값을 정의해 주어야 하므로 [집단정의]를 클릭한다.

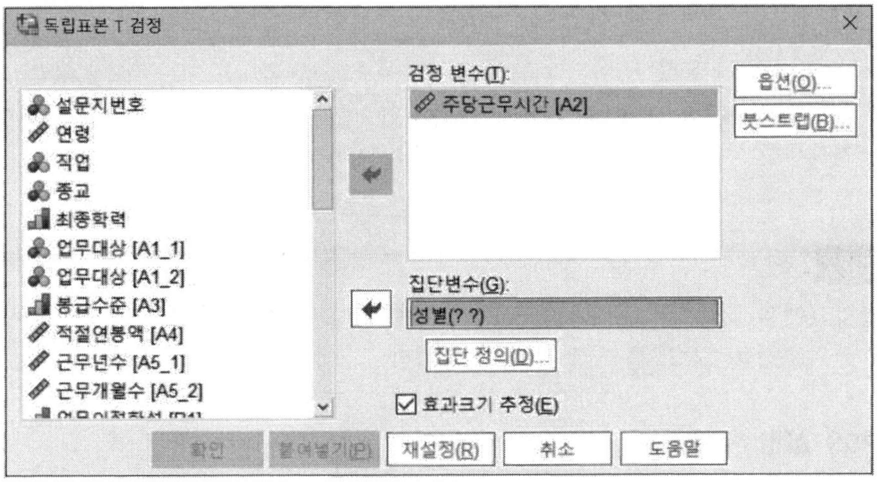

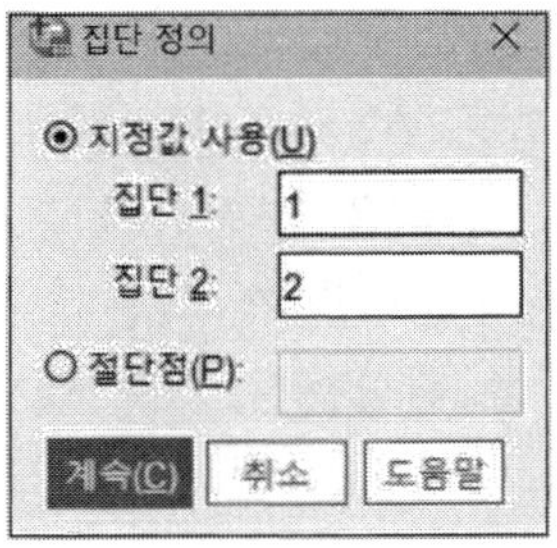

[집단정의]를 클릭하여 얻게 되는 《집단정의》 대화상자에서 집단 1과 집단 2에 각각 남자와 여자의 자료값인 "1"과 "2"를 입력하고 [계속]을 클릭한 후 《독립표본 T 검정》 대화상자의 [확인]을 클릭하면 된다.

SPSS 실행 결과

집단통계량

	성별	N	평균	표준편차	평균의 표준오차
주당근무시간	남자	25	41.56	3.548	.710
	여자	25	41.44	3.254	.651

독립표본 검정

		Levene의 등분산 검정		평균의 동일성에 대한 T 검정							
						유의확률				차이의 95% 신뢰구간	
		F	유의확률	t	자유도	단측 확률	양측 확률	평균차이	표준오차 차이	하한	상한
주당근무시간	등분산을 가정함	.545	.464	.125	48	.451	.901	.120	.963	-1.816	2.056
	등분산을 가정하지 않음			.125	47.645	.451	.901	.120	.963	-1.816	2.056

SPSS 실행결과 분석

실행결과로부터 구하고자 하는 $(\mu_1 - \mu_2)$의 추정값과 신뢰구간은 다음과 같다.

① $\mu_1 - \mu_2$의 추정값 : $\overline{x}_1 - \overline{x}_2 = 0.120$

② $\mu_1 - \mu_2$에 대한 95% 신뢰구간 : 남자와 여자 두 모집단의 분산이 동일하다는 가정 하에서 95% 신뢰구간은 $(-1.816,\ 2.056)$이다.

예제 22

7.2절의 (예제 13)에서 요구하는 교육 이전과 교육 이후의 작업능률의 차에 대한 95% 신뢰구간을 SPSS를 사용하여 구하여라.

SPSS 실행 방법

SPSS를 사용하여 교육 이전과 교육 이후의 작업능률의 차이에 대한 모평균 μ_D의 95% 신뢰구간을 구하기 위해서는 SPSS 데이터 편집기에 자료를 입력한 후 대응표본 T검정 메뉴를 이용하면 된다. 《대응표본 T검정》 대화상자에서 대응변수로 교육 이전과 교육이후를 선택하고 [확인]을 클릭하면 된다. 만약, 95% 이외의 신뢰구간을 구하고 싶으면 [옵션]을 클릭해서 얻게 되는 《대응표본 T검정:옵션》 대화상자의 신뢰구간에 디폴트 값인 "95"를 원하는 값으로 대체하면 된다. 여기서는 95% 신뢰구간을 구하기 때문에 특별히 옵션 메뉴를 선택할 필요는 없다.

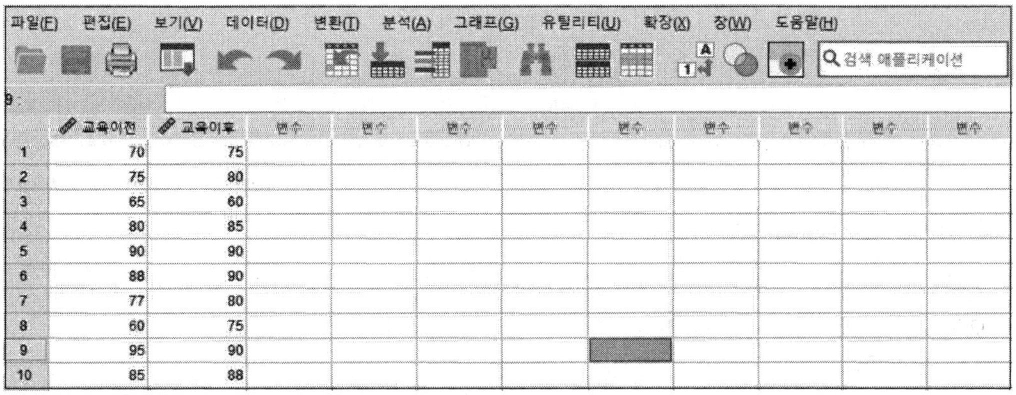

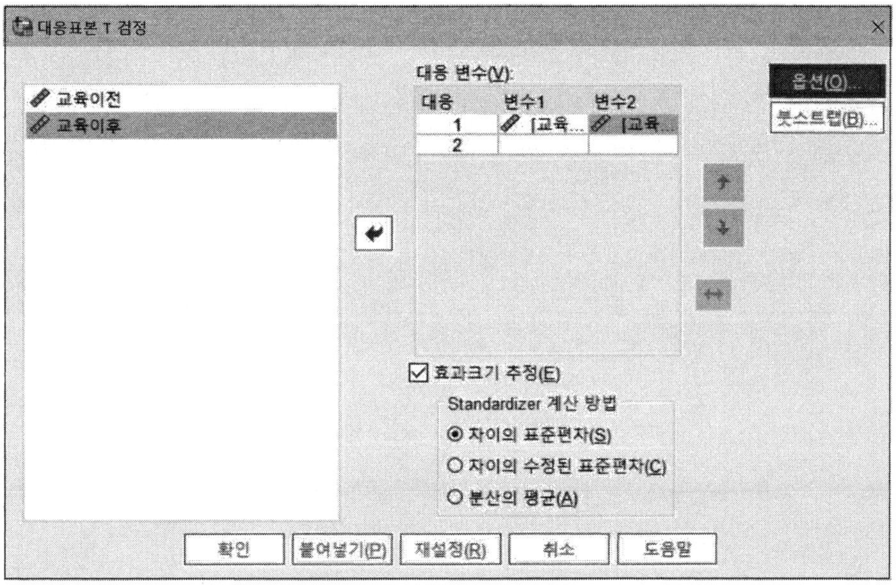

‖ SPSS 실행 결과 ‖

대응표본 통계량

		평균	N	표준편차	평균의 표준오차
대응 1	교육이전	78.50	10	11.306	3.575
	교육이후	81.30	10	9.557	3.022

대응표본 상관계수

		N	상관관계	유의확률 단측 확률	유의확률 양측 확률
대응 1	교육이전 & 교육이후	10	.863	<.001	.001

대응표본 검정

		대응차							유의확률	
					차이의 95% 신뢰구간					
		평균	표준편차	평균의 표준오차	하한	상한	t	자유도	단측 확률	양측 확률
대응 1	교육이전 - 교육이후	-2.800	5.712	1.806	-6.886	1.286	-1.550	9	.078	.155

‖ SPSS 실행결과 분석 ‖

실행결과로부터 구하고자 하는 교육 이전과 교육 이후의 작업능률의 차이에 대한 모평균 μ_D의 95% 신뢰구간은 $(-6.886,\ 1.286)$이다.

Chapter 8

통계적 가설검정

통계적 가설검정

모평균의 가설검정

모비율의 가설검정

두 모평균 차이의 가설검정

두 모비율 차이의 가설검정

사회복지 자료에 대한 일표본 T검정

사회복지 자료에 대한 독립표본 T검정

사회복지 자료에 대한 대응표본 T검정

사회 및 자연 현상에 대한 조사에서 그 대상이 되는 모집단에 관하여 어떤 가설이나 이론이 제시될 경우, 제시된 가설이 참인지 거짓인지를 확인하기 위해서는 그 대상인 모집단 전체를 조사하여야 한다. 그러나 이것은 현실적으로 불가능한 경우가 많으므로 모집단의 일부분인 표본을 추출한 후 그 표본으로부터 관측된 결과를 이용하여 가설이 참인지 거짓인지를 판정하게 된다. 모집단의 특성인 모수에 대하여 가설을 세우고 표본 정보를 이용하여 그 가설을 기각할 것인가 채택할 것인가를 결정하는 통계적 방법을 가설검정(hypothesis testing)이라 한다.

이 장에서는 검정의 개념과 모평균 및 모비율에 대한 검정에 대하여 살펴보고, 두 모평균의 차 및 두 모비율의 차의 검정에 대하여 다루어 보고자 한다.

SECTION 8.1 통계적 가설검정

(1) 검정의 개념

모집단으로부터 추출된 표본에 근거하여 모집단에 관한 결정을 내리는 것을 통계적 결정(statistical decision)이라 한다. 통계적 결정을 하려면 우선 모집단에 대한 가설을 세워야 하는데 이러한 가설은 참(truth)일 수도 거짓(falsity)일 수도 있다. 가설을 부정할 때 그 가설을 기각(reject)한다고 하며, 부정하지 못할 때 그 가설을 채택(accept)한다고 한다.

예를 들어, 어느 연구자가 새롭게 개발된 교육방법이 기존의 교육방법보다 더 효과적이라고 주장할 때 이 주장이 타당성이 있는지를 판단하기 위해서는 가설을 세워 검정을 해보아야 한다. 일반적으로 가설을 반증적인 방법으로 증명하기 위하여 기각할 것을 바라면서 가설을 세우게 되는데 이러한 가설을 귀무가설(null hypothesis)이라 하며 H_0로 표시한다. 귀무가설과 대립되거나 이를 부정하는 가설을 대립가설(alternative hypothesis)이라 하며 H_1으로 표시한다.

자신이 입증하고자 하는 가설을 대립가설로 세우고 기각되기를 바라는 가설을 귀무가설로 세운다. 하나의 귀무가설과 대립가설을 설정하여 놓고 이에 대한 참 또는 거짓을 결정하려 할 때 그 판단의 기준으로 임의의 표본으로부터 얻은 표본통계량을 사용하게 된다. 이와 같이 귀무가설과 대립가설 중 어느 하나를 택하는데 사용되는 표본통계량을 검정통계량(test statistic)이라 한다. 검정통계량의 값에 따라 귀무가설 H_0를 기각하든지 또는 채택하든지 결정하게 되므로, 귀무가설 H_0를 기각하게 되는 검정통계량 값의 영역을 기각역(rejection region or critical region), 반대로 채택하게 되는 검정통계량 값의 영역을 채택역(acceptance region)이라 한다.

가설의 기각역 또는 채택역은 유의수준을 어떻게 취하느냐에 따라서 달라지게 된다. 예를 들어, 유의수준이 0.05라면 이것은 귀무가설이 옳은 데도 불구하고 표본이 잘못 선정되어서 대립가설을 채택할 오류의 확률이 5/100라는 의미이다. 이는 표본을 100번 독립적으로 얻어 똑같은 검정을 할 때, 5번 정도는 귀무가설이 맞는 데도 귀무가설을 기각할 오류를 범할 수 있다는 것이다. 일반적으로 물리 및 화학, 의학과 같이 정교함을 필요로 하는 경우에는 유의수준으로 0.05 또는 0.01을 사용하지만 사회 및 경제 분야에서는 0.1 또는 0.2로 사용하는 경우도 있다.

이와 같이 유의수준 선택에 대한 다양성 때문에, 각종 통계소프트웨어에서는 유의확률(significance probability)을 출력하여 의사결정자에게 가설검정의 결과를 판정하도록 하고 있다. 유의확률은 귀무가설이 사실이라는 가정하에서 계산된 검정통계량 값이 귀무가설을 기각하게 되는 최소의 확률로 p-값(p-value)이라고 한다.

이상으로부터 통계적 가설검정(testing a statistical hypothesis)이란 언제나 귀무가설을 옳다고 인정한 다음, 표본에서 그렇지 않은 증거가 뚜렷하게 나타나는 경우에 대립가설이 옳다는 결론을 내리는 방법으로 모집단의 모수의 값이나 확률분포에 대하여 어떤 가설을 설정하고 이 가설의 참.거짓 여부를 표본통계량에 의하여 확률적으로 확정하여 통계적 결정을 내리는 것이다.

(2) 제1종오류와 제2종오류

가설검정의 결과를 생각해 보면 귀무가설이 참인 경우에 이를 채택하거나 기각하는 두 가지의 결정이 있고, 귀무가설이 거짓인 경우에 이를 채택하거나 기각하는 두 가지 결정이 있다. 따라서 가설검정에는 2개의 오류가 존재하게 되는데, 귀무가설이 참임에도 불구하고 귀무가설을 기각함으로써 발생되는 오류를 제1종오류(type I error)라 하고, 제1종오류를 범할 확률의 최대허용한계를 유의수준(significance level) 또는 위험률(critical rate)이라 하며 α로 표시한다.

또한, 귀무가설이 거짓임에도 불구하고 귀무가설을 채택함으로써 발생되는 오류를 제2종오류(type Ⅱ error)라 한다. 제2종오류를 범할 확률을 β로 나타내며, $(1-\beta)$를 검정력(power)이라 한다. 검정력(power)은 귀무가설이 거짓인 경우에 이를 기각하는 확률이 된다.

실제현상 \ 검정결과	H_0를 채택	H_0을 기각
H_0가 참	옳은 결정	제1종오류
H_0가 거짓	제2종오류	옳은 결정

제1종오류와 제2종오류를 동시에 줄이는 검정이 바람직한 검정법이지만 표본의 크기가 고정되어 있을 때 제1종오류를 줄이면 제2종오류가 커지게 되므로 두 가지 오류를 동시에 줄이는 것은 불가능하다. 이러한 두 종류의 오류를 줄이기 위해서는 표본의 크기 n을 크게 해야 한다. 일반적으로 통계적 가설검정에서는 유의수준 α를 고정시키고, 제2종오류를 범할 확률을 최소가 되도록 하는 것이 보통이다.

(3) 검정의 형태

귀무가설 H_0에 대해 대립가설 H_1이 단측으로 주어질 때의 통계적 가설검정을 단측검정(one-sided test) 또는 편측검정이라 하고, 대립가설 H_1이 양측으로 주어질 때의 통계적 가설검정을 양측검정(two-sided test)이라 한다.

❒ 우단측검정

일반적으로 모수 θ에 대한 귀무가설과 대립가설이 다음과 같은 형태를 취할 때 우단측검정이라 한다.

$$H_0:\ \theta = \theta_0\ (\text{또는 } \theta \le \theta_0)$$
$$H_1:\ \theta > \theta_0$$

대립가설의 형태에 따라 기각역도 비슷한 형태를 취하게 되는데 우단측검정일 때는 검정통계량 분포의 우측에 기각역이 설정되어진다.

즉, 유의수준을 α라 하고, $\hat{\theta}$를 가설의 검정통계량이라 하면, 우단측검정일 때의 기각역은 $\hat{\theta} > c_1$이며, 이 때 c_1은 검정통계량 $\hat{\theta}$의 분포에서 우측확률이 α가 되는 기각값이다.

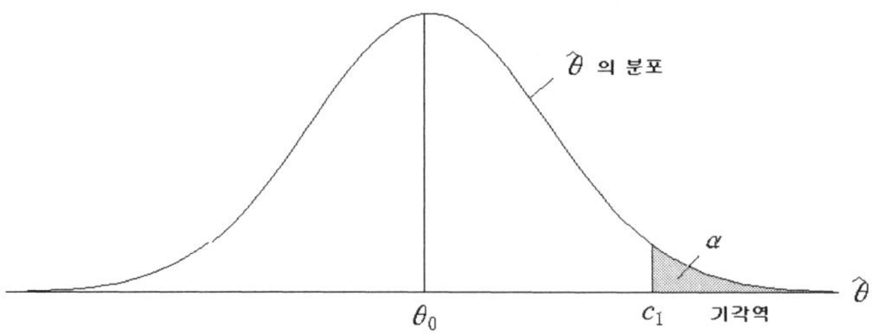

그림 8.1 우단측검정의 기각역

❒ 좌단측검정

일반적으로 모수 θ에 대한 귀무가설과 대립가설이 다음과 같은 형태를 취할 때 좌단측검정이라 한다.

$$H_0 : \theta = \theta_0 \ (\text{또는 } \theta \geq \theta_0)$$
$$H_1 : \theta < \theta_0$$

대립가설의 형태에 따라 기각역도 비슷한 형태를 취하게 되는데 좌단측검정일 때는 검정통계량 분포의 좌측에 기각역이 설정되어진다. 즉, 좌단측검정일 때의 기각역은 $\hat{\theta} < c_2$이며, 이 때 c_2는 검정통계량 $\hat{\theta}$의 분포에서 좌측확률이 α가 되는 기각값이다.

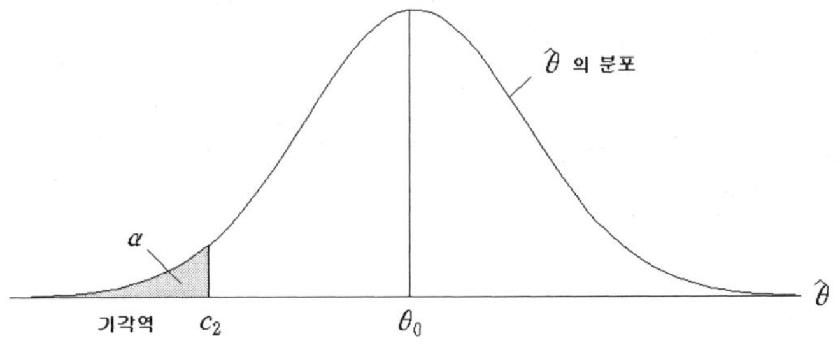

그림 8.2 좌단측검정의 기각역

❒ 양측검정

귀무가설 H_0에 대해 대립가설 H_1이 양측(two-tailed)으로 주어질 때 이를 양측검정이라 한다. 일반적으로 양측검정은 모수 θ에 대한 귀무가설과 대립가설이 다음과 같은 형태를 취하게 된다.

$$H_0 : \theta = \theta_0$$
$$H_1 : \theta \neq \theta_0$$

대립가설의 형태에 따라 기각역도 비슷한 형태를 취하게 되는데, 양측검정인 경우에는 양측에 기각역이 설정되어진다. 즉, 양측검정일 때의 기각역은 $\hat{\theta} > c_3$ 또는

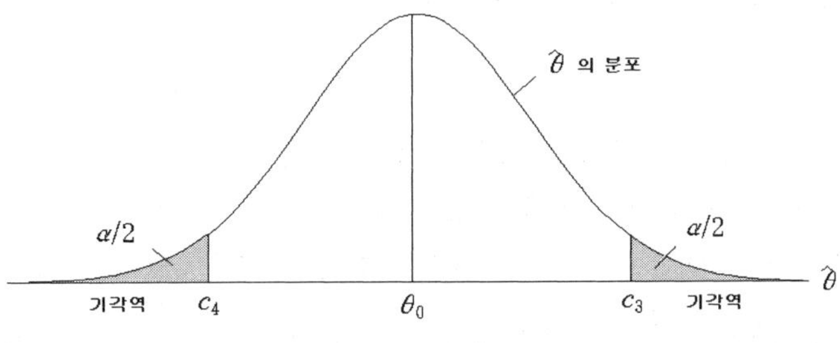

그림 8.3 양측검정의 기각역

$\hat{\theta} < c_4$이며, 이 때 c_3는 우측확률이 $\alpha/2$가 되는 기각값이며, c_4는 좌측확률이 $\alpha/2$가 되는 기각값이다.

통계적 가설검정 절차

① 귀무가설과 대립가설을 세운다. ② 검정통계량을 결정하고 귀무가설이 사실일 때 검정통계량 값을 계산한다. ③ 유의수준 α를 결정한다. ④ 기각역을 구한다. ⑤ 검정통계량 값이 기각역에 포함되면 귀무가설 H_0를 기각하고, 그렇지 않으면 H_0를 채택한다.

SECTION 8.2 모평균의 가설검정

모평균의 검정은 크게 모분산 σ^2을 아는 경우와 모르는 경우로 나눌 수 있다. 모분산 σ^2을 아는 경우, 모집단 분포가 정규모집단이거나 모집단 분포가 정규분포가 아닌 임의의 모집단이지만 표본의 크기가 대표본일 때, Z-통계량을 이용하여 모평균에 대한 검정을 한다. 한편, 모분산 σ^2을 모르는 경우에는 σ^2 대신에 표본분산 s^2을 이용하게 되는데, 표본의 크기가 대표본일 때는 Z-통계량을 이용하고, 표본의 크기가 소표본일 때는 t-통계량을 이용하여 모평균에 대한 검정을 한다.

(1) 모분산 σ^2을 아는 경우 모평균의 가설검정

한 개의 모집단의 모평균에 대한 귀무가설

$$H_0: \ \mu = \mu_0 \ (\mu_0\text{는 어떤 정하여진 값})$$

를 검정한다고 할 때, 이 검정을 모평균의 검정이라고 한다. 모평균 μ에 대한 검정에서는 표본평균 $\bar{x}$를 이용하는데 이를 위해서는 $\bar{x}$의 분포를 알아야 한다. 모분산이 알려져 있는 정규모집단 $N(\mu, \sigma^2)$으로부터 추출한 크기가 n인 임의표본의 표본평균 $\bar{x}$는 정규분포 $N\left(\mu, \frac{\sigma^2}{n}\right)$를 따르므로 이것을 표준화한 Z-통계량

$$Z = \frac{\bar{x} - \mu}{\sigma / \sqrt{n}}$$

는 표준정규분포 $N(0,1)$을 따른다. 그러므로 귀무가설이 참이라는 가설하에 얻은 검정통계량을 이용하여 모평균 μ에 대한 검정법을 요약하면 다음과 같다.

모분산 σ^2을 아는 경우 모평균 μ의 검정

귀무가설 설정	$H_0: \mu = \mu_0$
검정통계량	$Z_0 = \dfrac{\bar{x} - \mu_0}{\sigma/\sqrt{n}}$
가설검정	$H_1: \mu > \mu_0$ 일 때, $Z_0 > z_\alpha$ 이면, H_0를 기각한다. $H_1: \mu < \mu_0$ 일 때, $Z_0 < -z_\alpha$ 이면, H_0를 기각한다. $H_1: \mu \neq \mu_0$ 일 때, $\lvert Z_0 \rvert > z_{\alpha/2}$ 이면, H_0를 기각한다

이와 같이 검정하고자 하는 가설의 검정통계량이 정규분포를 따를 때, 가설의 기각역은 정규분포를 이용하여 구하게 되는데 이러한 검정을 정규분포검정이라 한다. 모집단의 분포가 정규분포이든 또는 임의의 분포이든 간에 표본의 크기 n이 큰 경우에 모평균 μ에 대한 가설검정의 검정통계량과 이에 따른 기각역은 위에서 설명된 방법을 그대로 사용한다.

예제 1

어느 지역의 보육교사들의 평균 월수입이 200(만원)이라고 알려져 있다. 이를 확인하기 위하여 임의로 49명의 보육교사들을 추출하여 평균 월수입을 조사해 본 결과 195(민원)이었다. 이 지역의 보육교사들의 평균 월수입이 200(만원)이라고 할 수 있는지를 유의수준 5%에서 검정하여라. 이 때, 이 지역의 보육교사들의 평균 월수입의 분산은 $\sigma^2 = 9$(만원)으로 알려져 있다.

[풀이]

① $H_0: \mu = 200$
$H_1: \mu \neq 200$

② 검정통계량 : $\lvert Z_0 \rvert = \left| \dfrac{195 - 200}{3/\sqrt{49}} \right| = 11.655$

③ $\alpha = 0.05$ 이므로 $z_{0.025} = 1.96$ 이다.

④ $\lvert Z_0 \rvert = 11.655 > z_{0.025} = 1.96$ 이므로 H_0를 기각한다. 따라서 이 지역의 보육교사들의 평균 월수입이 200(만원)이라고 할 수 없다. ■

(2) 모분산 σ^2을 모르는 경우 모평균의 가설검정

모분산 σ^2이 미지인 정규모집단 $N(\mu, \sigma^2)$에서 모평균 μ를 검정하려고 할 때, 표본의 크기가 큰 경우에는 모표준편차 σ 대신 표본표준편차 s를 대입한 다음과 같은 검정통계량을 사용하고, 이에 따른 기각역은 모분산 σ^2을 아는 경우와 동일하다.

$$Z_0 = \frac{\bar{x} - \mu_0}{s/\sqrt{n}}$$

또한, 모집단의 분포가 정규분포가 아닌 임의의 모집단에서 n이 대표본일 경우 중심극한정리에 의해 $\bar{x}$는 근사적으로 정규분포를 따르므로 모평균 μ의 검정에 위의 식을 그대로 사용할 수 있다.

예제 2

여론조사 기관에서 노인들의 치매 예방에 효과가 있는 보조식품의 가격이 100,000원 미만이라는 회사의 주장을 확인하고자 한다. 이를 위하여 보조식품을 구입한 100명의 노인들을 대상으로 보조식품 가격을 조사하여 다음과 같은 결과를 얻었다.

$$\bar{x} = 103{,}000, \; s = 2{,}000$$

이 회사의 주장을 믿을 수 있는지 유의수준 5%에서 검정하여라.

[풀이]

① $H_0: \ \mu = 100{,}000$

$H_1: \ \mu < 100{,}000$

② 검정통계량 : $Z_0 = \dfrac{103{,}000 - 100{,}000}{2{,}000/\sqrt{100}} = 15$

③ $\alpha = 0.05$이므로 $-z_{0.05} = -1.645$이다.

④ $Z_0 = 15 > -z_{0.05} = -1.645$이므로 H_0를 기각하지 못한다.

따라서 노인들의 치매 예방에 효과가 있는 보조식품의 가격이 100,000원 미만이라는 회사의 주장을 믿을 수 없다. ■

한편, 모분산 σ^2이 미지인 정규모집단 $N(\mu, \sigma^2)$에서 표본의 크기 n이 소표본 $(n < 30)$일 경우 Z-통계량에서 σ 대신 s를 대입한 t-통계량

$$t_0 = \frac{\bar{x} - \mu_0}{s/\sqrt{n}}$$

는 자유도 $(n-1)$인 t-분포를 따른다. 그러므로 귀무가설이 참이라는 가설하에 얻은 검정통계량을 이용하여 모평균 μ에 대한 검정법을 요약하면 다음과 같다.

모분산 σ^2을 모르는 경우 모평균 μ의 검정

귀무가설 설정	$H_0:\ \mu=\mu_0$
검정통계량	$t_0=\dfrac{\overline{x}-\mu_0}{s/\sqrt{n}}$
가설검정	$H_1:\ \mu>\mu_0$ 일 때, $t_0>t_{(n-1,\alpha)}$ 이면, H_0를 기각한다. $H_1:\ \mu<\mu_0$ 일 때, $t_0<-t_{(n-1,\alpha)}$ 이면, H_0를 기각한다. $H_1:\ \mu\neq\mu_0$ 일 때, $\mid t_0\mid>t_{(n-1,\alpha/2)}$ 이면, H_0를 기각한다.

이와 같이 검정하고자 하는 가설의 검정통계량이 t-분포를 따를 때, 가설의 기각역은 t-분포를 이용하여 구하게 되는데 이러한 검정을 t-분포 검정이라 한다.

예제 3

어느 사회학과에서는 지난해 신입생들의 IQ를 검사한 결과 평균 IQ가 120이었다. 올해 신입생들의 대학수능점수의 평균이 지난해 신입생들의 평균보다 20점이 높아졌다. 그래서 올해 입학한 신입생들의 IQ가 지난해 신입생들보다 높게 나타나는지를 알아보기 위하여 10명의 학생을 임의로 추출하여 IQ를 검사한 결과 다음과 같은 자료를 얻었다.

127,	125,	110,	115,	130,	123,	135,	140,	120,	105

올해 입학한 신입생들의 IQ가 지난해 신입생들보다 높다고 할 수 있는지를 유의수준 5%에서 검정하여라. 이 때, 올해 입학한 신입생들의 IQ는 정규분포를 따른다고 가정하자.

[풀이]

① $H_0:\ \mu=120$
$H_1:\ \mu>120$

② $\overline{x}=\dfrac{1}{10}(127+125+\cdots+105)=123$

$s^2=\dfrac{1}{10-1}[(127-123)^2+(125-123)^2+\cdots+(105-123)^2]=118.67$

귀무가설이 사실일 때 검정통계량 값은 $t_0=\dfrac{123-120}{10.89/\sqrt{10}}=0.87$ 이다

③ $\alpha = 0.05$이고, 자유도가 $10-1=9$이므로 $t_{(9,\,0.05)} = 1.833$이다.

④ $t_0 = 0.87 < t_{(9,\,0.05)} = 1.833$이므로 H_0를 기각하지 못한다. 따라서 올해 입학한 신입생들의 IQ가 지난해 신입생들보다 높다고 할 수 없다. ■

SECTION 8.3 모비율의 가설검정

모비율 p에 대해 다음과 같은 귀무가설을 검정한다고 할 때, 이 검정을 모비율의 검정이라고 한다.

$$H_0: \ p = p_0 \ (p_0\text{는 어떤 정하여진 값})$$

모비율 p의 검정에서는 이항확률변수 X나 표본비율 $\hat{p}$을 이용하는데 이를 위해서는 X 또는 $\hat{p}$의 분포를 알아야 한다.

표본비율 $\hat{p}$의 분포는 $np_0 > 5$, $n(1-p_0) > 5$의 기준을 만족할 때, 정규분포로 근사시킬 수 있다. X가 이항분포 $b(n, p)$를 따르면, 표본비율 $\hat{p} = \dfrac{X}{n}$는 표본의 크기 n이 클 때 근사적으로 $N\left(p, \dfrac{p(1-p)}{n}\right)$를 따르므로, 이것을 표준화한 Z-통계량은 근사적으로 표준정규분포 $N(0,1)$을 따른다.

$$Z = \frac{\hat{p}-p}{\sqrt{\dfrac{p(1-p)}{n}}} \sim N(0,1)$$

그러므로 귀무가설이 참이라는 가설 하에 얻은 검정통계량을 이용하여 모비율 p에 대한 검정법을 요약하면 다음과 같다.

모비율 p의 검정

귀무가설 설정	$H_0: \ p = p_0$
검정통계량	$Z_0 = \dfrac{\hat{p}-p_0}{\sqrt{\dfrac{p_0(1-p_0)}{n}}}$
가설검정	$H_1: \ p > p_0$일 때, $Z_0 > z_\alpha$이면, H_0를 기각한다. $H_1: \ p < p_0$일 때, $Z_0 < -z_\alpha$이면, H_0를 기각한다. $H_1: \ p \neq p_0$일 때, $\mid Z_0 \mid > z_{\alpha/2}$이면, H_0를 기각한다.

예제 4

어느 제약회사 연구소에서는 간염을 치료할 수 있는 새로운 약을 개발하여 6개월간 그 약을 복용하면 완치율이 80% 이상이라고 주장하고 있다. 이 주장을 확인하기 위하여 50명의 간염환자들에게 그 약을 6개월간 복용시킨 결과 45명이 완치되었다. 이 제약회사 연구소의 주장에 신뢰성이 있는지 유의수준 5%에서 검정하여라.

[풀이]

$p_0 = 0.8$ 이므로 $np_0 = 50 \times 0.8 = 40$ 과 $n(1-p_0) = 50 \times 0.2 = 10$ 은 모두 5보다 크다. 따라서 이 문제는 정규분포를 이용하여 검정할 수 있다.

① $H_0 : p = 0.8$
$H_1 : p > 0.8$

② 표본비율 $\hat{p} = \dfrac{45}{50} = 0.9$

검정통계량 : $Z_0 = \dfrac{0.9 - 0.8}{\sqrt{\dfrac{0.8 \times 0.2}{50}}} = 1.768$

③ $\alpha = 0.05$ 이므로, $z_{0.05} = 1.645$ 이다.

④ $Z_0 = 1.768 > z_{0.05} = 1.645$ 이므로 H_0 를 기각한다. 따라서 새로운 간염 치료제를 이용하여 6개월을 치료할 때, 환자들의 완치율이 80% 이상 된다고 할 수 있다. ■

SECTION 8.4 두 모평균 차이의 가설검정

두 모평균 차이의 검정은 두 모분산 σ_1^2과 σ_2^2을 아는 경우와 모르는 경우로 크게 나눌 수 있다. 두 모분산 σ_1^2과 σ_2^2을 아는 경우, 두 모집단 분포가 정규모집단이거나 두 모집단 분포가 정규분포가 아닌 임의의 모집단이지만 표본의 크기가 대표본일 때, Z-통계량을 이용하여 두 모평균 차이의 검정을 한다. 한편, 두 모분산 σ_1^2과 σ_2^2을 모르는 경우에는 σ_1^2과 σ_2^2 대신에 두 표본분산 s_1^2과 s_2^2을 이용하게 되는데, 표본의 크기가 대표본일 때는 Z-통계량을 이용하고, 표본의 크기가 소표본일 때는 t-통계량을 이용하여 두 모평균 차이의 검정을 한다.

통계적 추정과 마찬가지로 두 모집단이 서로 독립이 아닌 경우에는 짝비교에 의해 두 모집단의 차이에 대한 모평균 검정을 할 수 있다.

(1) 두 모분산 σ_1^2과 σ_2^2을 아는 경우 모평균 차이의 검정

귀무가설 $H_0 : \mu_1 = \mu_2$를 검정한다고 할 때, 이 검정을 두 모평균 차이의 검정이라 한다. 두 모평균의 차이 $(\mu_1 - \mu_2)$의 검정에서는 추정량 $(\bar{x}_1 - \bar{x}_2)$을 이용하는 데 이를 위해서는 $(\bar{x}_1 - \bar{x}_2)$의 분포를 알아야 한다. 두 정규모집단 $N(\mu_1, \sigma_1^2)$, $N(\mu_2, \sigma_2^2)$으로부터 크기가 n_1, n_2인 서로 독립인 임의표본의 표본평균을 각각 $\bar{x}_1, \bar{x}_2$라 하면, 통계량 $(\bar{x}_1 - \bar{x}_2)$는 다음과 같은 정규분포를 따른다.

$$\bar{x}_1 - \bar{x}_2 \sim N\left(\mu_1 - \mu_2, \frac{\sigma_1^2}{n_1} + \frac{\sigma_2^2}{n_2}\right)$$

따라서 이를 표준화한 Z-통계량은 표준정규분포를 따른다.

$$Z = \frac{(\bar{x}_1 - \bar{x}_2) - (\mu_1 - \mu_2)}{\sqrt{\frac{\sigma_1^2}{n_1} + \frac{\sigma_2^2}{n_2}}} \sim N(0,1)$$

그러므로 귀무가설이 참이라는 가설하에서 얻은 검정통계량을 이용하여 두 모평균 차이 $\mu_1 - \mu_2$에 대한 검정법을 요약하면 다음과 같다.

두 모분산 σ_1^2과 σ_2^2을 아는 경우 모평균 차이의 검정

귀무가설	$H_0 : \mu_1 = \mu_2$
검정통계량	$Z_0 = \dfrac{\bar{x}_1 - \bar{x}_2}{\sqrt{\frac{\sigma_1^2}{n_1} + \frac{\sigma_2^2}{n_2}}}$
가설검정	$H_1 : \mu_1 > \mu_2$일 때, $Z_0 > z_\alpha$이면, H_0를 기각한다. $H_1 : \mu_1 < \mu_2$일 때, $Z_0 < -z_\alpha$이면, H_0를 기각한다. $H_1 : \mu_1 \neq \mu_2$일 때, $\mid Z_0 \mid > z_{\alpha/2}$이면, H_0를 기각한다.

예제 5

어느 대학의 학생상담연구소에서는 1학년 학생과 4학년 학생을 대상으로 심리검사를 실시하고자 한다. 졸업과 취업문제로 인해 심리적으로 불안한 4학년 학생들의 심리검사 점수가 1학년 신입생들의 심리검사 점수보다 낮게 나타날 것이라고 예상하고 있다. 이를 확인하기 위하여 심리검사를 실시한 결과 다음 자료를 얻었다.

학년	표본크기	표본평균
1학년	$n_1 = 40$	$\bar{x}_1 = 70$
4학년	$n_2 = 40$	$\bar{x}_2 = 60$

이 심리검사에서 졸업과 취업이라는 요인이 1학년의 심리검사 점수보다 4학년 심리검사 점수를 낮게 나타나도록 하는데 영향을 미쳤는지를 유의수준 5%에서 검정하여라. 이 때, 1학년과 4학년의 모집단은 서로 독립이고, 정규분포를 따르며, 과거 자료에 의해 1학년 심리검사 점수의 모표준편차는 9이고, 4학년 심리검사 점수의 모표준편차는 8인 것으로 알려져 있다.

[풀이]

① $H_0 : \ \mu_1 = \mu_2$

$H_1 : \ \mu_1 > \mu_2$

② 검정통계량 :

$$Z_0 = \frac{70-60}{\sqrt{\frac{9^2}{40}+\frac{8^2}{40}}} = 5.25$$

③ $\alpha = 0.05$ 이므로 $z_{0.05} = 1.645$ 이다.

④ $Z_0 = 5.25 > z_{0.05} = 1.645$ 이므로 H_0 를 기각한다. 따라서 4학년의 심리검사 점수가 1학년 심리검사 점수보다 낮다고 할 수 있다. ■

(2) 두 모분산 σ_1^2과 σ_2^2을 모르는 경우 모평균 차이의 검정

두 정규모집단 $N(\mu_1,\sigma_1^2)$, $N(\mu_2,\sigma_2^2)$에서 두 모평균 차이를 검정하려고 할 때 두 모분산 σ_1^2과 σ_2^2을 모르지만, 표본의 크기 n_1, n_2가 대표본($n_1 \geq 30$, $n_2 \geq 30$)일 경우 모표준편차 σ_1과 σ_2 대신 표본표준편차 s_1과 s_2를 대입한 다음과 같은 검정통계량을 사용하고, 이에 따른 기각역은 모분산 σ_1^2과 σ_2^2을 아는 경우와 동일하다.

$$Z_0 = \frac{\bar{x}_1 - \bar{x}_2}{\sqrt{\frac{s_1^2}{n_1}+\frac{s_2^2}{n_2}}} \sim N(0,1)$$

예제 6

어떤 아동 식품을 제조하는 공정에서 서로 다른 두 종류의 원료 1과 원료 2를 사용하고 있는데, 이들 원료로부터 각각 40개와 50개의 표본을 임의로 추출하여 주성분 함유량을 조사한 결과는 다음과 같다.

$$\bar{x}_1 = 8.0\,,\ s_1 = 4.2$$
$$\bar{x}_2 = 7.9\,,\ s_2 = 3.0$$

두 원료들의 모집단은 서로 독립이고 정규분포를 따른다. 이 때, 두 원료에서 주성분 함유량의 모평균에 차이가 있는지를 유의수준 5%에서 검정하여라.

[풀이]

① $H_0:\ \mu_1 = \mu_2$
　$H_1:\ \mu_1 \neq \mu_2$

② $|Z_0| = \left| \dfrac{8.0 - 7.9}{\sqrt{\dfrac{(4.2)^2}{40} + \dfrac{(3.0)^2}{50}}} \right| = 0.127$

③ $\alpha = 0.05$ 이므로 $z_{0.025} = 1.96$ 이다.

④ $|Z_0| = 0.127 < z_{0.025} = 1.96$ 이므로 H_0를 기각하지 못한다. 따라서 두 원료에서 주성분 함유량의 모평균의 차가 있다고 할 수 없다. ■

한편, 표본의 크기 n_1, n_2가 소표본($n_1 < 30\,,\ n_2 < 30$)일 경우 σ_1^2과 σ_2^2을 모르지만 등분산($\sigma_1^2 = \sigma_2^2 = \sigma^2$)이라는 가정하에서 공통분산 σ^2의 합동추정량은 다음과 같다.

$$s_p^2 = \frac{(n_1 - 1)s_1^2 + (n_2 - 1)s_2^2}{n_1 + n_2 - 2}$$

따라서 이를 이용하여 $(\bar{x}_1 - \bar{x}_2)$를 표준화시킨 t-통계량은 자유도가 $(n_1 + n_2 - 2)$인 t-분포를 따른다.

$$t = \frac{(\bar{x}_1 - \bar{x}_2) - (\mu_1 - \mu_2)}{s_p \sqrt{\dfrac{1}{n_1} + \dfrac{1}{n_2}}} \sim t(n_1 + n_2 - 2)$$

그러므로 귀무가설 $H_0:\ \mu_1 = \mu_2$가 참이라는 가설하에서 얻은 검정통계량 값을 이용하여 두 모평균 차이 $\mu_1 - \mu_2$에 대한 검정법을 요약하면 다음과 같다.

모분산 σ_1^2과 σ_2^2을 모르지만 등분산인 경우 모평균 차이의 검정

귀무가설 설정	$H_0 : \mu_1 = \mu_2$
검정통계량	$t_0 = \dfrac{\overline{x}_1 - \overline{x}_2}{s_p \sqrt{\dfrac{1}{n_1} + \dfrac{1}{n_2}}}$, $s_p = \sqrt{\dfrac{(n_1 - 1)s_1^2 + (n_2 - 1)s_2^2}{n_1 + n_2 - 2}}$
가설검정	$H_1 :\ \mu_1 > \mu_2$ 일 때, $t_0 > t_{(n_1 + n_2 - 2,\, \alpha)}$ 이면, H_0를 기각한다. $H_1 :\ \mu_1 < \mu_2$ 일 때, $t_0 < -t_{(n_1 + n_2 - 2,\, \alpha)}$ 이면, H_0를 기각한다. $H_1 :\ \mu_1 \neq \mu_2$ 일 때, $\mid t_0 \mid > t_{(n_1 + n_2 - 2,\, \alpha/2)}$ 이면, H_0를 기각한다.

예제 7

어느 보육시설에 있는 남, 여 아동들의 몸무게를 비교하기 위하여 동일한 조건에서 각각 8명의 남, 여 아동들을 임의로 추출하여 실험을 실시하여 다음과 같은 결과를 얻었다.

구분	평 균	표준편차
남자	15.2	0.9
여자	13.7	0.8

과거의 자료에 의하면 남, 여 아동의 두 모집단은 서로 독립이고 정규분포를 따르고 분산이 같다고 한다. 남, 여 아동의 몸무게 평균이 같은지를 유의수준 5%에서 검정하여라.

[풀이]

① $H_0 :\ \mu_1 = \mu_2$
$H_1 :\ \mu_1 \neq \mu_2$

② 합동추정량 : $s_p^2 = \dfrac{(8-1)(0.9)^2 + (8-1)(0.8)^2}{8+8-2} = 0.725$

검정통계량 : $\mid t_0 \mid = \left| \dfrac{15.2 - 13.7}{\sqrt{0.725}\sqrt{\dfrac{1}{8} + \dfrac{1}{8}}} \right| = 3.523$

③ $\alpha = 0.05$ 이므로, $t_{(14,\,0.025)} = 2.145$ 이다.

④ $\mid t_0 \mid = 3.523 > t_{(14,0.025)} = 2.145$이므로 H_0를 기각한다. 따라서 남, 여 아동들의 몸무게 평균은 차이가 있다고 할 수 있다. ■

(3) 짝비교 : 차이의 모평균에 대한 검정

앞에서 다룬 두 모평균을 비교하는 가설검정을 할 때 두 확률표본이 서로 독립적으로 추출된 경우를 다루었다. 그러나 두 모집단을 비교하는데 있어서 두 모집단이 서로 독립이 아닌 경우 짝비교(paired comparison) 방법을 사용해야 한다. 이 방법은 실험 단위를 동질적인 쌍으로 묶어 각 쌍을 임의로 추출하여 두 처리를 적용한다. 다음으로 각 쌍에서 두 관측값의 차이를 계산하여 모집단 차이의 모평균(μ_D)에 대한 추론하게 된다. 각 쌍에 처리 1(X_1)과 처리 2(X_2)를 적용하여 각 쌍에서 얻은 관측값의 차이 ($D_i = X_{1i} - X_{2i}$)를 이용하여 차이의 모평균에 대한 검정을 해보자.

쌍	처리 1	처리 2	차이
1	X_{11}	X_{21}	D_1
2	X_{12}	X_{22}	D_2
⋮	⋮	⋮	⋮
n	X_{1n}	X_{2n}	D_n

X_1과 X_2가 정규분포를 따른다고 가정할 때, 차이 $D_i = X_{1i} - X_{2i}(i = 1, \cdots, n)$는 $N(\mu_D, \sigma_D^2)$와 같은 정규분포를 따르며 이 때, 차이에 대한 분산 σ_D^2은 알고 있다고 가정하자. 또한 차이의 표본평균은 다음과 같이 정의된다.

$$\overline{D} = \frac{1}{n}\sum_{i=1}^{n} D_i$$

그러면, 차이의 표본평균 $\overline{D}$는 평균이 μ_D이고 분산이 $\frac{\sigma_D^2}{n}$인 정규분포를 따르며, 이를 표준화한 Z-통계량은 표준정규분포 $N(0,1)$을 따른다.

$$Z = \frac{\overline{D} - \mu_D}{\sigma_D / \sqrt{n}} \sim N(0,1)$$

분산 σ_D^2이 알려진 경우 차이의 모평균에 대한 검정(짝비교)

귀무가설 설정	$H_0:\ \mu_D = 0$
검정통계량	$Z_0 = \dfrac{\overline{D}}{\sigma_D / \sqrt{n}}$
가설검정	$H_1:\ \mu_D > 0$일 때, $Z_0 > z_\alpha$이면, H_0를 기각한다.
	$H_1:\ \mu_D < 0$일 때, $Z_0 < -z_\alpha$이면, H_0를 기각한다.
	$H_1:\ \mu_D \neq 0$일 때, $\mid Z_0 \mid > z_{\alpha/2}$이면, H_0를 기각한다

예제 8

컴퓨터를 이용한 교육이 기존의 칠판에 판서를 통해 하는 교육보다 아동들에게 더 효과적이라는 주장이 있다. 이를 확인하기 위하여 임의로 추출된 100명의 아동을 상대로 10점 만점으로 기존의 교육방법점수(X_1)와 컴퓨터를 이용한 교육방법 점수(X_2)를 측정하였다. 그 결과 $\overline{D} = 3.5$(점)을 얻었는데 이 때, $\overline{D}$는 X_1과 X_2의 차에 대한 평균이다. 또한, X_1과 X_2는 정규분포를 따르며 $\sigma_D^2 = 9$로 알려져 있다. 컴퓨터를 이용한 교육이 기존의 칠판에 판서를 통해 하는 교육보다 효과적인지를 유의수준 5%에서 검정하여라.

[풀이]

① H_0 : $\mu_D = 0$
   H_1 : $\mu_D < 0$

② 검정통계량 : $Z_0 = \dfrac{3.5}{9/\sqrt{100}} = 3.89$

③ $\alpha = 0.05$이므로 $-z_{0.05} = -1.645$이다.

④ $Z_0 = 3.89 > -z_{0.05} = -1.645$이므로 H_0를 기각하지 못한다. 따라서 컴퓨터를 이용한 교육이 기존의 칠판에 판서를 통해 하는 교육보다 효과적이라고 할 수 없다. ■

또한, σ_D^2은 모르지만 표본의 크기 n이 대표본일 때, σ_D 대신 s_D를 대입한 다음과 같은 검정통계량을 사용하고, 이에 따른 기각역은 σ_D^2을 알 때와 동일하다.

$$Z_0 = \frac{\overline{D}}{s_D/\sqrt{n}}$$

여기서, $s_D^2 = \dfrac{1}{n-1}\sum_{i=1}^{n}(D_i - \overline{D})^2$은 차이의 표본분산을 나타낸다.

예제 9

어느 제약회사 연구소에서는 새로이 개발한 혈압 약이 노인들에게 부작용 없이 실제로 혈압을 낮추는데 도움을 주는지를 조사하기 위하여 100명의 노인을 대상으로 임상실험을 실시하였다. 약을 복용하기 전의 혈압(X_1)과 한 달간 약을 복용한 후의 혈압(X_2)을 조사한 결과 혈압의 차에 대한 표본평균과 표본표준편차는 다음과 같이 얻어졌다.

$$\overline{D} = 10, \ s_D = 3.3$$

이 약이 혈압을 낮추는데 효과가 있다고 할 수 있는지를 유의수준 $\alpha = 0.05$에서 검정하여라.

[풀이]

① $H_0: \ \mu_D = 0$
   $H_1: \ \mu_D < 0$

② 검정통계량 $Z_0 = \dfrac{10}{3.3/\sqrt{100}} = 30.3$

③ $\alpha = 0.05$이므로, $z_{0.05} = 1.645$이다.

④ $Z_0 = 30.3 > z_{0.05} = 1.645$이므로 H_0를 기각한다. 따라서 이 약이 혈압을 낮추는 데 효과가 있다고 할 수 있다. ■

한편, 실제적으로 σ_D^2을 모르고, 표본의 크기가 소표본일 때 다음과 같은 t-통계량

$$t_0 = \frac{\overline{D} - \mu_D}{s_D/\sqrt{n}}$$

을 이용하며, 이 통계량 t는 자유도 $(n-1)$인 t-분포를 따른다. 그러므로 귀무가설 $H_0: \ \mu_D = 0$이 참이라는 가설하에 얻은 검정통계량을 이용하여 차이의 모평균에 대한 μ_D의 검정법을 요약하면 다음과 같다.

분산 σ_D^2이 알려지지 않은 경우 차이의 모평균에 대한 검정(짝비교) : 소표본

귀무가설 설정	$H_0: \ \mu_1 = \mu_2$
검정통계량	$t_0 = \dfrac{\overline{D}}{s_D/\sqrt{n}}$
가설검정	$H_1: \ \mu_D > 0$일 때, $t_0 > t_{(n-1,\alpha)}$이면, H_0를 기각한다. $H_1: \ \mu_D < 0$일 때, $t_0 < -t_{(n-1,\alpha)}$이면, H_0를 기각한다. $H_1: \ \mu_D \neq 0$일 때, $\mid t_0 \mid > t_{(n-1,\alpha/2)}$이면, H_0를 기각한다.

예제 10

어떤 다이어트 식품을 사용하면 체중이 감소하는지를 알아보기 위하여 10명의 여성을 상대로 다이어트 식품 복용 전, 후의 체중을 측정한 결과 다음과 같은 자료를 얻었다

번 호	1	2	3	4	5	6	7	8	9	10
복용 전(X_1)	50	45	55	60	63	48	50	70	56	44
복용 후(X_2)	48	45	50	60	60	50	49	60	55	48

이 자료로부터 다이어트 식품이 체중을 감소시킨다고 할 수 있는지를 유의수준 5%에서 검정하여라.

[풀이]

① $H_0:\ \mu_D = 0$
$H_1:\ \mu_D < 0$

② $\overline{D} = \frac{1}{10}(2 + 0 + \cdots - 4) = 1.6$

$s_D^2 = \frac{1}{10-1}\{(2-1.6)^2 + (0-1.6)^2 + \cdots + (-4-1.6)^2\} = 14.93$

검정통계량 $t_0 = \frac{1.6}{3.86/\sqrt{10}} = 1.31$

③ $\alpha = 0.05$ 이므로, $t_{(9,\,0.05)} = 1.833$ 이다.

④ $t_0 = 1.31 < t_{(9,\,0.05)} = 1.833$ 이므로 H_0를 기각하지 못한다.
따라서 다이어트 식품이 체중을 감소시킨다고 할 수 없다. ■

SECTION 8.5 두 모비율 차이의 가설검정

귀무가설 $H_0:\ p_1 = p_2$의 검정은 $H_0:\ p_1 - p_2 = 0$의 검정과 동일하며, 이러한 검정을 모비율 차이의 가설검정이라고 한다. 이 검정은 두 제조과정에서의 불량률에 차이가 있는지 또는 두 치료방법에 따른 완치율에 차이가 있는지 등을 알아보고자 할 때에 쓰인다.

두 모비율의 차이 $(p_1 - p_2)$의 검정에서는 추정량으로 두 표본비율의 차이 $(\hat{p}_1 - \hat{p}_2)$을 이용하는데 이를 위해서는 $(\hat{p}_1 - \hat{p}_2)$의 분포를 알아야 한다. 두 이항모집단으로부터 크기가 n_1, n_2인 서로 독립인 임의표본을 추출할 때 표본비율을 각각 $\hat{p}_1, \hat{p}_2$이라 하자. 이 때, 표본의 크기 n_1, n_2가 충분히 크면, 통계량 $(\hat{p}_1 - \hat{p}_2)$는 근사적으로 다음과 같은 정규분포를 따른다.

$$\hat{p}_1 - \hat{p}_2 \sim N\left(p_1 - p_2,\ \frac{p_1(1-p_1)}{n_1} + \frac{p_2(1-p_2)}{n_2}\right)$$

따라서, 이를 표준화한 Z-통계량은 근사적으로 표준정규분포를 따른다.

$$Z = \frac{(\hat{p}_1 - \hat{p}_2) - (p_1 - p_2)}{\sqrt{\frac{p_1(1-p_1)}{n_1} + \frac{p_2(1-p_2)}{n_2}}} \sim N(0,1)$$

귀무가설 $H_0 : p_1 = p_2 = p$가 참이라는 가설하에서 $(\hat{p}_1 - \hat{p}_2)$의 분산은

$$\begin{aligned} Var(\hat{p}_1 - \hat{p}_2) &= \frac{p_1(1-p_1)}{n_1} + \frac{p_2(1-p_2)}{n_2} \\ &= p(1-p)\left(\frac{1}{n_1} + \frac{1}{n_2}\right) \end{aligned}$$

이 되므로 검정통계량은 다음과 같이 정의된다. 여기서 공통 모비율 p의 값이 알려지 있지 않으므로 공통 모비율에 대한 추정량을 사용해야 한다. 즉,

$$Z = \frac{\hat{p}_1 - \hat{p}_2}{\sqrt{\bar{p}(1-\bar{p})\left(\frac{1}{n_1} + \frac{1}{n_2}\right)}} \sim N(0,1)$$

여기서, 미지의 공통 모비율 p의 합동추정량 $\bar{p}$는 다음과 같다.

$$\bar{p} = \frac{n_1\hat{p}_1 + n_2\hat{p}_2}{n_1 + n_2}$$

따라서 귀무가설이 참일 때, 위의 Z-통계량은 근사적으로 표준정규분포를 따르므로 이 통계량을 검정통계량으로 사용하고, 각 가설에 대한 기각역은 정규분포검정과 동일하다.

예제 11

어느 대학의 총학생회에서는 현재 진행 중인 복지사업 대한 지지율이 남녀별로 차이가 있는지를 알아보고자 한다. 임의로 추출된 300명의 남학생 중 200명이, 250명의 여학생 중 150명이 현 총학생회의 복지사업을 지지하는 것으로 조사되었다. 남녀별로 지지율에 차이가 있는지를 유의수준 5%에서 검정하여라.

[풀이]

① $H_0 : p_1 = p_2$

$H_1 : p_1 \neq p_2$

② $\hat{p}_1 = \frac{200}{300} = 0.667,\ \hat{p}_2 = \frac{150}{250} = 0.6 \Rightarrow \bar{p} = \frac{200+150}{300+250} = 0.636$

검정통계량 : $|Z_0| = \left| \dfrac{0.667-0.6}{\sqrt{0.636\,(1-0.636\,)\left(\dfrac{1}{300}+\dfrac{1}{250}\right)}} \right| = 1.626$

③ $\alpha = 0.05$ 이므로, $z_{\alpha/2} = z_{0.025} = 1.96$ 이다.

④ $|Z_0| = 1.626 < z_{0.025} = 1.96$ 이므로 H_0를 기각하지 못한다.
따라서 현 총학생회의 복지사업에 대하여 남녀 간에 지지율에 차이가 있다고 볼 수 없다. ■

SECTION 8.6 사회복지 자료에 대한 일표본 T 검정

예제 12

사회복지사들의 주당평균근무시간이 40시간이라고 할 수 있는지를 사회복지사 실태조사 자료를 사용하여 유의수준 5%에서 검정하여라.

SPSS 실행 방법

SPSS에서 단일 모집단의 모평균에 대한 검정은 일표본 T검정 메뉴를 이용하면 된다. SPSS에서 일표본 T검정 방법을 이용하기 위해서는 SPSS 초기화면에서 다음과 같은 메뉴를 선택한다.

분석 ⇒ 평균 및 비율 비교 ⇒ 일표본 T 검정

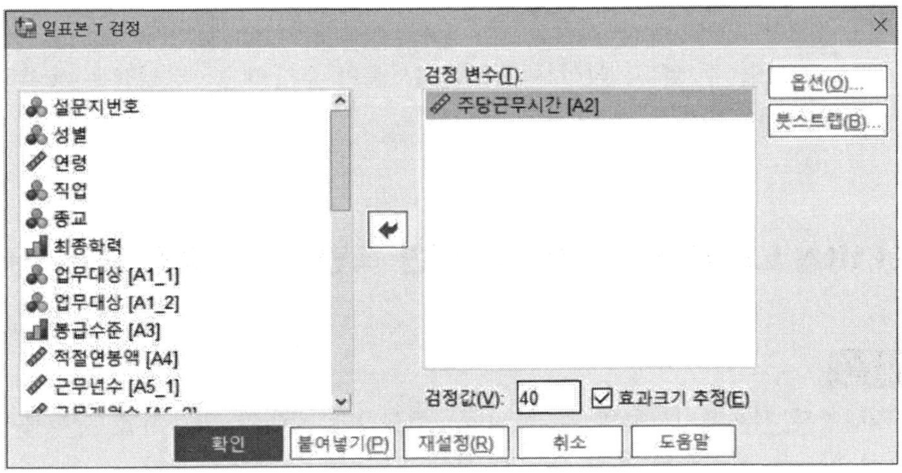

《일표본 T검정》 대화상자에서 검정하고자 하는 변수 즉, A2를 검정변수로 선택하고, 귀무가설이 $H_0 : \mu = 40$이므로 《일표본 T검정》 대화상자의 검정값에 40을 입력한 후 [확인]을 클릭하면 실행결과를 얻을 수 있다.

SPSS 실행 결과

일표본 통계량

	N	평균	표준편차	평균의 표준오차
주당근무시간	50	41.50	3.370	.477

일표본 검정

	검정값 = 40						
			유의확률			차이의 95% 신뢰구간	
	t	자유도	단측 확률	양측 확률	평균차이	하한	상한
주당근무시간	3.147	49	.001	.003	1.500	.54	2.46

SPSS 실행결과 분석

실행결과를 이용하여 다음과 같은 검정절차에 의해서 사회복지사들의 주당평균근무시간이 40시간이라고 할 수 있는지를 검정할 수 있다.

① $\begin{cases} H_0 : \mu = 40 \\ H_1 : \mu \neq 40 \end{cases}$

② 검정통계량 : $t_0 = \dfrac{41.50 - 40}{3.370/\sqrt{50}} = 3.147$

③ $\alpha = 0.05$ 이므로 $2.009 < t_{(49, 0.025)} < 2.021$이다.

④ $t_0 = 3.147 > t_{(49, 0.025)}$이므로 귀무가설 H_0를 기각할 수 있다. 또한, SPSS 실행결과에서 유의확률이 0.003으로 유의수준 $\alpha(=0.05)$보다 작으므로 귀무가설 H_0를 기각할 수 있다. 따라서 사회복지사들의 주당평균근무시간은 40시간이 아니라고 할 수 있다.

SECTION 8.7 사회복지 자료에 대한 독립표본 T 검정

예제 13

남자와 여자 사회복지사들의 주당 평균근무시간에 차이가 있는지를 사회복지사 실태조사 자료를 사용하여 유의수준 5%에서 검정하여라.

‖ SPSS 실행 방법 ‖

SPSS에서 독립표본에 대한 모평균 차의 검정은 독립표본 T검정 메뉴를 이용하면 된다. 독립표본 T검정을 이용하면 모분산이 동일한 경우와 동일하지 않은 두 가지 경우에 대해 검정통계량 및 유의확률을 제공해 주므로 두 집단의 모분산의 동일성에 관한 검정을 먼저 수행한 후 이 결과에 따라 모평균 검정에 대해 제시되는 두 검정결과 중에서 모분산에 대한 가정이 만족되는 하나의 결과를 이용하면 된다. 독립표본 T검정 방법을 이용하기 위해서는 다음과 같은 메뉴를 선택함으로써 시작할 수 있다.

분석 ⇒ **평균 및 비율 비교** ⇒ **독립표본 T검정**

《독립표본 T검정》 대화상자에서 모평균 차에 대한 검정을 하고자 하는 변수를 선택한다. 여기서는 남자와 여자 사회복지사들의 주당 평균근무시간이 동일하다고 할 수 있는지에 대한 검정이므로 주당근무시간을 나타내는 변수인 A2를 검정변수로 선택하면 된다. 그리고 남자와 여자 집단을 구분해주는 성별을 집단변수로 선택한다. 집단변수에 성별을 지정하면, 다음 대화상자에서처럼 성별(?,?)로 나타난다. 따라서 성별에 의해 구분되는 집단 값을 정의해 주어야 하므로 [집단정의]를 클릭한다. 집단정의를 클릭하여 얻게 되는 《집단정의》 대화상자에서 집단 1과 집단 2에 각각 남자와 여자의 자료값인 "1"과 "2"를 입력하고 [계속]을 클릭한 후 《독립표본 T검정》 대화상자의 [확인]을 클릭하면 된다.

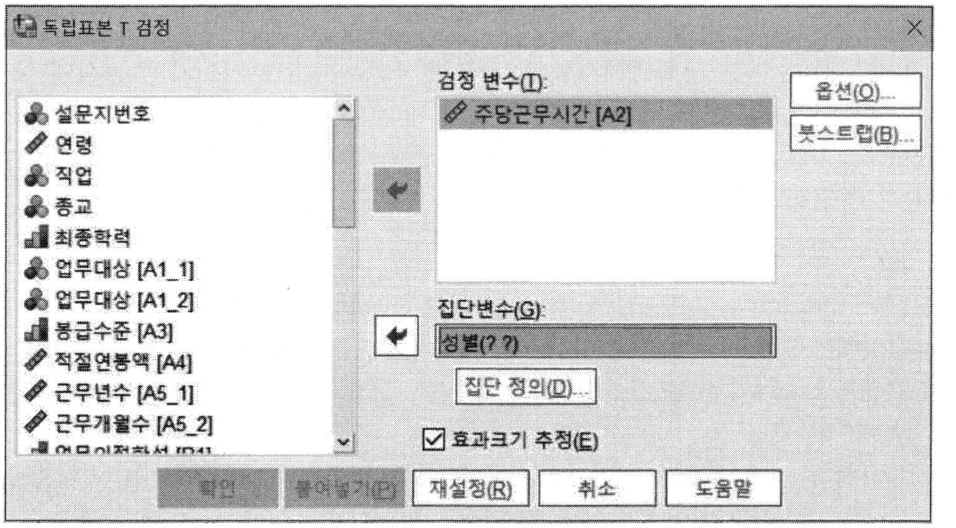

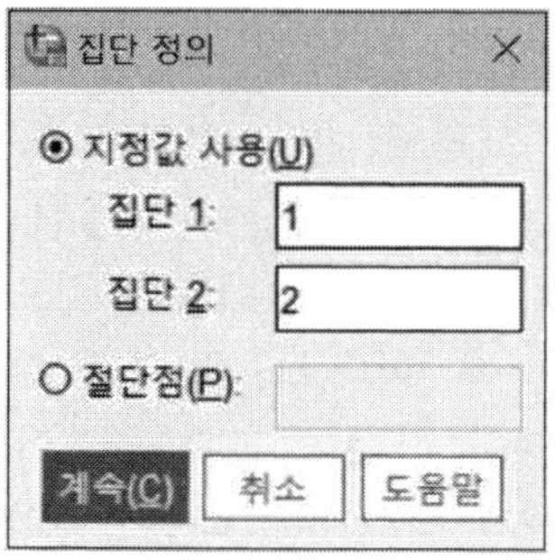

SPSS 실행 결과

집단통계량

	성별	N	평균	표준편차	평균의 표준오차
주당근무시간	남자	25	41.56	3.548	.710
	여자	25	41.44	3.254	.651

독립표본 검정

		Levene의 등분산 검정		평균의 동일성에 대한 T 검정							
						유의확률				차이의 95% 신뢰구간	
		F	유의확률	t	자유도	단측 확률	양측 확률	평균차이	표준오차 차이	하한	상한
주당근무시간	등분산을 가정함	.545	.464	.125	48	.451	.901	.120	.963	-1.816	2.056
	등분산을 가정하지 않음			.125	47.645	.451	.901	.120	.963	-1.816	2.056

SPSS 실행결과 분석

독립표본 T검정을 수행한 결과는 집단통계량 부분과 독립표본 검정 부분으로 구분되어 제시되는데, 독립표본 검정 부분에서는 두 모집단 분산의 동질성 검정을 위한 Levene의 등분산 검정 결과와 등분산을 가정함과 등분산을 가정하지 않음의 경우에 대해 각각 평균의 동일성에 대한 t-검정 결과를 각각 제공해 준다.

따라서 남자와 여자 사회복지사들의 주당 평균근무시간에 차이가 있는지에 대한 검정을 수행하기 위해서 먼저 고려해야 할 문제는 두 모집단의 분산이 동일한지를 검정하는 것이다. 즉, 결과부분의 Levene의 등분산 검정을 이용하여 다음과 같이 모분산의 동일성 검정을 먼저 해야 한다.

① $\begin{cases} H_0 \ : \ \sigma_1^2 = \sigma_2^2 \\ H_1 \ : \ \sigma_1^2 \neq \sigma_2^2 \end{cases}$

② 검정통계량 : 모분산의 동일성 검정을 위한 검정통계량 F값이 0.545이고 유의확률이 0.464임을 알 수 있다.

③ $\alpha = 0.05$

④ 유의확률 값이 0.464으로 유의수준 0.05보다 크므로 귀무가설을 기각할 수 없다. 즉, 두 집단의 모분산이 동일하다고 할 수 있다.

위와 같이 분산의 동일성 검정 결과 남자와 여자 두 집단의 모분산이 동일하다는 결론을 얻었으므로 이를 근거로 하여 남자와 여자 사회복지사들의 주당 평균근무시간에 차이가 있는지를 다음과 같이 검정할 수 있다.

① $\begin{cases} H_0 : \mu_1 = \mu_2 \\ H_1 : \mu_1 \neq \mu_2 \end{cases}$

② 검정통계량 : 두 모집단의 분산이 동일한 경우에 해당되므로 SPSS 실행결과에서 $|t_0| = 0.125$ 이 된다.

③ $\alpha = 0.05$ 이므로, $-1.816 < t_{(48,\,0.025)} < 2.056$ 이다.

④ $|t_0| = 0.125 < t_{(48,\,0.025)}$ 이므로 H_0 를 기각할 수 없다. 또한, SPSS 실행결과에서 유의확률이 0.901로 유의수준 $\alpha(=0.05)$보다 크므로 귀무가설 H_0 를 기각할 수 없다. 따라서 남자와 여자 사회복지사들의 주당 평균근무시간에는 차이가 없다고 할 수 있다.

SECTION 8.8 사회복지 자료에 대한 대응표본 T 검정

예제 14

7.2절의 (예제 13)의 자료를 이용하여 컴퓨터 교육을 수행한 이후에 사회복지사들의 작업능률이 향상되었는지를 유의수준 5%에서 검정하여라.

SPSS 실행 방법

SPSS에서 이러한 대응표본인 경우 모평균 차에 대한 검정을 수행하기 위해서 대응표본 T검정 방법을 이용할 수 있다. SPSS에서 대응표본 T검정 방법을 이용하기 위해서 다음 메뉴를 선택한다.

분석 ⇒ **평균 및 비율 비교** ⇒ **대응표본 T검정**

교육 전후의 작업능률에 차이가 있는지를 검정하기 위한 것이므로 《대응표본 T검정》 대화상자에서 대응변수로 교육이전과 교육이후를 선택하고 [확인]을 클릭하면 된다.

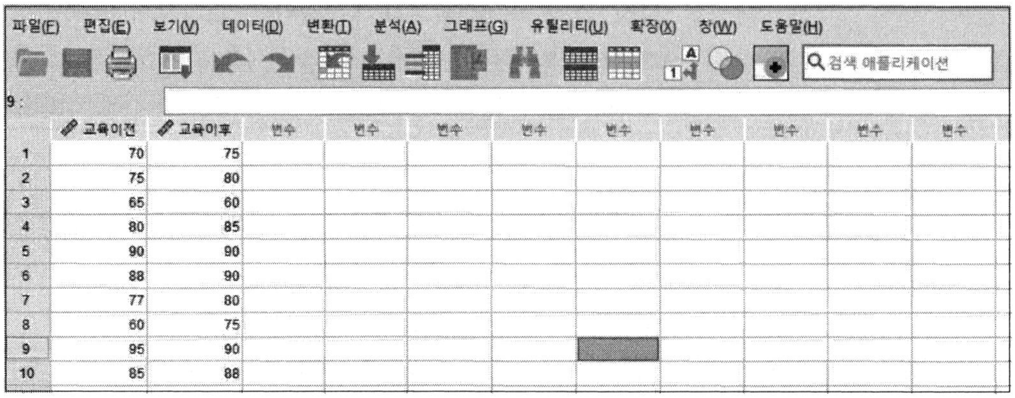

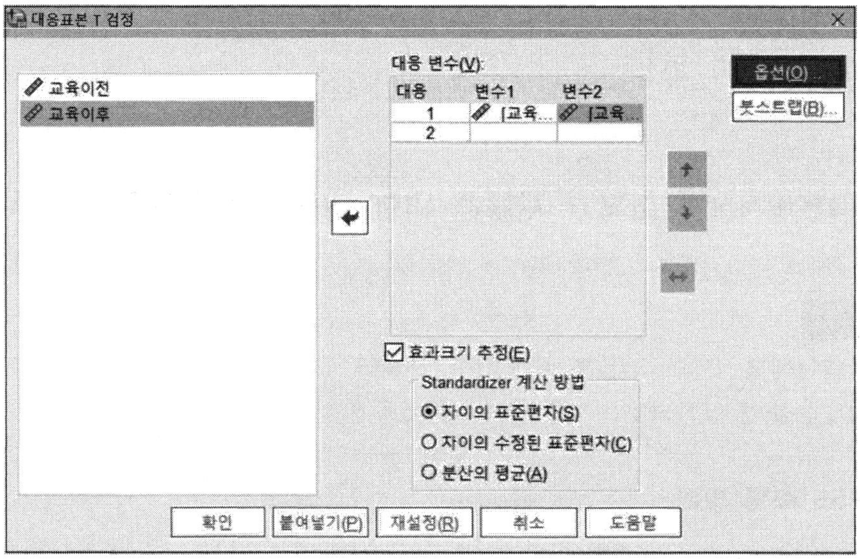

SPSS 실행 결과

대응표본 통계량

		평균	N	표준편차	평균의 표준오차
대응 1	교육이전	78.50	10	11.306	3.575
	교육이후	81.30	10	9.557	3.022

대응표본 상관계수

		N	상관관계	유의확률	
				단측 확률	양측 확률
대응 1	교육이전 & 교육이후	10	.863	<.001	.001

대응표본 검정

		대응차							유의확률	
					차이의 95% 신뢰구간					
		평균	표준편차	평균의 표준오차	하한	상한	t	자유도	단측 확률	양측 확률
대응 1	교육이전 - 교육이후	-2.800	5.712	1.806	-6.886	1.286	-1.550	9	.078	.155

‖ SPSS 실행결과 분석 ‖

SPSS 실행결과를 이용하여 다음과 같은 검정절차에 의해서 교육 이후에 사회복지사들의 작업능률이 향상되었는지를 검정할 수 있다.

① $\begin{cases} H_0 : \mu_D = 0 \\ H_1 : \mu_D < 0 \end{cases}$

② 검정통계량 : $t_0 = \dfrac{-2.800}{5.712/\sqrt{10}} = -1.550$

③ $\alpha = 0.05$ 이므로, $t_{(9,\,0.05)} = 1.833$ 이다.

④ $t_0 = -1.550 > -t_{(9,\,0.05)} = -1.833$ 이므로 귀무가설 H_0를 기각하지 못한다. 또한, SPSS 실행결과에서 유의확률이 0.0775로 유의수준 α보다 크므로 귀무가설 H_0를 기각하지 못한다. 따라서 컴퓨터 교육으로 인하여 사회복지사들의 작업능률이 향상되었다고 할 수 없다.

Chapter 9

분할표 분석

적합도 검정

독립성 검정

동질성 검정

사회복지 자료에 대한 교차분석

사회복지 자료에 대한 다중응답 교차분석

어떤 현상에 대한 조사나 또는 실험을 통하여 얻은 측정값들을 정해진 속성에 따라 몇 가지 범주로 분류시켜 도수화한 자료가 있는데 이러한 자료를 범주형 자료(catergorical data)라 하며, 주로 설문조사에서 많이 나타난다. 예를 들어 조사된 자료를 성별(남, 여) 또는 학력(초졸, 중졸, 고졸, 대졸)에 따라 분류한다든지 소득수준(저, 중, 고)으로 분류하여 얻은 자료들이 범주형 자료에 해당된다고 할 수 있다.

이 장에서는 질적자료 또는 측정결과를 여러 속성에 따라 분류시켜 도수화한 범주형 자료를 분할표를 이용하여 분석하는 방법에 대하여 살펴보고자 한다. 범주형 자료의 분석은 일반적으로 측정된 결과가 가정된 확률모형에 적합한지 또는 어떤 특정한 확률분포로부터 얻어진 것인지를 결정하는 적합도 검정(goodness of fit test)과 어떤 한 속성이 다른 한 속성과 관련성이 있는지를 분석하는 독립성 검정(test of independence), 그리고 몇 개의 모집단이 분석하고자 하는 문제의 특성에 대하여 동일한 성질을 가지고 있는지를 판단하는 동질성 검정(test of homogeneity) 등이 있다.

SECTION 9.1 적합도 검정

실험 또는 관측결과와 이론적인 기대값의 일치정도를 적합도(goodness of fit)라고 하며, 관측값들이 어떤 이론적 분포를 따르고 있는지에 대한 적합도를 검정하는 것을 적합도 검정이라 한다.

크기가 n인 표본을 k개의 범주로 나누어 각 범주의 도수를 $n_1, n_2, \cdots, n_k$라 하면, 각 범주별 관측도수는 다음과 같이 표현된다.

표 9.1 각 범주별 관측도수

범주	관측도수
1	n_1
2	n_2
⋮	⋮
k	n_k
총계	n

그리고 각 범주에 대응되는 모비율을 $p_1, p_2, \cdots, p_k$라 하면, 귀무가설은 각각의 p_i

들에 어떤 특정한 수치 p_{i0}를 대응시킨 다음과 같은 형태를 취한다.

$$H_0 :\ p_1 = p_{10},\ p_2 = p_{20},\ \cdots,\ p_k = p_{k0}$$
$$H_1 :\ H_0 \text{가 아니다.}$$

여기서, $\sum_{i=1}^{k} p_{i0} = 1$이다. 대립가설 H_1은 "적어도 하나의 p_i는 가정된 값 p_{i0}와 다르다"고 표현할 수 있다.

각 범주의 실제 관측값을 관측도수(observed frequency)라 하고 귀무가설이 사실인 경우에 기대되는 값을 기대도수(expected frequency)라 한다. 귀무가설 하에서 표본의 크기가 n일 때, 범주 i의 기대도수는 np_{i0}가 되며, 실제 관측도수 n_i가 기대도수로부터 얼마나 차이가 나느냐에 따라 검정의 결과는 달라지게 된다. 즉, 차이가 많이 나면 날수록 귀무가설을 기각하게 되며, 차이가 충분히 많이 나지 않는다면 귀무가설이 틀렸다고 주장하기는 어렵게 된다.

관측도수와 기대도수의 일치정도를 알기 위해서는 관측도수와 기대도수의 차이가 유의한지를 판단하기 위한 기준이 필요하며, 이 때 다음과 같은 χ^2-통계량을 검정통계량으로 이용하게 된다.

$$\chi^2 = \sum_{i=1}^{k} \frac{(n_i - e_i)^2}{e_i}$$

여기서, e_i는 i번째 기대도수로 np_{i0}가 된다. 위에서 정의된 χ^2-통계량은 귀무가설 H_0가 참일 때 표본의 크기가 충분히 크면 근사적으로 자유도가 $k-1$인 χ^2-분포를 따르며, 그 형태는 6장의 **그림 6.1**을 참조하기 바란다.

χ^2-통계량의 값이 기각역에 속하게 되면 귀무가설을 기각하게 되고, 채택역에 속하게 되면 귀무가설을 기각하지 못하게 된다. 기각역과 채택역을 구분해 주는 값인 기각값은 부록의 <표 6>에 주어져 있다. 표본의 크기가 충분히 큰 경우에 위의 검정통계량을 이용한 적합도 검정법을 요약하면 다음과 같다.

적합도 검정

귀무가설 설정	$H_0 :\ p_1 = p_{10},\ p_2 = p_{20},\ \cdots,\ p_k = p_{k0}$
검정통계량	$\chi_0^2 = \sum_{i=1}^{k} \frac{(n_i - e_i)^2}{e_i}$
가설검정	$\chi_0^2 \geq \chi^2_{(k-1,\,\alpha)}$이면, H_0를 기각한다.

예제 1

아동학대의 유형에는 신체적 학대, 정신적 학대, 성적 학대, 방임과 태만 등이 있다. 아동학대를 당한 경험이 있는 200명의 아동들을 대상으로 어떤 유형의 학대를 경험하였는지에 대하여 조사한 자료가 다음과 같이 주어져 있다.

아동학대 유형	아동의 수
신체적 학대	70
정신적 학대	30
성적 학대	40
방임과 태만	60
총계	200

이 때, 아동학대의 4가지 유형이 모두 똑같은 비율로 일어나는지를 유의수준 5%에서 검정하여라.

[풀이]

① H_0 : $p_1 = p_2 = p_3 = p_4 = \frac{1}{4}$

H_1 : H_0가 아니다.

② 귀무가설 H_0가 참일 때의 기대도수 :

$e_i = 200 \times \frac{1}{4} = 50 \; (i = 1, 2, 3, 4)$

검정통계량 : $\chi_0^2 = \frac{(70-50)^2}{50} + \frac{(30-50)^2}{50} + \frac{(40-50)^2}{50} + \frac{(60-50)^2}{50}$

$= 20$

③ $\alpha = 0.05$ 이므로 $\chi^2_{(3, 0.05)} = 7.815$ 이다.

④ $\chi_0^2 = 20 > \chi^2_{(3, 0.05)} = 7.815$ 이므로 H_0를 기각한다. 따라서 아동학대의 유형에 따라 그 비율에 차이가 있다고 할 수 있다. ■

SECTION 9.2 독립성 검정

한 모집단의 두 가지 속성 A, B에 대하여 각 속성들이 여러 개의 범주로 나누어 질 때, 이들 속성이 서로 관련성이 있는가를 검정하게 되는데 이러한 검정을 독립성 검정이라 한다.

속성 A가 k개의 범주로 나누어지고, 속성 B가 l개의 범주로 나누어질 때, 관측도수는 다음과 같이 $k \times l$ 분할표로 주어진다. 이 때, n은 미리 정해진 상수이며 그 외의 $n_{ij}, n_{i\cdot}, n_{\cdot j}$는 모두 확률변수이다.

표 9.2 $k \times l$ 분할표의 관측도수

A \ B	B_1	B_2	$\cdots$	B_l	총계
A_1	n_{11}	n_{12}	$\cdots$	n_{1l}	$n_{1\cdot}$
A_2	n_{21}	n_{22}	$\cdots$	n_{2l}	$n_{2\cdot}$
$\vdots$	$\vdots$	$\vdots$	$\cdots$	$\vdots$	$\vdots$
A_k	n_{k1}	n_{k2}	$\cdots$	n_{kl}	$n_{k\cdot}$
총계	$n_{\cdot 1}$	$n_{\cdot 2}$	$\cdots$	$n_{\cdot l}$	n

여기서, $n_{i\cdot} = \sum_{j=1}^{l} n_{ij}$이고, $n_{\cdot j} = \sum_{i=1}^{k} n_{ij}$이다.

또한, 각 범주에 대응되는 모비율 p_{ij} $(i=1,2,\cdots,k,\ j=1,2,\cdots,l)$는 다음과 같이 $k \times l$ 분할표로 주어진다.

표 9.3 $k \times l$ 분할표의 모비율 p_{ij}

A \ B	B_1	B_2	$\cdots$	B_l	총계
A_1	p_{11}	p_{12}	$\cdots$	p_{1l}	$p_{1\cdot}$
A_2	p_{21}	p_{22}	$\cdots$	p_{2l}	$p_{2\cdot}$
$\vdots$	$\vdots$	$\vdots$	$\cdots$	$\vdots$	$\vdots$
A_k	p_{k1}	p_{k2}	$\cdots$	p_{kl}	$p_{k\cdot}$
총계	$p_{\cdot 1}$	$p_{\cdot 2}$	$\cdots$	$p_{\cdot l}$	1

여기서, $p_{i\cdot} = \sum_{j=1}^{l} p_{ij}$이고, $p_{\cdot j} = \sum_{i=1}^{k} p_{ij}$이다.

두 속성 A, B가 서로 독립이라는 귀무가설과 대립가설은 다음과 같이 설정될 수 있다.

$$H_0 \ : \ p_{ij} = p_{i\cdot}\, p_{\cdot j} \quad (i=1,2,\cdots,k,\ j=1,2,\cdots,l)$$

$$H_1 \ : \ H_0\text{가 아니다.}$$

한편, 귀무가설 H_0가 참일 때, p_{ij}의 합동표본비율 $\hat{p}_{ij}$는 다음과 같다.

$$\begin{aligned}\hat{p}_{ij} &= \hat{p}_{i.}\,\hat{p}_{.j} \\ &= \left(\frac{n_{i.}}{n}\right)\left(\frac{n_{.j}}{n}\right) \quad (i=1,2,\cdots,k,\ \ j=1,2,\cdots,l)\end{aligned}$$

합동표본비율 $\hat{p}_{ij}$로부터 귀무가설 H_0가 참일 때 기대도수는 다음과 같이 구해질 수 있다.

$$e_{ij} = n\hat{p}_{ij} = \frac{n_{i.}\,n_{.j}}{n}$$

적합도 검정과 마찬가지로 독립성 검정에서 사용되는 χ^2-통계량은 다음과 같이 주어지며 귀무가설 H_0 : $p_{ij} = p_{i.}\,p_{.j}$가 참일 때 표본의 크기가 충분히 크면 근사적으로 자유도가 $(k-1)(l-1)$인 χ^2-분포를 따른다.

$$\chi^2 = \sum_{i=1}^{k}\sum_{j=1}^{l}\frac{(n_{ij}-e_{ij})^2}{e_{ij}}$$

독립성 검정

귀무가설 설정	H_0 : $p_{ij} = p_{i.}\,p_{.j}$
검정통계량	$\chi_0^2 = \sum_{i=1}^{k}\sum_{j=1}^{l}\frac{(n_{ij}-e_{ij})^2}{e_{ij}}$
가설검정	$\chi_0^2 \geq \chi^2_{((k-1)(l-1),\alpha)}$이면, H_0를 기각한다.

예제 2

어느 지역사회에서 360명의 사회복지사들을 임의로 추출하여 연령과 현재 그 지역에서 시행되고 있는 사회복지정책에 대한 성향에 따라 분류한 결과가 다음과 같다.

정책성향 \ 연령	20대	30대	40대	총계
보수적	10	40	10	60
중립적	80	85	45	210
진보적	30	25	35	90
총계	120	150	90	360

이 자료로부터 연령과 사회복지정책에 대한 성향이 서로 독립이라고 할 수 있는지 유의수준 5%에서 검정하여라.

[풀이]

① H_0 : $p_{ij} = p_{i.}\, p_{.j}$ $(i=1,2,3,\ j=1,2,3)$

H_1 : H_0가 아니다.

② 귀무가설 H_0가 참일 때의 기대도수 :

정책성향 \ 연령	20대	30대	40대	총계
보수적	20	25	15	60
중립적	70	87.5	52.5	210
진보적	30	37.5	22.5	90
총계	120	150	90	360

검정통계량 : $\chi_0^2 = \dfrac{(10-20)^2}{20} + \dfrac{(40-25)^2}{25} + \cdots + \dfrac{(35-22.5)^2}{22.5} = 29.35$

③ $\alpha = 0.05$ 이므로 $\chi^2_{((3-1)(3-1),\,0.05)} = \chi^2_{(4,\,0.05)} = 9.49$ 이다.

④ $\chi_0^2 = 29.35 > \chi^2_{(4,0.05)} = 9.49$이므로 H_0를 기각한다. 따라서 연령과 사회복지정책에 대한 성향은 서로 독립이라고 할 수 없다. ■

SECTION 9.3 동질성 검정

한 모집단의 두 가지 속성 A, B에 대하여 속성 A가 k개의 부차모집단(subpopulation) $A_1, A_2, \cdots, A_k$로 분할되었을 때, 각 속성 $B_j\,(j=1,2,\cdots,l)$에 속하는 비율이 모든 부차모집단에 대하여 동일한지를 검정하는 것을 동질성 검정이라 한다. 부차모집단 $A_i\,(i=1,2,\cdots,k)$로부터 미리 정해진 표본의 크기 $n_{i.}$ 만큼을 추출하게 되는데 이 때, $n_{i.}$ 는 독립성 검정과는 달리 고정된 상수가 되며 확률변수는 아니다. $n_{i.}$ 를 각 속성 B_j에 따라서 나누고 이를 $n_{.j}$라 하면 이들은 확률변수이며, $n_{.j} = \sum_{i=1}^{k} n_{ij}$이다. $n_{i.}$ 가 고정된 $k \times l$ 분할표는 다음과 같이 주어진다.

표 9.4 $n_i.$ **가 고정된** $k \times l$ **분할표의 관측도수**

A \ B	B_1	B_2	$\cdots$	B_l	총계
A_1	n_{11}	n_{12}	$\cdots$	n_{1l}	$n_1.$
A_2	n_{21}	n_{22}	$\cdots$	n_{2l}	$n_2.$
$\vdots$	$\vdots$	$\vdots$	$\cdots$	$\vdots$	$\vdots$
A_k	n_{k1}	n_{k2}	$\cdots$	n_{kl}	$n_k.$
총계	$n._1$	$n._2$	$\cdots$	$n._l$	n

A_i의 부차모집단 중에서 각 속성 B_j에 속하는 확률을 p_{ij}라 하면, 이 확률은 A_i가 정해진 후에 B_j에 속하는 조건부 확률로 다음과 같이 표현된다.

$$p_{ij} = P(B_j \mid A_i)$$

이 확률을 이용하여 p_{ij}에 대한 $k \times l$ 분할표를 작성해 보면 다음과 같다.

표 9.5 $k \times l$ **분할표의** $p_{ij} = P(B_j \mid A_i)$

A \ B	B_1	B_2	$\cdots$	B_l	총계
A_1	p_{11}	p_{12}	$\cdots$	p_{1l}	1
A_2	p_{21}	p_{22}	$\cdots$	p_{2l}	1
$\vdots$	$\vdots$	$\vdots$	$\cdots$	$\vdots$	$\vdots$
A_k	p_{k1}	p_{k2}	$\cdots$	p_{kl}	1
총계	$p._1$	$p._2$	$\cdots$	$p._l$	1

여기서, $P(A_i) = 1 \quad (i = 1, 2, \cdots, k)$이다.
동질성 검정에 대한 귀무가설과 대립가설은 다음과 같다.

$$H_0 \ : \ p_{1j} = p_{2j} = \ \cdots \ = p_{kj} \quad (j = 1, 2, \cdots, l)$$

$$H_1 \ : \ H_0\text{가 아니다.}$$

한편, 귀무가설 H_0가 참일 때, 각 속성 B_j가 가지게 되는 동일 확률의 추정치 $\hat{p}_{ij}$는 전체 표본의 크기 n에서 B_j에 속하게 되는 $n._j$가 차지하는 비율로 다음과 같다.

$$\hat{p}_{1j} = \hat{p}_{2j} = \cdots = \hat{p}_{kj} = \frac{n_{.j}}{n} \quad (j = 1, 2, \cdots, l)$$

또한, 귀무가설 H_0가 참일 때 기대도수는 다음과 같이 정의된다.

$$e_{ij} = (n_{i.})(\hat{p}_{ij}) = \frac{(n_{i.})(n_{.j})}{n}$$

독립성 검정과 마찬가지로 동질성 검정에서 사용되는 χ^2-통계량은

$$\chi^2 = \sum_{i=1}^{k}\sum_{j=1}^{l}\frac{(n_{ij} - e_{ij})^2}{e_{ij}}$$

으로 주어지며, 귀무가설 H_0가 참일 때 표본의 크기가 충분히 크면 근사적으로 자유도가 $(k-1)(l-1)$인 χ^2-분포를 따른다.

동질성 검정

귀무가설 설정	$H_0 \ : \ p_{1j} = p_{2j} = \cdots = p_{kj} \quad (j = 1, 2, \cdots, l)$
검정통계량	$\chi_0^2 = \sum_{i=1}^{k}\sum_{j=1}^{l}\frac{(n_{ij} - e_{ij})^2}{e_{ij}}$
가설검정	$\chi_0^2 \geq \chi^2_{((k-1)(l-1), \alpha)}$ 이면, H_0를 기각한다.

예제 3

어느 대학의 통계조사연구소에서는 학년에 따라 담배를 피우는 학생의 비율이 어떻게 다른지를 알아보기 위하여 1, 2, 3, 4학년 학생들을 각각 200, 200, 300, 300명씩 임의로 추출하여 흡연여부를 조사하여 다음과 같은 결과를 얻었다. 이 자료로부터 학년에 따라 흡연하는 학생의 비율이 다른지를 유의수준 5%에서 검정하여라.

학년 \ 흡연여부	흡연	비흡연	총계
1	140	60	200
2	160	40	200
3	150	150	300
4	100	200	300
총계	550	450	1,000

[풀이] 동질성 검정을 실시한다.

① H_0 : $p_{11} = p_{21} = p_{31} = p_{41}$

$p_{12} = p_{22} = p_{32} = p_{42}$

H_1 : H_0가 아니다.

② 귀무가설 H_0가 참일 때의 기대도수 :

$$e_{11} = \frac{200 \times 550}{1,000} = 110, \ e_{12} = \frac{200 \times 450}{1,000} = 90,$$

$$e_{21} = \frac{200 \times 550}{1,000} = 110, \ e_{22} = \frac{200 \times 450}{1,000} = 90,$$

$$e_{31} = \frac{300 \times 550}{1,000} = 165, \ e_{32} = \frac{300 \times 450}{1,000} = 135,$$

$$e_{41} = \frac{300 \times 550}{1,000} = 165, \ e_{42} = \frac{300 \times 450}{1,000} = 135$$

검정통계량 : $\chi_0^2 = \frac{(140-110)^2}{110} + \frac{(60-90)^2}{90} + \cdots + \frac{(200-135)^2}{135} = 128.62$

③ $\alpha = 0.05$이므로 $\chi^2_{((4-1)(2-1), 0.05)} = \chi^2_{(3, 0.05)} = 7.81$이다.

④ $\chi_0^2 = 128.62 > \chi^2_{(3, 0.05)} = 7.81$이므로 H_0를 기각한다. 따라서 학년에 따라 흡연하는 비율이 다르다고 볼 수 있다. ■

예제 4

어느 지역의 3개의 사회복지기관에서 운영하고 있는 각각의 프로그램에 대한 만족도 조사를 하고자 한다. 각 사회복지기관의 프로그램에 참여한 대상자들 중에서 각각 100명, 80명, 90명들을 임의로 추출하여 프로그램에 대한 만족도를 조사한 결과를 얻었다. 이 자료로부터 사회복지기관에 따라 프로그램에 대한 참여자의 만족도에 차이가 있는지를 유의수준 1%에서 검정하여라.

범주 / 사회복지기관	매우 만족	만족	보통	불만족	매우 불만족
사회복지기관 1	20	30	30	10	10
사회복지기관 2	10	25	15	20	10
사회복지기관 3	10	15	25	30	10

[풀이]

① 사회복지기관 $i\,(i = 1,2,3)$에 대한 각 범주의 모비율을 $p_{ij}\,(j = 1,2,3,4,5)$라 하면 귀무가설과 대립가설은 다음과 같다.

H_0 : $p_{1j} = p_{2j} = p_{3j}$ $(j = 1,2,3,4,5)$

H_1 : H_0가 아니다.

② 귀무가설 H_0가 참일 때의 기대도수 :

사회복지기관 \ 범주	매우 만족	만족	보통	불만족	매우 불만족
사회복지기관 1	15	26	26	22	11
사회복지기관 2	12	20.8	20.8	17.6	8.8
사회복지기관 3	13.5	23.4	23.4	19.8	9.9

검정통계량 : $\chi_0^2 = \frac{(20-15)^2}{15} + \frac{(30-26)^2}{26} + \cdots + \frac{(10-9.9)^2}{9.9} = 22.18$

③ $\alpha = 0.01$ 이므로 $\chi^2_{((3-1)(5-1),\,0.01)} = \chi^2_{(8,\,0.01)} = 20.09$ 이다.

④ $\chi_0^2 = 22.18 > \chi^2_{(8,\,0.01)} = 20.09$ 이므로 H_0를 기각한다. 따라서 사회복지기관에 따라 참여자가 느끼는 프로그램에 대한 만족도에 차이가 있다고 할 수 있다. ■

SECTION 9.4 사회복지 자료에 대한 교차분석

예제 5

사회복지사 실태 조사 자료를 사용하여 최종학력과 봉급수준에 대한 생각(A3)에 대한 교차표를 작성하여라.

SPSS 실행 방법

범주형 자료를 분석하기 위해 사용되는 교차표를 얻기 위해서는 SPSS 초기화면에서 다음과 같은 메뉴를 선택함으로써 시작할 수 있다.

분석 ⇒ **기술통계량** ⇒ **교차분석**

교차분석 메뉴를 선택해서 얻게 되는 《교차분석》 대화상자에서 교차표를 작성하고자 하는 두 변수를 선택하여 각각 행과 열에 지정한다.

교차분석 메뉴를 사용하기 전에 A3 변수는 5개의 범주로 구성되어 있으므로 이를 3개의 범주(만족, 보통, 불만족)로 먼저 변경한 후 이에 따른 교차표를 작성해보자.

이를 위해서 코딩변경 메뉴를 사용하여 변수 A3_1(A3=1 또는 2 이면 A3_1=불만족, A3=3 이면 A3_1=보통, A3=4 또는 5이면 A3_1=만족)을 먼저 생성한다. 그리고 최종학력별 봉급수준에 대한 생각(A3_1)에 대한 분포를 나타내는 교차표를 얻기 위해서 《교차분석》 대화상자에서 행에 최종학력을, 열에 A3_1를 선택한 다음 [확인]을 클릭하면 된다.

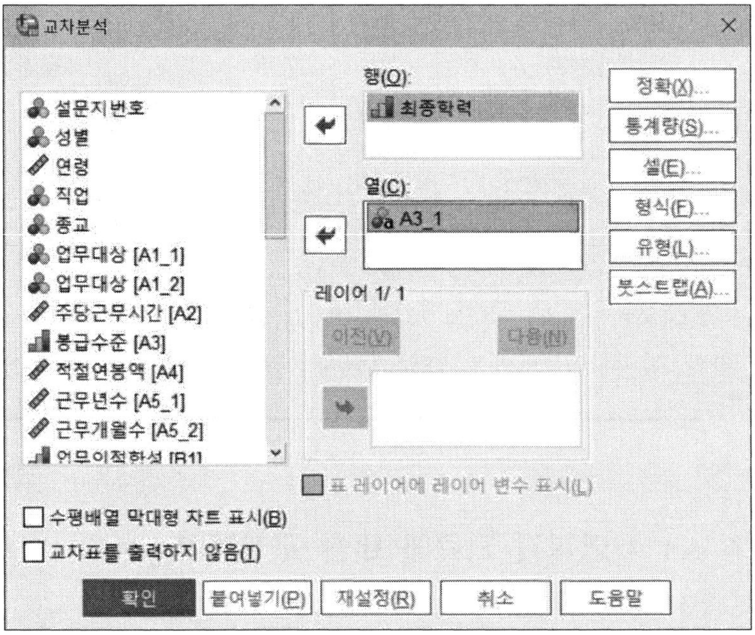

SPSS 실행 결과

케이스 처리 요약

	케이스				
	유효		결측		전
	N	퍼센트	N	퍼센트	N
최종학력 * A3_1	50	100.0%	0	0.0%	50

최종학력 * A3_1 교차표

빈도

		A3_1			
		만족	보통	불만족	전체
최종학력	고졸이하	4	5	1	10
	대졸	9	10	11	30
	대학원졸이상	5	2	3	10
전체		18	17	15	50

SPSS 실행결과 분석

사회복지사 실태 조사 자료를 사용하여 최종학력과 봉급수준에 대한 생각(A3_1)에 대한 교차표를 위와 같이 얻을 수 있다. 이 교차표를 이용하여 최종학력과 봉급수준에 대한 생각이 서로 독립이라고 할 수 있는지를 검정할 수 있다.

참 고 사 항

위에서 얻은 교차표에 기대도수와 행, 열, 전체에 대한 퍼센트를 함께 출력하고자 할 때에는 《교차분석》 대화상자의 [셀]을 클릭하여 나타나는 《교차분석:셀 출력》 대화상자에서 필요한 값들을 지정하면 된다.

예제 6

사회복지사 실태조사 자료를 사용하여 최종학력과 봉급수준에 대한 생각(A3_1)이 서로 독립이라고 할 수 있는지를 유의수준 5%에서 검정하여라.

SPSS 실행 방법

독립성 검정을 하기 위해서는 교차분석 메뉴를 선택해서 얻게 되는 《교차분석》 대화상자에서 독립성 검정을 하고자 하는 두 변수를 각각 행과 열에 지정한 후 [통계량]을 클릭하여 나타나는 《교차분석:통계량》 대화상자에서 필요한 통계량을 지정해야 한다. 따라서 최종학력에 따라 봉급수준에 대한 생각에 차이가 있는지를 검정하기 위해서는 《교차분석》 대화상자에서 행에 최종학력을 열에 A3_1을 지정하고, [통계량]을 선택하여 나타나는 《교차분석:통계량》 대화상자에서 카이제곱을 지정하면 된다.

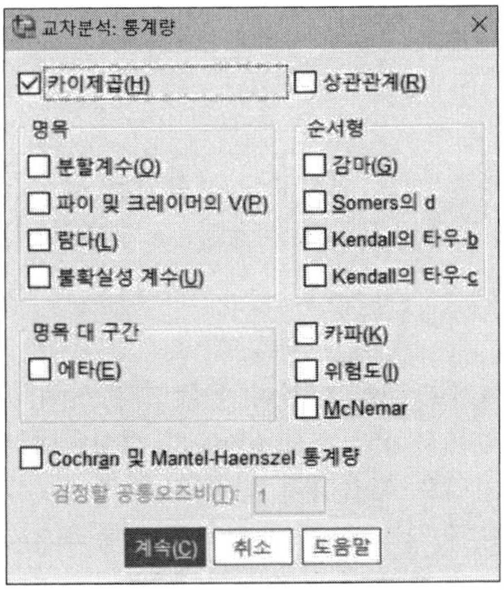

▌SPSS 실행 결과 ▌

교차표는 (예제5)와 동일한 결과를 제공하므로 여기서는 생략하였으며, 실행 결과 독립성 검정을 위한 통계량 및 유의확률 값을 제공해준다.

카이제곱 검정

	값	자유도	근사 유의확률 (양측검정)
Pearson 카이제곱	4.000[a]	4	.406
우도비	4.402	4	.354
유효 케이스 수	50		

a. 6 셀 (66.7%)은(는) 5보다 작은 기대 빈도를 가지는 셀입니다. 최소 기대빈도는 3.00입니다.

▌SPSS 실행결과 분석 ▌

위 결과를 이용하여 다음과 같은 검정절차에 의해서 최종학력과 봉급수준에 대한 생각(A3_1)이 서로 독립이라고 할 수 있는지를 검정할 수 있다.

① H_0 : $p_{ij} = p_i .\ p ._j$ $(i = 1,2,3,\ j = 1,2,3)$

H_1 : H_0 가 아니다.

② 검정통계량 : $\chi_0^2 = 4.000$

③ $\alpha = 0.05$ 이므로 $\chi^2_{((3-1)(3-1),0.05)} = \chi^2_{(4,0.05)} = 9.49$ 이다.

④ $\chi_0^2 = 4.000 < \chi^2_{(4,0.05)} = 9.49$ 이므로 H_0 를 기각할 수 없다. 또한, SPSS 실행결과에서 유의확률이 0.406으로 유의수준 $\alpha(=0.05)$보다 크므로 귀무가설 H_0 를 기각할 수 없다. 따라서 최종학력과 봉급수준에 대한 생각은 서로 독립이라고 할 수 있다.

참 고 사 항

카이제곱 검정에서 유의할 점은 교차표에 포함되는 각 칸의 기대도수가 모두 5이상인 경우에 이 검정통계량이 유용하게 사용될 수 있다는 점이다.

예제 7

앞의 [예제 2]에 대해서 SPSS를 사용하여 연령과 사회복지정책에 대한 성향이 서로 독립이라고 할 수 있는지 유의수준 5%에서 검정하여라. 어느 지역사회에서 360명의 사회복지사들을 임의로 추출하여 연령과 현재 그 지역에서 시행되고 있는 사회복지정책에 대한 성향에 따라 분류한 결과가 다음과 같다.

정책성향 \ 연령	20대	30대	40대	총계
보수적	10	40	10	60
중립적	80	85	45	210
진보적	30	25	35	90
총계	120	150	90	360

||| SPSS 실행 방법 |||

독립성 검정을 위해서는 먼저 자료를 다음과 같이 입력한다. 이는 보수적인 성향을 가진 20대가 10명, … 진보적인 성향을 가진 40대는 35명을 의미하므로 빈도를 나타내는 변수를 가중값으로 지정하면 전체 360명에 대한 연령과 정책성향을 자료로 활용할 수 있게 된다.

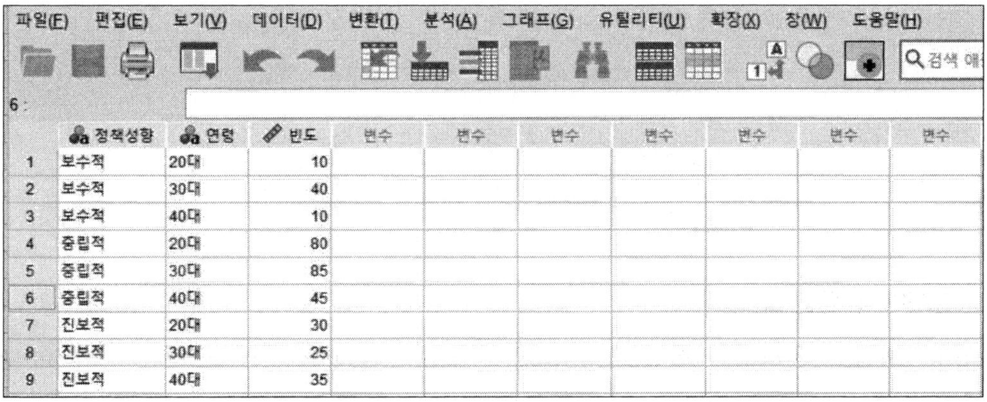

위와 같이 자료 입력이 완료되면 데이터 메뉴의 가중케이스 메뉴를 선택해서 얻게 되는《가중케이스》대화상자에서 가중케이스 지정을 선택하고 여기에 도수를 나타내는 빈도 변수를 가중케이스로 지정한 다음 [확인]을 클릭한다.

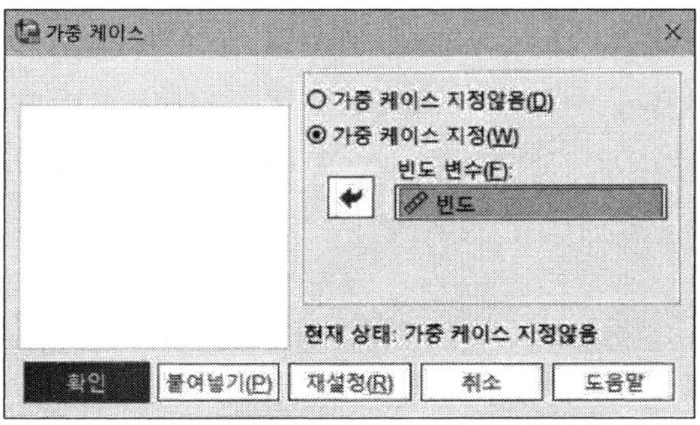

다음으로 교차분석 메뉴를 선택해서 얻게 되는《교차분석》대화상자에서 독립성 검정을 하고자 하는 두 변수인 정책성향과 연령을 각각 행과 열에 지정한 후 통계량을 클릭하여 나타나는《교차분석:통계량》대화상자에서 카이제곱을 지정하면 된다.

||| SPSS 실행 결과 |||

정책성향 * 연령 교차표

빈도

		연령			전체
		20대	30대	40대	
정책성향	보수적	10	40	10	60
	중립적	80	85	45	210
	진보적	30	25	35	90
전체		120	150	90	360

카이제곱 검정

	값	자유도	근사 유의확률 (양측검정)
Pearson 카이제곱	29.349[a]	4	<.001
우도비	28.847	4	<.001
유효 케이스 수	360		

a. 0 셀 (0.0%)은(는) 5보다 작은 기대 빈도를 가지는 셀입니다. 최소 기대빈도는 15.00입니다.

||| SPSS 실행결과 분석 |||

실행결과를 이용하여 다음과 같은 검정절차에 의해서 연령과 사회복지정책에 대한 성향이 서로 독립이라고 할 수 있는지를 유의수준 5%에서 검정할 수 있다.

① H_0 : $p_{ij} = p_i . \, p_{.j} \; (i = 1,2,3, \; j = 1,2,3)$

H_1 : H_0가 아니다.

② 검정통계량 : $\chi_0^2 = \frac{(10-20)^2}{20} + \frac{(40-25)^2}{25} + \cdots + \frac{(35-22.5)^2}{22.5} = 29.349$

③ $\alpha = 0.05$이므로 $\chi^2_{((3-1)(3-1),\,0.05)} = \chi^2_{(4,\,0.05)} = 9.49$이다.

④ $\chi_0^2 = 29.349 > \chi^2_{(4,0.05)} = 9.49$이므로 H_0를 기각한다. 또한, SPSS 실행결과에서 유의확률이 0.000으로 유의수준 $\alpha(=0.05)$보다 작으므로 귀무가설 H_0를 기각할 수 있다. 따라서 연령과 사회복지정책에 대한 성향은 서로 독립이라고 할 수 없다.

SECTION 9.5 사회복지 자료에 다중응답 교차분석

예제 8

사회복지사 실태 조사와 관련된 실습자료인 실습자료.sav에서 응답한 사회복지사들의 업무의 대상(다중응답)을 성별에 따라 분석하기 위한 교차표를 작성하시오.

‖ SPSS 실행 방법 ‖

다중응답변수를 만들기 위하여 다음의 절차를 선택한다.

분석 ⇒ 다중반응 ⇒ 변수군 정의

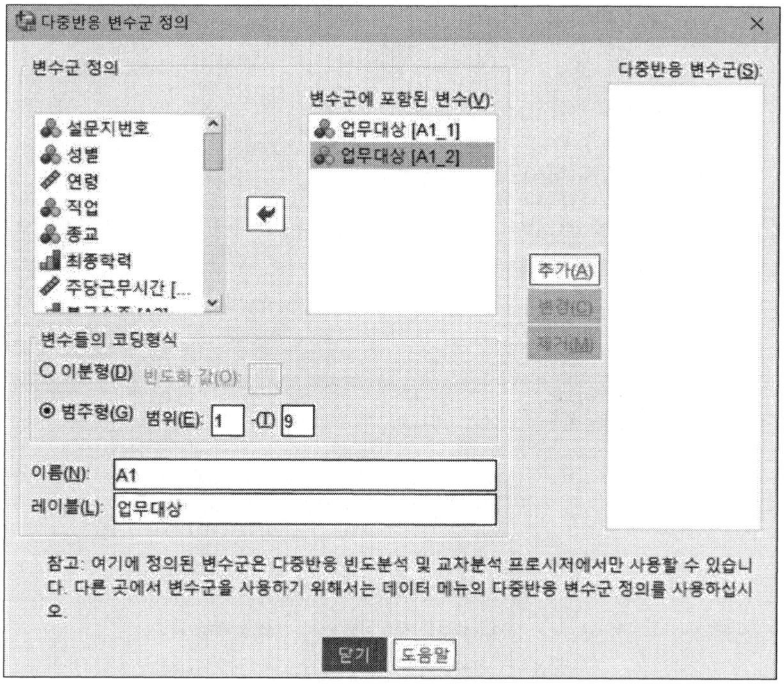

《다중반응 변수군 정의》 대화상자에서 변수군에 포함된 변수에 A1_1부터 A1_2까지의 변수를 선택하고 변수들의 코딩형식에서 범주형(G)을 선택한 후 범위 1에서 9와 같이 입력한다. 이름에 다중응답변수 이름을 A1이라 지정하고 레이블에 다중응답변수에 대한 설명으로 "업무대상"이라고 입력한다. 다음으로 추가를 클릭하여 다중응답 변수군에 $A1이 추가되면 [닫기]를 클릭한다.

이와 같이 다중응답변수를 만든 후에 다중응답 교차분석을 수행하기 위하여 다음의 절차를 선택한다.

분석 ⇒ 다중반응 ⇒ 교차분석

《다중반응 교차분석》 대화상자에서 다중반응 변수군에 있는 변수 $A1을 행으로 이동하여 지정하고, 열에 성별을 지정한다. [옵션]을 클릭하여 나타나는 《다중반응 교차분석:옵션》 대화상자에서 셀퍼센트는 열을 선택하고 퍼센트 계산 기준은 반응을 선택한 후 [계속]을 클릭한 다음 《다중반응 교차분석》 대화상자에서 [확인]을 클릭한다.

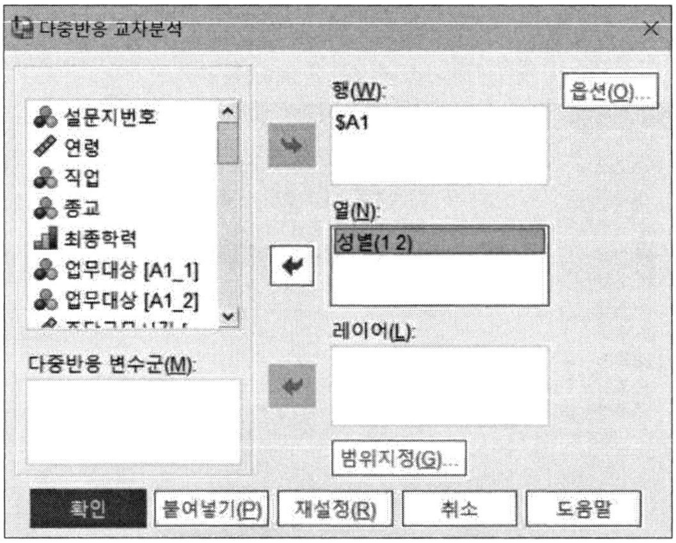

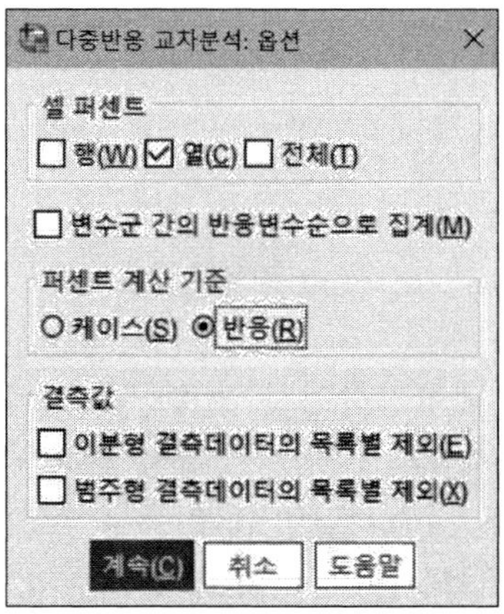

SPSS 실행 결과

케이스 요약

	케이스					
	유효		결측		전체	
	N	퍼센트	N	퍼센트	N	퍼센트
$A1*성별	50	100.0%	0	0.0%	50	100.0%

$A1*성별 교차표

			성별		
			남자	여자	전체
업무대상[a]	노인	빈도	3	2	5
		성별 중 %	6.0%	4.0%	
	정신장애인	빈도	4	6	10
		성별 중 %	8.0%	12.0%	
	장애인	빈도	5	8	13
		성별 중 %	10.0%	16.0%	
	아동/청소년	빈도	2	1	3
		성별 중 %	4.0%	2.0%	
	여성/부녀	빈도	5	3	8
		성별 중 %	10.0%	6.0%	
	저소득/생보대상자	빈도	9	10	19
		성별 중 %	18.0%	20.0%	
	사회/지역주민	빈도	10	11	21
		성별 중 %	20.0%	22.0%	
	행정/정책	빈도	9	7	16
		성별 중 %	18.0%	14.0%	
	기타	빈도	3	2	5
		성별 중 %	6.0%	4.0%	
전체		빈도	50	50	100

퍼센트 및 합계는 반응을 기준으로 합니다.

a. 범주형 변수 집단

SPSS 실행결과 분석

출력결과에는 응답에 기초한 퍼센트가 출력된다. 실행 결과를 보면 전체 빈도가 100으로 나타나 있다. 이는 실제로 50명에 대한 응답 결과이지만 응답자가 2개 문항을 선택하도록 한 다중응답 문항이므로 50명의 결과로 마치 100명이 응답한 것처럼 표현된다.

예제 9

사회복지사 실태 조사와 관련된 실습자료인 실습자료.sav에서 응답한 사회복지사들의 직장만족도를 높이기 위해 개선이 필요한 사항(다중응답)을 성별에 따라 분석하기 위한 교차표를 작성하시오.

SPSS 실행 방법

다중응답변수를 만들기 위하여 다음의 절차를 선택한다.

분석 ⇒ 다중반응 ⇒ 변수군 정의

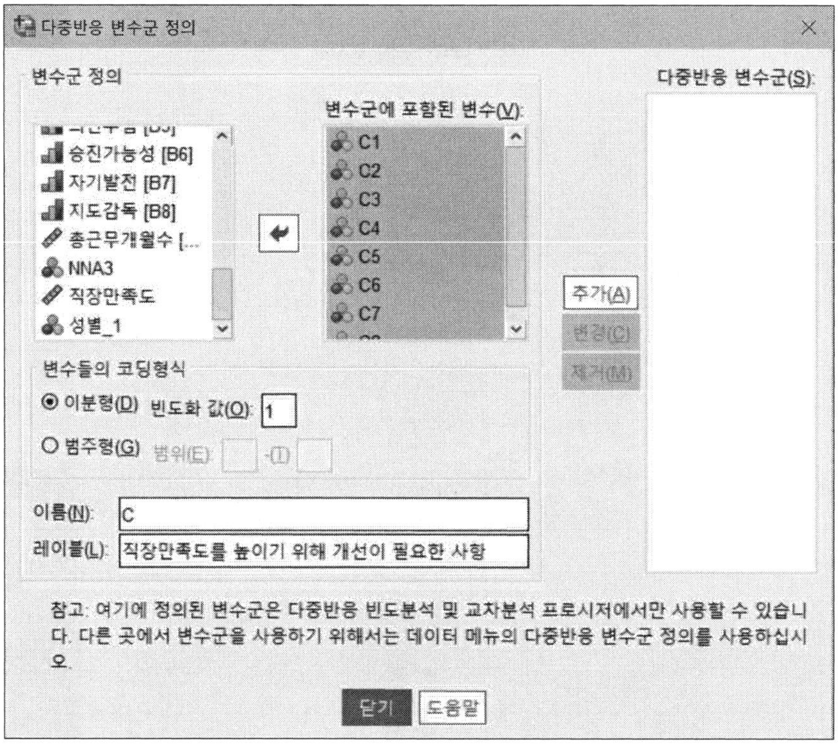

《다중응답변수군정의》 대화상자에서 변수군에 포함된 변수에 C1부터 C8까지의 변수를 선택한다. 이 변수들은 이분형 변수이므로 변수들의 코딩형식에서 이분형(D)를 선택한 후 빈도화 값에 1을 입력한다. 이름에 다중응답변수 이름을 C라 지정하고 레이블에 다중응답변수에 대한 설명으로 "직장만족도를 높이기 위해 개선이 필요한 사항"이라고 입력한다. 다음으로 [추가]를 클릭하여 다중응답 변수군에 $C가 추가되면 닫기를 클릭한다.

이와 같이 다중응답변수를 만든 후에 다중응답 빈도분석을 수행하기 위하여 다음의 절차를 선택한다.

분석 ⇒ 다중반응 ⇒ 교차분석

《다중반응 교차분석》 대화상자에서 다중반응 변수군에 있는 변수 $C를 행으로 이동하고 열에 성별을 지정한 다음 [옵션]을 클릭하여 (예제 8)과 동일하게 지정하면 다중응답 교차표를 얻을 수 있다.

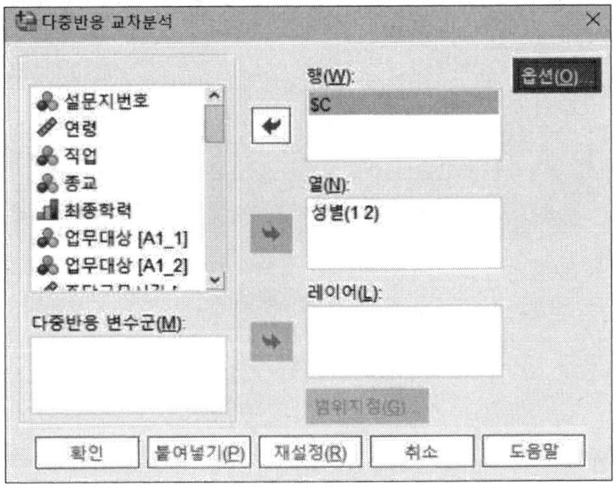

‖ SPSS 실행 결과 ‖

$C*성별 교차표

			성별		전체
			남자	여자	
직장만족도를 높이기 위해 개선이 필요한 사항[a]	C1	빈도	12	13	25
		성별 중 %	12.9%	12.6%	
	C2	빈도	14	12	26
		성별 중 %	15.1%	11.7%	
	C3	빈도	14	12	26
		성별 중 %	15.1%	11.7%	
	C4	빈도	11	10	21
		성별 중 %	11.8%	9.7%	
	C5	빈도	10	12	22
		성별 중 %	10.8%	11.7%	
	C6	빈도	12	14	26
		성별 중 %	12.9%	13.6%	
	C7	빈도	10	15	25
		성별 중 %	10.8%	14.6%	
	C8	빈도	10	15	25
		성별 중 %	10.8%	14.6%	
전체		빈도	93	103	196

퍼센트 및 합계는 반응을 기준으로 합니다.

a. 값 1을(를) 가지는 이분형 변수 집단입니다.

‖ SPSS 실행결과 분석 ‖

출력결과에는 응답에 기초한 퍼센트가 출력된다. 실행 결과를 보면 전체 빈도가 196으로 나타나 있는데 이는 실제로 50명에 대한 응답 결과이지만 응답자가 여러 개의 문항을 선택할 수 있도록 한 다중응답 문항이므로 50명의 결과로 마치 196명이 응답한 것처럼 표현된 것이다.

Chapter 10

상관분석

이변량 상관관계

피어슨 상관계수

스피어만 순위상관계수

사회복지 자료에 대한 상관분석

사회 혹은 자연현상을 규명하는데 있어서 관련된 변수들간의 상호 관련성을 조사해야 하는 경우가 많이 있다. 예를 들어, 소득과 교육년수와의 관계, 키와 몸무게의 관계 또는 나이와 혈압의 관계를 알아보고자 하는 경우들이다. 일반적으로 둘 또는 그 이상의 변수 사이에는 어떠한 관계가 존재하게 되는데, 이러한 상호관계나 관계의 강도에 대한 통계적 분석방법으로 상관분석(correlation analysis)과 회귀분석이 있다.

상관분석은 변수들의 직선적 관계 정도를 분석하는 통계적 방법을 말하며, 회귀분석은 한 변수에 대한 다른 변수들의 관련성을 통계적 모형을 이용하여 설명하고 예측하는 통계적 분석방법을 말한다. 상관분석은 회귀분석을 위한 중요한 정보를 제공하므로 이 장에서 상관분석에 대해 먼저 알아보고 회귀분석은 다음 장에서 설명하도록 한다. 이 장에서는 상관관계의 개념과 피어슨의 상관계수 및 스피어만의 상관계수에 대하여 다루어 보고자 한다.

SECTION 10.1 이변량 상관관계

상관관계는 두 변수 사이의 관련성을 나타내는 것으로 두 변수 간에 선형적인 관계가 나타날 때는 단순상관계수를 이용하며, 두 변수 간에 비선형적인 관계가 나타날 때는 상관비를 이용하여 그 관계를 분석한다.

(1) 상관관계

두 변수 사이의 관련성을 측정하는데 있어서, 하나의 변수가 높은 값을 가질 때 다른 변수도 동시에 높은 값을 가진다면 두 변수는 양의 상관관계에 있다고 할 수 있고, 하나의 변수가 높은 값을 가질 때 다른 변수가 낮은 값을 가진다면 두 변수는 음의 상관관계에 있다고 할 수 있다. 예를 들어 키가 큰 학생이 몸무게가 많이 나가므로 키와 몸무게는 양의 상관관계를 가지고 있으며, 산이 높으면 기압이 낮아지므로 산의 높이와 기압은 음의 상관관계를 갖는다.

이와 같이 두 변수간의 상호관련성의 강도가 어느 정도인가를 측정하는 분석방법을 상관분석이라 한다. 상관분석에서는 두 변수간의 밀접도 즉, 한 변수의 변화(증가 또는 감소)에 따라 다른 변수의 변화 정도를 나타내는 측도인 상관계수를 계산하는 방법을 다룬다. 상관계수를 계산하는 방법은 측정값의 척도에 따라서 결정된다. 구간척도나 비율척도로 측정된 두 변수간의 상호관련성은 피어슨의 상관계수를 이용하고, 순서척도로 측정된 두 변수 간에는 스피어만의 순위상관계수를 이용한다.

(2) 공분산과 모상관계수

두 변수간의 상호연관성을 측정할 수 있는 기술통계량인 공분산은 분석대상이 되는 변수들의 측정단위에 따라 그 값이 달라지게 되므로 두 변수간의 상호연관성을 상대적으로 비교할 수 없다. 따라서 공분산을 두 변수의 표준편차의 곱으로 나누어 표준화시켜서 얻은 상관계수(correlation coefficient)를 이용하게 된다면 이러한 문제점은 해결된다.

모집단에서 각 개체의 두 가지 특성을 변수 X와 Y로 나타낼 수 있는 경우, 두 변수 사이에 선형관계가 어느 정도 강하게 나타나는지를 측정하기 위해서 다음과 같이 정의되는 모상관계수(population correlation coefficient)를 이용할 수 있다.

$$\rho = \frac{\sigma_{xy}}{\sigma_x \sigma_y}$$

여기서, σ_{xy}는 모집단으로부터 얻어진 X와 Y의 공분산이며, σ_x는 X의 모표준편차이고, σ_y는 Y의 모표준편차이다. 모상관계수 ρ의 값은 항상 -1과 $+1$사이에 존재하며, ρ의 값이 -1과 $+1$에 가까울수록 두 변수간의 상관관계는 높다고 할 수 있다. 두 변수가 서로 같은 방향으로 움직일 경우, 즉 변수 X의 값이 증가할 때 변수 Y의 값도 같이 증가한다면 두 변수 X와 Y간에는 양의 상관관계가 존재하고, 변수 X의 값이 증가할 때 변수 Y의 값이 감소하면 두 변수간에는 음의 상관관계가 존재한다. ρ의 값이 0에 가까운 값을 가질수록 두 변수간의 관계는 선형적인 관계가 전혀 없다는 것을 의미한다. 일반적으로 상관계수가 0.4이상이면 두 변수간의 상관관계가 높다고 할 수 있으며 0.7이상이면 두 변수간의 상관관계가 아주 높다고 할 수 있다.

이러한 상관관계의 유무를 시각적으로 파악하기 위해서 산점도를 그려보면 두 변수간에 존재하는 상관관계가 양의 상관관계인지 음의 상관관계인지를 알 수 있으며, 또한 그 관계가 선형관계인지 비선형관계인지를 알 수 있고, 두 변수간의 상관관계의 강력성(강함, 약함)을 시각적으로 파악할 수 있다.

상관분석은 두 변수간의 관계가 선형적 관계(linear relation)를 갖고 있는지의 여부와 그 강도를 측정하는 방법이기 때문에 비선형관계를 나타내는 경우에는 사용되지 않는다는 점에 유의하기 바란다. 따라서 $\rho = 0$이라는 것은 두 변수 간에 아무런 관계가 존재하지 않는다는 것을 의미하는 것이 아니고, 선형관계가 존재하지 않는다는 것을 의미한다.

두 변수 간에 비선형관계가 나타날 때에는 상관비를 사용하며, 3변수 또는 그 이상의 변수간의 상관관계를 측정하기 위해서는 편상관계수 및 중상관계수를 계산하여야 한다.

실제로 모상관계수를 구할 수 있는 경우는 현실적으로 어렵기 때문에 표본자료에서 구한 표본상관계수(sample correlation coefficient)를 이용하여 모상관계수를 추정하게 된다.

예제 1

다음의 두 변수들 간에 어떤 상관관계가 존재하는가?

① 가정의 수입과 엥겔계수
② 흡연량과 폐암 발생률
③ 제품의 생산량과 가격

[풀이]

① 가정의 수입이 늘어나면 엥겔계수가 작아지므로 두 변수는 음의 상관관계를 갖는다.
② 흡연량이 많아지면 폐암 발생률이 높아지므로 두 변수는 양의 상관관계를 갖는다.
③ 제품의 생산량이 증가하면 가격이 떨어지게 되므로 두 변수는 음의 상관관계를 갖는다. ■

SECTION 10.2 피어슨 상관계수

두 변수 X와 Y사이의 모상관계수가 ρ인 이변수 모집단으로부터 n쌍의 임의표본 $(x_1,y_1),(x_2,y_2),\cdots,(x_n,y_n)$을 추출하여 얻은 X와 Y의 표본상관계수 r은 다음과 같이 정의된다.

$$r = \frac{s_{xy}}{s_x s_y} = \frac{\sum_{i=1}^{n}(x_i - \overline{x})(y_i - \overline{y})}{\sqrt{\sum_{i=1}^{n}(x_i - \overline{x})^2}\sqrt{\sum_{i=1}^{n}(y_i - \overline{y})^2}}$$

여기서, s_{xy}는 표본으로부터 얻어진 X와 Y의 공분산이며, s_x는 X의 표본표준편차, s_y는 Y의 표본표준편차이다.

표본상관계수 r은 X와 Y 사이의 직선적인 관계가 어느 정도 있는가를 나타내는 값으로 단순상관계수(simple correlation coefficient)라고 표현하기도 한다. 표본 상관계수 r의 범위는 $-1 \le r \le 1$이며 $r=0$이면 두 변수은 무상관이라고 한다. 그리고 $0<r<1$일 때 두 변수는 양의 상관관계가 있다고 하고, 1에 가까울수록 높은 양의 상관관계를 갖게 되며 $r=1$일 때 두 변수를 양의 완전상관이라고 한다. 또한, $-1<r<0$일 때 두 변수는 음의 상관관계가 있다고 하고, -1에 가까울수록 높은 음의 상관관계를 갖게 되며, $r=-1$일 때 두 변수를 음의 완전상관이라고 한다.

예를 들어 사회복지에 관심이 많은 사람들을 대상으로 다음과 같은 두 가지 질문을 했다고 하자.

질문 1 : 귀하는 최근 3년 동안 몇 권의 사회복지 관련 서적을 읽었는가?
질문 2 : 귀하는 최근 3년 동안 얼마나 자주 자원봉사활동에 참여하였는가?

이들 두 변수들이 어떤 상관관계를 나타내고 있는지를 알아보기 위해서 상관계수를 구해보기로 하자. 10명의 응답자로부터 얻은 자료는 다음과 같다.

응답자	1	2	3	4	5	6	7	8	9	10
서적의 수(X)	10	12	6	7	8	12	10	9	10	16
자원봉사 횟수(Y)	12	14	7	9	10	15	13	10	12	18

위의 자료로부터 다음을 얻을 수 있다.

$$\sum_{i=1}^{10} x_i = 100,\ \sum_{i=1}^{10} y_i = 120$$

$$\bar{x} = \frac{100}{10} = 10\ ,\ \bar{y} = \frac{120}{10} = 12$$

$$\sum_{i=1}^{10}(x_i-\bar{x})^2 = (10-10)^2+(12-10)^2+\cdots+(16-10)^2 = 74$$

$$\sum_{i=1}^{10}(y_i-\bar{y})^2 = (12-12)^2+(14-12)^2+\cdots+(18-12)^2 = 92$$

$$\begin{aligned}\sum_{i=1}^{10}(x_i-\bar{x})(y_i-\bar{y}) &= (10-10)(12-12)+(12-10)(14-12)\\ &\quad +\cdots+(16-10)(18-12) = 81\end{aligned}$$

따라서 구하고자 하는 표본상관계수는 다음과 같다.

$$r = \frac{81}{\sqrt{74}\,\sqrt{92}} = 0.982$$

상관계수 값이 0.982라는 것은 거의 완벽한 선형적 관련성이 존재하고 있다는 것을 나타내고 있다. 자원봉사활동 횟수가 많으면 많을수록 더 많은 사회복지 관련 서적을 읽는다는 것이다. 여기서 주의해야 할 점은 변수간의 관계성을 설명하기 위하여 상관관계를 이용하지만, 상관관계를 이용하여 인과관계(causation)는 설명할 수 없다는 것이다. 상관분석은 자원봉사활동에 자주 참여하는 사람들이 사회복지 관련 서적을 더 많이 읽는 것으로 보였지만, 자원봉사활동 회수가 많기 때문에 사회복지 관련 서적을 더 많이 읽는다는 것은 설명할 수 없다.

예제 2

어느 지역의 보육센터에 있는 아동의 수(X)와 보육센터 일일 세탁량(Y) 사이에 상관관계가 존재하는지를 조사하기 위하여 임의로 추출하여 얻은 자료는 다음과 같다. (단위 : kg)

X	20	30	25	40	35	50	70	60	65	55
Y	2.5	3.0	2.5	3.5	4.0	4.5	5.0	4.5	4.0	3.5

보육센터에 있는 아동의 수와 보육센터 일일 세탁량 사이의 표본상관계수를 구하여라.

[풀이]

$$\bar{x} = \frac{1}{10}(20 + 30 + \cdots + 55) = 45$$

$$\bar{y} = \frac{1}{10}(2.5 + 3.0 + \cdots + 3.5) = 3.7$$

$$\sum_{i=1}^{10}(x_i - \bar{x})^2 = (20-45)^2 + (30-45)^2 + \cdots + (55-45)^2 = 2{,}750$$

$$\sum_{i=1}^{10}(y_i - \bar{y})^2 = (2.5-3.7)^2 + (3.0-3.7)^2 + \cdots + (3.5-3.7)^2 = 6.6$$

$$\sum_{i=1}^{10}(x_i - \bar{x})(y_i - \bar{y}) = (20-45)(2.5-3.7) + (30-45)(3.0-3.7) + \cdots + (55-45)(3.5-3.7) = 115$$

$$r = \frac{115}{\sqrt{2{,}750}\,\sqrt{6.6}} = 0.854$$

따라서 보육센터에 있는 아동의 수와 보육센터 일일 세탁량 사이에는 높은 양의 상관관계가 존재하고 있음을 알 수 있다. ■

SECTION 10.3 스피어만 순위상관계수

스피어만의 순위상관계수는 표본의 크기가 n인 두 변수가 갖는 순위간의 차이를 이용하여 두 변수간의 관련성을 측정하는 방법이다. 음악 경연대회나 기능인 선발대회와 같이 성적으로 평가하는 것보다 순위로 평가하는 것이 용이한 경우에 피어슨 상관계수 대신 순위상관계수를 사용한다. 예를 들어, 대학입학성적 순위와 대학재학 중의 성적순위 사이에 상호 밀접한 관련성이 있는지를 알아보려면 스피어만의 순위상관관계를 이용하면 된다.

이 방법은 변수들 간의 관계를 각 변수의 순위에 따라 분석하게 되므로 정확하게 값을 표시할 수 없는 경우에도 이용할 수 있다. 예를 들어, 사회복지센터에서 사회복지사들의 성실성을 값으로 측정하는 것은 힘들지만 사회복지사들 간의 성실성에 대한 순위를 부여하는 것은 어렵지 않을 것이다.

순위상관계수를 구하기 위해서는 두 변수 X와 Y의 n개의 측정값에 각각 순위를 정하여 순위의 짝 $(x_1, y_1), (x_2, y_2), \cdots, (x_n, y_n)$을 만든다. 이 때, 순위상관계수를 r_s로 나타내면 다음과 같이 정의된다.

$$r_s = 1 - \frac{6\sum_{i=1}^{n} d_i^2}{n(n^2-1)}$$

여기서 $d_i = x_i - y_i$이다. x_i와 y_i의 차이인 d_i가 크면 클수록 $\sum d_i^2$도 크게 된다. 만일 두 변수간의 순위에 차이가 없다면, d_i^2은 아주 작은 값을 갖게 되어 두 변수간의 상관관계는 밀접한 것으로 생각할 수 있다. $\sum d_i^2 = 0$이면 두 변수간에 순위에 대한 차이가 없으므로 $r_s = 1$이 될 것이고, 두 변수간의 순위가 완전한 역의 관계에 있다면 $\sum d_i^2$이 최대값을 갖게 되어 $r_s = -1$의 값을 갖게 된다. 따라서 스피어만의 상관계수는 $-1 \le r_s \le 1$ 사이의 값을 갖는다는 것을 알 수 있다. $r_s = 0$인 경우는 순위로 표시된 두 변수간의 관계가 아무런 관계가 존재하지 않는다는 것을 의미한다.

예를 들어 어느 유치원에서는 유치원 아동 10명을 대상으로 적성검사와 학습태도를 점수화하여 각각에 대한 순위를 부여하여 다음과 같은 결과를 얻었다.

유치원생	적성검사순위	학습태도순위	순위의 차이	차의 제곱
A	1	2	-1	1
B	4	1	3	9
C	2	7	-5	25
D	6	3	3	9
E	3	8	-5	25
F	5	10	-5	25
G	9	4	5	25
H	10	9	1	1
I	8	5	3	9
J	7	6	1	1
총계				$\sum d_i^2 = 130$

위의 표에서 계산된 $\sum d_i^2$ 을 공식에 대입하면 순위상관계수는 다음과 같이 구할 수 있다.

$$r_s = 1 - \frac{6(130)}{10(10^2-1)} = 0.21$$

예제 3

어느 지역의 사회복지센터에서 10명의 직원들이 승진을 하기 위해 응시한 두 과목 X와 Y에서 취득한 점수의 석차는 다음과 같다.

X	1	2	3	4	5	6	7	8	9	10
Y	2	1	3	7	8	6	4	5	10	9

순위상관계수를 구하여라.

[풀이]

$$\begin{aligned} r_s &= 1 - \frac{6\{(1-2)^2 + (2-1)^2 + \cdots + (10-9)^2\}}{10(10^2-1)} \\ &= 1 - \frac{240}{990} = 0.758 \end{aligned}$$

순위상관계수 값이 0.758로 따라서 두 과목에서 취득한 점수의 석차사이에는 높은 양의 상관관계가 존재함을 알 수 있다. ■

SECTION 10.4 사회복지 자료에 대한 상관분석

예제 4

(예제 2)의 자료에 대하여 보육센터에 있는 아동의 수와 보육센터 일일 세탁량 사이의 산점도를 그리고, 표본상관계수를 SPSS를 사용하여 구하여라.

‖ SPSS 실행 방법 ‖

다음과 같이 SPSS 데이터편집기에서 자료를 입력한다.

	X	Y	변수	변수	변수
1	20	2.5			
2	30	3.0			
3	25	2.5			
4	40	3.5			
5	35	4.0			
6	50	4.5			
7	70	5.0			
8	60	4.5			
9	65	4.0			
10	55	3.5			

SPSS에서 산점도를 그리기 위해서 다음의 메뉴를 선택한다.

그래프 ⇒ **레거시 대화 상자** ⇒ **산점도/점도표**

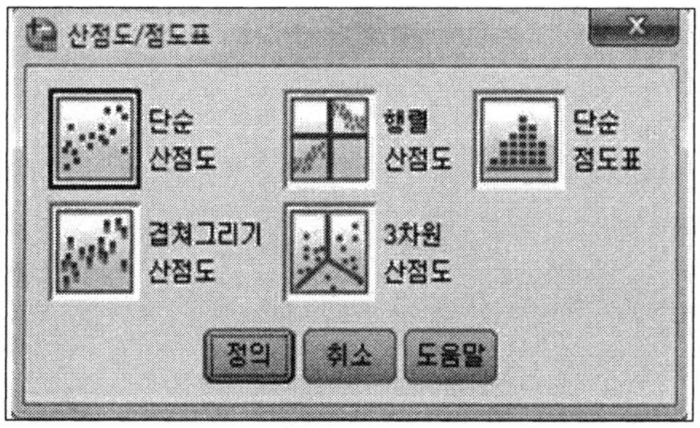

《산점도/점도표》 대화상자에서 단순산점도를 선택한 후 [정의]를 클릭하여 나타나

는 《단순 산점도》 대화상자에서 X축와 Y축에 산점도를 작성하고자 하는 변수를 지정한 후 [확인]을 클릭한다.

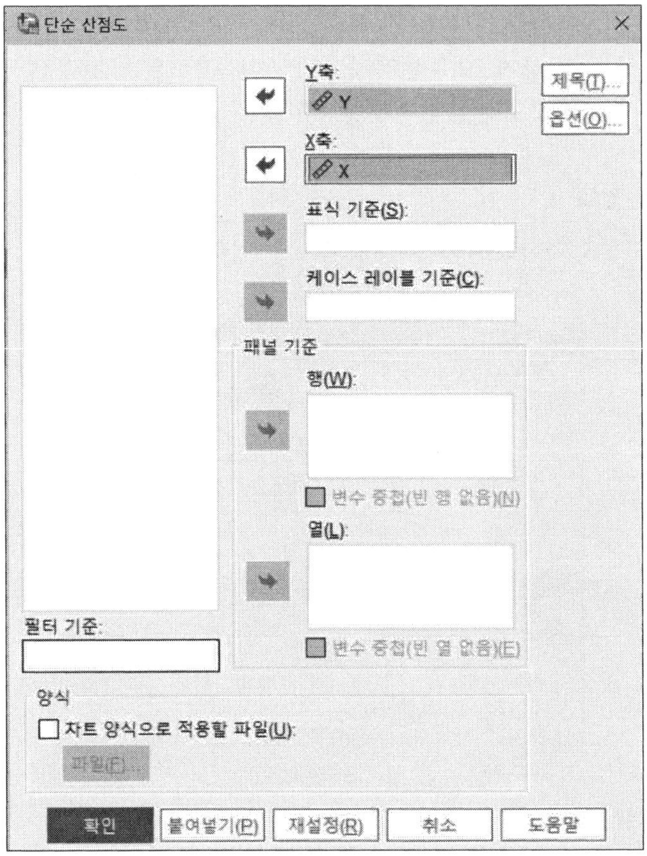

다음으로 상관분석은 다음 메뉴를 선택함으로써 시작할 수 있다.

분석 ⇒ **상관분석** ⇒ **이변량 상관**

피어슨의 상관계수를 얻기 위해서는 《이변량 상관계수》 대화상자에서 상관계수를 구하고자 하는 변수인 X와 Y를 변수에 지정하고 상관계수에서 Pearson을 선택한 후 [확인]을 클릭한다.

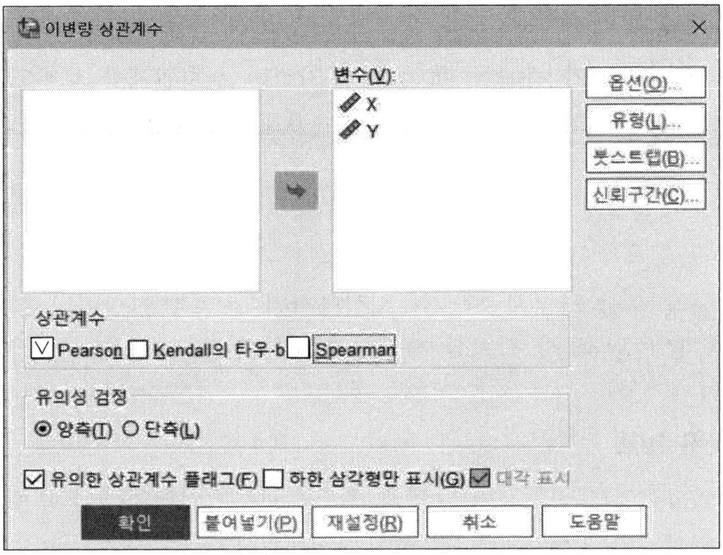

‖ SPSS 실행 결과 ‖

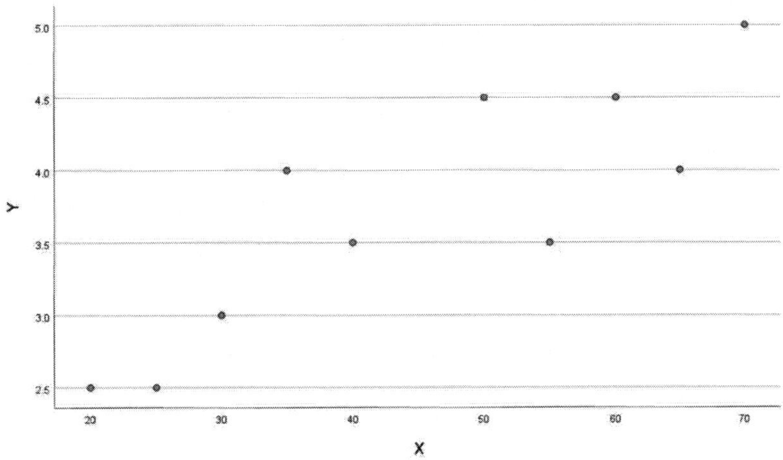

상관관계

		X	Y
X	Pearson 상관	1	.854**
	유의확률 (양측)		.002
	N	10	10
Y	Pearson 상관	.854**	1
	유의확률 (양측)	.002	
	N	10	10

**. 상관관계가 0.01 수준에서 유의합니다(양측).

‖ SPSS 실행결과 분석 ‖

산점도를 살펴보면 X가 증가할 때 Y도 증가하는 선형관계를 보이고 있음을 알 수 있으며, 두 변수 사이의 상관계수 값은 $r = 0.854$로 강한 양의 상관관계가 존재함을 알 수 있다.

예제 5

사회복지사들의 주당 근무시간과 현 직장에서의 근무경력 사이의 피어슨의 상관계수를 사회복지사 실태조사 자료를 사용하여 구하여라.

‖ SPSS 실행 방법 ‖

실습자료.sav자료에서 근무경력이 년과 월 단위로 입력되어 있으므로 이를 월 단위로 먼저 표현하여야 한다. 이를 위해서 변수계산 메뉴를 이용하여 근무경력을 월단위로 환산한 새로운 변수 A5를 생성한다.

이제, SPSS의 이변량 상관 메뉴를 선택해서 얻게 되는 《이변량 상관계수》 대화상자에서 상관계수를 구하고자 하는 변수인 주당근무시간(A2)과 총근무개월수(A5)를 지정하고 Pearson을 선택한 후 [확인]을 클릭한다.

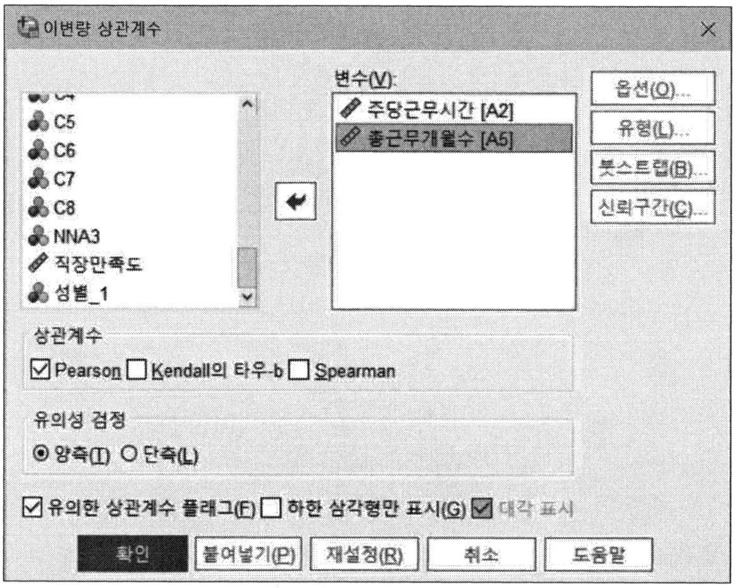

SPSS 실행 결과

상관관계

		주당근무시간	총근무개월수
주당근무시간	Pearson 상관	1	.041
	유의확률 (양측)		.777
	N	50	50
총근무개월수	Pearson 상관	.041	1
	유의확률 (양측)	.777	
	N	50	50

SPSS 실행결과 분석

실행결과로부터 구하고자 하는 상관계수는 $r = 0.041$임을 알 수 있다. 즉, 사회복지사들의 주당 근무시간과 현 직장에서의 근무경력 사이에는 상관관계가 거의 존재하지 않는다고 할 수 있다.

예제 6

(예제 3)의 자료에 대하여 SPSS를 사용하여 순위상관계수를 구하여라.

SPSS 실행 방법

이변량 상관 메뉴를 선택해서 얻게 되는《이변량 상관계수》대화상자에서 상관계수를 구하고자 하는 변수인 X와 Y를 지정하고 Spearman을 선택한 후 [확인]을 클릭한다. 물론, 메뉴를 사용하기 전에 SPSS 데이터편집기에서 (예제 3)에 있는 자료를 입력하여야 한다.

	X	Y	변수	변수	변수	변수	변수	변수	변수	변수
1	1	2								
2	2	1								
3	3	3								
4	4	7								
5	5	8								
6	6	6								
7	7	4								
8	8	5								
9	9	10								
10	10	9								
11										

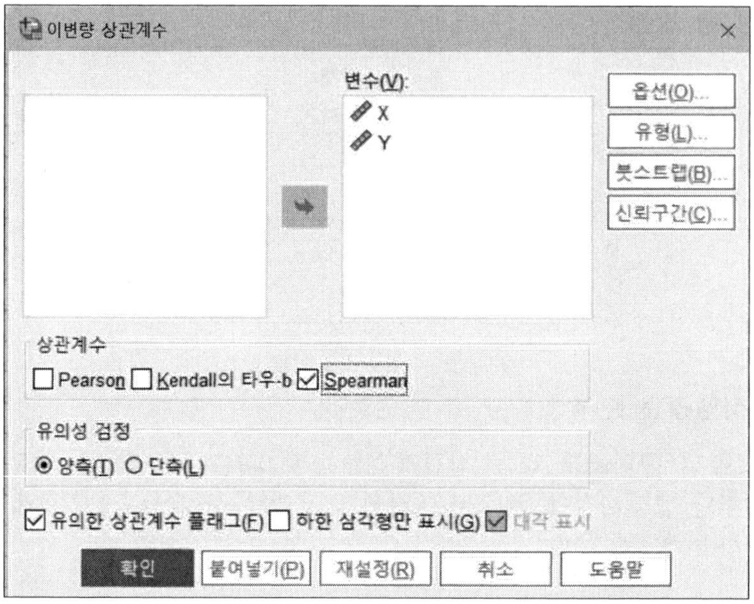

||| SPSS 실행 결과 |||

상관관계

			X	Y
Spearman의 rho	X	상관계수	1.000	.758*
		유의확률 (양측)	.	.011
		N	10	10
	Y	상관계수	.758*	1.000
		유의확률 (양측)	.011	.
		N	10	10

*. 상관관계가 0.05 수준에서 유의합니다(양측).

||| SPSS 실행결과 분석 |||

실행결과로부터 구하고자 하는 순위상관계수는 $r_s = 0.758$이 됨을 알 수 있다. 따라서 X과목과 Y과목에서 취득한 점수의 석차 사이에는 높은 양의 상관관계가 존재함을 알 수 있다.

Chapter 11

회귀분석

회귀분석의 개념

회귀계수의 추정

회귀계수의 가설검정

상관계수와 회귀계수의 관계

사회복지 자료에 대한 회귀분석

회귀분석은 한 개 또는 그 이상의 독립변수들과 종속변수 사이의 관계를 통계적인 모형을 이용하여 규명하고, 이 규명된 모형식을 이용하여 독립변수들의 변화에 따른 종속변수의 변화를 예측하는데 사용되는 통계적 분석기법이다. 예를 들어 사람들의 키(독립변수)와 몸무게(종속변수)의 관계를 하나의 함수식으로 표현하고 이 함수식을 이용하여 어떤 키에 대한 평균 몸무게를 알고자 할 때 회귀분석 방법을 사용한다.

일반적으로 회귀분석은 독립변수와 종속변수가 각각 하나일 때의 관계를 분석하는 단순회귀분석(simple regression analysis)과 종속변수는 한 개이면서 독립변수가 두 개 이상일 때의 관계를 분석하는 중회귀분석(multiple regression analysis)으로 나누어 생각해볼 수 있다. 이 장에서는 단순회귀분석의 개념과 회귀계수의 추정과 검정에 대한 내용을 살펴보고자 한다.

SECTION 11.1 회귀분석의 개념

두 변수 사이의 관계를 파악하여 한 변수의 값으로부터 그에 대응하는 다른 변수의 값을 예측하고자 할 때 사용하는 통계적 방법으로 회귀분석이 있다.

이 때, 두 변수들 중 다른 변수에 영향을 주는 변수를 독립변수(independent variable) 또는 설명변수(explanatory variable)라고 하며, 영향을 받는 변수를 종속변수(dependent variable) 또는 반응변수(response variable)라고 한다. 회귀분석은 독립변수와 종속변수의 구체적인 함수 형태를 찾아내고, 독립변수로부터 종속변수를 예측하는데 그 목적이 있다.

함수의 형태로 주어지는 직선 또는 곡선을 회귀선 또는 회귀방정식이라 하며, 회귀방정식의 미지계수를 결정하고 구체적인 회귀선을 도출해 내는 것을 회귀선의 추정이라 한다. 회귀선에서 미지계수를 회귀계수라고 하며, 회귀선은 그 형태에 따라 크게 회귀직선과 회귀곡선으로 나누어지며, 회귀직선을 추정하는 것을 선형회귀분석(linear regression analysis), 회귀곡선을 추정하는 것을 비선형회귀분석(nonlinear regression analysis)이라 한다. 또한, 회귀분석은 독립변수의 수에 따라 단순회귀분석(simple regression analysis)과 중회귀분석(multiple regression analysis)으로 나눌 수 있으며, 독립변수가 한 개일 때를 단순회귀분석이라 하고, 두 개 이상일 때를 중회귀분석이라 한다.

이 절에서는 독립변수가 한 개이고, 독립변수와 종속변수의 관계가 선형성을 가지는 단순선형회귀분석(simple linear regression analysis)만을 다루고자 한다.

(1) 단순선형회귀모형

독립변수 X와 종속변수 Y의 관계를 대략적으로 파악하기 위해 상관도를 그려본 후 적절한 모형을 설정하게 된다. 두 변수가 직선적인 경향을 가질 때, 미지의 직선 관계를 $y = a + bx$로 나타내고, 산포의 정도를 σ^2으로 나타내면 독립변수의 값 $x_1, x_2, \cdots, x_n$에 대응하는 종속변수의 값 $y_1, y_2, \cdots, y_n$은 다음과 같은 확률변수 y_i의 관측값으로 생각할 수 있는데, 이러한 모형을 단순선형회귀모형(simple linear regression model)이라 한다.

$$y_i = a + bx_i + \epsilon_i, \qquad \epsilon_i \sim N(0, \sigma^2)$$
$$i = 1, 2, \cdots, n$$

여기서, a, b를 모회귀계수(population regression coefficients)라고 하고, ϵ_i는 오차항을 나타내는 확률변수이며, 서로 독립이라고 가정한다.

(2) 회귀직선의 추정

단순선형회귀모형에서 모회귀계수를 주어진 측정값으로부터 추정하는 방법으로는 여러 가지가 있으나 그 중 최소제곱법(least squares method)이 가장 많이 이용되고 있으며, 이로부터 얻어진 직선 $\hat{y} = \hat{a} + \hat{b}x$를 추정회귀직선(estimated regression line) 또는 최소제곱회귀직선이라고 한다. 이제부터 오차제곱합을 최소화하는 최소제곱법을 이용하여 추정회귀직선을 구체적으로 구해 보기로 하자. 단순선형회귀모형에서 오차제곱합

$$S = \sum_{i=1}^{n} \epsilon_i^2 = \sum_{i=1}^{n} (y_i - a - bx_i)^2$$

를 최소로 하는 a와 b를 구하기 위하여 S를 a와 b로 각각 편미분하여 얻은 결과는 다음과 같다.

$$\frac{\partial S}{\partial a} = -2\sum_{i=1}^{n}(y_i - a - bx_i)$$
$$\frac{\partial S}{\partial b} = -2\sum_{i=1}^{n}(y_i - a - bx_i)x_i$$

편미분한 값을 0으로 만드는 a와 b를 $\hat{a}$와 $\hat{b}$로 대치하여 위의 두 식을 정리하면 다음과 같이 되는데, 이 식을 정규방정식(normal equation)이라고 한다.

$$\sum_{i=1}^{n} y_i = n\hat{a} + \hat{b}\sum_{i=1}^{n} x_i$$

$$\sum_{i=1}^{n} x_i y_i = \hat{a}\sum_{i=1}^{n} x_i + \hat{b}\sum_{i=1}^{n} x_i^2$$

정규방정식을 $\hat{a}$와 $\hat{b}$에 대하여 풀면, 다음 결과를 얻을 수 있다.

$$\hat{b} = \frac{\sum_{i=1}^{n}(x_i - \bar{x})(y_i - \bar{y})}{\sum_{i=1}^{n}(x_i - \bar{x})^2}$$

$$\hat{a} = \bar{y} - \hat{b}\,\bar{x} = \frac{1}{n}\sum_{i=1}^{n} y_i - \hat{b}\frac{1}{n}\sum_{i=1}^{n} x_i$$

따라서 추정회귀직선은 다음과 같이 표현되며, 이 직선을 X에 관한 Y의 회귀직선(regression line of Y on X)이라고 한다.

$$\hat{y} = \hat{a} + \hat{b}x = \bar{y} + \hat{b}(x - \bar{x})$$

위 식으로부터 추정회귀직선은 $(\bar{x}, \bar{y})$점을 지나는 것을 알 수 있다. 마찬가지 방법으로 Y에 관한 X의 회귀직선(regression line of X on Y)을 구해 보면 다음과 같다.

$$\hat{x} = \bar{x} + \hat{b}(y - \bar{y})$$

이 때, $\hat{b} = \frac{\sum_{i=1}^{n}(x_i - \bar{x})(y_i - \bar{y})}{\sum_{i=1}^{n}(y_i - \bar{y})^2}$ 이다.

(3) 회귀직선의 정도

앞 절에서 구한 추정회귀직선이 관측값들을 잘 대표하는지는 상관도를 통해 대략적으로 파악하는 방법과 추정회귀직선의 정도(precision)를 하나의 수치로 나타내는 방법이 있다. 추정회귀직선의 정도를 측정하는 측도에는 오차항의 분산 σ^2에 대한 추정값의 표준오차(standard error of estimate)와 결정계수(coefficient of determination) 등이 있다.

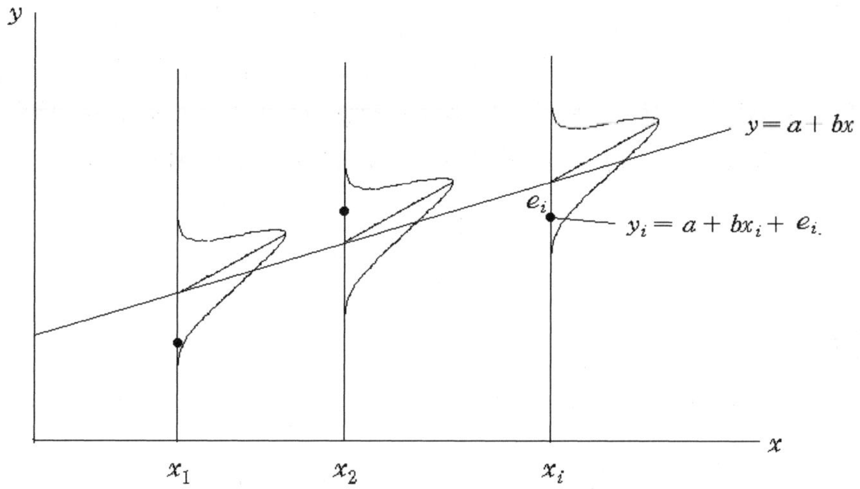

그림 11.1 단순선형회귀모형

❒ 오차항의 분산 σ^2에 대한 추정

추정회귀직선 $\hat{y}_i$와 실제 관측값 y_i들이 얼마나 차이가 있는지에 대해 살펴보기로 하자. **그림 11.1**에서 알 수 있듯이 잔차들의 크기가 작으면 추정회귀직선이 자료들을 잘 설명해 주고 있다고 할 수 있다. 그런데 이러한 잔차들의 크기는 오차항의 분산 σ^2의 크기에 따라 나타나므로 이러한 잔차들을 이용하여 오차항의 분산 σ^2을 추정할 수 있다. 잔차제곱합을 오차제곱합이라고도 하며, 다음과 같이 SSE로 표현한다.

$$SSE = \sum_{i=1}^{n}(y_i - \hat{y}_i)^2$$
$$= \sum_{i=1}^{n}(y_i - \bar{y})^2 - \frac{[\sum_{i=1}^{n}(x_i - \bar{x})(y_i - \bar{y})]^2}{\sum_{i=1}^{n}(x_i - \bar{x})^2}$$

오차항의 분산 σ^2의 추정량 s^2은 오차제곱합을 이용하여 다음과 같이 구할 수 있으며, 이 추정량을 평균제곱오차(mean squared error : MSE)라고 한다.

$$s^2 = \frac{SSE}{n-2} = \frac{1}{n-2}\sum_{i=1}^{n}(y_i - \hat{y}_i)^2$$

오차항의 분산 σ^2의 추정량 s^2은 추정회귀직선 $\hat{y}_i$와 실제 관측값 y_i들이 얼마나 차이가 있는지를 요약해 주는 값으로 s^2이 작을수록 추정회귀직선이 자료들을 잘 설명해 주고 있다고 할 수 있다. 이 때, 추정량 s^2의 표준편차 s는 다음과 같이 표현되며, 이것을 오차항의 분산 σ^2에 대한 추정값의 표준오차라고 한다.

$$s = \sqrt{\frac{1}{n-2}\sum_{i=1}^{n}(y_i - \hat{y}_i)^2}$$

❐ 결정계수

추정회귀직선의 정도를 측정하는 방법으로 다음과 같은 편차를 생각해 보자.

$$y_i - \bar{y} = (y_i - \hat{y}_i) + (\hat{y}_i - \bar{y})$$

하나의 관측값 y_i와 y_i들의 평균 $\bar{y}$와의 차이를 총편차(total deviation)라 하면, 이는 위와 같이 두 개의 편차의 합으로 표현될 수 있으며, 이들의 제곱합은 다음과 같이 표현된다.

$$\sum_{i=1}^{n}(y_i - \bar{y})^2 = \sum_{i=1}^{n}(y_i - \hat{y}_i)^2 + \sum_{i=1}^{n}(\hat{y}_i - \bar{y})^2$$

$$SST \quad = \quad SSE \quad + \quad SSR$$

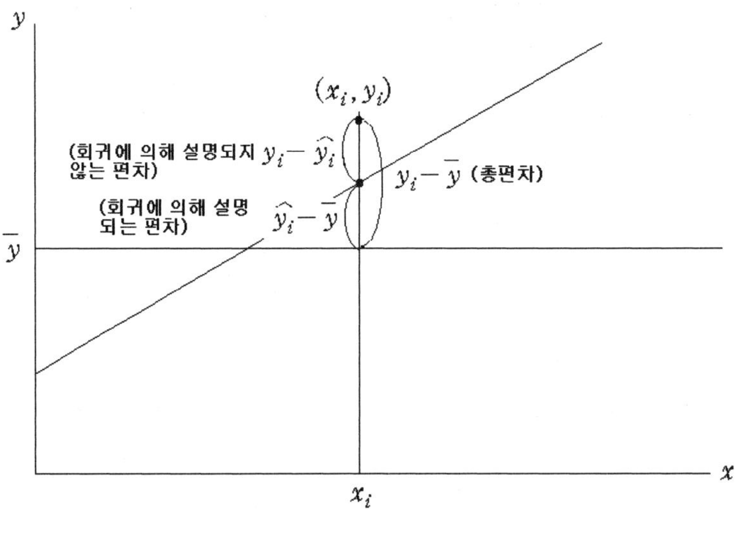

그림 11.2 총편차의 분해

총편차의 제곱합을 총제곱합이라 하고, SST로 표현한다. 그리고 회귀직선에 의해 설명이 되지 않고 오차항에 의해 설명이 되는 오차제곱합은 SSE로 표현하며, 회귀직선에 의해 설명이 되는 회귀제곱합은 SSR로 표현한다. 총제곱합 SST에 비해서 오차제곱합 SSE가 작으면(회귀제곱합 SSR이 크면) 회귀모형이 자료들을 잘 설명해 주고 있다고 할 수 있다. 총제곱합 중에서 회귀제곱합이 차지하는 비율을 결정계수라고 하며, 다음과 같이 표현된다.

$$\begin{aligned} r^2 &= \frac{SSR}{SST} \\ &= \frac{[\sum_{i=1}^{n}(x_i - \overline{x})(y_i - \overline{y})]^2}{[\sum_{i=1}^{n}(x_i - \overline{x})^2][\sum_{i=1}^{n}(y_i - \overline{y})^2]} \end{aligned}$$

결정계수의 범위는 0과 1사이이며, 표본상관계수의 제곱과 같다. 따라서 결정계수의 값이 1에 가까울수록 추정회귀직선 주위에 자료들이 밀집되어 있으므로 자료들을 잘 대표하고 있다고 할 수 있다. 그러나 회귀모형이 자료를 충분히 잘 설명하는지를 정확히 파악하기 위해서는 결정계수 뿐만 아니라 상관도와 잔차의 검토가 종합적으로 이루어져야 한다는 점에 유의해야 한다.

예제 1

어느 지역에 있는 아동보육기관에서는 보육시설의 크기(단위 : $100m^2$)에 따른 보육아동의 수(단위 : 10명)를 예측하기 위하여 10개의 아동보육시설을 임의로 추출하여 다음과 같은 자료를 얻었다.

보육시설의 크기(x)	1	1	2	3	4	4	5	6	6	8
보육아동의 수(y)	2	3	4	5	7	8	10	11	12	15

① 단순선형회귀모형을 가정할 때, 추정회귀직선을 구하여라.

② 오차항의 분산 σ^2을 추정하여라.

③ 결정계수 r^2을 구하여라.

[풀이]

$$\overline{x} = \frac{1}{10}(1 + 1 + \cdots + 8) = 4$$

$$\bar{y} = \frac{1}{10}(2+3+\cdots+15) = 7.7$$

$$\sum_{i=1}^{10}(x_i - \bar{x})^2 = (1-4)^2 + (1-4)^2 + \cdots + (8-4)^2 = 48$$

$$\sum_{i=1}^{10}(y_i - \bar{y})^2 = (2-7.7)^2 + (3-7.7)^2 + \cdots + (15-7.7)^2 = 164.1$$

$$\sum_{i=1}^{10}(x_i - \bar{x})(y_i - \bar{y}) = (1-4)(2-7.7) + (1-4)(3-7.7) + \cdots + (8-4)(15-7.7) = 88$$

① $\hat{b} = \frac{88}{48} = 1.833$, $\hat{a} = 7.7 - 1.833 \times 4 = 0.367$ 이다.

따라서, X에 대한 Y의 추정회귀직선은 다음과 같다.

$$\hat{y} = 0.367 + 1.833x$$

② $SSE = 164.1 - \frac{88^2}{48} = 2.767$ 이므로 $\hat{\sigma}^2 = s^2 = \frac{2.767}{10-2} = 0.346$ 와 같다.

③ 결정계수는 $r^2 = \frac{88^2}{48 \times 164.1} = 0.983$ 와 같이 구해질 수 있다. ■

SECTION 11.2 회귀계수의 추정

(1) 모회귀계수 a의 신뢰구간

모회귀계수 a의 추정량 $\hat{a}$의 기대값과 분산을 구해보면 다음과 같다

$$E(\hat{a}) = a, \quad Var(\hat{a}) = \sigma^2\left(\frac{1}{n} + \frac{(\bar{x})^2}{\sum_{i=1}^{n}(x_i - \bar{x})^2}\right)$$

따라서, 모회귀계수 $\hat{a}$의 분포는 다음과 같은 정규분포를 따르게 된다.

$$\hat{a} \sim N\left(a, \sigma^2\left(\frac{1}{n} + \frac{(\bar{x})^2}{\sum_{i=1}^{n}(x_i - \bar{x})^2}\right)\right)$$

이로부터 모분산 σ^2을 알 때의 모회귀계수 a에 대한 $(1-\alpha)100\%$ 신뢰구간은 다음과 같다.

$$\left(\hat{a}-z_{\alpha/2}\sqrt{\sigma^2\left(\frac{1}{n}+\frac{(\overline{x})^2}{\sum_{i=1}^{n}(x_i-\overline{x})^2}\right)},\ \hat{a}+z_{\alpha/2}\sqrt{\sigma^2\left(\frac{1}{n}+\frac{(\overline{x})^2}{\sum_{i=1}^{n}(x_i-\overline{x})^2}\right)}\right)$$

또한, 모분산 σ^2을 모를 때의 모회귀계수 a에 대한 $(1-\alpha)100\%$ 신뢰구간은 표준정규분포 대신 자유도가 $(n-2)$인 t-분포를 이용하여 다음과 같이 구할 수 있다.

$$\left(\hat{a}-t_{(n-2,\alpha/2)}\sqrt{s^2\left(\frac{1}{n}+\frac{(\overline{x})^2}{\sum_{i=1}^{n}(x_i-\overline{x})^2}\right)},\ \hat{a}+t_{(n-2,\alpha/2)}\sqrt{s^2\left(\frac{1}{n}+\frac{(\overline{x})^2}{\sum_{i=1}^{n}(x_i-\overline{x})^2}\right)}\right)$$

(2) 모회귀계수 b의 신뢰구간

모회귀계수 b의 추정량 $\hat{b}$의 기대값과 분산은 다음과 같이 구해질 수 있다.

$$E(\hat{b})=b,\quad Var(\hat{b})=\frac{\sigma^2}{\sum_{i=1}^{n}(x_i-\overline{x})^2}$$

따라서, $\hat{b}$의 분포는 다음과 같은 정규분포를 따른다

$$\hat{b}\sim N\left(b,\ \frac{\sigma^2}{\sum_{i=1}^{n}(x_i-\overline{x})^2}\right)$$

이로부터 모분산 σ^2을 알 때의 모회귀계수 b에 대한 $(1-\alpha)100\%$ 신뢰구간은 다음과 같이 나타낼 수 있다.

$$\left(\hat{b}-z_{\alpha/2}\sqrt{\frac{\sigma^2}{\sum_{i=1}^{n}(x_i-\overline{x})^2}},\ \hat{b}+z_{\alpha/2}\sqrt{\frac{\sigma^2}{\sum_{i=1}^{n}(x_i-\overline{x})^2}}\right)$$

또한, 모분산 σ^2을 모를 때의 모회귀계수 b에 대한 $(1-\alpha)100\%$ 신뢰구간은 표준정규분포 대신 자유도가 $(n-2)$인 t-분포를 이용하여 다음과 같이 구할 수 있다.

$$\left(\hat{b}-t_{(n-2,\alpha/2)}\sqrt{\frac{s^2}{\sum_{i=1}^{n}(x_i-\overline{x})^2}},\ \hat{b}+t_{(n-2,\alpha/2)}\sqrt{\frac{s^2}{\sum_{i=1}^{n}(x_i-\overline{x})^2}}\right)$$

(3) $E(y \mid x) = a + bx$의 신뢰구간

어떤 주어진 독립변수 x에 대응하는 종속변수 y의 기대값인

$$E(y \mid x) = a + bx$$

의 신뢰구간을 구해 보자. 먼저 $a + bx$의 추정량 $\hat{a} + \hat{b}x$의 기대값과 분산을 구해 보면 다음과 같음을 알 수 있다.

$$E(\hat{a} + \hat{b}x) = a + bx\,,\quad Var(\hat{a} + \hat{b}x) = \sigma^2\left(\frac{1}{n} + \frac{(x-\overline{x})^2}{\sum_{i=1}^{n}(x_i - \overline{x})^2}\right)$$

따라서, $\hat{a} + \hat{b}x$의 분포는 다음과 같은 정규분포를 따르게 된다.

$$\hat{a} + \hat{b}x \sim N\left(a + bx, \sigma^2\left(\frac{1}{n} + \frac{(x-\overline{x})^2}{\sum_{i=1}^{n}(x_i - \overline{x})^2}\right)\right)$$

이로부터 모분산 σ^2을 알 때의 모회귀계수 $a + bx$에 대한 $(1-\alpha)100\%$ 신뢰구간은 다음과 같다.

$$\left((\hat{a}+\hat{b}x) - z_{\alpha/2}\sqrt{\sigma^2\left(\frac{1}{n}+\frac{(x-\overline{x})^2}{\sum_{i=1}^{n}(x_i-\overline{x})^2}\right)}\ ,\ (\hat{a}+\hat{b}x) + z_{\alpha/2}\sqrt{\sigma^2\left(\frac{1}{n}+\frac{(x-\overline{x})^2}{\sum_{i=1}^{n}(x_i-\overline{x})^2}\right)}\right)$$

또한, 모분산 σ^2을 모를 때의 모회귀계수 a에 대한 $(1-\alpha)100\%$ 신뢰구간은 표준정규분포 대신 자유도가 $(n-2)$인 t-분포를 이용하여 다음과 같이 구할 수 있다

$$\left((\hat{a} + \hat{b}x) - t_{(n-2,\alpha/2)}\sqrt{s^2\left(\frac{1}{n} + \frac{(x-\overline{x})^2}{\sum_{i=1}^{n}(x_i - \overline{x})^2}\right)}\,,\right.$$

$$\left.(\hat{a} + \hat{b}x) + t_{(n-2,\alpha/2)}\sqrt{s^2\left(\frac{1}{n} + \frac{(x-\overline{x})^2}{\sum_{i=1}^{n}(x_i - \overline{x})^2}\right)}\right)$$

예제 2

(예제 1)의 자료에 대하여 단순선형회귀모형을 가정할 때,

① 모회귀계수 a의 95% 신뢰구간을 구하여라.

② 모회귀계수 b의 95% 신뢰구간을 구하여라.

③ 보육시설의 크기가 $x = 10, 15, 20$일 때, 보육아동의 수의 95% 신뢰구간을 각각 구하여라.

[풀이]

(예제 1)에서 $s^2 = 0.346$, $\bar{x} = 4$, $\sum_{i=1}^{10}(x_i - \bar{x})^2 = 48$, $n = 10$와 같다. \

① $t_{(10-2,\,0.025)} = 2.306$이므로 a의 95% 신뢰구간은 다음과 같이 구해진다.

$$0.367 - 2.306\sqrt{0.346\left(\frac{1}{10}+\frac{4^2}{48}\right)} < a < 0.367 + 2.306\sqrt{0.346\left(\frac{1}{10}+\frac{4^2}{48}\right)}$$

$\Rightarrow 0.367 - 0.892 < a < 0.367 + 0.892$

$\Rightarrow -0.526 < a < 1.259$

② 마찬가지 방법으로 b의 95% 신뢰구간은 다음과 같이 구해진다.

$$1.833 - 2.306\sqrt{\frac{0.346}{48}} < b < 1.833 + 2.306\sqrt{\frac{0.346}{48}}$$

$\Rightarrow 1.833 - 0.195 < b < 1.833 + 0.195$

$\Rightarrow 1.638 < b < 2.028$

③ $x = 10$일 때, $\hat{a} + \hat{b}(10) = 0.367 + 1.833 \times 10 = 18.697$이므로

$$18.697 - 2.306\sqrt{0.346\left(\frac{1}{10}+\frac{(10-4)^2}{48}\right)} < a + bx$$
$$< 18.697 + 2.306\sqrt{0.346\left(\frac{1}{10}+\frac{(10-4)^2}{48}\right)}$$

$\Rightarrow 18.697 - 1.251 < a + bx < 18.697 + 1.251$

$\Rightarrow 17.446 < a + bx < 19.948$

$x = 15$일 때, $\hat{a} + \hat{b}(15) = 0.367 + 1.833 \times 15 = 27.862$이므로

$$25.665 < a + bx < 30.059$$

$x = 20$일 때, $\hat{a} + \hat{b}(20) = 0.367 + 1.833 \times 20 = 37.027$이므로

$$33.864 < a + bx < 40.190$$ ■

SECTION 11.3 회귀계수의 가설검정

(1) 모회귀계수 a의 검정

귀무가설 H_0 : $a = a_0$를 검정하고자 한다. 모회귀계수 a의 검정에서는 추정량 $\hat{a}$을 이용하는데, 모분산 σ^2를 알고 있을 때 $\hat{a}$은 다음과 같은 정규분포를 따른다는 것을 알고 있다.

$$N\left(a, \sigma^2\left(\frac{1}{n} + \frac{(\overline{x})^2}{\sum_{i=1}^{n}(x_i - \overline{x})^2}\right)\right)$$

따라서 이를 표준화한 Z-통계량은 표준정규분포를 따르게 된다.

$$Z = \frac{\hat{a} - a}{\sqrt{\sigma^2\left(\frac{1}{n} + \frac{(\overline{x})^2}{\sum_{i=1}^{n}(x_i - \overline{x})^2}\right)}} \sim N(0,1)$$

그러므로 귀무가설 H_0 : $a = a_0$가 참이라는 가설하에서 얻은 검정통계량을 이용하여 모회귀계수 a에 대한 검정법을 요약하면 다음과 같다.

모분산이 알려진 경우 모회귀계수 a에 대한 검정

귀무가설 설정	H_0 : $a = a_0$
검정통계량	$Z_0 = \frac{\hat{a} - a_0}{\sqrt{\sigma^2\left(\frac{1}{n} + \frac{(\overline{x})^2}{\sum_{i=1}^{n}(x_i - \overline{x})^2}\right)}}$
가설검정	H_1 : $a > a_0$일 때, $Z_0 > z_\alpha$이면, H_0를 기각한다. H_1 : $a < a_0$일 때, $Z_0 < -z_\alpha$이면, H_0를 기각한다. H_1 : $a \neq a_0$일 때, $\mid Z_0 \mid > z_{\alpha/2}$이면, H_0를 기각한다.

한편, 모분산 σ^2이 미지일 때, Z-통계량에서 σ 대신 s를 대입한 t-통계량

$$t = \frac{\hat{a} - a}{\sqrt{s^2\left(\frac{1}{n} + \frac{(\overline{x})^2}{\sum_{i=1}^{n}(x_i - \overline{x})^2}\right)}}$$

는 자유도 $(n-2)$인 t-분포를 따른다. 그러므로 귀무가설이 참이라는 가설하에서 얻은 검정통계량을 이용하여 모회귀계수 a에 대한 검정법을 요약하면 다음과 같다.

모분산이 알려지지 않은 경우 모회귀계수 a에 대한 검정

귀무가설 설정	H_0 : $a = a_0$
검정통계량	$t_0 = \frac{\hat{a} - a_0}{\sqrt{s^2\left(\frac{1}{n} + \frac{(\overline{x})^2}{\sum_{i=1}^{n}(x_i - \overline{x})^2}\right)}}$
가설검정	H_1 : $a > a_0$ 일 때, $t_0 > t_{(n-2,\alpha)}$ 이면, H_0를 기각한다. H_1 : $a < a_0$ 일 때, $t_0 < -t_{(n-2,\alpha)}$ 이면, H_0를 기각한다. H_1 : $a \neq a_0$ 일 때, $\mid t_0 \mid > t_{(n-2,\alpha/2)}$ 이면, H_0를 기각한다.

(2) 모회귀계수 b의 검정

귀무가설 H_0 : $b = b_0$를 검정하고자 한다. 모회귀계수 b의 검정에서는 추정량 $\hat{b}$을 이용하는데, 모분산 σ^2를 알고 있을 때 $\hat{b}$은 정규분포를 따른다.

$$N\left(b, \frac{\sigma^2}{\sum_{i=1}^{n}(x_i - \overline{x})^2}\right)$$

따라서 이를 표준화한 Z-통계량은 표준정규분포를 따르게 된다.

$$Z = \frac{\hat{b} - b}{\sqrt{\frac{\sigma^2}{\sum_{i=1}^{n}(x_i - \overline{x})^2}}} \sim N(0,1)$$

그러므로 귀무가설 H_0 : $b = b_0$가 참이라는 가설하에서 얻은 검정통계량을 이용하여 모회귀계수 b에 대한 검정법을 요약하면 다음과 같다.

모분산이 알려진 경우 모회귀계수 b에 대한 검정

귀무가설의 설정	$H_0 : b = b_0$
검정통계량	$Z_0 = \dfrac{\hat{b} - b_0}{\sqrt{\dfrac{\sigma^2}{\sum_{i=1}^{n}(x_i - \bar{x})^2}}}$
가설검정	$H_1 : b > b_0$일 때, $Z_0 > z_\alpha$이면, H_0를 기각한다. $H_1 : b < b_0$일 때, $Z_0 < -z_\alpha$이면, H_0를 기각한다. $H_1 : b \neq b_0$일 때, $\mid Z_0 \mid > z_{\alpha/2}$이면, H_0를 기각한다.

한편, 모분산 σ^2이 미지일 때, Z-통계량에서 σ 대신 s를 대입한 t-통계량은 자유도 $(n-2)$인 t-분포를 따른다.

$$t = \frac{\hat{b} - b}{\sqrt{\dfrac{s^2}{\sum_{i=1}^{n}(x_i - \bar{x})^2}}}$$

그러므로 모분산이 알려지지 않은 경우 귀무가설이 참이라는 가설하에서 얻은 검정통계량을 이용하여 모회귀계수 b에 대한 검정법을 요약하면 다음과 같다.

모분산이 알려지지 않은 경우 모회귀계수 b에 대한 검정

귀무가설 설정	$H_0 : b = b_0$
검정통계량	$t_0 = \dfrac{\hat{b} - b_0}{\sqrt{\dfrac{s^2}{\sum_{i=1}^{n}(x_i - \bar{x})^2}}}$
가설검정	$H_1 : b > b_0$일 때, $t_0 > t_{(n-2,\alpha)}$이면, H_0를 기각한다. $H_1 : b < b_0$일 때, $t_0 < -t_{(n-2,\alpha)}$이면, H_0를 기각한다. $H_1 : b \neq b_0$일 때, $\mid t_0 \mid > t_{(n-2,\alpha/2)}$이면, H_0를 기각한다.

(3) $E(y \mid x) = a + bx$의 검정

귀무가설 H_0 : $a+bx = a_0 + b_0x$를 검정하고자 한다. 모회귀계수 $a+bx$의 검정에서는 추정량 $\hat{a}+\hat{b}x$를 이용하는 데, 모분산 σ^2를 알고 있을 때 $\hat{a}+\hat{b}x$는

$$N\left(a+bx,\ \sigma^2\left(\frac{1}{n} + \frac{(x-\bar{x})^2}{\sum_{i=1}^{n}(x_i-\bar{x})^2}\right)\right)$$

를 따른다. 따라서 이를 표준화한 Z-통계량은 $N(0,1)$를 따르게 된다.

$$Z = \frac{(\hat{a}+\hat{b}x) - (a+bx)}{\sqrt{\sigma^2\left(\frac{1}{n} + \frac{(x-\bar{x})^2}{\sum_{i=1}^{n}(x_i-\bar{x})^2}\right)}}$$

그러므로 귀무가설 H_0 : $a+bx = a_0 + b_0x$가 참이라는 가설하에 얻은 검정통계량을 이용하여 모회귀계수 $a+bx$에 대한 검정법을 요약하면 다음과 같다.

모분산이 알려진 경우 모회귀계수 $a+bx$에 대한 검정

귀무가설 설정	H_0 : $a+bx = a_0+b_0x$
검정통계량	$Z_0 = \frac{(\hat{a}+\hat{b}x) - (a_0+b_0x)}{\sqrt{\sigma^2\left(\frac{1}{n} + \frac{(x-\bar{x})^2}{\sum_{i=1}^{n}(x_i-\bar{x})^2}\right)}}$
가설검정	H_1 : $a+bx > a_0+b_0x$ 일 때, $Z_0 > z_\alpha$ 이면, H_0를 기각한다.
	H_1 : $a+bx < a_0+b_0x$ 일 때, $Z_0 < -z_\alpha$ 이면, H_0를 기각한다.
	H_1 : $a+bx \neq a_0+b_0x$ 일 때, $\mid Z_0 \mid > z_{\alpha/2}$ 이면, H_0를 기각한다.

한편, 모분산 σ^2이 알려지지 않았을 때, Z-통계량에서 σ 대신 s를 대입한 t-통계량은 자유도 $(n-2)$인 t-분포를 따른다.

$$t = \frac{(\hat{a}+\hat{b}x) - (a+bx)}{\sqrt{s^2\left(\frac{1}{n} + \frac{(x-\bar{x})^2}{\sum_{i=1}^{n}(x_i-\bar{x})^2}\right)}}$$

그러므로 귀무가설이 참이라는 가설하에 얻은 검정통계량을 이용하여 모회귀계수 $a+bx$에 대한 검정법을 요약하면 다음과 같다.

모분산이 알려지지 않은 경우 모회귀계수 $a+bx$에 대한 검정

귀무가설 설정 $H_0 \ : \ a+bx = a_0 + b_0 x$

검정통계량 $$t_0 = \frac{(\hat{a} + \hat{b}x) - (a_0 + b_0 x)}{\sqrt{s^2\left(\frac{1}{n} + \frac{(x-\overline{x})^2}{\sum_{i=1}^{n}(x_i - \overline{x})^2}\right)}}$$

가설검정 $H_1 : a+bx > a_0 + b_0 x$ 일 때, $t_0 > t_{(n-2,\alpha)}$ 이면, H_0를 기각한다.

$H_1 : a+bx < a_0 + b_0 x$ 일 때, $t_0 < -t_{(n-2,\alpha)}$ 이면, H_0를 기각한다.

$H_1 : a+bx \neq a_0 + b_0 x$ 일 때, $|t_0| > t_{(n-2,\alpha/2)}$ 이면, H_0를 기각한다.

예제 3

(예제 1)의 자료에 대하여 단순선형회귀모형을 가정할 때,

① 절편 a에 대하여 다음 가설을 유의수준 5%에서 검정하여라.

$H_0 : \ a = 0 \quad H_1 : \ a \neq 0$

② 기울기 b에 대하여 다음 가설을 유의수준 5%에서 검정하여라.

$H_0 : \ b = 0 \quad H_1 : \ b \neq 0$

[풀이]

(예제 1)에서 $s^2 = 0.346$, $\overline{x} = 4$, $\sum_{i=1}^{10}(x_i - \overline{x})^2 = 48$, $n = 10$이다.

① 검정통계량 : $|t_0| = \left| \frac{0.367 - 0}{\sqrt{0.346\left(\frac{1}{10} + \frac{4^2}{48}\right)}} \right| = 0.947$

$t_{(10-2,\,0.025)} = 2.306$

따라서, $|t_0| = 0.947 < t_{(8,\,0.025)} = 2.306$ 이므로 H_0를 기각하지 못한다.

② 검정통계량 : $|t_0| = \left| \frac{1.833 - 0}{\sqrt{\frac{0.346}{48}}} \right| = 21.599$

따라서, $|t_0| = 21.599 > t_{(8,\,0.025)} = 2.306$ 이므로 H_0를 기각한다. ■

SECTION 11.4 상관계수와 회귀계수의 관계

단순상관계수 r과 회귀계수 b와의 관계를 살펴보기 위해 회귀계수 b를 r의 함수로 표현해 보면 다음과 같다.

$$b = \frac{\sum_{i=1}^{n}(x_i - \bar{x})(y_i - \bar{y})}{\sum_{i=1}^{n}(x_i - \bar{x})^2} = r\frac{\sqrt{\sum_{i=1}^{n}(y_i - \bar{y})^2}}{\sqrt{\sum_{i=1}^{n}(x_i - \bar{x})^2}} = r\frac{s_y}{s_x}$$

따라서 회귀계수 b의 값이 양수이면 단순상관계수 r의 값도 양수가 되므로 양의 상관관계를 가지며, 회귀계수 b의 값이 음수가 되면 단순상관계수 r의 값도 음수가 되어 음의 상관관계를 가지게 된다. 또한, b의 값이 0이면 단순상관계수의 값도 0이 되므로 무상관이라는 것을 알 수 있다.

$b > 0$ 이면 $r > 0$: 양의 상관
$b < 0$ 이면 $r < 0$: 음의 상관
$b = 0$ 이면 $r = 0$: 무상관

단순상관계수 r을 알고 있을 경우, 회귀직선의 방정식은 다음과 같이 표현된다.

$$\hat{y} - \bar{y} = r\frac{\sqrt{\sum_{i=1}^{n}(y_i - \bar{y})^2}}{\sqrt{\sum_{i=1}^{n}(x_i - \bar{x})^2}}(x - \bar{x}) = r\frac{s_y}{s_x}(x - \bar{x})$$

예제 4

두 변량 X와 Y의 상관계수는 $r = 0.5$이다. 그리고 X의 평균과 표준편차는 각각 10과 2이며, Y의 평균과 표준편차는 각각 14와 3이다. 이 때, X에 대한 Y의 회귀직선을 구하여라.

[풀이]

$\hat{y} - 14 = (0.5)\frac{3}{2}(x - 10)$ 이므로 $\hat{y} = \frac{3}{4}x + \frac{13}{2}$ 와 같다. ■

SECTION 11.5 사회복지 자료에 대한 회귀분석

예제 5

앞의 (예제 1)과 (예제 3)을 SPSS를 사용하여 해결하여라. 즉, 아래에 있는 자료를 사용하여 다음 문제를 해결하여라.

보육시설의 크기(x)	1	1	2	3	4	4	5	6	6	8
보육아동의 수(y)	2	3	4	5	7	8	10	11	12	15

① 단순선형회귀모형을 가정할 때, 추정회귀직선을 구하여라.

② 오차항의 분산 σ^2을 추정하여라.

③ 결정계수 r^2을 구하여라.

④ 절편 a에 대하여 다음 가설을 유의수준 5%에서 검정하여라.

$$H_0: \ a = 0 \qquad H_1: \ a \neq 0$$

⑤ 기울기 b에 대하여 다음 가설을 유의수준 5%에서 검정하여라.

$$H_0: \ b = 0 \qquad H_1: \ b \neq 0$$

SPSS 실행 방법

회귀분석을 위한 메뉴를 사용하기 전에 SPSS 데이터편집기에서 다음과 같이 자료를 입력하여야 한다.

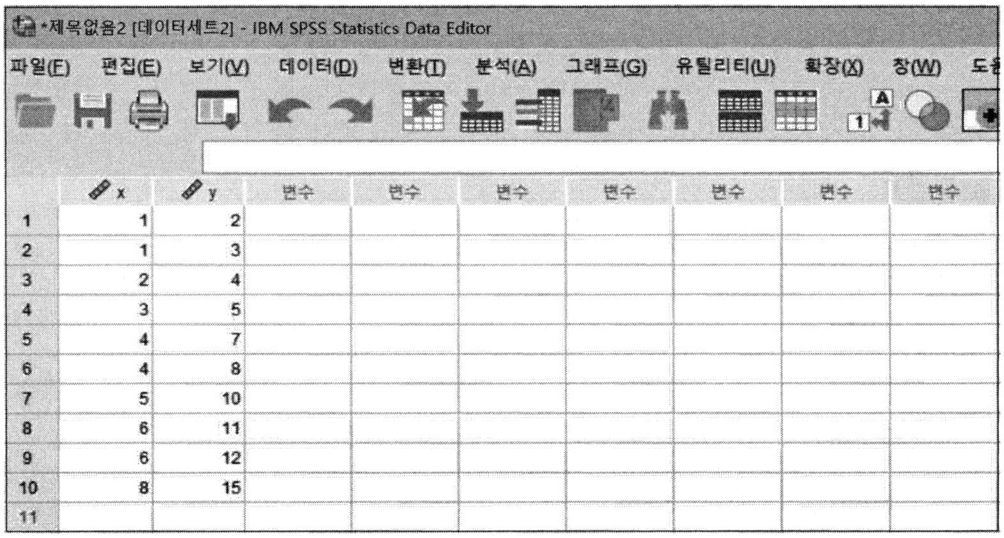

단순회귀분석에서 모형의 적합성을 검정하고, 모집단 회귀계수를 추정하기 위해서는 SPSS 초기화면에서 다음과 같은 메뉴를 선택함으로써 시작할 수 있다.

분석 ⇒ **회귀분석** ⇒ **선형**

보육시설의 크기(x)가 독립변수이고 보육아동의 수(y)가 종속변수인 단순선형회귀 모형에 대한 회귀분석을 수행하기 위해서는 위와 같이 메뉴를 선택하여 얻게 되는 《선형 회귀》대화상자에서 y을 종속변수에 x를 독립변수에 선택하고 [확인]을 클릭한다.

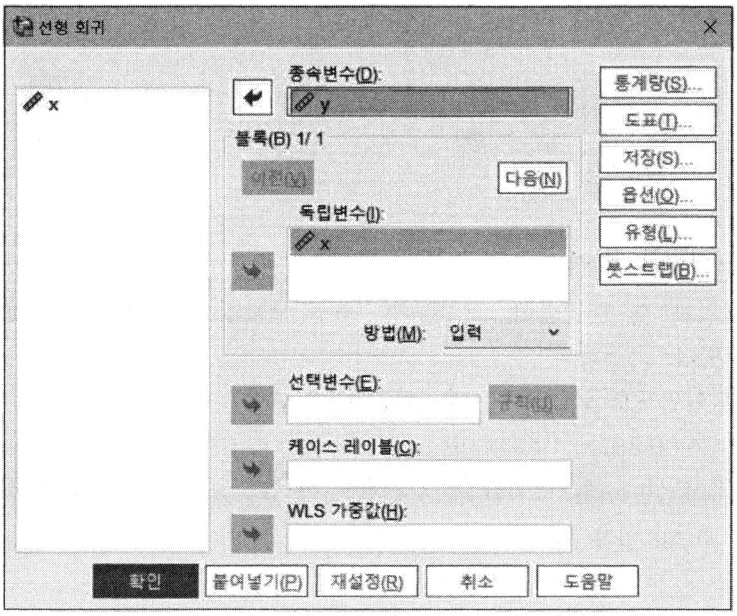

‖ SPSS 실행 결과 ‖

입력/제거된 변수[a]

모형	입력된 변수	제거된 변수	방법
1	x[b]	.	입력

a. 종속변수: y

b. 요청된 모든 변수가 입력되었습니다.

모형 요약

모형	R	R 제곱	수정된 R 제곱	추정값의 표준 오차
1	.992[a]	.983	.981	.588

a. 예측자: (상수), x

ANOVA[a]

모형		제곱합	자유도	평균제곱	F	유의확률
1	회귀	161.333	1	161.333	466.506	<.001[b]
	잔차	2.767	8	.346		
	전체	164.100	9			

a. 종속변수: y

계수[a]

모형		비표준화 계수		표준화 계수		
		B	표준화 오류	베타	t	유의확률
1	(상수)	.367	.387		.947	.371
	x	1.833	.085	.992	21.599	<.001

a. 종속변수: y

SPSS 실행결과 분석

SPSS 실행결과 중 모형요약, 분산분석, 계수 부분을 이용하여 다음과 같이 문제를 해결할 수 있다.

① 단순선형회귀모형을 가정할 때, 추정회귀직선은 SPSS 실행결과의 "계수"부분으로부터 $\hat{y} = 0.367 + 1.833x$ 이다.

② 오차항의 분산 σ^2의 추정값은 평균제곱 잔차로 ANOVA로 제시된 분산분석표에서 $\widehat{\sigma^2} = 0.346$ 임을 알 수 있다.

③ 결정계수 r^2은 모형 요약 부분에서 R제곱으로 주어지는 값으로 $r^2 = 0.983$이다.

④ 절편 a에 대한 검정을 위해서는 계수 부분에서 (상수)로 주어지는 값을 이용하면 된다. t-검정통계량 값은 0.947이고, $t_{(10-2,\,0.025)} = 2.306$이므로 귀무가설 $H_0: a = 0$를 기각하지 못한다. 또한, 유의확률 값이 0.371로 유의수준 $\alpha(=0.05)$보다 크므로 이 방법을 사용하더라도 귀무가설 H_0를 기각할 수 없다는 사실을 알 수 있다.

⑤ 기울기 b에 대한 검정을 위해서는 계수 부분에서 독립변수 x에 해당되는 값을 이용한다. 이 때 검정통계량 값은 21.599이고, $t_{(10-2,\,0.025)} = 2.306$이므로 귀무가설 $H_0: b = 0$를 기각할 수 있다. 또한, 이 때의 유의확률 값도 <0.001로 매우 작음을 알 수 있으며, 따라서 문제에서 주어진 유의수준 $\alpha(=0.05)$보다 작으므로 귀무가설 H_0를 기각할 수 있다.

예제 6

(예제 2)를 SPSS를 사용하여 해결하여라. 즉, 아래에 있는 자료를 사용하여 다음 문제를 해결하여라.

보육시설의 크기(x)	1	1	2	3	4	4	5	6	6	8
보육아동의 수(y)	2	3	4	5	7	8	10	11	12	15

① 모회귀계수 a의 95% 신뢰구간을 구하여라.
② 모회귀계수 b의 95% 신뢰구간을 구하여라.

SPSS 실행 방법

(예제 5)와 마찬가지로 《선형 회귀》 대화상자에서 y을 종속변수에 x를 독립변수에 선택한 후 모회귀계수의 신뢰구간을 산출하기 위해서 [통계량]을 클릭하여 얻게 되는 《선형 회귀: 통계량》 대화상자에서 신뢰구간을 선택하고 수준(%)에 95를 입력한 다음 [계속]을 클릭한다. 그리고 《선형 회귀》 대화상자의 [확인]을 클릭한다.

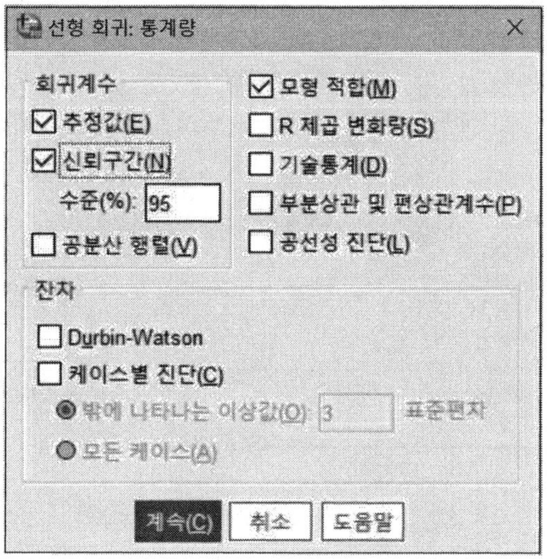

SPSS 실행 결과

계수^a

모형		비표준화 계수 B	비표준화 계수 표준화 오류	표준화 계수 베타	t	유의확률	B에 대한 95.0% 신뢰구간 하한	B에 대한 95.0% 신뢰구간 상한
1	(상수)	.367	.387		.947	.371	-.526	1.259
	x	1.833	.085	.992	21.599	<.001	1.638	2.029

a. 종속변수: y

SPSS 실행결과 분석

SPSS 실행결과 중 계수 부분을 이용하여 다음과 같이 문제를 해결할 수 있다.

① 모회귀계수 a의 95% 신뢰구간 : $(-0.526, 1.259)$

② 모회귀계수 b의 95% 신뢰구간 : $(1.638, 2.029)$

예제 7

사회복지사 실태 조사 자료를 사용하여 근무경력에 따라 적절하다고 생각하는 봉급액을 예측하기 위하여 단순선형회귀모형을 가정하고 추정된 회귀직선을 구하여라.

SPSS 실행 방법

《선형 회귀》 대화상자에서 사회복지사 본인이 적절하다고 생각하는 적절연봉액 변수 A4를 종속변수에 지정하고, 근무경력의 단위를 개월로 환산한 총근무개월수 변수 A5를 독립변수로 지정한 다음 [확인]을 클릭한다.

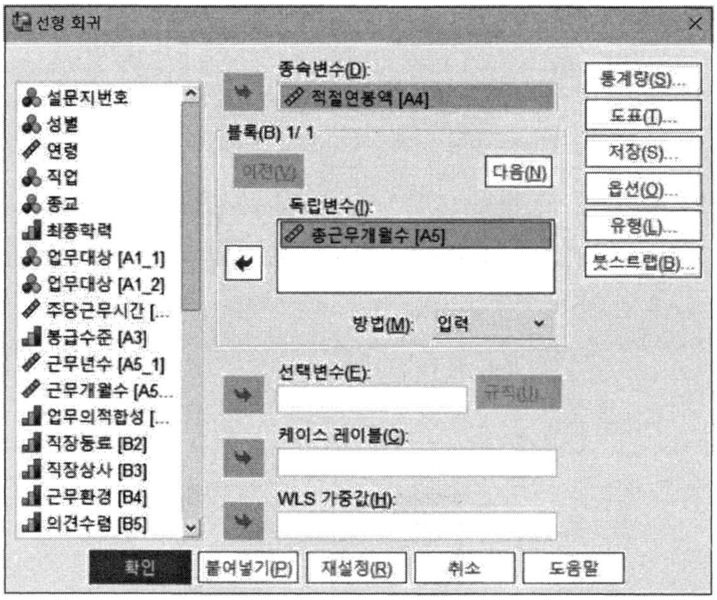

SPSS 실행 결과

입력/제거된 변수[a]

모형	입력된 변수	제거된 변수	방법
1	총근무개월수[b]	.	입력

a. 종속변수: 적절연봉액

b. 요청된 모든 변수가 입력되었습니다.

모형 요약

모형	R	R 제곱	수정된 R 제곱	추정값의 표준오차
1	.708[a]	.501	.490	337.690

a. 예측자: (상수), 총근무개월수

ANOVA[a]

모형		제곱합	자유도	평균제곱	F	유의확률
1	회귀	5491352.790	1	5491352.790	48.155	<.001[b]
	잔차	5473647.210	48	114034.317		
	전체	10965000.000	49			

a. 종속변수: 적절연봉액

b. 예측자: (상수), 총근무개월수

계수[a]

모형		비표준화 계수		표준화 계수	t	유의확률
		B	표준화 오류	베타		
1	(상수)	2923.158	94.621		30.893	<.001
	총근무개월수	7.662	1.104	.708	6.939	<.001

a. 종속변수: 적절연봉액

||| SPSS 실행결과 분석 |||

SPSS 실행결과의 계수 부분으로부터 추정된 회귀직선은 다음과 같다.

$$\widehat{A4} = 2923.158 + 7.662 \times A5$$

예제 8

사회복지사 실태 조사 자료를 사용하여 성별과 총근무개월수($A5$)이 적절연봉액($A4$)에 영향을 미치는지를 예측하기 위하여 중회귀모형을 가정하고 추정된 회귀직선을 구하여라.

||| SPSS 실행 방법 |||

성별과 같이 질적변수(qualitative variable)들을 양적인 변수들과 마찬가지로 선형 회귀모형의 독립변수로 고려할 경우 우선, 더미변수(dummy variable)로의 처리가 필요하다. 사회복지사 실태 조사 자료에서 성별은 여자인 경우에 "2"로 남자인 경우에 "1"로 입력되어 있으므로 이를 다음과 같이 더미변수를 이용하여 다시 정의할 수 있다. 이러한 더미변수를 지시변수라고도 한다.

$$성별\_1 = \begin{cases} 1, & 성별 = 1 \\ 0, & 성별 = 2 \end{cases}$$

일반적으로 독립변수로 사용할 질적변수의 수준의 개수가 m개이면 $(m-1)$개의 더미변수가 필요하게 된다. 여기서는 성별 변수가 갖는 수준이 2개(남자와 여자)이므로 1개의 더미변수만 있으면 된다. 따라서 고려하고자 하는 회귀모형은 다음과 같이 설정할 수 있다.

$$A4 = a + b_1 \times 성별_1 + b_2 \times A5 + \epsilon$$

이제, SPSS를 이용해서 위의 회귀식을 추정해보자. 먼저, 더미변수인 성별_1을 생성해야 하는데, 이는 3장에서 설명되었던 코딩변경 메뉴를 이용한다.

변환 ⇒ **다른 변수로 코딩 변경**

위와 같은 메뉴를 선택해서 얻게 되는 《다른 변수로 코딩변경》 대화상자에서 코딩변경하고자 하는 성별 변수를 오른쪽으로 지정하고, 출력변수에 성별_1을 선택한다. 다음으로 [기존값 및 새로운 값]을 클릭하여 나타나는 《다른 변수로 코딩변경: 기존값 및 새로운 값》 대화상자에서 다음과 같이 입력한다. 즉, 기존값에 1을 입력하고, 새로운 값에 1을 입력한 다음 [추가]를 클릭한다. 다음으로 기존값에 2를 입력하고, 새로운 값에 0을 입력한 다음 [추가]를 클릭한다. 다음은 이러한 과정을 완료한 상태의 화면을 보여주고 있다.

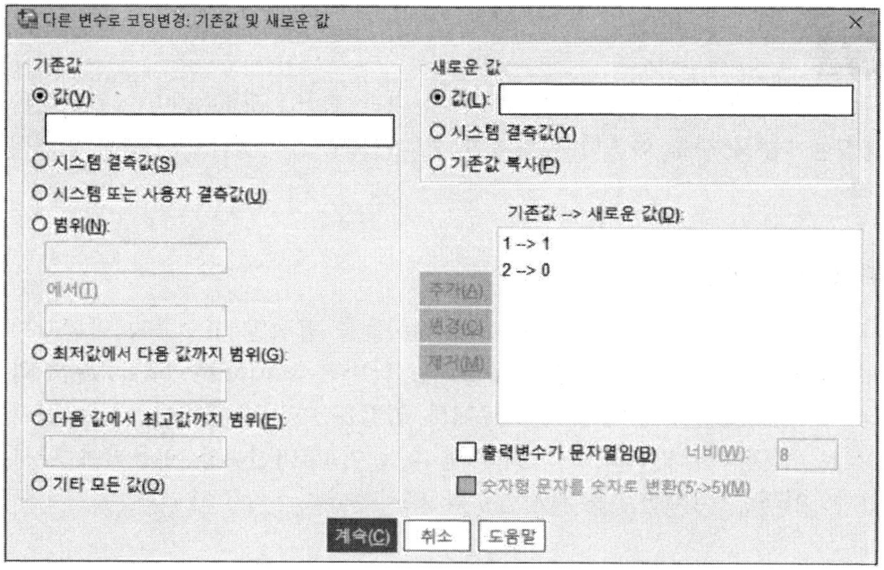

위와 같이 기존값과 새로운 값을 주어진 대로 입력한 후 [계속]을 클릭한 다음

SPSS 데이터 편집기의 데이터 보기를 보면 다음과 같이 새로운 변수인 더미변수 성별_1이 생성되었음을 알 수 있다.

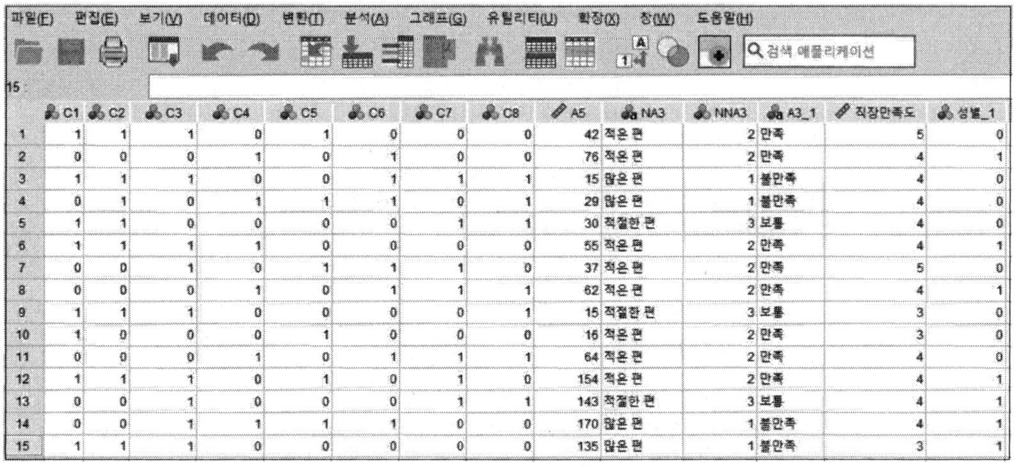

	C1	C2	C3	C4	C5	C6	C7	C8	A5	NA3	NNA3	A3_1	직장만족도	성별_1
1	1	1	1	0	1	0	0	0	42	적은 편	2	만족	5	0
2	0	0	0	1	0	1	0	0	76	적은 편	2	만족	4	1
3	1	1	1	0	0	1	1	1	15	많은 편	1	불만족	4	0
4	0	1	0	1	1	1	0	1	29	많은 편	1	불만족	4	0
5	1	1	0	0	0	0	1	1	30	적절한 편	3	보통	4	0
6	1	1	1	1	0	0	0	0	55	적은 편	2	만족	4	1
7	0	0	1	0	1	1	1	0	37	적은 편	2	만족	5	0
8	0	0	0	1	0	1	1	1	62	적은 편	2	만족	4	1
9	1	1	1	0	0	0	0	1	15	적절한 편	3	보통	3	0
10	1	0	0	0	1	0	0	0	16	적은 편	2	만족	3	0
11	0	0	0	1	0	1	1	1	64	적은 편	2	만족	4	0
12	1	1	1	0	1	0	1	0	154	적은 편	2	만족	4	1
13	0	0	1	0	0	0	1	1	143	적절한 편	3	보통	4	1
14	0	0	1	1	1	1	0	0	170	많은 편	1	불만족	4	1
15	1	1	1	0	0	0	0	0	135	많은 편	1	불만족	3	1

이제, 앞에서 설명한 회귀분석 메뉴를 이용하여 가변수 성별_1을 포함하는 회귀분석을 수행할 수 있다. 《선형 회귀》 대화상자에서 다음과 같이 종속변수에 $A4$(적절연봉액)를 독립변수에 성별_1과 $A5$(총근무개월수)를 선택한 다음 [확인]을 클릭한다.

‖ SPSS 실행 결과 ‖

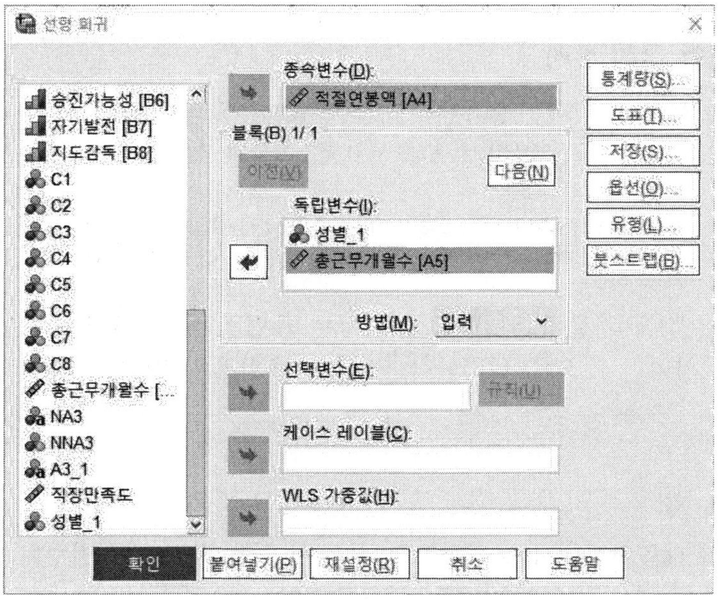

입력/제거된 변수[a]

모형	입력된 변수	제거된 변수	방법
1	총근무개월수, 성별_1[b]	.	입력

a. 종속변수: 적절연봉액

b. 요청된 모든 변수가 입력되었습니다.

모형 요약

모형	R	R 제곱	수정된 R 제곱	추정값의 표준오차
1	.769[a]	.591	.574	308.921

a. 예측자: (상수), 총근무개월수, 성별_1

ANOVA[a]

모형		제곱합	자유도	평균제곱	F	유의확률
1	회귀	6479701.741	2	3239850.870	33.949	<.001[b]
	잔차	4485298.259	47	95431.878		
	전체	10965000.000	49			

a. 종속변수: 적절연봉액

b. 예측자: (상수), 총근무개월수, 성별_1

계수[a]

모형		비표준화 계수		표준화 계수		
		B	표준화 오류	베타	t	유의확률
1	(상수)	2926.012	86.564		33.802	<.001
	성별_1	349.598	108.633	.373	3.218	.002
	총근무개월수	5.261	1.256	.486	4.189	<.001

a. 종속변수: 적절연봉액

‖ SPSS 실행 결과 분석 ‖

두 개의 독립변수 모두가 종속변수 $A4$(적절연봉액)에 통계적으로 유의한 영향을 미치는 것으로 나타났다. 따라서 최종적으로 추정된 회귀식은 다음과 같다.

$$\widehat{A4} = \begin{cases} 2{,}926.012 + 349.598 + 5.261 \times A5, & \text{남자인 경우} \\ 2{,}926.012 + 5.261 \times A5, & \text{여자인 경우} \end{cases}$$

$A4$(적절연봉액)에 가장 많은 영향을 미치는 독립변수는 $A5$(총근무개월수)이며, 그 다음으로는 성별인 것으로 나타났다. 이는 표준화계수 베타 값의 크기로 판단하게 된다.

참 고 사 항

《선형 회귀》 대화상자에서 분석하고자 하는 변수를 각각 종속변수와 독립변수에 지정하며, 회귀모형에 독립변수들을 어떤 순서로 포함시킬 것인지를 결정하는 방법을 지정해야 하는데 이 방법에는 입력, 전진, 후진, 제거, 단계가 있고, 이 중에서 하나를 선택할 수 있다. 그리고 다음과 같은 옵션을 선택할 수 있다.

◆ 통계량 : 자기회귀, 기술통계량, 모형적합 통계량, Durbin-Watson 검정, 공선성 진단 등의 선택적 통계 출력결과를 얻을 수 있음.

◆ 도표 : 산점도, 히스토그램, 정규확률도표 등을 얻을 수 있음.

◆ 저장 : 예측값, 잔차 등을 작업 데이터 파일로 추가되는 새 변수로 저장할 수 있음.

◆ 옵션 : 회귀모형으로부터 입력이나 제거하기 위해 변수를 선택하는 기준과 모형의 절편 포함 여부를 설정할 수 있음.

Chapter 12

분산분석

일원분산분석

이원분산분석

사회복지 자료에 대한 일원분산분석

사회복지 자료에 대한 일반화선형모형

단일 모집단에서의 모평균에 대한 가설검정과 두 모집단의 두 모평균 차이에 대한 가설검정은 8장에서 다루어졌다. 그러나 일반적으로 모집단의 개수가 3개 이상일 때 여러 모집단의 모평균을 비교해야 하는 경우가 종종 발생하게 된다. 예를 들어, 세 가지 종류의 교육방법 A, B, C에 따라 학습효과에 차이가 나타나는지, 어느 대학교 학생들의 수능점수가 학년에 따라 차이가 있는지, 또는 어떤 식품의 비타민 C 함유량이 여러 저장 온도 및 기간에 따라 차이가 있는지의 비교 등이 이러한 경우에 해당된다.

분산분석(analysis of variance : ANOVA)은 비교하고자 하는 모집단이 세 개 이상일 경우, 모집단 사이의 평균을 비교하는 통계적 방법으로 영국의 통계학자 R. A. Fisher에 의해 고안되었다.

분산분석은 자료집단에 존재하는 변동의 총 제곱합을 실험과 관련된 인자(factor)마다의 제곱합으로 분해하여 오차의 제곱합에 비해 특히 큰 영향을 주는 인자를 찾아내는 방법이다. 분산분석은 실험에 영향을 미치는 인자(또는 요인)의 수에 따라 구분된다. 실험과 관련된 인자가 하나인 경우의 분산분석을 일원분산분석(one-way ANOVA)이라 하고, 인자가 두 개인 경우에는 이원분산분석(two- way ANOVA)이라 한다.

SECTION 12.1 일원분산분석

분산분석에서 사용되는 중요한 용어로 인자(factor)와 수준(level)이 있다. 어떤 실험에 있어서 그 실험에 영향을 미치는 요인을 인자라 하고, 인자를 분류하는데 사용되는 여러 조건을 인자 수준(factor level) 또는 처리(treatment)라고 한다. 이는 인자가 취하는 값들로서 양적인 단계를 나타낼 수도 있고, 질적인 종류를 나타내기도 한다. 예를 들어, 보육시설에 있는 아동들에게 세 가지 종류의 교육방법 A, B, C에 따라 학습효과에 차이가 있는지를 조사하기 위한 실험에서 교육방법은 인자가 되며 교육방법의 종류 A, B, C는 인자 수준이 된다.

(1) 분산분석 모형

분산분석에서 인자가 하나이면서 p개의 수준을 갖고 있을 때 이 p개의 수준들 사이에 차이가 있는지를 조사하는 방법을 일원분산분석이라 한다. 일원분산분석에서 수준의 개수가 p개이고 각 수준에서 반복 측정된 측정값이 $n_1,n_2,\cdots,n_p$개 있는 경우의 자료의 구조는 **표 12.1**과 같다.

표 12.1 일원분산분석의 자료구조

인자	측정값			
수준1	y_{11}	y_{12}	$\cdots$	y_{1n_1}
수준2	y_{21}	y_{22}	$\cdots$	y_{2n_2}
$\vdots$	$\vdots$	$\vdots$	$\vdots$	$\vdots$
수준p	y_{p1}	y_{p2}	$\cdots$	y_{pn_p}

인자가 하나인 일원분산분석모형은 다음과 같은 형태를 가진다.

$$y_{ij} = \mu_i + \epsilon_{ij} \qquad i = 1, 2, \cdots, p\ ,\ j = 1, 2, \cdots, n_i$$
$$N = n_1 + n_2 + \cdots + n_p$$

여기서 y_{ij}는 i번째 수준에서 j번째 측정된 값을 나타내는 반응변수이며, μ_i는 i번째 수준에서의 모평균을 나타낸다. 그리고 ϵ_{ij}는 y_{ij}를 측정할 때 관심 있는 요인 이외의 각종 요인들에 의하여 발생하는 오차를 나타내는 항으로서, 여기서 오차는 서로 독립적이며, 평균이 0, 분산이 σ^2인 정규분포를 따른다고 가정한다.

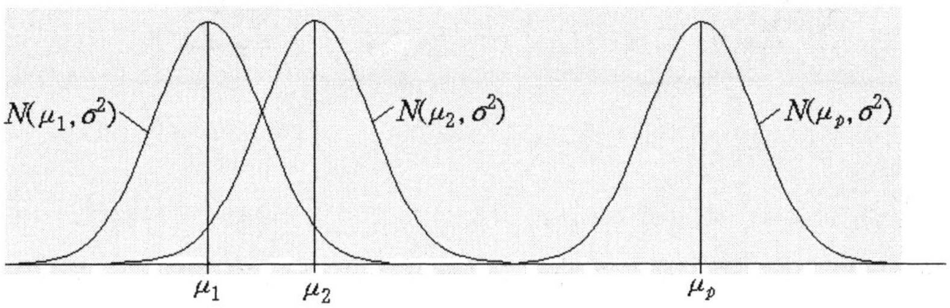

그림 12.1 분산분석 모형

이러한 가정은 y_{ij}는 서로 독립이며, $N(\mu_i, \sigma^2)$를 따른다고 가정하는 것과 동일하다. 따라서 일원분산분석의 자료구조는 모평균이 각각 $\mu_1, \mu_2, \cdots, \mu_p$이고 모분산이 σ^2인 p개의 정규모집단에서 각각 독립적으로 크기가 $n_1, n_2, \cdots, n_p$인 표본을 추출하여 얻은 측정값을 표로 요약하여 나타낸 것이다.

(2) 분산분석표

p개의 수준 사이에는 차이가 있는지를 검정하기 위한 귀무가설 H_0과 대립가설 H_1은 다음과 같이 설정된다.

$$H_0 : \mu_1 = \mu_2 = \cdots = \mu_k$$

$$H_1 : \mu_i (i = 1,\ 2,\ \cdots,\ k)\text{들이 모두 같지는 않다.}$$

이 가설을 검정하기 위한 검정통계량을 구하기 위해서 총 변동을 인자 수준간에 발생하는 변동과 오차에 의해서 발생하는 변동으로 분해하면 다음과 같다.

$$y_{ij} - \bar{y} = (\bar{y}_i - \bar{y}) + (y_{ij} - \bar{y}_i)$$

위 식의 양변을 제곱하여 모든 i와 j에 대하여 더하여 정리하면

$$\sum_{i=1}^{k}\sum_{j=1}^{n_i}(y_{ij} - \bar{y})^2 = \sum_{i=1}^{k} n_i (\bar{y}_i - \bar{y})^2 + \sum_{i=1}^{k}\sum_{j=1}^{n_i}(y_{ij} - \bar{y}_i)^2$$

와 같은 제곱합의 얻을 수 있다. 분산분석의 기본원리는 측정된 자료값들의 전체 변동량을 비교하고자 하는 인자 수준간의 차이에 의해서 발생하는 변동량과 그 밖의 요인에 의해서 발생하는 변동량으로 나누어서 자료를 분석하는데 있다.

$$\sum_{i=1}^{p}\sum_{j=1}^{n_i}(y_{ij} - \bar{y})^2 = \sum_{i=1}^{p} n_i (\bar{y}_i - \bar{y})^2 + \sum_{i=1}^{p}\sum_{j=1}^{n_i}(y_{ij} - \bar{y}_i)^2$$

$$SST \qquad = \qquad SSt \qquad + \qquad SSE$$

위 식의 좌변은 표본 전체의 평균과 각 측정값간의 차를 제곱하여 모두 더한 값으로서 전체 변동량을 나타내며 총제곱합(total sum of squares : SST)이라 한다.

위의 식 오른쪽 첫 번째 항은 표본 전체의 평균과 각 수준 평균 간의 차를 제곱하여 모두 더한 값으로서 비교하고자 하는 인자 수준간의 차이에 의해서 발생하는 변동량을 나타내며 처리제곱합(treatment sum of squares : SSt)이라 한다. 이 때 측정값들의 수준 평균들이 모두 같다면 $SSt = 0$이 되며, 수준 평균들 사이의 차이가 클수록 SSt는 커지게 된다. 두 번째 항은 각 인자 수준 내에서의 측정값과 해당 수준 평균간의 차를 제곱하여 모두 더한 값으로서 총제곱합 중에서 인자수준으로 설명이 되지 않는 변동량을 나타내며 오차제곱합(error sum of squares : SSE)이라 부른다. 따라서 각 수준 내에서의 모든 측정값들이 같으면 $SSE = 0$이

되며, 각 수준 내에서 측정값들의 변동이 작을수록 SSE는 작아진다.

분산분석은 실험에서 측정된 변동량을 분산개념을 이용하여 분석하기 때문에 제곱합이 직접 사용되지 않고, 분산을 계산할 때와 동일한 방법으로 제곱합을 자유도로 나누어서 얻어지는 평균제곱이 사용된다.

분산분석에서 처리제곱합 SSt를 자신의 자유도인 $(p-1)$로 나눈 값을 처리평균제곱(treatment mean square : MSt), 오차제곱합 SSE를 자신의 자유도인 $(N-p)$로 나눈 값을 오차평균제곱(error mean square : MSE)이라 한다.

$$MSt = \frac{SSt}{p-1}, \quad MSE = \frac{SSE}{N-p}$$

분산분석에서 인자 수준들간의 차이의 존재유무에 대한 결정은 처리평균제곱 MSt과 오차평균제곱 MSE의 상대적인 크기를 비교하여 하게 된다. 분산분석에서 필요한 모든 정보 즉, 제곱합과 자유도, 그리고 평균제곱 등을 요인별로 분류하여 정리한 표를 분산분석표라 하며 **표 12.2**와 같이 작성된다.

표 12.2 일원분산분석표

요인	제곱합	자유도	평균제곱	F_0
처리	SSt	$p-1$	MSt	MSt/MSE
오차	SSE	$N-p$	MSE	
총계	SST	$N-1$		

(3) 인자효과에 대한 가설검정

일반적으로 일원분산분석은 p개 수준들의 평균값들이 모두 같은지를 검정하는 것으로부터 시작되며, 검정을 위한 귀무가설 및 대립가설은 각각 다음과 같이 설정된다.

$$H_0 : \mu_1 = \mu_2 = \cdots = \mu_p$$
$$H_1 : \text{모든 } \mu_i \ (i = 1, \cdots, p)\text{는 같지 않다.}$$

가설을 검정하기 위해서 처리평균제곱 MSt과 오차평균제곱 MSE의 비를 나타내는 다음과 같은 통계량이 사용된다.

$$F_0 = \frac{MSt}{MSE}$$

이 때 귀무가설 H_0 가 참일 경우, 검정통계량 F_0 는 자유도 $(p-1, N-p)$ 인 F-분포를 따르게 된다. 따라서 유의수준 α 인 가설검정에서 $F_0 \geq F_{(p-1, N-1, \alpha)}$ 이면 MSt 가 MSE 보다 충분히 크다고 판정하여 귀무가설 H_0 를 기각하게 된다. 즉, 인자수준들 사이의 평균은 모두 같지 않다고 결정하게 된다. 이러한 검정법을 F-검정이라 한다.

여기에서 검정통계량 F_0 의 값이 충분히 크다는 것 즉, MSt 가 MSE 보다 훨씬 크다는 것은 인자 수준들간의 차이가 존재한다는 것을 나타내므로 대립가설 H_1 을 채택하며, F_0 의 값이 1에 가까울 경우에는 MSt 와 MSE 가 비슷하게 되어 인자 수준들간의 차이가 없다는 것을 나타내므로 귀무가설 H_0 를 채택한다.

일원분산분석에서 인자효과에 대한 검정

귀무가설 설정	$H_0: \mu_1 = \mu_2 = \cdots = \mu_p$
검정통계량	$F_0 = \dfrac{MSt}{MSE}$
가설검정	$F_0 \geq F_{(p-1, N-1, \alpha)}$ 이면, H_0 를 기각한다.

i 번째 수준의 모평균 μ_i 와 전체 모평균 μ 와의 차이를 $\alpha_i = \mu_i - \mu$ 라 할 때 일원분산분석 모형은 $y_{ij} = \mu + \alpha_i + \epsilon_{ij}$ 로 표현할 수 있다. 여기서 α_i 는 수준 i 에서의 모평균 μ_i 가 전체의 모평균 μ 로부터 어느 정도 떨어져 있는지를 나타내는 값으로서 인자의 i 번째 수준효과(level effect)라고 부르며, $\sum \alpha_i = 0$ 이 된다. 분산분석모형이 인자의 수준효과 α_i 를 포함할 경우, 귀무가설 및 대립가설은 각각 다음과 같이 설정된다.

$$H_0: \alpha_1 = \alpha_2 = \cdots = \alpha_p = 0, \qquad H_1: \text{모든 } \alpha_i \text{는 } 0 \text{이 아니다.}$$

이 경우에도 검정방법은 동일하다.

예제 1

혈청 콜레스테롤을 감소시키기 위한 4종류의 식이요법의 효과를 비교하기 위해서 실험을 하였다. 20명의 남자를 임의로 각 식이요법에 할당하고 3개월 후에 그들의 혈청 콜레스테롤을 측정하여 다음과 같은 자료를 얻었다. 4종류의 식이요법의 효과가 다르다고 할 수 있는가? 분산분석표를 작성하고 유의수준 5%에서 검정하여라.

식이요법1	식이요법2	식이요법3	식이요법4
225	225	185	265
265	230	220	265
225	215	250	285
240	210	200	235
245	220	250	
240			

[풀이]

① 가설 $H_0 : \mu_1 = \mu_2 = \mu_3 = \mu_4$

$H_1 : \mu_i (i = 1, 2, 3, 4)$들이 모두 같지는 않다.

분산분석표를 작성하기 위해 필요한 값들은 다음과 같다.

크기 : $n_1 = 6$, $n_2 = 5$, $n_3 = 5$, $n_4 = 4$

평균 : $\overline{y}_1 = 240$, $\overline{y}_2 = 220$, $\overline{y}_3 = 221$, $\overline{y}_4 = 262.5$

전체평균 : $\overline{y} = 234.75$

주어진 자료로부터 다음과 같이 제곱합을 구하고 분산분석표를 작성한다.

$$SST = \sum_{i=1}^{4} \sum_{j=1}^{n_i} (y_{ij} - \overline{y})^2 = (225 - 234.75)^2 + \cdots + (235 - 234.75)^2 = 11,323.75$$

$$SSt = \sum_{i=1}^{4} n_i (\overline{y}_i - \overline{y})^2 = 6(240 - 234.75)^2 + \cdots + 4(262.5 - 234.75)^2 = 5,278.75$$

$$SSE = SST - SSt = 11,323.75 - 5,278.75 = 6,045$$

요인	제곱합	자유도	평균제곱	F_0
처리	5,278.75	3	1,759.583	4.657
오차	6,045	16	377.813	
총계	11,323.75	19		

② 유의수준 : $\alpha = 0.05$

③ 검정통계량 : $F_0 = 4.657$

④ 기각역 : $F_0 \geq F_{(3,16,0.05)} = 3.24$

⑤ $F_0 = 4.657 > F_{(3.16,0.05)} = 3.24$ 이므로 귀무가설 H_0를 기각한다. 따라서 혈

청 콜레스테롤을 감소시키기 위한 4가지 식이요법의 효과가 모두 같다고 말할 수 없다. ■

(4) 다중비교

인자 수준들의 평균이 모두 같은지를 판단하는 F검정은 일원분산분석에서 가장 기본적인 검정이다. F검정 결과 귀무가설 H_0를 채택할 경우 즉, 인자 수준들의 평균 μ_i가 모두 같다고 할 경우 더 이상의 분석은 필요하지 않다. 반면에, 일원분산분석 결과 귀무가설 H_0 : $\mu_1 = \mu_2 = \cdots = \mu_p$이 기각되었을 때 어느 평균들이 다른가를 구체적으로 알 수가 없다. 따라서 분산분석을 한 후 귀무가설 H_0가 기각되면 모든 가능한 모평균들의 쌍에 대하여 검정하여 그 중 어느 것이 기각되었는지를 알아보는 방법이 다중비교 검정(multiple comparison test)이다.

다중비교에 대한 검정방법으로는 Tukey가 제안한 HSD검정법, *Scheffe'*의 검정방법, Bonferroni의 검정방법, 최소유의차에 의한 방법(LSD법), 그리고 Duncan의 검정방법 등 여러 가지가 있지만 Tukey가 제안한 HSD 검정법이 다른 방법에 비하여 검정력이 우수하다고 알려져 있다.

❐ Tukey의 HSD검정법

Tukey가 1953년에 제안한 HSD(honestly significant difference) 검정법은 표준화범위분포(studentized range distribution)를 이용하여 모든 가능한 두 수준 평균들 사이의 차이에 관한 검정이 가능하도록 한 방법이다.

Tukey는 $N(\mu, \sigma^2)$으로부터 독립적으로 측정된 값 $y_1, \cdots, y_p$에 대하여 다음과 같이 정의되는 통계량 q를 표준화범위(studentized range)라고 하였다.

$$q = \frac{w}{S}$$

여기서, $S = \sqrt{\frac{1}{2}\left(\frac{1}{n_i} + \frac{1}{n_j}\right)MSE}$, $w = \max(y_i) - \min(y_i)$이다. 이 때 통계량 q는 모수 p(수준수)와 $N-p$(SSE의 자유도)에 의존하는 표본분포를 갖는다. 통계량 q에 대한 표본분포의 $100(1-\alpha)\%$ 백분위수 값 $q(p, N-p, 1-\alpha)$는 부록의 <표 8>에 주어져 있다.

Tukey가 제안한 HSD 검정법은 표본의 크기가 같을 경우에 다른 방법보다 검정력이 크며, 검정은 다음과 같은 절차를 통하여 이루어진다.

Tukey의 HSD 검정절차

1단계 : 평균 μ_i와 μ_j에 대한 HSD_{ij}의 계산

$$HSD_{ij} = q(p, N-p, 1-\alpha)S$$

2단계 : $|\overline{y}_i - \overline{y}_j| \geq HSD_{ij}$ 이면, $H_0 : \mu_i = \mu_j$를 기각한다.

예제 2

비만 아동들의 혈청 콜레스테롤을 감소시키기 위한 A, B, C, D 네 종류의 식이요법 제품을 각각 랜덤하게 5개씩을 추출하여 그 효능을 조사한 결과 다음과 같은 자료를 얻었다.

제품	A	B	C	D
표본수	5	5	5	5
$\overline{y}_i$	43	89	67	40

네 종류의 제품 간에 그 효능에 차이가 있는지를 유의수준 $\alpha = 0.05$ 로 검정하여라. 검정 결과 차이가 존재할 경우, 어느 제품 사이에 존재하는지를 Tukey 방법을 사용하여 유의수준 $\alpha = 0.05$ 로 검정하여라.

[풀이]

요인	제곱합	자유도	평균제곱	F_0
처리	57,893.75	3	2,631.25	584.72
오차	72.00	16	4.50	
총계	7,965.75	19		

분산분석표로부터 검정통계량 F_0의 값이

$$F_0 = 584.72 > F_{(3,16,0.05)} = 3.24$$

이므로 귀무가설 $H_0 : \mu_1 = \mu_2 = \mu_3 = \mu_4$를 기각한다. 따라서 네 종류의 제품간에는 혈청 콜레스테롤을 감소시키는 효과의 차이가 존재한다고 할 수 있다. 어느 제품 사이에 차이가 존재하는지를 분석하기 위한 Tukey의 HSD_{ij}값은 다음과 같다.

$$HSD_{ij} = q(4, 16, 0.95)\sqrt{\frac{4.50}{5}} = (4.046)(0.949) = 3.840$$

모든 수준에서의 반복수가 같으므로 HSD_{ij} 값은 각 수준평균들 사이의 차이를 검정하는데 동일하게 사용되어진다. Tukey의 HSD 검정시 다음과 같은 요령으로 검정을 하면 편리하다. 즉, 우선 각 수준에서의 표본평균들을 크기 순서대로 나열하여 행과 열에 적고 서로 대응하는 두 표본평균간의 차이에 대한 절대값을 다음 표와 같이 적는다. 그리고 HSD_{ij}의 값과 비교하여 판정방법에 따라 차이의 존재유무에 대한 결론을 내리면 된다.

	$\bar{y}_2$	$\bar{y}_3$	$\bar{y}_1$	$\bar{y}_4$
$\bar{y}_2$	–	22*	46*	49*
$\bar{y}_3$		–	24*	27*
$\bar{y}_1$			–	3
$\bar{y}_4$				–

위 표에서 *표시는 두 수준 평균 간에 유의한 차이를 보이고 있음을 나타내는 것으로 μ_1과 μ_4를 제외하고 나머지 수준들 사이에는 유의한 차이가 존재한다고 할 수 있다.

SECTION 12.2 이원분산분석

이 절에서는 반응변수에 영향을 주는 인자가 두 개인 이원분산분석에 대하여 다루어 보기로 하자. 일원분산분석에서는 인자 수준이 하나의 처리가 되지만 이원분산분석에서는 각 인자 수준의 조합이 처리가 된다. 예를 들어 아동들의 아토피에 효과가 있는 직물을 개발한 연구자가 그 직물에 대한 세탁의 내구성을 조사하려고 한다. 내구성은 물의 온도와 세제의 종류에 영향을 받기 때문에, 이 두 요인이 내구성에 미치는 영향을 조사하기로 하였다. 인자 A는 물의 온도이고, 수준은 60⁰C, 40⁰C, 20⁰C이며, 인자 B는 세제이고 갑, 을, 병 세 종류의 세제가 수준이 된다. 이 경우에 인자 A와 인자 B 수준의 조합인 9(=3×3)개의 처리가 가능하며, 이 9개의 처리를 실험함으로써 직물의 내구력에 온도가 미치는 영향(인자 A의 효과), 세제가 미치는 영향(인자 B의 효과)과 온도와 세제의 조합이 미치는 영향(인자 A와 B의 교호작용 효과)에 관한 정보를 얻을 수 있다.

교호작용(interaction)이란 두 개 이상의 인자수준의 조합에서 일어나는 효과를 말한다. 인자 A의 효과가 인자 B의 수준변화에 따라 변하는 경우 "인자 A와 인자 B 간에 교호작용 AB가 존재한다."라고 말한다. 그래프를 이용하여 두 인자 사이에 교호작용이 존재하는지를 대략적으로 판단할 수 있다. 예를 들어 인자 A의 수준이 A1, A2이고 인자 B의 수준이 B1, B2라고 할 때 교호작용 효과가 존재하는 경우와 존재하지 않는 경우의 그래프는 아래와 같다.

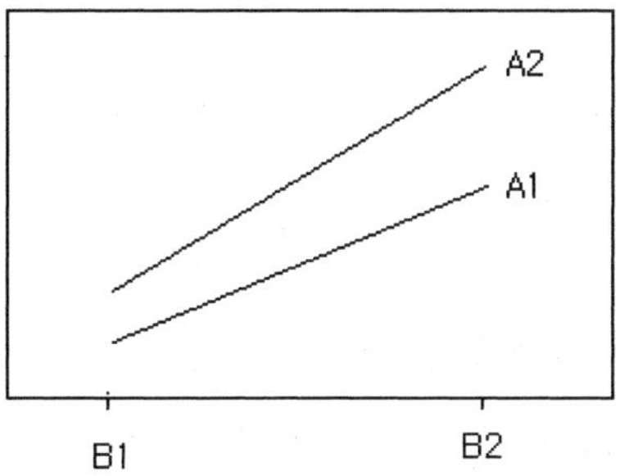

<교호작용이 존재하지 않는 경우>

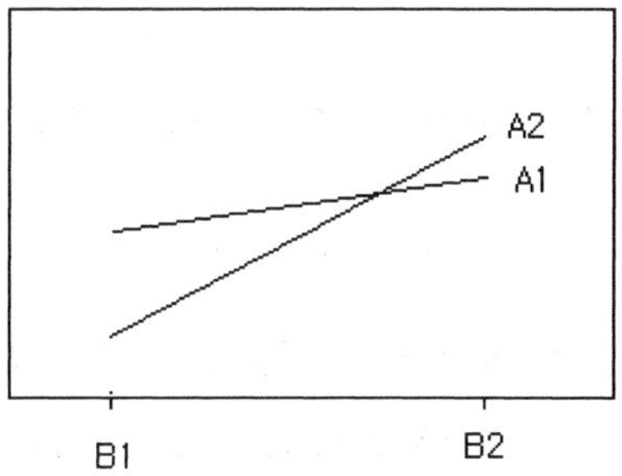

<교호작용이 존재하는 경우>

이원분산분석에서 두 인자의 교호작용 효과를 검정하기 위해서는 각 수준의 조합에서 2회 이상 반복 실험이 이루어져야 한다. 일반적으로 실험 결과에 대한 신뢰도를 높이기 위해서는 가능하다면 주어진 조건 아래에서 2회 이상 실험을 반복하는 것이 바람직하지만 때로는 반복이 불가능할 수도 있다. 따라서 이원분산분석은 반복 실험을 하는 경우와 그렇지 않은 경우로 나누어 고려할 수 있다. 두 인자 수준이 교차하는 각 조합에서 반복 실험이 없는 하나의 측정값을 얻었을 경우와 실험을 반복하여 n개의 측정값을 얻었을 경우로 구분하여 살펴보자.

(1) 반복 실험이 아닌 경우

❐ 분산분석 모형

두 개의 인자 A와 B가 각각 a개와 b개의 수준을 가지며 반복 실험을 하지 않아 각 수준의 조합에 측정값이 하나인 자료 구조는 **표 12.3**과 같다.

표 12.3 반복이 없는 이원분산분석의 자료구조

인자A \ 인자B	1	2	⋯	b	평균
1	y_{11}	y_{12}	⋯	y_{1b}	$\bar{y}_{1\cdot}$
2	y_{21}	y_{22}	⋯	y_{2b}	$\bar{y}_{2\cdot}$
⋮	⋮	⋮	⋮	⋮	
a	y_{a1}	y_{a2}	⋯	y_{ab}	$\bar{y}_{a\cdot}$
평균	$\bar{y}_{\cdot 1}$	$\bar{y}_{\cdot 2}$		$\bar{y}_{\cdot b}$	$\bar{y}_{\cdot\cdot}$

반복이 없는 이원분산분석에서 관측값을 나타내는 통계적 모형은 다음과 같다.

$$y_{ij} = \mu + \alpha_i + \beta_j + \epsilon_{ij}, \quad i = 1,2,\cdots,a;\ j = 1,2,\cdots,b$$

여기서 μ는 모평균, α_i는 인자 A의 i번째 수준효과, β_j는 인자 B의 j번째 수준효과이며, ϵ_{ij}는 오차항으로 서로 독립이며 정규분포 $N(0, \sigma^2)$을 따른다고 가정한다. 변동의 제곱합을 구하기 위해서 총 변동을 인자 A, 인자 B, 그리고 오차에 의한 변동으로 분해하면 다음과 같다.

$$(y_{ij} - \bar{y}_{\cdot\cdot}) = (\bar{y}_{i\cdot} - \bar{y}_{\cdot\cdot}) + (\bar{y}_{\cdot j} - \bar{y}_{\cdot\cdot}) + (y_{ij} - \bar{y}_{i\cdot} - \bar{y}_{\cdot j} + \bar{y}_{\cdot\cdot})$$

여기서 $\bar{y}_{..}$는 전체평균, $\bar{y}_{i.}$는 인자 A의 각 수준에 대한 평균, 그리고 $\bar{y}_{.j}$는 인자 B의 각 수준에 대한 평균이다. 일원분산분석에서와 마찬가지로 분해된 변동의 양변을 제곱한 후 모든 i와 j에 대하여 합하면 다음과 같은 변동의 제곱합들을 얻을 수 있다.

$$\sum_{i=1}^{a}\sum_{j=1}^{b}(y_{ij} - \bar{y}_{..})^2 = \sum_{i=1}^{a} b\,(\bar{y}_{i.} - \bar{y}_{..})^2 + \sum_{j=1}^{b} a\,(\bar{y}_{.j} - \bar{y}_{..})^2 + \sum_i\sum_j (y_{ij} - \bar{y}_{i.} - \bar{y}_{.j} + \bar{y}_{..})^2$$

❒ 분산분석표

처리내에 측정값이 한 개뿐인 경우 전체 변동량을 나타내는 총제곱합 SST는 인자 A의 수준(처리)평균들 사이의 변동량 SSA와 인자 B의 수준(처리)평균들 사이의 변동량 SSB, 그리고 기타 요인에 의해서 발생되는 변동량 SSE로 분할되어진다. 여기서 SSA과 SSB를 각각 인자 A와 인자 B의 처리제곱합, SSE를 오차제곱합이라 부른다. 분산분석에 필요한 제곱합은 다음 공식에 의하여 계산할 수 있으며 이들 각각의 자유도는 아래와 같다. 그리고 이들 제곱합 사이에는

$$SST = SSA + SSB + SSE$$

의 관계가 성립한다.

제곱합 및 자유도 계산공식

$SST = \sum_i \sum_j (y_{ij} - \bar{y}_{..})^2$	자유도 : $ab - 1$
$SSA = \sum_i \sum_j (\bar{y}_{i.} - \bar{y}_{..})^2$	자유도 : $a - 1$
$SSB = \sum_i \sum_j (\bar{y}_{.j} - \bar{y}_{..})^2$	자유도 : $b - 1$
$SSE = \sum_i \sum_j (y_{ij} - \bar{y}_{i.} - \bar{y}_{.j} + \bar{y}_{..})^2$	자유도 : $(a-1)(b-1)$

이러한 내용을 토대로 반복이 없는 분산분석표를 **표 12.4**와 같이 작성할 수 있다.

표 12.4 반복이 없는 분산분석표

요인	제곱합	자유도	평균제곱	F_0
인자 A	SSA	$a-1$	MSA	MSA/MSE
인자 B	SSB	$b-1$	MSB	MSB/MSE
오차	SSE	$(a-1)(b-1)$	MSE	
총계	SST	$ab-1$		

❒ 인자효과에 대한 가설검정

각 처리내의 측정값이 한 개뿐인 이원분산분석에서는 인자 A의 효과를 검정하기 위한 가설

$$H_0 : \alpha_1 = \cdots = \alpha_a = 0$$
$$H_1 : \text{모든 } \alpha_i \ (i = 1, \cdots, a)\text{는 0이 아니다.}$$

와 인자 B의 효과를 검정하기 위한 가설

$$H_0 \ : \ \beta_1 = \cdots = \beta_b = 0$$
$$H_1 \ : \ \text{모든 } \beta_j \ (j = 1, \cdots, b)\text{는 0이 아니다.}$$

로 구분하여 검정이 이루어진다. 인자 A의 효과에 대한 가설 검정은 통계량 F_0가 귀무가설 H_0가 참일 때 자유도 $(a-1,(a-1)(b-1))$인 F-분포를 따른다는 사실을 이용한다.

$$F_0 = \frac{MSA}{MSE}$$

따라서 유의수준 α에서 검정통계량 값이 다음을 만족하면 귀무가설 H_0를 기각하여 인자 A의 효과차이가 존재한다고 결론을 내린다.

$$F_0 \ge F_{(a-1,(a-1)(b-1),\alpha)}$$

인자 B의 효과에 대한 검정은 인자 A의 효과에 대한 검정과 유사하다. 검정통계량

$$F_0 = \frac{MSB}{MSE}$$

는 귀무가설 H_0가 참일 때 자유도 $(b-1,(a-1)(b-1))$인 F-분포를 따른다는 사실을 이용하므로 유의수준 α에서 검정통계량 값이 다음을 만족하면 귀무가설 H_0를 기각하여 인자 B의 효과차이가 존재한다고 결론을 내린다.

$$F_0 \ge F_{(b-1,(a-1)(b-1),\alpha)}$$

반복이 없는 이원분산분석에서 인자효과에 대한 검정

- **인자 A의 효과**
  - 귀무가설 설정 $H_0 \ : \ \alpha_1 = \cdots = \alpha_a = 0$
  - 검정통계량 $F_0 = \dfrac{MSA}{MSE}$
  - 가설검정 $F_0 \ge F_{(a-1,(a-1)(b-1),\alpha)}$이면, H_0를 기각한다.

- **인자 B의 효과**
  - 귀무가설 설정 $H_0 \ : \ \beta_1 = \cdots = \beta_b = 0$
  - 검정통계량 $F_0 = \dfrac{MSB}{MSE}$
  - 가설검정 $F_0 \ge F_{(b-1,(a-1)(b-1),\alpha)}$이면, H_0를 기각한다.

예제 3

아동 교육용 프로그램을 제작하는 업체(갑, 을, 병)들은 아동연구소(연구소1, 연구소2, 연구소3, 연구소4)에 의뢰하여 그들이 제작한 같은 종류의 아동 교육용 프로그램의 효과를 20점 만점으로 점수화하여 평가하도록 하였으며, 평가 결과는 아래와 같다. 각 연구소간에 아동 교육용 프로그램의 평가가 다르다고 할 수 있는가? 또한 각 업체에서 제작되는 아동 교육용 프로그램의 효과가 다르다고 할 수 있는가? 유의수준 5%에서 검정하여라.

업체 \ 연구소	연구소1	연구소2	연구소3	연구소4	평균
갑	16.6	17.7	16.0	16.3	16.7
을	16.0	15.5	15.6	15.9	15.8
병	16.4	16.3	15.9	16.2	16.2
평균	16.3	16.5	15.8	16.1	16.2

[풀이]

아동 교육용 프로그램을 제작하는 업체를 인자 A, 그리고 아동연구소를 인자 B로 하여 제곱합을 구하면 다음과 같다.

$$SST = (16.6-16.2)^2 + (17.7-16.2)^2 + \cdots + (16.2-16.2)^2 = 3.58$$

$$SSA = 4[(16.7-16.2)^2 + (15.8-16.2)^2 + (16.2-16.2)^2] = 1.62$$

$$SSB = 3[(16.3-16.2)^2 + (16.5-16.2)^2 + (15.8-16.2)^2 + (16.1-16.2)^2] = 0.74$$

$$SSE = SST - SSA - SSB = 1.22$$

따라서 반복이 없는 이원분산분석표는 아래와 같다.

요인	제곱합	자유도	평균제곱	F_0
인자 A	1.62	2	0.81	4.05
인자 B	0.74	3	0.25	1.25
오차	1.22	6	0.20	
총계	3.58	11		

- 인자 A의 효과 검정
  ① 귀무가설 $H_0 : \alpha_1 = \alpha_2 = \alpha_3 = 0$
  ② 유의수준 $\alpha = 0.05$

③ 검정통계량 $F_0 = \frac{MSA}{MSE} = \frac{0.81}{0.20} = 4.05$

④ 기각역 $F_0 \geq F_{(2,6,0.05)} = 5.14$

⑤ $F_0 = 4.05 < F_{(2,6,0.05)} = 5.14$ 이므로 귀무가설 H_0를 기각하지 못한다. 따라서 각 아동 교육용 프로그램 제작 업체들간에 프로그램의 효과가 다르다고 할 수 없다.

• 인자 B의 효과 검정

① 귀무가설 $H_0 : \beta_1 = \beta_2 = \beta_3 = \beta_4 = 0$

② 유의수준 $\alpha = 0.05$

③ 검정통계량 $F_0 = \frac{MSB}{MSE} = \frac{0.25}{0.20} = 1.25$

④ 기각역 $F_0 \geq F_{(3,6,0.05)} = 4.76$ 이다.

⑤ $F_0 = 1.25 < F_{(3,6,0.05)} = 4.76$ 이므로 귀무가설 H_0를 기각하지 못한다. 따라서 각 연구소간에 프로그램의 효과에 대한 평가가 다르다고 할 수 없다. ■

(2) 반복 실험인 경우

❒ 분산분석 모형

반복이 없는 이원분산분석과 같이 두 개의 인자 A와 B가 각각 a개와 b개의 수준을 갖고 반복 실험을 하여 각 수준의 $a \times b$개의 조합에 측정값이 r개씩 있다고 하자. 반복 실험을 함으로써 인자 A와 B에 대한 교호작용을 검정할 수 있다. 반복이 있는 이원분산분석에서 관측값을 나타내는 모형은 다음과 같다.

$$y_{ijk} = \mu + \alpha_i + \beta_j + (\alpha\beta)_{ij} + \epsilon_{ijk}$$
$$i = 1, 2, \cdots, a, \ j = 1, 2, \cdots, b, \ k = 1, 2, \cdots, r$$

여기서 y_{ijk}는 인자 A의 i번째 수준과 인자 B의 j번째 수준에서 k번째 관측값이고, μ는 모평균, α_i는 인자 A의 i번째 주효과(main effect), β_j는 인자 B의 j번째 주효과, $(\alpha\beta)_{ij}$는 인자 A의 i번째 수준과 인자 B의 j번째 수준간에 교호작용효과(interaction effect), 그리고 ϵ_{ijk}는 오차항으로 서로 독립이며 평균이 0이고 분산이 σ^2인 정규분포를 따른다고 가정한다. 교호작용효과는 한 인자의 효과가 다른 인자의 수준에 따라 변하는 경우에 발생하는 효과를 의미한다.

일원분산분석에서 총 변동을 분해한 것과 마찬가지로 이원분산분석에서 총 변동을 인자 A에 의한 변동, 인자 B에 의한 변동, 인자 A와 B의 교호작용에 의한 변동, 그리고 오차에 의한 변동으로 분해하면 다음과 같다.

$$(y_{ijk}-\overline{y}_{...})=(\overline{y}_{i..}-\overline{y}_{...})+(\overline{y}_{.j.}-\overline{y}_{...})$$
$$+(\overline{y}_{ij.}-\overline{y}_{i..}-\overline{y}_{.j.}+\overline{y}_{...})+(y_{ijk}-\overline{y}_{ij.})$$

여기서 $\overline{y}_{...}$은 전체평균, $\overline{y}_{i..}$는 인자 A의 각 수준에 대한 평균, $\overline{y}_{.j.}$는 인자 B의 각 수준에 대한 평균, 그리고 $\overline{y}_{ij.}$는 인자 A의 i번째 수준과 인자 B의 j번째 수준에서 r번 반복에 대한 평균이다. 분해된 변동의 양변을 제곱하고 모든 i, j, k에 대하여 합하여 제곱합을 구하면 다음과 같다.

$$\begin{aligned}\sum_{i=1}^{a}\sum_{j=1}^{b}\sum_{k=1}^{r}(y_{ijk}-\overline{y}_{...})^2 &= \sum_{i=1}^{a}br\,(\overline{y}_{i..}-\overline{y}_{...})^2\\ &+\sum_{j=1}^{b}ar\,(\overline{y}_{.j.}-\overline{y}_{...})^2\\ &+\sum_{i=1}^{a}\sum_{j=1}^{b}r\,(\overline{y}_{ij.}-\overline{y}_{i..}-\overline{y}_{.j.}-\overline{y}_{...})^2\\ &+\sum_{i=1}^{a}\sum_{j=1}^{b}\sum_{k=1}^{r}(y_{ijk}-\overline{y}_{ij.})^2\end{aligned}$$

위 식을 순서대로

$$SST=SSA+SSB+SSAB+SSE$$

로 나타내면 SST는 총 변동의 제곱합, SSA는 인자 A의 변동의 제곱힙, SSB는 인자 B의 변동의 제곱합, $SSAB$는 교호작용의 변동의 제곱합, 그리고 SSE는 오차의 변동의 제곱합이 된다. 따라서 제곱합을 이용하여 분산분석표를 작성하면 **표 12.5**와 같다.

각 처리내의 측정값이 r개인 이원분산분석에서 처리평균 μ_{ij}, 인자효과 α_i와 β_j, 그리고 교호작용효과 $(\alpha\beta)_{ij}$ 항을 모두 포함할 경우의 모형은 다음과 같다.

$$y_{ijk}=\mu+\alpha_i+\beta_j+(\alpha\beta)_{ij}+\epsilon_{ijk}\,,$$

여기서 μ는 전체에 대한 모평균이며 다음을 만족한다.

$$\sum_i\alpha_i=0,\ \sum_j\beta_j=0,\quad \sum_i(\alpha\beta)_{ij}=0,\ \sum_j(\alpha\beta)_{ij}=0$$

표 12.5 반복이 있는 이원분산분석표

요인	제곱합	자유도	평균제곱	F_0
인자 A	SSA	$a-1$	$MSA=\dfrac{SSA}{a-1}$	$\dfrac{MSA}{MSE}$
인자 B	SSB	$b-1$	$MSB=\dfrac{SSB}{b-1}$	$\dfrac{MSB}{MSE}$
교호작용 AB	$SSAB$	$(a-1)(b-1)$	$MSAB=\dfrac{SSAB}{(a-1)(b-1)}$	$\dfrac{MSAB}{MSE}$
오차	SSE	$ab(r-1)$	$MSE=\dfrac{SSE}{ab(r-1)}$	
총계	SST	$abr-1$		

이원분산분석모형에서 인자 A와 인자 B의 교호작용효과를 나타내는 항 $(\alpha\beta)_{ij}$가 모든(i,j)에 대하여 0이 되면 이원분산분석모형은 가법모형(additive model)

$$y_{ijk}=\mu+\alpha_i+\beta_j+\epsilon_{ijk}$$

이 되어 모형에 대한 해석은 쉬워진다. 즉, 측정값을 인자 A의 주효과와 인자 B의 주효과로만 분할할 수 있기 때문에 각각의 효과에 대하여 분리하여 추정 및 검정을 할 수 있다. 그러나 교호작용이 존재할 경우에는 인자들의 주효과 이외에 교호작용 효과가 포함되어 있기 때문에 일반적으로 모형의 해석이 명백하지 않게 된다. 이러한 경우에는 측정값 y_{ijk}를 적절히 변환시켜(예를 들어, $\sqrt{y_{ijk}}$, y_{ijk}^2, 또는 $\log y_{ijk}$ 등) 교호작용을 제거하여 분석을 하는 것이 바람직하다.

각 처리내의 측정값이 r개인 반복실험이 있는 이원분산분석에서 인자효과에 대한 분석은 다음과 같은 단계를 통하여 이루어진다.

이원분산분석에 인자효과에 대한 단계별 분석

① 교호작용효과에 대한 검정을 한다.
② 교호작용효과가 존재하지 않을 경우 주효과에 대한 분석을 한다.
③ 교호작용효과가 존재할 경우 교호작용의 중요성 여부를 조사한다.
④ 교호작용이 중요하지 않을 경우 주효과에 대한 분석을 한다.
⑤ 교호작용이 중요할 경우 반응변수를 변환시켜 교호작용을 제거한 주효과에 대한 분석을 한다.

❒ 교호작용효과의 가설검정

교호작용효과의 존재 여부를 검정하기 위한 귀무가설 및 대립가설은 각각

H_0 : $(\alpha\beta)_{ij} = 0$

H_1 : 모든 $(\alpha\beta)_{ij}\,(i = 1, \cdots, a\ ;\ j = 1, \cdots, b)$는 0이 아니다.

이며, 검정통계량으로 $F_0 = MSAB/MSE$가 사용된다. 검정통계량 F_0는 귀무가설 H_0가 참일 때 자유도 $((a-1)(b-1), ab(r-1))$인 F-분포를 따른다. 따라서 유의수준 α일 때 $F_0 \geq F_{((a-1)(b-1), ab(r-1), \alpha)}$이면 귀무가설 H_0를 기각하고, 그렇지 않으면 귀무가설 H_0를 채택한다.

❒ 인자효과에 대한 가설검정

교호작용이 존재하지 않는다고 판단될 경우에는 인자 A와 B의 효과에 대한 검정을 실시하게 된다. 이 때 인자 A와 B의 효과에 대한 검정은 반복실험이 아닌 경우와 유사하다. 즉, 인자 A의 효과가 존재하는지 검정하기 위한 가설은 다음과 같다.

H_0 : $\alpha_1 = \cdots = \alpha_a = 0$

H_1 : 모든 $\alpha_i\,(i = 1, \cdots, a)$는 0이 아니다.

반복이 있는 이원분산분석에서 인자효과에 대한 검정

• 교호작용 효과

귀무가설	H_0 : $(\alpha\beta)_{ij} = 0$
검정통계량	$F_0 = \dfrac{MSAB}{MSE}$
가설검정	$F_0 \geq F_{((a-1)(b-1), ab(r-1), \alpha)}$ 이면, H_0 를 기각한다.

• 인자 A의 효과

귀무가설	H_0 : $\alpha_1 = \cdots = \alpha_a = 0$
검정통계량	$F_0 = \dfrac{MSA}{MSE}$
가설검정	$F_0 \geq F_{(a-1, ab(r-1), \alpha)}$ 이면, H_0 를 기각한다.

• 인자 B의 효과

귀무가설	H_0 : $\beta_1 = \cdots = \beta_b = 0$
검정통계량	$F_0 = \dfrac{MSB}{MSE}$
가설검정	$F_0 \geq F_{(b-1, ab(r-1), \alpha)}$ 이면, H_0 를 기각한다.

그리고, 검정통계량으로 $F_0 = MSA/MSE$가 사용되는데 이 때 검정통계량 F_0는 귀무가설 H_0가 참일 때 자유도$(a-1, ab(r-1))$인 F-분포를 따르므로 유의수준 α일 때 $F_0 \geq F_{(a-1, ab(r-1), \alpha)}$이면 H_0를 기각한다.
인자 B가 존재하는지를 검정하기 위한 가설은

$$H_0 : \beta_1 = \cdots = \beta_b = 0$$
$$H_1 : \text{모든 } \beta_j \ (j = 1, \cdots, b)\text{는 0이 아니다.}$$

이며, 검정통계량으로 $F_0 = MSB/MSE$가 사용된다. 이 때 검정통계량 F_0는 귀무가설 H_0가 참일 때 자유도$(b-1, ab(r-1))$인 F-분포를 따르므로 유의수준 α일 때 $F_0 \geq F_{(b-1, ab(r-1), \alpha)}$이면 H_0를 기각한다.

예제 4

어느 아동연구소에서는 아동들의 학습능력에 영향을 주는 인자로 연령(A, B)과 교육방법(I, II, III)을 고려하였다. 18명의 아동들을 랜덤하게 6개의 처리에 배치하고 일정한 기간이 경과한 후에 학습능력을 측정하였다. 이 때, 학습능력은 0점에서 150점 사이의 점수로 측정되었으며 그 결과는 다음과 같다. 각 인자가 학습능력에 영향을 주는가? 유의수준 5%에서 검정하여라.

교육방법 / 연령	I	II	III
A	51 80 64	125 99 127	41 54 55
B	60 92 90	121 101 93	38 52 51

[풀이]
인자 A를 연령, 인자 B를 교육방법으로 하고, 관측치 y_{ijk}를 인자 A의 i번째 수준과 인자 B의 j번째 수준에서 k번째 관측값이라고 하면 각 수준조합별로 평균과 제곱합은 다음과 같다.

$$SST = \sum_{i=1}^{2}\sum_{j=1}^{3}\sum_{k=1}^{3}(y_{ijk} - \overline{y}_{...})^2 = 14,720.44$$
$$SSA = \sum_{i=1}^{2} 3 \times 3 \times (\overline{y}_{i..} - \overline{y}_{...})^2 = 0.22$$

$$SSB = \sum_{j=1}^{3} 2 \times 3 \times (\overline{y}_{.j.} - \overline{y}_{...})^2 = 11,910.11$$

$$SSAB = \sum_{i=1}^{2}\sum_{j=1}^{3} 3 \times (\overline{y}_{ij.} - \overline{y}_{i..} - \overline{y}_{.j.} + \overline{y}_{...})^2 = 597.44$$

$$SSE = SST - SSA - SSB - SSAB = 2,212.67$$

교육방법 / 연령	I	II	III	평균
A	$\overline{y}_{11.} = 65$	$\overline{y}_{12.} = 117$	$\overline{y}_{13.} = 50$	$\overline{y}_{1..} = 77.33$
B	$\overline{y}_{21.} = 80.66$	$\overline{y}_{22.} = 105$	$\overline{y}_{23.} = 47$	$\overline{y}_{2..} = 77.56$
평균	$\overline{y}_{.1.} = 72.83$	$\overline{y}_{.2.} = 111$	$\overline{y}_{.3.} = 48.5$	$\overline{y}_{...} = 78.89$

따라서 다음과 같은 반복이 있는 이원분산분석표를 얻을 수 있다.

요인	제곱합	자유도	평균제곱	F_0
인자 A	0.22	1	0.22	0.001
인자 B	11,910.11	2	5,955.06	32.29
교호작용 AB	597.44	2	298.72	1.62
오차	2,212.67	12	184.39	
총계	14,720.44	17		

- 교호작용 효과 검정
  분산분석표에서 인자효과에 대한 검정보다 교호작용효과를 먼저 검정해야 한다. 유의수준 $\alpha = 0.05$로 교호작용효과를 검정해보면 $F_0 = 1.62 < F_{(2,12,0.05)} = 3.89$이므로 "교호작용효과가 없다."는 귀무가설을 기각하지 못한다. 따라서 교육방법과 연령에는 유의한 교호작용효과가 있다고 할 수 없다. 교호작용효과가 유의하지 않으므로 주효과에 대한 검정을 한다.

- 인자 A의 효과 검정
  인자 A인 연령에 대한 검정을 하면 $F_0 = 0.001 < F_{(1,12,0.05)} = 4.75$를 만족하므로 "연령의 효과가 모두 같다."는 귀무가설을 기각하지 못한다. 따라서 두 종류

의 연령이 아동들의 학습능력에 미치는 영향은 모두 같다고 할 수 있다.

- 인자 B의 효과 검정

끝으로 인자 B인 교육방법에 대한 검정을 하면 $F_0 = 32.29 > F_{(2,12,0.05)} = 3.89$ 가 되므로 "교육방법의 효과가 모두 같다."는 귀무가설을 기각한다. 따라서 세 종류의 교육방법이 아동들의 학습능력에 미치는 영향은 다르다고 할 수 있다.

- 다중비교

이원분산분석에서 인자의 효과가 존재할 경우 인자 A의 수준평균들의 차 $\mu_{i}. - \mu_{i}.'$ 또는 인자 B의 수준평균들 사이에 차 $\mu._{j} - \mu._{j}'$가 존재하는지를 검정하기 위하여 다중비교를 하게 된다. 다중비교를 하는 절차는 각 처리내의 관측수가 같다는 점만 제외하고 일원분산분석의 경우와 동일하다. ■

SECTION 12.3 사회복지 자료에 대한 일원분산분석

예제 5

(예제 1)의 문제를 SPSS를 사용하여 해결하여라. 즉, 다음 자료를 사용하여 4가지 종류의 식이요법의 효과가 다르다고 할 수 있는지를 분산분석표를 작성하고 유의수준 5%에서 검정하여라.

식이요법1	식이요법2	식이요법3	식이요법4
225	225	185	265
265	230	220	265
225	215	250	285
240	210	200	235
245	220	250	
240			

SPSS 실행 방법

일원분산분석을 수행하기 위해서는 먼저 위 자료를 SPSS 데이터 편집기에 입력하여야 한다. 이 자료는 식이요법의 종류와 콜레스테롤 수치 2개의 변수로 구성되어 있으므로 다음과 같이 자료를 입력한다.

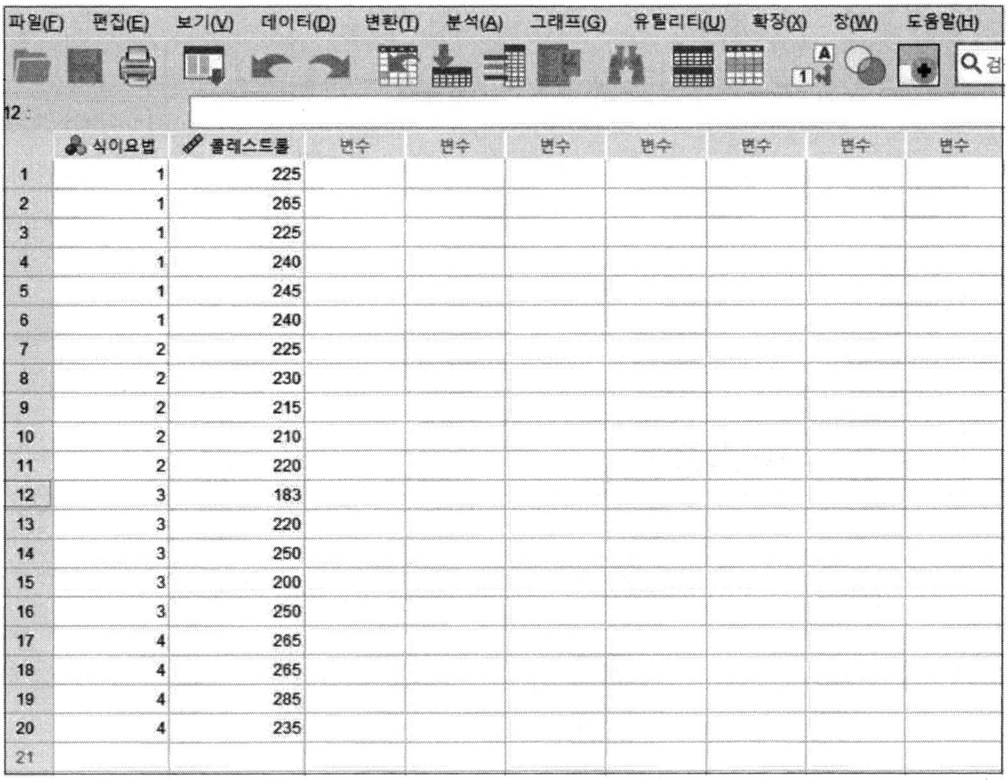

	식이요법	콜레스트롤	변수	변수	변수	변수	변수	변수	변수
1	1	225							
2	1	265							
3	1	225							
4	1	240							
5	1	245							
6	1	240							
7	2	225							
8	2	230							
9	2	215							
10	2	210							
11	2	220							
12	3	183							
13	3	220							
14	3	250							
15	3	200							
16	3	250							
17	4	265							
18	4	265							
19	4	285							
20	4	235							
21									

다음으로 분산분석을 위해서 SPSS 초기화면에서 다음의 메뉴를 선택한다.

분석 ⇒ **평균 및 비율 비교** ⇒ **일원배치 분산분석**

이와 같이 메뉴를 선택하여 얻게 되는《일원배치 분산분석》대화상자에서 종속변수에는 검정하고자 하는 변수를 지정하고 요인에는 수준변수를 지정하는데 주어진 요인의 각 수준에 따라 구분된 집단의 모평균에 차이가 있는지를 검정하게 된다. 여기서 지정되는 수준변수는 반드시 범주형 변수이어야 한다.

따라서《일원배치 분산분석》대화상자에서 종속변수에는 콜레스테롤을 지정하고 요인에는 식이요법을 선택하여 입력한 후 [확인]을 클릭하면 된다. 또한, 분산분석표와 함께 수준별 기술통계량을 산출하고 싶으면《일원배치 분산분석》대화상자의 [옵션]을 클릭하여 나타나는《일원배치 분산분석:옵션》대화상자에서 통계량의 기술통계를 선택하고 [계속]을 클릭한 다음《일원배치 분산분석》대화상자의 [확인]을 클릭하면 된다.

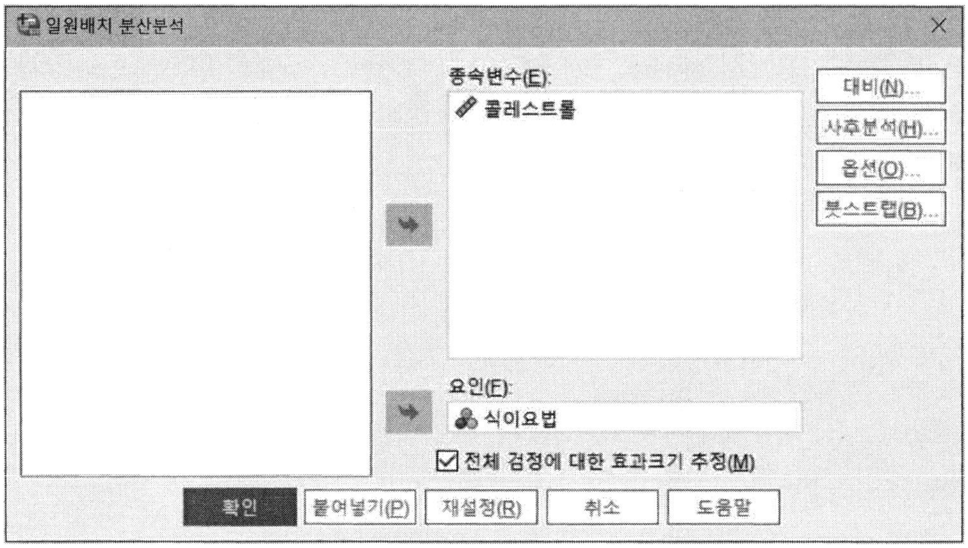

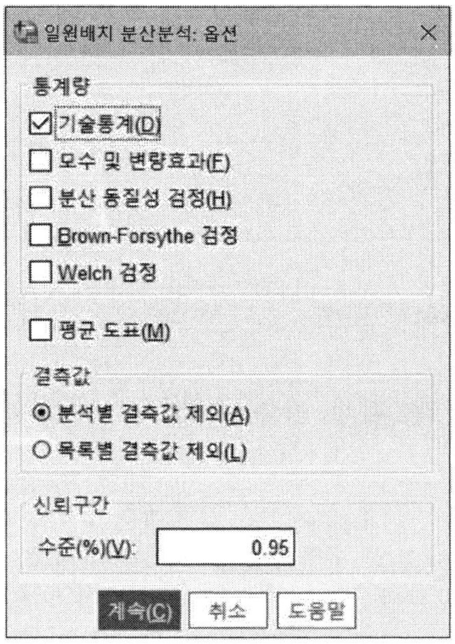

‖ SPSS 실행 결과 ‖

SPSS를 실행하면, 《일원배치 분산분석:옵션》 대화상자에서 통계량의 기술통계를 선택하였으므로 4가지 식이요법에 따른 기술통계 값을 제공해주며, 분산분석표를 제시해준다.

기술통계

콜레스트롤

	N	평균	표준편차	표준오차	평균의 95% 신뢰구간 하한	평균의 95% 신뢰구간 상한	최소값	최대값
1	6	240.00	14.832	6.055	224.43	255.57	225	265
2	5	220.00	7.906	3.536	210.18	229.82	210	230
3	5	220.60	29.863	13.355	183.52	257.68	183	250
4	4	262.50	20.616	10.308	229.70	295.30	235	285
전체	20	234.65	24.630	5.508	223.12	246.18	183	285

ANOVA

콜레스트롤

	제곱합	자유도	평균제곱	F	CTT 유의확률
집단-간	5334.350	3	1778.117	4.594	.017
집단-내	6192.200	16	387.013		
전체	11526.550	19			

||| SPSS 실행결과 분석 |||

SPSS 실행결과로부터 다음의 값들을 구할 수 있을 뿐만 아니라, 분산분석표를 작성하고 4종류의 식이요법의 효과가 다르다고 할 수 있는지 유의수준 5%에서 검정할 수 있다.

크기 : $n_1 = 6$, $n_2 = 5$, $n_3 = 5$, $n_4 = 4$

평균 : $\overline{y}_1 = 240$, $\overline{y}_2 = 220$, $\overline{y}_3 = 221$, $\overline{y}_4 = 262.5$

전체평균 : $\overline{y} = 234.75$

$SST = 11,323.75$, $SSt = 5,278.75$, $SSE = 6,045$

- 일원분산분석표

요인	제곱합	자유도	평균제곱	F_0
처리	5,278.75	3	1,759.583	4.657
오차	6,045	16	377.813	
총계	11,323.75	19		

- 검정

① 가설 $H_0 : \mu_1 = \mu_2 = \mu_3 = \mu_4$

$H_1 : \mu_i (i = 1,2,3,4)$들이 모두 같지는 않다.

② 유의수준 : $\alpha = 0.05$

③ 검정통계량 : $F_0 = 4.657$

④ 기각역 : $F_0 \geq F_{(3,16,0.05)} = 3.24$

⑤ $F_0 = 4.657 > F_{(3.16,0.05)} = 3.24$ 이므로 귀무가설 H_0를 기각한다. 또한 유의확률이 0.016으로 유의수준 $\alpha(=0.05)$보다 작으므로 귀무가설 H_0를 기각할 수 있다. 따라서 혈청 콜레스테롤을 감소시키기 위한 식이요법의 효과가 모두 같다고 말할 수 없다.

참 고 사 항

《일원배치 분산분석》 대화상자의 변수목록에는 숫자변수만 나타나므로 문자변수는 나타나지 않는다. 따라서 요인에 지정할 수준변수가 문자변수인 경우에는 숫자변수로 새롭게 생성하여야 한다.

예제 6

사회복지사 실태 조사 자료를 사용하여 최종학력에 따라 직장만족도에 차이가 나는지를 유의수준 5%에서 검정하여라.

SPSS 실행 방법

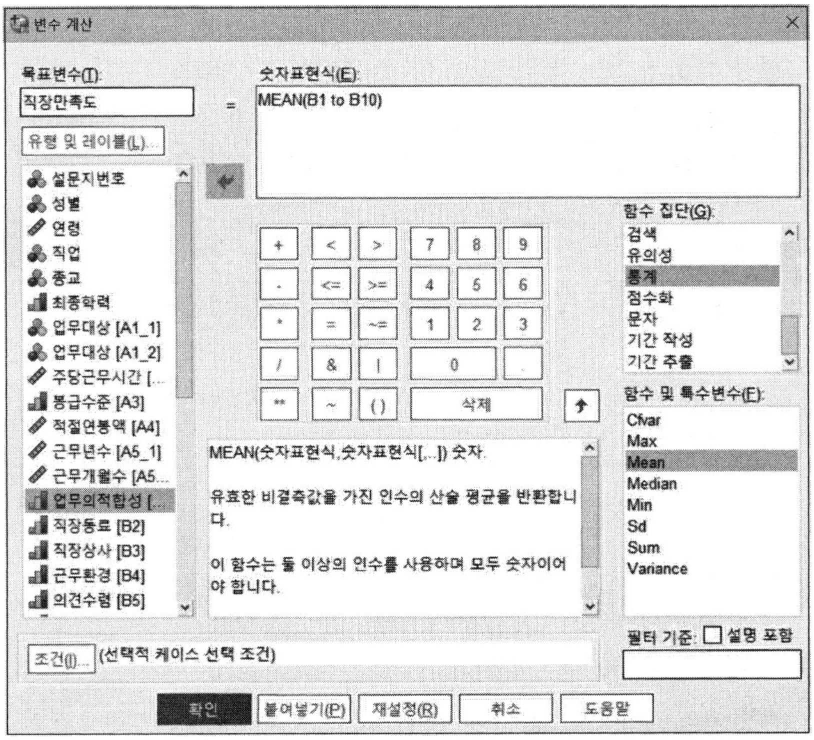

최종학력에 따라 직장만족도에 차이가 나는지를 검정하기 위해서 직장만족도에 관한 8개의 문항(B1-B8)을 이용하여 직장만족도를 나타내는 새로운 변수를 생성하여야 한다. 이를 위해서 변수계산 메뉴를 선택하여 얻게 되는 《변수 계산》 대화상자에서 8개 문항의 평균을 나타내는 새로운 변수 직장만족도를 생성한다.
이제, 일원배치분산분석 메뉴를 선택하여 얻게 되는 《일원배치 분산분석》 대화상자에서 종속변수에는 직장만족도를 선택하고 요인에는 최종학력을 선택하여 입력한 후 [확인]을 클릭하면 된다.

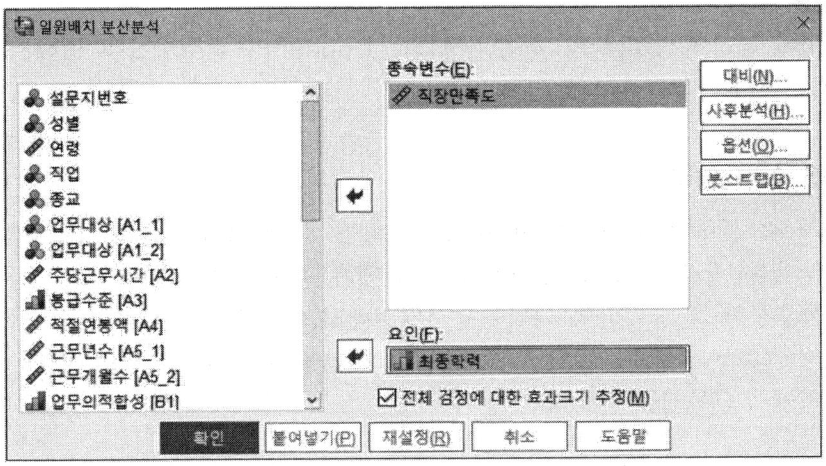

||| SPSS 실행 결과 |||

ANOVA

직장만족도

	제곱합	자유도	평균제곱	F	CTT 유의확률
집단-간	.370	2	.185	.962	.389
집단-내	9.024	47	.192		
전체	9.394	49			

||| SPSS 실행결과 분석 |||

SPSS 실행결과로부터 최종학력에 따라 직장만족도에 차이가 나는지를 유의수준 5%에서 검정할 수 있다.

① 가설 $H_0 : \mu_1 = \mu_2 = \mu_3$

$H_1 : \mu_i (i = 1, 2, 3)$들이 모두 같지는 않다.

② 유의수준 : $\alpha = 0.05$

③ 검정통계량 : $F_0 = 5.585$

④ 기각역 : $F_0 \geq F_{(2,47,0.05)}$ 여기서 $3.18 < F_{(2,47,0.05)} < 3.23$

⑤ $F_0 = 0.478 < F_{(2,47,0.05)}$이므로 귀무가설 H_0를 기각할 수 없다. 또한, SPSS 실행결과에서 유의확률이 0.623으로 유의수준 $\alpha(=0.05)$보다 크므로 귀무가설 H_0를 기각할 수 없다. 따라서 최종학력에 따라 직장만족도에는 차이가 없다고 말할 수 있다.

예제 7

(예제 5)에 대하여 Tukey의 HSD검정법과 Duncan의 검정방법에 의해서 다중비교를 실시하여라.

SPSS 실행 방법

일원배치분산분석 메뉴를 선택하여 얻게 되는 《일원배치 분산분석》 대화상자에서 종속변수에는 콜레스테롤을 선택하고 요인에는 식이요법을 선택하여 입력한다. 그리고 [사후분석]을 클릭하여 나타나는 《일원배치 분산분석:사후분석-다중비교》 대화상자에서 Tukey와 Duncan을 선택하고 [계속]을 클릭한 후 《일원배치 분산분석》 대화상자에서 [확인]을 클릭하면 된다.

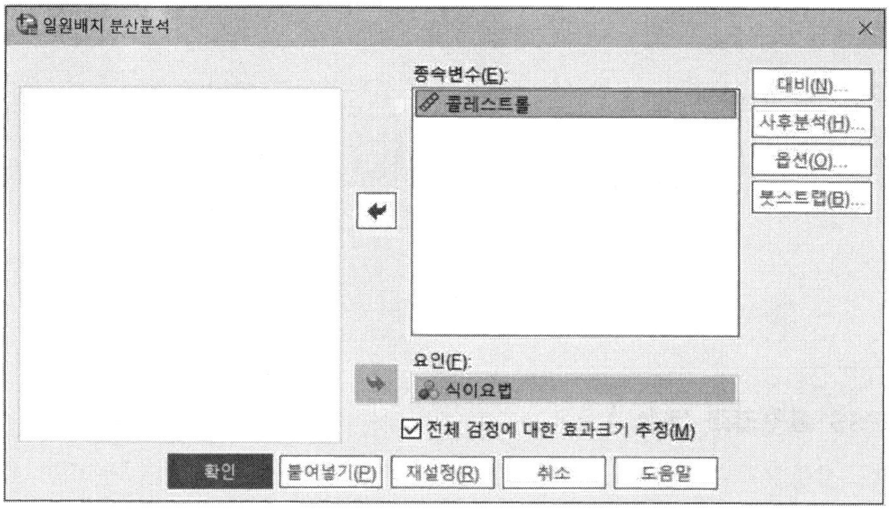

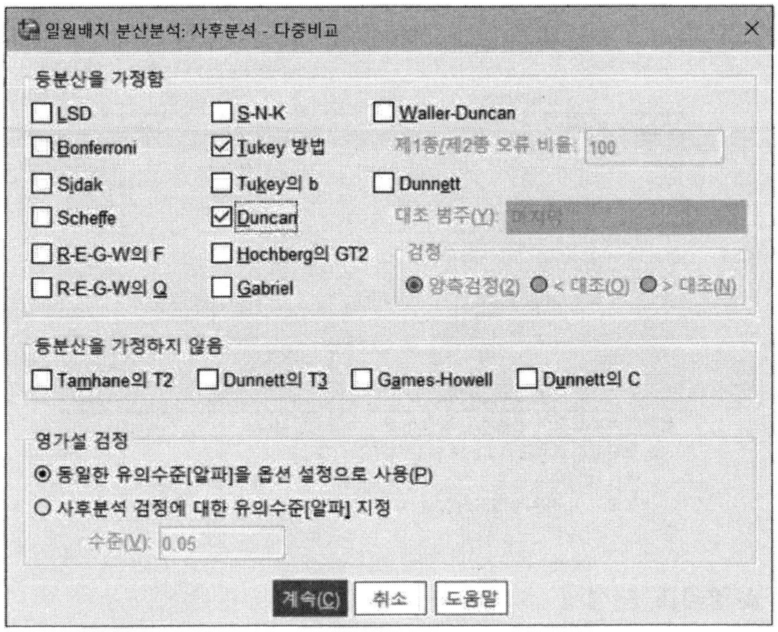

‖ SPSS 실행 결과 ‖

다중비교

종속변수: 콜레스트롤

	(I) 식이요법	(J) 식이요법	평균차이(I-J)	표준오차	CTT 유의확률	95% 신뢰구간 하한	95% 신뢰구간 상한
Tukey HSD	1	2	20.000	11.912	.366	-14.08	54.08
		3	19.400	11.912	.391	-14.68	53.48
		4	-22.500	12.699	.322	-58.83	13.83
	2	1	-20.000	11.912	.366	-54.08	14.08
		3	-.600	12.442	1.000	-36.20	35.00
		4	-42.500*	13.197	.025	-80.26	-4.74
	3	1	-19.400	11.912	.391	-53.48	14.68
		2	.600	12.442	1.000	-35.00	36.20
		4	-41.900*	13.197	.027	-79.66	-4.14
	4	1	22.500	12.699	.322	-13.83	58.83
		2	42.500*	13.197	.025	4.74	80.26
		3	41.900*	13.197	.027	4.14	79.66

*. 평균차이는 0.05 수준에서 유의합니다.

콜레스트롤

	식이요법	N	유의수준 = 0.05에 대한 부분집합 1	2
Tukey HSD[a,b]	2	5	220.00	
	3	5	220.60	
	1	6	240.00	240.00
	4	4		262.50
	CTT 유의확률		.411	.314
Duncan[a,b]	2	5	220.00	
	3	5	220.60	
	1	6	240.00	240.00
	4	4		262.50
	CTT 유의확률		.150	.092

동질적 부분집합에 있는 집단에 대한 평균이 표시됩니다.

a. 조화평균 표본크기 4.898을(를) 사용합니다.

b. 집단 크기가 동일하지 않습니다. 집단 크기의 조화평균이 사용됩니다. I 유형 오차 수준은 보장되지 않습니다.

||| SPSS 실행결과 분석 |||

SPSS 실행결과로부터 식이요법 1, 2, 3의 효과에는 차이가 없으며, 식이요법 1, 4의 효과에도 차이가 없음을 알 수 있다. 그리고 식이요법 4와 2, 식이요법 4와 3에는 차이가 있음을 알 수 있다.

SECTION 12.4 사회복지 자료에 대한 일반화선형모형

예제 8

(예제 4)의 문제를 SPSS를 사용하여 해결하여라.

||| SPSS 실행 방법 |||

SPSS 데이터 편집기에서 연령과 교육방법 그리고 학습능력을 나타내는 3개 변수에 대해 자료를 입력한 다음 이원분산분석을 수행하기 위해서 SPSS 초기화면에서 다음의 메뉴를 선택한다.

분석 ⇒ 일반선형모형 ⇒ 일변량

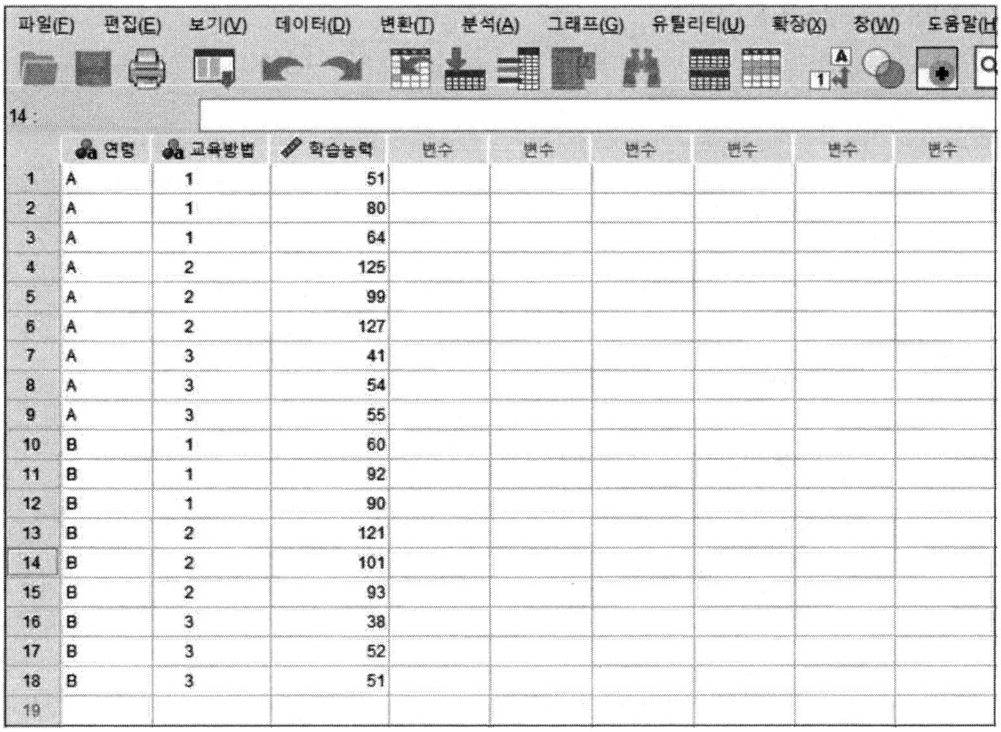

	연령	교육방법	학습능력	변수	변수	변수	변수	변수	변수
1	A	1	51						
2	A	1	80						
3	A	1	64						
4	A	2	125						
5	A	2	99						
6	A	2	127						
7	A	3	41						
8	A	3	54						
9	A	3	55						
10	B	1	60						
11	B	1	92						
12	B	1	90						
13	B	2	121						
14	B	2	101						
15	B	2	93						
16	B	3	38						
17	B	3	52						
18	B	3	51						
19									

《일변량 분석》 대화상자에서 종속변수에 학습능력을 지정하고 고정요인에 연령과 교육방법을 지정한 다음 [확인]을 클릭하면 된다.

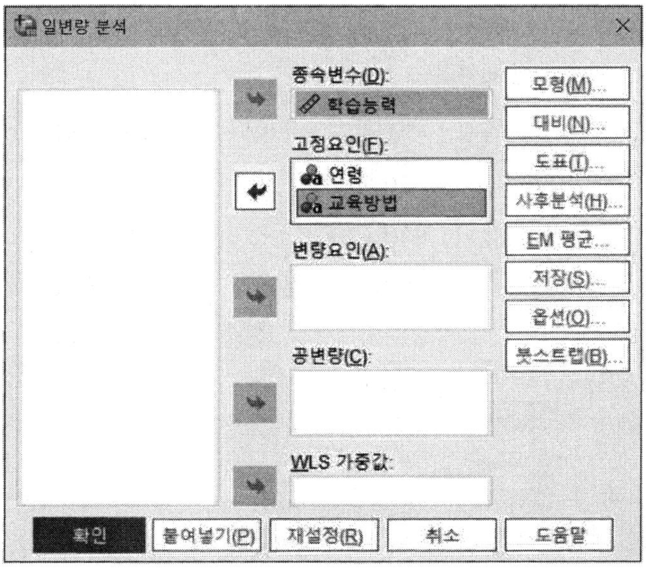

SPSS 실행 결과

개체-간 요인

		N
연령	A	9
	B	9
교육방법	1	6
	2	6
	3	6

개체-간 효과 검정

종속변수: 학습능력

원인	제 III 유형 제곱합	자유도	평균제곱	F	유의확률
수정된 모형	12507.778[a]	5	2501.556	13.567	<.001
절편	107957.556	1	107957.556	585.488	<.001
연령	.222	1	.222	.001	.973
교육방법	11910.111	2	5955.056	32.296	<.001
연령 * 교육방법	597.444	2	298.722	1.620	.238
추정값	2212.667	12	184.389		
전체	122678.000	18			
수정된 합계	14720.444	17			

a. R 제곱 = .850 (수정된 R 제곱 = .787)

SPSS 실행결과 분석

SPSS 실행결과를 사용하여 분산분석표를 작성할 수 있으며, 아래와 같은 절차에 의해서 각 인자가 학습능력에 영향을 주는지를 검정할 수 있다.

- 반복이 있는 이원분산분석표

요인	제곱합	자유도	평균제곱	F_0
인자 A(연령)	0.22	1	0.22	0.001
인자 B(교육방법)	11,910.11	2	5,955.06	32.296
교호작용 AB	597.44	2	298.72	1.62
오차	2,212.67	12	184.39	
총계	14,720.44	17		

- 교호작용 효과 검정

  인자효과에 대한 검정보다 교호작용효과를 먼저 검정해야 하는데, 유의수준

$\alpha = 0.05$ 로 교호작용효과를 검정해보면 $F_0 = 1.62 < F_{(2,12,0.05)} = 3.89$ 이므로 "교호작용효과가 없다."는 귀무가설을 기각하지 못한다. 또한, SPSS 실행결과에서 유의확률이 0.238로 유의수준 $\alpha(=0.05)$보다 크므로 귀무가설 H_0를 기각할 수 없다. 따라서 교육방법과 연령에는 유의한 교호작용효과가 있다고 할 수 없다. 교호작용효과가 유의하지 않으므로 주효과에 대한 검정을 한다.

- 연령의 효과 검정

  연령에 대한 검정을 하면 $F_0 = 0.001 < F_{(1,12,0.05)} = 4.75$ 를 만족하므로 "연령의 효과가 모두 같다."는 귀무가설을 기각하지 못한다. 또한, SPSS 실행결과에서 유의확률이 0.973으로 유의수준 $\alpha(=0.05)$보다 크므로 귀무가설 H_0를 기각할 수 없다. 따라서 두 종류의 연령이 아동들의 학습능력에 미치는 영향은 모두 같다고 할 수 있다.

- 교육방법의 효과 검정

  교육방법에 대한 검정을 하면 $F_0 = 32.29 > F_{(2,12,0.05)} = 3.89$ 가 되므로 "교육방법의 효과가 모두 같다."는 귀무가설을 기각한다. 또한, SPSS 실행결과에서 유의확률이 0.000으로 유의수준 $\alpha(=0.05)$보다 작으므로 귀무가설 H_0를 기각할 수 있다. 따라서 세 종류의 교육방법이 아동들의 학습능력에 미치는 영향은 다르다고 할 수 있다.

Chapter 13

비모수 통계분석

SPSS를 이용한 독립 2-표본 비모수 검정

SPSS를 이용한 대응 2-표본 비모수 검정

SPSS를 이용한 독립 K-표본 비모수 검정

우리가 일반적으로 사용하고 있는 t-검정이나 F-검정 등은 모집단이 정규분포를 따른다고 가정하고 있다. 그런데, 실제 데이터에서는 이러한 가정이 성립되지 않는 경우가 많지만 그럼에도 불구하고 정규분포를 가정하고 분석을 할 수 있던 것은 중심극한정리 때문이다. 모집단의 분포와 관계없이, 표본의 크기가 충분히 크다면 표본평균의 분포는 근사적으로 정규분포를 따르게 된다. 반면에 표본의 크기가 충분히 크지 않을 경우 정규분포 가정이 어렵게 되는데, 이와 같은 문제점을 해결하여 주는 것이 바로 비모수통계(nonparametric statistics)이다. 비모수검정의 많은 통계적 절차들은 데이터의 분포에 관한 가정이 불필요하여 분포-무관 검정(distribution-free tests)이라고도 한다.

SECTION 13.1 SPSS를 이용한 독립 2-표본 비모수 검정

독립 2-표본 비모수 검정은 표본의 크기가 작거나, 모집단이 정규분포를 만족하지 못할 때 독립 표본 t-검정을 대신하여 사용할 수 있다. 독립 2-표본 비모수 검정은 순위를 이용하여 검정을 수행하지만 SPSS에서 내부적으로 순위로 변경하여 분석하기 때문에 사용자가 굳이 데이터를 순위로 바꾸어 분석할 필요는 없다.

독립 2-표본 검정 방법으로 널리 사용되는 맨-휘트니(Mann-Whitney)의 U 검정은 서로 다른 두 집단의 차이를 분석하는데 있어서 자료의 수치가 순서척도이거나 집단의 표본 수가 30 미만이면서 정규성(normality)을 만족하지 못하는 경우에 사용하는 방법이다. 맨-휘트니(Mann-Whitney)의 U 검정은 두개의 표본이 동일한 확률분포를 갖는 모집단들로부터 추출되었는지의 여부를 검정한다. 두 모집단의 분포의 형태를 가정할 필요는 없으나, 각 모집단으로부터 추출된 표본은 무작위로 추출되어야 하고 측정값은 순위를 매길 수 있어야 한다. 우선 측정값을 오름차순으로 배열한 뒤에 각 표본(집단)별로 평균 순위를 구한 후 중위수를 구한다. 만일 중위수가 크다면 순위합도 크게 나타날 것이다. 맨-휘트니(Mann-Whitney)의 U 검정을 윌콕슨 순위합 검정이라고도 한다. 맨-휘트니(Mann-Whitney)의 U 검정에서의 귀무가설은 다음과 같다.

H_0 : 두 집단의 중앙값은 같다.

두 가지 미술치료방법 1(실험집단 : 새로운 치료방법)과 2(통제집단 : 기존의 치료방법)에 차이가 있는지 비교하기 위하여 집단을 통제한 후 비교하는 방법을 실시하여 다음과 같은 자료를 얻었다. 두 치료방법 간에 차이가 있다고 할 수 있는지 검정하여 보기로 하자.

치료방법 1	85 90 84 93 89 95
치료방법 2	79 88 77 81 87 82 70

두 집단을 혼합한 자료로 다음과 같이 순위를 매기는데, 이 때 점수가 높을수록 순위값이 크도록 지정한다.

점수	70	77	79	81	82	84	85	87	88	89	90	93	95
순위(R_i)	1	2	3	4	5	6	7	8	9	10	11	12	13
집단	2	2	2	2	2	1	1	2	2	1	1	1	1

혼합한 자료에서 집단 2가 가질 수 있는 순위합의 최소값은 28(=1+2+3+4+5+6+7)이고 최대값은 70(=7+8+9+10+11+12+13)이다. 위 표로부터 집단 2의 순위합은 다음과 같다.

$$W=\sum_{i=1}^{n}R_i = 1+2+3+4+5+8+9 = 32$$

W가 작을수록 집단 2에 속하는 자료의 순위가 집단 1에 속하는 자료의 순위보다 작다. 따라서 치료방법 2가 치료방법 1보다 덜 효과적이라고 할 수 있다. 이 때, W를 윌콕슨 순위합 검정(Wilcoxon rank sum test) 통계량이라 하며, 귀무가설 하에서 W의 기대값과 분산은 다음과 같다.

$$E(W) = \frac{n_2(n_1+n_2+1)}{2}, \; Var(W) = \frac{n_1 n_2(n_1+n_2+1)}{12}$$

여기서 n_1은 집단 1의 크기이고 n_2는 집단 2의 크기를 나타낸다. 위의 자료로부터 $E(W) = \frac{7(6+7+1)}{2} = 49$, $Var(W) = \frac{(7\times 6)(7+6+1)}{12} = 49$임을 알 수 있다. n_1, n_2가 클 때 Z_W는 다음과 같이 근사적으로 표준정규분포를 따르게 된다.

$$Z_W = \frac{W-E(W)}{\sqrt{Var(W)}} \sim N(0,1)$$

위의 자료로부터 검정통계량 값을 구해보면 $Z_W = \frac{32-49}{\sqrt{49}} = -2.429$임을 알 수 있다. 맨-휘트니의 U 검정은 집단 1의 점수가 집단 2의 점수보다 앞선 횟수와 집단 2의 점수가 집단 1의 점수보다 앞선 횟수를 계산하여 이들 두 수 중 작은 수를 이용하여 검정한다. 윌콕슨의 W는 작은 표본의 순위합으로 두 표본 모두 같은 수의 관측값을 가질 경우 독립 2-표본 집단 정의 상자에서 첫 번째로 명명된 순위합계를 이용한다. 맨-휘트니의 U와 윌콕슨의 W 사이의 관계는 다음과 같다.

$$U = W - \frac{n_2(n_2+1)}{2}, \quad n_1 < n_2$$

위의 자료로부터 $U = 32 - \frac{7(7+1)}{2} = 4$임을 알 수 있다.

SPSS 실행 방법

독립 2-표본 비모수 검정 방법으로 널리 사용되는 맨-휘트니(Mann-Whitney)의 U 검정을 수행하기 위해서는 SPSS 초기화면에서 다음의 메뉴를 선택함으로써 시작할 수 있다.

분석 ⇒ **비모수검정** ⇒ **레거시 대화상자** ⇒ **2-독립표본**

위와 같이 선택하여 얻게 되는《2-독립표본 비모수검정》대화상자에서 검정 변수에 점수를 지정하고 집단변수에 치료방법을 지정하면 치료방법(?,?)와 같이 입력된다. 여기서 [집단 정의]를 클릭하여 나타나는 대화상자에서 집단 1에 1을 입력하고 집단 2에 2를 입력한 다음 [계속]을 클릭하고,《2-독립표본 비모수검정》대화상자에서 검정 유형에 Mann-Whitney의 U를 선택한 다음 [확인]을 클릭하면 된다.

	치료방법	점수
1	1	85
2	1	90
3	1	84
4	1	93
5	1	89
6	1	95
7	2	79
8	2	88
9	2	77
10	2	81
11	2	87
12	2	82
13	2	70
14		

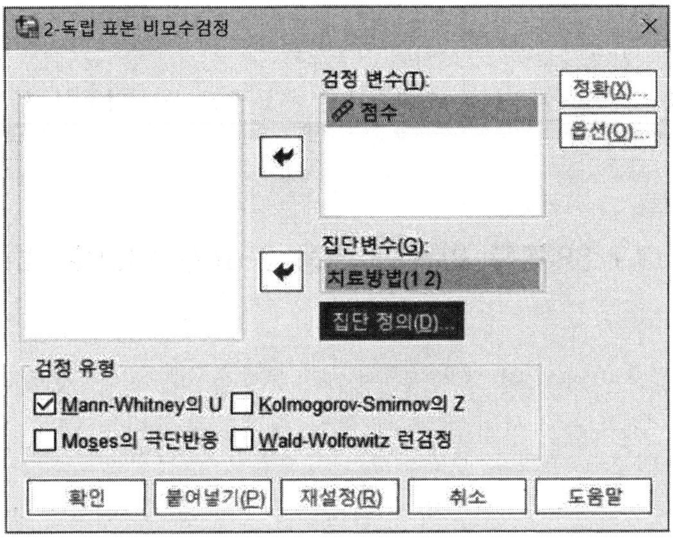

‖ SPSS 실행 결과 ‖

Mann-Whitney 검정

순위

	치료방법	N	평균 순위	순위합
점수	1	6	9.83	59.00
	2	7	4.57	32.00
	전체	13		

검정 통계량[a]

	점수
Mann-Whitney의 U	4.000
Wilcoxon의 W	32.000
Z	-2.429
근사 유의확률 (양측)	.015
정확 유의확률 [2*(단측 유의확률)]	.014[b]

a. 집단변수: 치료방법

b. 동순위에 대해 수정된 사항이 없습니다.

‖ SPSS 실행결과 분석 ‖

위 결과는 Mann-Whitney의 U를 선택하였을 때의 결과로서 치료방법별로 순위를 구하여 각각의 평균 순위와 순위합을 나타내고 있다.

근사 유의확률(양측) 값은 0.015로 유의수준 0.05보다 작으므로 두 치료방법 간에 차이가 없다는 귀무가설이 기각된다. 따라서 두 치료방법 간에는 통계적으로 유의한 차이가 있음을 알 수 있다. 즉, 새로운 치료방법 1이 기존의 치료방법 2보다 효과적임을 의미한다.

SECTION 13.2 SPSS를 이용한 대응 2-표본 비모수 검정

대응 2-표본 비모수 검정은 두 변수의 분포를 비교하는 것으로 일반적으로 어떤 실험의 전,후 또는 조사의 전,후의 측정 결과를 비교하는 데에 많이 사용되는데, 대응 2-표본 비모수 검정은 모수통계의 대응표본 t-검정과 유사한 방법이다. 이러한 대응 2-표본 비모수 검정으로는 윌콕슨 부호순위 검정(Wilcoxon's signed rank test)이 사용된다.

윌콕슨 부호 순위 검정은 자료가 연속형인 경우 사용되며, 모든 케이스에 대해 두 변수 간 차이를 계산하고 그 차이를 양수, 음수 또는 동률인 수 등으로 분류한 후 변수 부호 차이와 대응 간 차이의 크기까지 모두 고려한다. 윌콕슨 부호 순위 검정은 자료에 대한 정보를 구체화할 수 있으므로 일반적으로 부호 검정(sign tets)보다 강력한 검정 방법이다. 여기서의 귀무가설은 다음과 같이 설정된다.

H_0 : 짝지어진 표본의 차이의 중앙값은 0이다

어느 어린이 집에서 아동들을 대상으로 4주 동안 실시한 안전교육 프로그램의 효과를 알아보기 위하여 7명을 추출하여 실험 전과 후의 안전의식을 100점 만점으로 점수화하여 얻은 자료가 다음과 같다. 이 때, 실험전의 점수(X_1)와 실험후의 점수(X_2)의 모집단분포는 알려지지 않았다고 가정하고 안전교육을 수행한 이후에 아동들의 안전의식이 향상되었는지를 유의수준 5%에서 검정해 보고자 한다.

번호	1	2	3	4	5	6	7
실험 전 점수(X_1)	85	78	77	77	79	70	71
실험 후 점수(X_2)	83	84	84	93	94	93	94

실험 전과 후의 점수의 차이의 절대값의 순위를 구하는데, 이 때 순위가 높을수록 절대값의 차이가 크게 된다.

번호	1	2	3	4	5	6	7
실험 전(X_1)	85	78	77	77	79	70	71
실험 후(X_2)	83	84	84	93	94	93	94
차이(실험 후-실험 전)	-2	6	7	16	15	23	23
차이의 부호	-	+	+	+	+	+	+
차이의 부호값(S_i)	0	1	1	1	1	1	1
차이의 절대값의 순위(R_i)	1	2	3	5	4	6.5	6.5

7명의 아동에 대한 조사 자료에서 실험 전, 후의 차이를 계산한 다음 차이의 부호값(S_i)을 차이가 양수(+)일 때는 1, 음수(-)일 때는 0으로 처리한다. 그리고 차이의 절대값의 순위(R_i)를 부여한다. 만일 차이의 절대값의 순위가 같을 때는 평균 순위를 사용한다. 위에서 6번째 자료와 7번째 자료의 경우 차이 값이 23으로 동일하므로 평균 순위 6,5를 부여하였다. 다음으로 차이의 부호값(S_i)이 양수(+)인 차이의 절대값의 순위를 다음과 같이 합해서 W^+의 값을 계산한다.

$$W^+ = \sum_{i=1}^{n} S_i R_i = 2+3+4+5+6.5+6.5 = 27$$

W^+가 클수록 프로그램 참가 후 점수가 증가해서 프로그램의 차이가 있다고 할 수 있다. 이 때, W^+를 윌콕슨 부호순위 검정(Wilcoxon's signed rank test) 통계량이라 하며, 귀무가설 하에서 W^+의 기댓값과 분산은 다음과 같다.

$$E(W^+) = \frac{n(n+1)}{4}, \; Var(W^+) = \frac{n(n+1)(2n+1)}{24}$$

위의 자료로부터 $E(W^+) = \frac{7(7+1)}{4} = 14$, $Var(W^+) = \frac{7(7+1)(2\times7+1)}{24} = 35$ 임을 알 수 있다. n이 클 때 Z_{W^+}는 근사적으로 표준정규분포를 따른다.

$$Z_{W^+} = \frac{W^+ - E(W^+)}{\sqrt{Var(W^+)}} \sim N(0,1)$$

위의 자료로부터 검정통계량 값을 구해보면 $Z_{W^+} = \frac{27-14}{\sqrt{35}} = 2.197$ 임을 알 수 있다.

||| SPSS 실행 방법 |||

대응 2-표본 비모수검정 방법으로 널리 사용되는 윌콕슨 부호 순위 검정을 수행하기 위해서는 먼저 다음과 같이 자료를 입력한다.

다음으로 SPSS 초기화면에서 다음의 메뉴를 선택함으로써 시작할 수 있다.

분석 ⇒ **비모수검정** ⇒ **레거시 대화상자** ⇒ **2-대응표본**

위와 같이 선택하여 얻게 되는 《2-대응표본 비모수검정》 대화상자에서 검정 대응에 변수 X1과 X2를 지정하고 검정 유형에서 Wilcoxon을 선택한 후 [확인]을 클릭하면 된다.

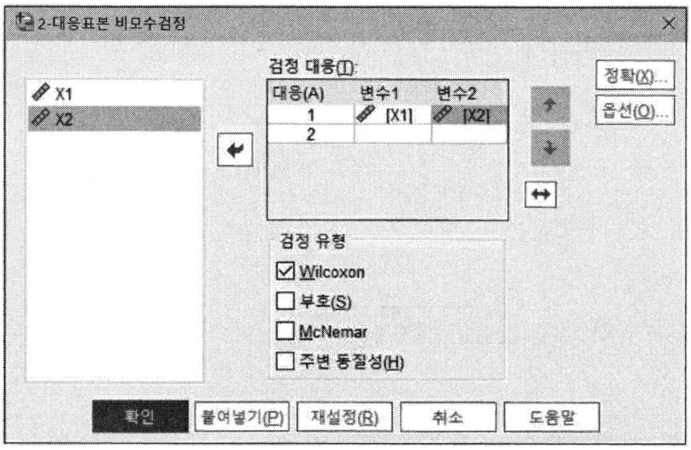

‖ SPSS 실행 결과 ‖

Wilcoxon 부호순위 검정

순위

		N	평균 순위	순위합
실험 후 - 실험 전	음의 순위	1[a]	1.00	1.00
	양의 순위	6[b]	4.50	27.00
	동순위	0[c]		
	전체	7		

a. 실험 후 < 실험 전
b. 실험 후 > 실험 전
c. 실험 후 = 실험 전

검정 통계량[a]

	실험 후 - 실험 전
Z	-2.201[b]
근사 유의확률 (양측)	.028

a. Wilcoxon 부호순위 검정
b. 음의 순위를 기준으로.

‖ SPSS 실행결과 분석 ‖

위 결과는 Wilcoxon 부호 순위 검정을 선택하였을 때의 결과로서 (실험후-실험전)의 차이 값을 계산하여 음의 순위(실험후-실험전=음수)와 양의 순위(실험후-실험전=양수) 그리고 동률(실험후-실험전=0)을 각각 계산하여 제시하고 있다. 여기서는 차이의 크기를 고려하여 계산한다.

Wilcoxon 부호 순위 검정에서의 귀무가설은 'H_0 : 실험후와 실험전의 차이(실험후-실험전)의 중앙값이 0이다'와 같다. 검정 통계량 부분의 근사 유의확률(양측) 값이 0.028로 유의수준 0.05보다 작으므로 실험전과 실험후 간에 차이가 없다는 귀무가설을 기각하게 된다. 따라서 실험 전후에 통계적으로 유의한 차이가 있다고 할 수 있다. 즉, 안전교육 전후에 아동들의 안전의식에 차이가 있다고 할만한 근거가 충분하다고 판단한다.

SECTION 13.3 SPSS를 이용한 독립 K-표본 비모수 검정

독립 K-표본 비모수 검정은 모수 통계의 분산분석과 유사하며, 한 변수에 대해 대개 셋 이상의 집단을 비교할 때 사용된다. 크루스칼-왈리스(Kruskal-Wallis)의 H 검정은 맨-휘트니 검정(Mann-Whitney)의 U 검정을 확장한 것으로 일원분산분석과 동일하다. 즉, 맨-휘트니 검정이 두 집단에 대한 분석방법이라면 크루스칼-왈리스 검정은 세 집단 이상에 적용되는 방법이며 그 검정원리는 서로 동일하다. 즉, 세 집단의 측정값을 모두 크기 순서로 배열하고 순위를 매겨서 각 집단의 순위의 평균을 비교하여 검정하게 된다.

3가지 미술치료방법 1(실험집단 : 새로운 치료방법)과 2(통제집단 : 기존의 치료방법) 그리고 3(통제집단 : 무처치)에 차이가 있는지 비교하기 위하여 집단을 통제한 후 비교하는 방법을 사용하여 다음과 같은 자료를 얻었다. 세 미술치료방법 간에 차이가 있다고 할 수 있는지 검정하여 보기로 하자.

치료방법 1	85 90 84 93 89 95
치료방법 2	79 88 77 81 87 82 70
치료방법 3	65 67 60 63 71 72

세 집단을 혼합한 자료에서 자료의 순위를 매기는데, 이 때 점수가 높을수록 순위값이 크다.

점수	60	63	65	67	70	71	72	77	79	81	82	84	85	87	88	89	90	93	95
순위(R_i)	1	2	3	4	5	6	7	8	9	10	11	12	13	14	15	16	17	18	19
집단	3	3	3	3	2	3	3	2	2	2	2	1	1	2	2	1	1	1	1

다음으로 각 집단별로 순위합(S_i)을 구한다.

$$S_1 = 12+13+16+17+18+19 = 95$$
$$S_2 = 5+8+9+10+11+14+15 = 72$$
$$S_3 = 1+2+3+4+6+7 = 23$$

크루스칼-왈리스 검정(Kruskal-Wallis test) 통계량 V_i는 다음과 같이 정의된다.

$$V_i = \frac{12}{n(n+1)}\sum_{i=1}^{k}\frac{S_i^2}{n_i} - 3(n+1) \sim \chi^2_{(k-1)}$$

여기서 n은 전체 표본 수, k는 집단의 수, S_i는 각 집단에서의 순위합, n_i는 각 집단의 표본 수이다. 위의 자료로부터 V_i를 구해보면 다음과 같다.

$$V_i = \frac{12}{19(19+1)}\left(\frac{95^2}{6}+\frac{72^2}{7}+\frac{23^2}{6}\right)-3(19+1) = 13.673$$

‖ SPSS 실행 방법 ‖

독립 K-표본 비모수 검정 방법으로 사용되는 크루스칼-왈리스(Kruskal-Wallis)의 H 검정을 수행하기 위해서는 먼저 다음과 같이 자료를 입력한다.

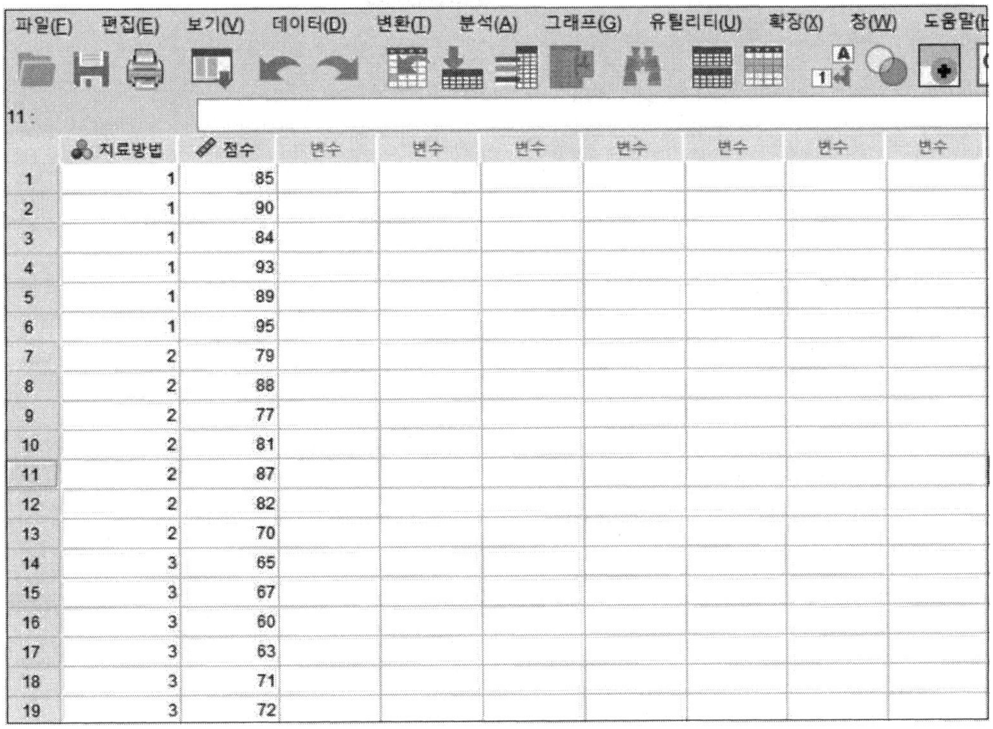

	치료방법	점수
1	1	85
2	1	90
3	1	84
4	1	93
5	1	89
6	1	95
7	2	79
8	2	88
9	2	77
10	2	81
11	2	87
12	2	82
13	2	70
14	3	65
15	3	67
16	3	60
17	3	63
18	3	71
19	3	72

다음으로 SPSS 초기화면에서 다음의 메뉴를 선택함으로써 시작할 수 있다.

분석 ⇒ **비모수검정** ⇒ **레거시 대화상자** ⇒ **k-독립표본**

위와 같이 선택하여 얻게 되는 《K-독립 표본 비모수검정》 대화상자에서 검정변수에 점수를 지정하고 집단변수에 치료방법을 지정한 다음 [집단 정의]를 클릭하여 집단을 정의해준 다음 [계속]을 클릭한다. 《K-독립 표본 비모수검정》 대화상자에서 검정 유형에 Kruskal-Wallis의 H를 선택하고 [확인]을 클릭하면 된다.

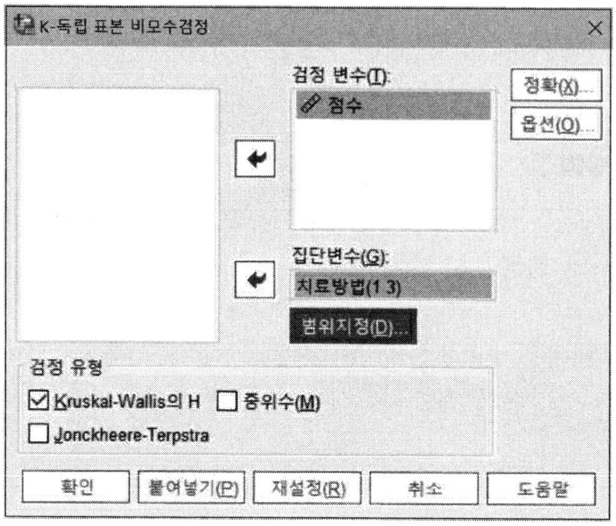

SPSS 실행 결과

Kruskal-Wallis 검정

순위

	치료방법	N	평균 순위
점수	1	6	15.83
	2	7	10.29
	3	6	3.83
	전체	19	

검정 통계량[a,b]

	점수
Kruskal-Wallis의 H	13.671
자유도	2
근사 유의확률	.001

a. Kruskal Wallis 검정
b. 집단변수: 치료방법

SPSS 실행결과 분석

위 결과는 Kruskal-Wallis의 H 검정을 선택하였을 때의 결과로서 점수를 치료방법별로 순위를 구하여 각각의 평균 순위를 나타내고 있다.

검정에서의 귀무가설은 'H_0 : 치료방법 간의 점수는 같다'이며, 근사 유의확률 값은 0.001로 유의확률 0.05보다 작기 때문에 귀무가설을 기각한다. 따라서 세 치료방법 간에는 통계적으로 유의한 차이가 있음을 알 수 있다. 즉, 새로운 치료방법이 기존의 치료방법과 무처치 방법보다 효과적임을 의미한다.

Chapter 14

신뢰도 분석

신뢰도 분석

사회복지 자료에 대한 문항 신뢰도 분석

이 장에서는 사회복지사들의 직장만족도 설문 문항의 신뢰도 분석(reliability analysis)에 대한 내용과 한글 SPSS를 활용한 문항 신뢰도 분석 방법에 대하여 다루고자 한다.

신뢰도란 측정도구를 동일한 응답자에게 반복해서 적용했을 때 일관된 결과가 나오는 정도를 의미한다. 신뢰도를 측정하는 방법으로는 재조사법, 복수양식법, 반분법, 크론바흐 알파가 있다. 재조사법은 동일한 측정도구를 동일한 응답자에게 일정한 시간을 두고 두 번 조사하여 두 점수에 대한 상관계수로 신뢰도를 측정하는 방법이다. 복수양식법은 2개의 유사한 측정도구를 동일한 응답자에게 차례로 조사하여 두 점수에 대한 상관계수로 신뢰도를 측정하는 방법이다. 반분법은 측정도구의 질문들을 무작위로 반씩 나누어 2개의 그룹으로 만든 후 그들 간의 상관계수를 이용하여 스피어만 브라운(Spearman-Brown) 공식에 의해 신뢰도를 측정하는 방법이다. 크론바하 알파는 반분법을 확장한 개념으로 질문 문항 각각에 대하여 상관계수를 구해 그들의 평균에 의해 신뢰도를 측정하는 방법이다. 신뢰도를 측정하는 방법 중 SPSS를 활용하여 크론바하 알파가 보편적으로 널리 활용되고 있다. 신뢰도를 높이기 위하여 어떠한 문항들로 설문을 구성해야 하는지를 크론바흐 알파값을 통해 확인할 수 있다.

SECTION 14.1 신뢰도 분석

일반적으로 어떠한 문제에 대해서 응답자의 의견을 묻는 설문조사 자료는 대부분 5점(또는 3점) 척도의 형태로 얻어지는 경우가 많다. 여기서 고려하는 설문조사에서도 직장만족도에 대한 정도를 알아보기 위해서 5점 척도를 사용하고 있다. 이러한 자료의 경우 일반적으로 카이제곱 검정을 통한 독립성 검정이나 동질성 검정 방법을 사용하여 자료를 분석하며, 사회과학 분야에서는 이러한 자료들의 값을 점수로 변환하여 이들 점수의 합 또는 평균을 이용하여 응답자의 의견을 양적으로 표현하고 분석하는 방법을 많이 사용하고 있다.

문항의 신뢰도 분석(reliability analysis)이란 설문지를 작성할 때 원하는 정보를 얻기 위해서 작성된 각 설문 문항들이 서로 유기적인 관계를 가지고 있는 문항들인지를 검정하는 방법으로 각 문항과 그 문항을 제외한 나머지 전체 문항에 대한 상관계수를 구하여 이 값을 근거로 각 문항의 타당성을 검정하게 된다. 구해진 값이 음수로 나타나는 것은 부정적인 내용의 항목으로 조사된 점수를 거꾸로 고려한 경우이므로 이를 수정해야 하며, 이 값이 0에 가까운 값을 가진다는 것은 이 문항이 응답자들이 구별하지 못하는 불분명한 문항이거나 모든 응답자들이 당연하게 동의

(또는 반대)하는 문항일 가능성이 있으므로 이러한 문항은 제외시키는 것이 좋다. 전체 문항의 일치도를 판단하기 위한 척도로 크론바흐 알파(Cronbach alpha) 계수가 사용된다. 이 값은 각 문항의 동등성에 대한 가정이 만족되지 않으면 신뢰도를 과소추정하게 되어 작은 값을 가지고, 1에 가까운 값을 가질수록 전체 문항의 신뢰성이 높다고 판단할 수 있다. 이러한 통계적 분석방법을 적용하기 위해서는 먼저 문항의 신뢰도 분석이 이루어져야 한다.

SECTION 14.2 사회복지 자료에 대한 문항 신뢰도 분석

예를 들어 직장만족도에 대한 응답자의 의견을 묻는 문항 B1(업무의 적합성), B2(직장동료), B3(직장상사), B4(근무환경), B5(의견수렴), B6(승진가능성), B7(자기발전), B8(지도감독)에 대한 신뢰도 분석을 수행해 보자.

||| SPSS 실행 방법 |||

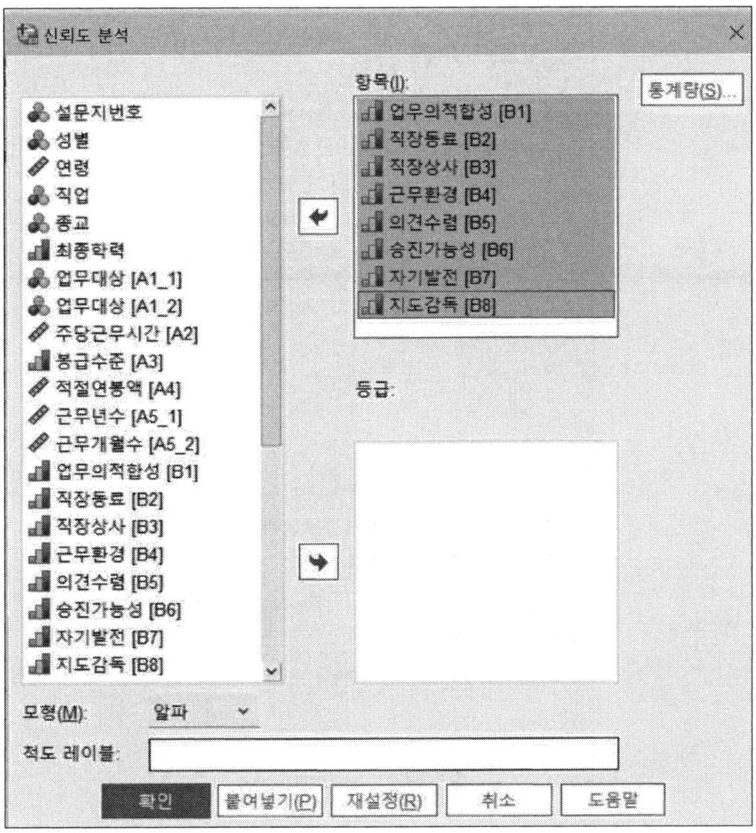

SPSS에서 문항의 신뢰도 분석을 하기 위해서는 다음과 같은 신뢰도 분석 메뉴가 사용된다.

분석 ⇒ **척도분석** ⇒ **신뢰도 분석**

신뢰도 분석 메뉴를 선택해서 얻게 되는 《신뢰도 분석》 대화상자를 이용하면 문항의 신뢰도 분석을 수행할 수 있다. 《신뢰도 분석》 대화상자에서 항목에는 신뢰도 분석을 수행하고자 하는 변수들을 지정하고, 모형은 구하고자 하는 신뢰도계수의 종류를 선택하는 것으로 디폴트 값이 알파인데 이는 Cronbach 알파 계수를 계산하기 위한 것이다.

위와 같이 《신뢰도 분석》 대화상자의 변수 목록 중 B1(업무의 적합성)부터 B8(지도감독)까지의 8개 변수를 선택하여 항목으로 이동시킨다.

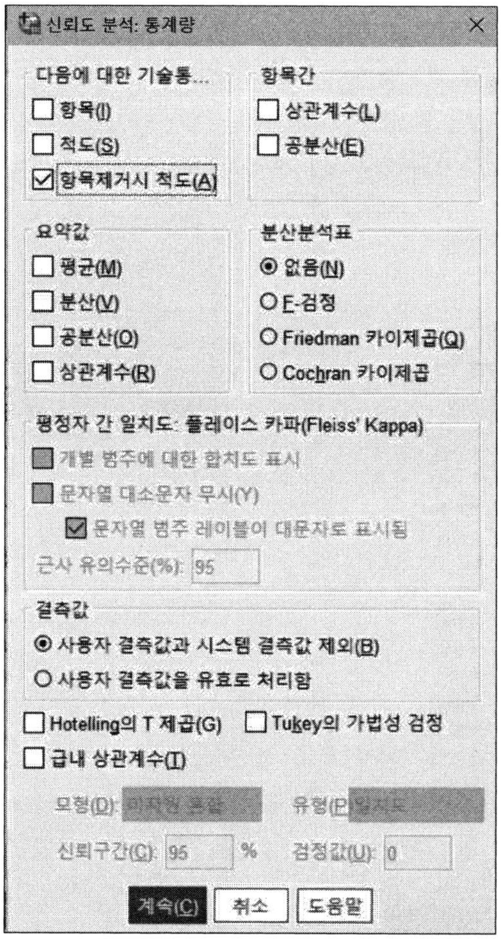

다음으로 [통계량]을 클릭하여 나타나는 《신뢰도 분석:통계량》 대화상자에서는 각 문항에 대한 기술통계량과 요약값, 항목간 상관계수, 분산분석표 등을 선택할 수 있다. [통계량]을 선택하여 옵션을 지정하지 않으면 전체 문항에 대한 크론바흐 알파 계수만을 구할 수 있으므로 자세히 신뢰도 분석을 수행하기 위해서는 《신뢰도 분석:통계량》 대화상자에서 구하고자 하는 통계량을 지정해주는 것이 좋다.
모든 변수들이 표준화되었을 때의 신뢰도 계수를 구하고 싶으면 항목간 옵션의 상관계수를 선택하면 된다. 각 항목을 제거한 후 나머지 문항들만을 이용하여 계산된 Cronbach 알파 계수를 얻고 싶으면 항목제거시 척도를 선택해준다.

||| SPSS 실행 결과 |||

항목제거시 척도를 선택하여 얻은 결과는 다음과 같다.

케이스 처리 요약

		N	%
케이스	유효	50	100.0
	제외됨[a]	0	.0
	전체	50	100.0

a. 목록별 삭제는 프로시저의 모든 변수를 기준으로 합니다.

신뢰도 통계량

Cronbach의 알파	항목 수
.831	8

항목 총계 통계량

	항목이 삭제된 경우 척도 평균	항목이 삭제된 경우 척도 분산	수정된 항목-전체 상관계수	항목이 삭제된 경우 Cronbach 알파
업무의적합성	27.32	9.651	.673	.799
직장동료	27.30	9.602	.663	.799
직장상사	27.30	8.949	.764	.783
근무환경	27.24	9.125	.801	.782
의견수렴	27.28	9.430	.694	.795
승진가능성	27.86	9.347	.454	.832
자기발전	27.38	9.424	.668	.797
지도감독	27.70	11.439	.044	.887

||| SPSS 실행 결과 분석|||

실행 결과에서 신뢰도 통계량 부분을 살펴보면 표준화변수의 Cronbach 알파 계수는 0.831이며, 각 문항에 대한 타당성을 검정하기 위한 측도로 각 변수가 제외되었을 때의 전체변수와 이 변수 사이의 상관계수가 항목 총계 통계량의 수정된 항목-전체 상관계수 값으로 제공된다. B8(지도감독) 항목이 삭제된 경우의 신뢰도는 0.887로 전체 신뢰도 0.831보다 커지므로 제거 가능한 문항이라 할 수 있다. 문항을 제거했을 경우의 신뢰도와 원 척도의 신뢰도가 크게 사이가 없을 경우에는 원 척도를 그대로 사용하는 경우가 대부분이다.

참고문헌

구자흥 외 4인(1994). 통계학-원리와 방법-, 자유아카데미.

권세혁(2004). SAS, SPSS 활용 설문조사분석, 자유아카데미.

김기영, 강현철, 최병진(2000). 예제로 배우는 SAS 기초통계분석, 자유아카데미

김기영, 이용구, 김성수(2002). 다변량 분석, 한국방송대학교 출판부.

김봉수, 박동일, 박정오, 이주희(2002). 사회조사분석사 2급 실기 - 사회조사실무 [작업형] 실전모의고사, 성안당.

김수택, 김영원, 류제복, 박진우, 변종석, 이기성, 이해용, 이흥철, 최경호, 한근식, 홍기학(2005). 조사방법의 이해, 교우사.

김순흥, 정영해, 양철호(1999). 사회복지 통계분석, 광주사회조사연구소.

김영석(1999). 사회조사방법론-SPSS WIN 통계분석, 나남출판.

김영원, 류제복, 박진우, 홍기학(1998). 표본조사의 이해와 활용, 자유아카데미.

김우철 외 7인(1995). 통계학개론, 영지문화사.

김종호(1987). 통계학 연습, 광림사.

김종호(1993). 표본조사법, 자유아카데미.

김종호, 김주환, 이기성(1998). 확률론 입문, 교우사.

김종호, 염준근, 이기성(1996). 기초통계학, 연학사.

김종호, 이순(1985). 통계학의 기초, 광림사.

김종호, 이순, 염준근, 이기성(1994). 통계학-이론과 시험대비-, 자유아카데미.

김주환, 이기성(2002). 일반통계학, 자유아카데미.

김주환, 조범석(1999). 사회통계정보조사, 교우사.

류상진, 홍관수(1990). 경영·경제 통계학, 법영사.

류제복, 이관제, 김주환, 이기성(2001). 생활과 통계, 자유아카데미.

문영길, 복혁규(1997). 기초통계학, 한올출판사.

박성현, 조신섭, 김성수(2003). 한글 SPSS, SPSS 아카데미.

박영술, 정동빈(2003). SPSS를 이용한 자료정리와 분석, 자유아카데미.

배도선(1995). 통계적 품질관리, 영지문화사.
배현웅(2001). 엑셀을 이용한 통계학의 기초와 활용기법, 교우사.
성내경(1998). Windows용 SAS를 이용한 통계적 자료분석, 자유아카데미.
송일성(1990). SPSS/PC+ 기초통계분석, 자유아카데미.
송일성, 이태림, 김성수(1995). 통계자료분석 II, 한국방송대학교 출판부.
염준근(1993). 선형회귀분석, 자유아카데미.
오혜경, 김용석(1999). 사회복지자료분석론, 학지사.
이기성, 안승철, 김건호, 김현철(1999), 통계학 입문, 자유아카데미.
이기성, 정기문(2007), 한글 SPSS를 활용한 사회복지 자료분석론, 자유아카데미.
이기성, 한성실, 정기문(2020), 한글 SPSS 통계자료분석, 제 3판, 자유아카데미.
이익섭, 이윤로(2004). 사회복지 조사방법의 이해, 학지사.
이인재, 이선우, 류진석(1997). 사회복지 통계분석, 나남출판(사회비평사).
이필영, 이해용(1993). 통계학의 이해, 법문사.
장상희, 홍동식 역(1988). 사회통계학 -원리와 실제 응용-, 박영사.
정기문, 한성실(2022). SAS를 활용한 통계자료분석 실습, 제 4판, 자유아카데미.
정종우(2003). 사회복지학, 학지사.
차배근(1983). 사회통계방법, 세영사.
채구묵(2004). 사회복지 통계분석, 양서원.
최병수, 정승환, 박옥희, 홍종선(2002). 엑셀을 이용한 사회조사분석, 탐진.
최숙희(2009). 심리통계학의 이해, 시그마프레스.
추교완, 박희창, 남기성(1998). 정보와 통계, 창원대학교 출판부.
한국통계학회 조사통계연구회(1996). 통계조사방법, 자유아카데미.
한국통계학회(1987). 통계용어사전, 자유아카데미.
한국통계학회(1997). 통계학용어집, 자유아카데미.
한국통계학회(2003). 통계품질관리 표준매뉴얼 작성 학술연구, 통계청 학술연구용역.
홍성렬(1998). 사회과학도를 위한 기초통계, 학지사.
홍성열(1998). 기초통계, 학지사.
Anderson et al.(1980). *Statistical Methods for Comparative Studies*, Wiley, New York.
Bailey, K. D.(1981). *Methods of Social Research, 2nd. ed.*, The Free Press.
Blalock, H. M.(1981). *Social Statistics*, 2nd ed. Tokyo : McGraw-Hill International Book Co.
Dillon W. R. and Goldstein M.(1984). *Multivariate Analysis*, John Wiley and Sons, Inc.

Fienberg, G. E.(1980). *The Analysis of Cross-Classified Categorical Data*, Secend Ed., MIT Press, Cambridge.

Goode, W. J.(1981). *Methods in Social Research*, McGraw-Hill.

Hogg and Craig(1978). *Introduction to Mathematical Statistics*, Collier Macmillan.

Hogg and Tanis(1983). *Probability & Statistical Inference*, Collier Macmillan.

M. Fogiel(1984). *The Statistics Problem Solver*, REA. McGraw-Hill.

Murray R. Spiegel(1975). *Theory and Problems of Probability and Statistics*, Prentice Hall.

Richard C. Weimer(2000). *Statistics, 2nd Edition*, WCM Publishers.

Ron Larson and B. Farber(2001). *Elementary Statistics -Picturing the World-*.

S. Ross.(1984). *A First Course in Probability*, Macmillan Publishing Company.

Seymour Lipschutz(1982). *Theory and Problems of Probability*, Mcgraw-Hill.

SPSS Advanced Model 10.0, SPSS Inc.

부 록

표 1. 난수표
표 2. 이항분포표
표 3. 포아송분포표
표 4. 표준정규분포표
표 5. t-분포표
표 6. χ^2-분포표
표 7. F-분포표
표 8. 표준화범위분포표

<표 1> 난수표

55671	43373	87463	97494	92288	27935	83194
41282	71129	95782	89366	17724	48573	37456
93329	88845	24616	36778	74471	73286	61222
79743	55292	16535	78519	51913	65149	29878
16965	69436	43929	51823	83332	89612	45769
64436	24681	79341	62642	29859	92428	96981
87817	12568	31298	44187	65167	54351	14317
32194	36757	68877	25951	38546	36794	52545
28558	97914	52154	13235	46695	11867	78633
74615	92229	28173	24219	24831	26548	84942
93832	11198	94954	88886	77546	53276	93821
16347	65845	61719	52563	85755	69981	36797
68284	48786	57545	96758	59977	85335	69469
41478	23934	42236	47425	63369	17854	45214
29193	79662	16461	79974	18418	92793	18355
55551	37477	85892	15132	96284	38119	57133
82929	86553	79688	31697	41693	44662	72688
37766	54311	33327	63341	32122	71427	21576
97755	99938	98617	58612	19833	31773	76655
38172	62716	41342	36243	26128	88627	89747
43427	73172	15486	62161	78517	59136	31231
59283	37589	29171	23834	35999	72341	57178
16511	56441	73723	47388	93256	66959	98912
62836	84625	52268	91756	48464	17464	12886
24964	18354	36594	85979	81681	45595	24594
85699	25267	87839	19425	64745	23282	63323
71348	41893	64955	74594	52372	94818	45469
74987	97171	92387	78535	51649	78618	29734
56112	64614	59128	24687	73761	51741	93477
49356	11848	35493	36123	26877	45385	85951
33228	52322	73869	41861	19236	39577	12812
21494	46283	27651	57312	98413	63129	61588
97545	39799	14234	69744	32522	84263	56363
62639	88555	86772	93458	87994	92494	48129
85871	23937	41515	85976	45358	16852	34645
18763	75466	68946	12299	64185	27936	77296
84686	21997	22189	51924	52628	16883	81941
99458	44878	87597	36477	38536	44677	66878
66311	68319	75755	65185	24382	51436	49786
73772	73622	38946	47269	79741	38265	35314
28934	15551	54364	78753	95865	82792	53435
37269	86463	41821	19648	47213	63551	22699
51845	99184	19432	82896	63499	27124	98262
45527	32736	93218	93512	16977	95918	77157
12193	57245	66673	24331	81154	79349	14523

<표 2> 이항분포표

$$P(X \le c) = \sum_{x=0}^{c} \binom{n}{x} p^x (1-p)^{n-x}$$

	c	.05	.10	.20	.30	.40	.50	.60	.70	.80	.90	.95
n = 1	0	.950	.900	.800	.700	.600	.500	.400	.300	.200	.100	.050
	1	1.000	1.000	1.000	1.000	1.000	1.000	1.000	1.000	1.000	1.000	1.000
n = 2	0	.902	.810	.640	.490	.360	.250	.160	.090	.040	.010	.002
	1	.997	.990	.960	.910	.840	.750	.640	.510	.360	.190	.097
	2	1.000	1.000	1.000	1.000	1.000	1.000	1.000	1.000	1.000	1.000	1.000
n = 3	0	.857	.729	.512	.343	.216	.125	.064	.027	.008	.001	.000
	1	.993	.972	.896	.784	.648	.500	.352	.216	.104	.028	.007
	2	1.000	.999	.992	.973	.936	.875	.784	.657	.488	.271	.143
	3	1.000	1.000	1.000	1.000	1.000	1.000	1.000	1.000	1.000	1.000	1.000
n = 4	0	.815	.656	.410	.240	.130	.063	.026	.008	.002	.000	.000
	1	.986	.948	.819	.652	.475	.313	.179	.084	.027	.004	.000
	2	1.000	.996	.973	.916	.821	.688	.525	.348	.181	.052	.014
	3	1.000	1.000	.998	.992	.974	.938	.870	.760	.590	.344	.185
	4	1.000	1.000	1.000	1.000	1.000	1.000	1.000	1.000	1.000	1.000	1.000
n = 5	0	.774	.590	.328	.168	.078	.031	.010	.002	.000	.000	.000
	1	.977	.919	.737	.528	.337	.188	.087	.031	.007	.000	.000
	2	.999	.991	.942	.837	.683	.500	.317	.163	.058	.009	.001
	3	1.000	1.000	.993	.969	.913	.813	.663	.472	.263	.081	.023
	4	1.000	1.000	1.000	.998	.990	.969	.922	.832	.672	.410	.226
	5	1.000	1.000	1.000	1.000	1.000	1.000	1.000	1.000	1.000	1.000	1.000
n = 6	0	.735	.531	.262	.118	.047	.016	.004	.001	.000	.000	.000
	1	.967	.886	.655	.420	.233	.109	.041	.011	.002	.000	.000
	2	.998	.984	.901	.744	.544	.344	.179	.070	.017	.001	.000
	3	1.000	.999	.983	.930	.821	.656	.456	.256	.099	.016	.002
	4	1.000	1.000	.998	.989	.959	.891	.767	.580	.345	.114	.033
	5	1.000	1.000	1.000	.999	.996	.984	.953	.882	.738	.469	.265
	6	1.000	1.000	1.000	1.000	1.000	1.000	1.000	1.000	1.000	1.000	1.000
n = 7	0	.698	.478	.210	.082	.028	.008	.002	.000	.000	.000	.000
	1	.956	.850	.577	.329	.159	.063	.019	.004	.000	.000	.000
	2	.996	.974	.852	.647	.420	.227	.096	.029	.005	.000	.000
	3	1.000	.997	.967	.874	.710	.500	.290	.126	.033	.003	.000
	4	1.000	1.000	.995	.971	.904	.773	.580	.353	.148	.026	.004
	5	1.000	1.000	1.000	.996	.981	.938	.841	.671	.423	.150	.044
	6	1.000	1.000	1.000	1.000	.998	.992	.972	.918	.790	.522	.302
	7	1.000	1.000	1.000	1.000	1.000	1.000	1.000	1.000	1.000	1.000	1.000

<표 2> 이항분포표(계속)

n	c	.05	.10	.20	.30	.40	.50	.60	.70	.80	.90	.95
n = 8	0	.663	.430	.168	.058	.017	.004	.001	.000	.000	.000	.000
	1	.943	.813	.503	.255	.106	.035	.009	.001	.000	.000	.000
	2	.994	.962	.797	.552	.315	.145	.050	.011	.001	.000	.000
	3	1.000	.995	.944	.806	.594	.363	.174	.058	.010	.000	.000
	4	1.000	1.000	.990	.942	.826	.637	.406	.194	.056	.005	.000
	5	1.000	1.000	.999	.989	.950	.855	.685	.448	.203	.038	.006
	6	1.000	1.000	1.000	.999	.991	.965	.894	.745	.497	.187	.057
	7	1.000	1.000	1.000	1.000	.999	.996	.983	.942	.832	.570	.337
	8	1.000	1.000	1.000	1.000	1.000	1.000	1.000	1.000	1.000	1.000	1.000
n = 9	0	.630	.387	.134	.040	.010	.002	.000	.000	.000	.000	.000
	1	.929	.775	.436	.196	.071	.020	.004	.000	.000	.000	.000
	2	.992	.947	.738	.463	.232	.090	.025	.004	.000	.000	.000
	3	.999	.992	.914	.730	.483	.254	.099	.025	.003	.000	.000
	4	1.000	.999	.980	.901	.733	.500	.267	.099	.020	.001	.000
	5	1.000	1.000	.997	.975	.901	.746	.517	.270	.086	.008	.001
	6	1.000	1.000	1.000	.996	.975	.910	.768	.537	.262	.053	.008
	7	1.000	1.000	1.000	1.000	.996	.980	.929	.804	.564	.225	.071
	8	1.000	1.000	1.000	1.000	1.000	.998	.990	.960	.866	.613	.370
	9	1.000	1.000	1.000	1.000	1.000	1.000	1.000	1.000	1.000	1.000	1.000
n = 10	0	.599	.349	.107	.028	.006	.001	.000	.000	.000	.000	.000
	1	.914	.736	.376	.149	.046	.011	.002	.000	.000	.000	.000
	2	.988	.930	.678	.383	.167	.055	.012	.002	.000	.000	.000
	3	.999	.987	.879	.650	.382	.172	.055	.011	.001	.000	.000
	4	1.000	.998	.967	.850	.633	.377	.166	.047	.006	.000	.000
	5	1.000	1.000	.994	.953	.834	.623	.367	.150	.033	.002	.000
	6	1.000	1.000	.999	.989	.945	.828	.618	.350	.121	.013	.001
	7	1.000	1.000	1.000	.998	.988	.945	.833	.617	.322	.070	.012
	8	1.000	1.000	1.000	1.000	.998	.989	.954	.851	.624	.264	.086
	9	1.000	1.000	1.000	1.000	1.000	.999	.994	.972	.893	.651	.401
	10	1.000	1.000	1.000	1.000	1.000	1.000	1.000	1.000	1.000	1.000	1.000
n = 11	0	.569	.314	.086	.020	.004	.000	.000	.000	.000	.000	.000
	1	.898	.697	.322	.113	.030	.006	.001	.000	.000	.000	.000
	2	.985	.910	.617	.313	.119	.033	.006	.001	.000	.000	.000
	3	.998	.981	.839	.570	.296	.113	.029	.004	.000	.000	.000
	4	1.000	.997	.950	.790	.533	.274	.099	.022	.002	.000	.000
	5	1.000	1.000	.988	.922	.753	.500	.247	.078	.012	.000	.000
	6	1.000	1.000	.998	.978	.901	.726	.467	.210	.050	.003	.000
	7	1.000	1.000	1.000	.996	.971	.887	.704	.430	.161	.019	.002
	8	1.000	1.000	1.000	.999	.994	.967	.881	.687	.383	.090	.015
	9	1.000	1.000	1.000	1.000	.999	.994	.970	.887	.678	.303	.102
	10	1.000	1.000	1.000	1.000	1.000	1.000	.996	.980	.914	.686	.431
	11	1.000	1.000	1.000	1.000	1.000	1.000	1.000	1.000	1.000	1.000	1.000

〈표 2〉 이항분포표(계속)

	c	.05	.10	.20	.30	.40	.50	.60	.70	.80	.90	.95
n = 12	0	.540	.282	.069	.014	.002	.000	.000	.000	.000	.000	.000
	1	.882	.659	.275	.085	.020	.003	.000	.000	.000	.000	.000
	2	.980	.889	.558	.253	.083	.019	.003	.000	.000	.000	.000
	3	.998	.974	.795	.493	.225	.073	.015	.002	.000	.000	.000
	4	1.000	.996	.927	.724	.438	.194	.057	.009	.001	.000	.000
	5	1.000	.999	.981	.882	.665	.387	.158	.039	.004	.000	.000
	6	1.000	1.000	.996	.961	.842	.613	.335	.118	.019	.001	.000
	7	1.000	1.000	.999	.991	.943	.806	.562	.276	.073	.004	.000
	8	1.000	1.000	1.000	.998	.985	.927	.775	.507	.205	.026	.002
	9	1.000	1.000	1.000	1.000	.997	.981	.917	.747	.442	.111	.020
	10	1.000	1.000	1.000	1.000	1.000	.977	.980	.915	.725	.341	.118
	11	1.000	1.000	1.000	1.000	1.000	1.000	.998	.986	.931	.718	.460
	12	1.000	1.000	1.000	1.000	1.000	1.000	1.000	1.000	1.000	1.000	1.000
n = 13	0	.513	.254	.055	.010	.001	.000	.000	.000	.000	.000	.000
	1	.865	.621	.234	.064	.013	.002	.000	.000	.000	.000	.000
	2	.975	.866	.502	.202	.058	.011	.001	.000	.000	.000	.000
	3	.997	.966	.747	.421	.169	.046	.008	.001	.000	.000	.000
	4	1.000	.994	.901	.654	.353	.133	.032	.004	.000	.000	.000
	5	1.000	.999	.970	.835	.574	.291	.098	.018	.001	.000	.000
	6	1.000	1.000	.993	.938	.771	.500	.229	.062	.007	.000	.000
	7	1.000	1.000	.999	.982	.902	.709	.426	.165	.030	.001	.000
	8	1.000	1.000	1.000	.996	.968	.867	.647	.346	.099	.006	.000
	9	1.000	1.000	1.000	.999	.992	.954	.831	.579	.253	.034	.003
	10	1.000	1.000	1.000	1.000	.999	.989	.942	.798	.498	.134	.025
	11	1.000	1.000	1.000	1.000	1.000	.998	.987	.936	.766	.379	.135
	12	1.000	1.000	1.000	1.000	1.000	1.000	.999	.990	.945	.746	.487
	13	1.000	1.000	1.000	1.000	1.000	1.000	1.000	1.000	1.000	1.000	1.000
n = 14	0	.488	.229	.044	.007	.001	.000	.000	.000	.000	.000	.000
	1	.847	.585	.198	.047	.008	.001	.000	.000	.000	.000	.000
	2	.970	.842	.448	.161	.040	.006	.001	.000	.000	.000	.000
	3	.996	.956	.698	.355	.124	.029	.004	.000	.000	.000	.000
	4	1.000	.991	.870	.584	.279	.090	.018	.002	.000	.000	.000
	5	1.000	.999	.956	.781	.486	.212	.058	.008	.000	.000	.000
	6	1.000	1.000	.988	.907	.692	.395	.150	.031	.002	.000	.000
	7	1.000	1.000	.998	.969	.850	.605	.308	.093	.012	.000	.000
	8	1.000	1.000	1.000	.992	.942	.788	.514	.219	.044	.001	.000
	9	1.000	1.000	1.000	.998	.982	.910	.721	.416	.130	.009	.000
	10	1.000	1.000	1.000	1.000	.996	.971	.876	.645	.302	.044	.004
	11	1.000	1.000	1.000	1.000	.999	.994	.960	.839	.552	.158	.030
	12	1.000	1.000	1.000	1.000	1.000	.999	.992	.953	.802	.415	.153
	13	1.000	1.000	1.000	1.000	1.000	1.000	.999	.993	.956	.771	.512
	14	1.000	1.000	1.000	1.000	1.000	1.000	1.000	1.000	1.000	1.000	1.000

<표 2> 이항분포표(계속)

	c	.05	.10	.20	.30	.40	.50	.60	.70	.80	.90	.95
n = 15	0	.463	.206	.035	.005	.000	.000	.000	.000	.000	.000	.000
	1	.829	.549	.167	.035	.005	.000	.000	.000	.000	.000	.000
	2	.964	.816	.398	.127	.027	.004	.000	.000	.000	.000	.000
	3	.995	.944	.648	.297	.091	.018	.002	.000	.000	.000	.000
	4	.999	.987	.836	.515	.217	.059	.009	.001	.000	.000	.000
	5	1.000	.998	.939	.722	.403	.151	.034	.004	.000	.000	.000
	6	1.000	1.000	.982	.869	.610	.304	.095	.015	.001	.000	.000
	7	1.000	1.000	.996	.950	.787	.500	.213	.050	.004	.000	.000
	8	1.000	1.000	.999	.985	.905	.696	.390	.131	.018	.000	.000
	9	1.000	1.000	1.000	.996	.966	.849	.597	.278	.061	.002	.000
	10	1.000	1.000	1.000	.999	.991	.941	.783	.485	.164	.013	.001
	11	1.000	1.000	1.000	1.000	.998	.982	.909	.703	.352	.056	.005
	12	1.000	1.000	1.000	1.000	1.000	.996	.973	.873	.602	.184	.036
	13	1.000	1.000	1.000	1.000	1.000	1.000	.995	.965	.833	.451	.171
	14	1.000	1.000	1.000	1.000	1.000	1.000	1.000	.995	.965	.794	.537
	15	1.000	1.000	1.000	1.000	1.000	1.000	1.000	1.000	1.000	1.000	1.000
n = 16	0	.440	.185	.028	.003	.000	.000	.000	.000	.000	.000	.000
	1	.811	.515	.141	.026	.003	.000	.000	.000	.000	.000	.000
	2	.957	.789	.352	.099	.018	.002	.000	.000	.000	.000	.000
	3	.993	.932	.598	.246	.065	.011	.001	.000	.000	.000	.000
	4	.999	.983	.798	.450	.167	.038	.005	.000	.000	.000	.000
	5	1.000	.997	.918	.660	.329	.105	.019	.002	.000	.000	.000
	6	1.000	.999	.973	.825	.527	.227	.058	.007	.000	.000	.000
	7	1.000	1.000	.993	.926	.716	.402	.142	.026	.001	.000	.000
	8	1.000	1.000	.999	.974	.858	.598	.284	.074	.007	.000	.000
	9	1.000	1.000	1.000	.993	.942	.773	.473	.175	.027	.001	.000
	10	1.000	1.000	1.000	.998	.981	.895	.671	.340	.082	.003	.000
	11	1.000	1.000	1.000	1.000	.995	.962	.833	.550	.202	.017	.001
	12	1.000	1.000	1.000	1.000	.999	.989	.935	.754	.402	.068	.007
	13	1.000	1.000	1.000	1.000	1.000	.998	.982	.901	.648	.211	.043
	14	1.000	1.000	1.000	1.000	1.000	1.000	.997	.974	.859	.485	.189
	15	1.000	1.000	1.000	1.000	1.000	1.000	1.000	.997	.972	.815	.560
	16	1.000	1.000	1.000	1.000	1.000	1.000	1.000	1.000	1.000	1.000	1.000

〈표 2〉 이항분포표(계속)

n	c	.05	.10	.20	.30	.40	.50	.60	.70	.80	.90	.95
n = 17	0	.418	.167	.023	.002	.000	.000	.000	.000	.000	.000	.000
	1	.792	.482	.118	.019	.002	.000	.000	.000	.000	.000	.000
	2	.950	.762	.310	.077	.012	.001	.000	.000	.000	.000	.000
	3	.991	.917	.549	.202	.046	.006	.000	.000	.000	.000	.000
	4	.999	.978	.758	.389	.126	.025	.003	.000	.000	.000	.000
	5	1.000	.995	.894	.597	.264	.072	.011	.001	.000	.000	.000
	6	1.000	.999	.962	.775	.448	.166	.035	.003	.000	.000	.000
	7	1.000	1.000	.989	.895	.641	.315	.092	.013	.000	.000	.000
	8	1.000	1.000	.997	.960	.801	.500	.199	.040	.003	.000	.000
	9	1.000	1.000	1.000	.987	.908	.685	.359	.105	.011	.000	.000
	10	1.000	1.000	1.000	.997	.965	.834	.552	.225	.038	.001	.000
	11	1.000	1.000	1.000	.999	.989	.928	.736	.403	.106	.005	.000
	12	1.000	1.000	1.000	1.000	.997	.975	.874	.611	.242	.022	.001
	13	1.000	1.000	1.000	1.000	1.000	.994	.954	.798	.451	.083	.009
	14	1.000	1.000	1.000	1.000	1.000	.999	.988	.923	.690	.238	.050
	15	1.000	1.000	1.000	1.000	1.000	1.000	.998	.981	.882	.518	.208
	16	1.000	1.000	1.000	1.000	1.000	1.000	1.000	.998	.977	.833	.582
	17	1.000	1.000	1.000	1.000	1.000	1.000	1.000	1.000	1.000	1.000	1.000
n = 18	0	.397	.150	.018	.002	.000	.000	.000	.000	.000	.000	.000
	1	.774	.450	.099	.014	.001	.000	.000	.000	.000	.000	.000
	2	.942	.734	.271	.060	.008	.001	.000	.000	.000	.000	.000
	3	.989	.902	.501	.165	.033	.004	.000	.000	.000	.000	.000
	4	.998	.972	.716	.333	.094	.015	.001	.000	.000	.000	.000
	5	1.000	.994	.867	.534	.209	.048	.006	.000	.000	.000	.000
	6	1.000	.999	.949	.722	.374	.119	.020	.001	.000	.000	.000
	7	1.000	1.000	.984	.859	.563	.240	058	.006	.000	.000	.000
	8	1.000	1.000	.996	.940	.737	.407	.135	.021	.001	.000	.000
	9	1.000	1.000	.999	.979	.865	.593	.263	.060	.004	.000	.000
	10	1.000	1.000	1.000	.994	.942	.760	.437	.141	.016	.000	.000
	11	1.000	1.000	1.000	.999	.980	.881	.626	.278	.051	.001	.000
	12	1.000	1.000	1.000	1.000	.994	.952	.791	.466	.133	.006	.000
	13	1.000	1.000	1.000	1.000	.999	.985	.906	.667	.284	.028	.002
	14	1.000	1.000	1.000	1.000	1.000	.996	.967	.835	.499	.098	.011
	15	1.000	1.000	1.000	1.000	1.000	.999	.992	.940	.729	.266	.058
	16	1.000	1.000	1.000	1.000	1.000	1.000	.999	.986	.901	.550	.226
	17	1.000	1.000	1.000	1.000	1.000	1.000	1.000	.998	.982	.850	.603
	18	1.000	1.000	1.000	1.000	1.000	1.000	1.000	1.000	1.000	1.000	1.000

<표 2> 이항분포표(계속)

n	c	.05	.10	.20	.30	.40	.50	.60	.70	.80	.90	.95
n = 19	0	.377	.135	.014	.001	.000	.000	.000	.000	.000	.000	.000
	1	.755	.420	.083	.010	.001	.000	.000	.000	.000	.000	.000
	2	.933	.705	.237	.046	.005	.000	.000	.000	.000	.000	.000
	3	.987	.885	.455	.133	.023	.002	.000	.000	.000	.000	.000
	4	.998	.965	.673	.282	.070	.010	.001	.000	.000	.000	.000
	5	1.000	.991	.837	.474	.163	.032	.003	.000	.000	.000	.000
	6	1.000	.998	.932	.666	.308	.084	.012	.001	.000	.000	.000
	7	1.000	1.000	.977	.818	.488	.180	.035	.003	.000	.000	.000
	8	1.000	1.000	.993	.916	.667	.324	.088	.011	.000	.000	.000
	9	1.000	1.000	.998	.967	.814	.500	.186	.033	.002	.000	.000
	10	1.000	1.000	1.000	.989	.912	.676	.333	.084	.007	.000	.000
	11	1.000	1.000	1.000	.997	.965	.820	.512	.182	.023	.000	.000
	12	1.000	1.000	1.000	.999	.988	.916	.692	.334	.068	.002	.000
	13	1.000	1.000	1.000	1.000	.997	.968	.837	.526	.163	.009	.000
	14	1.000	1.000	1.000	1.000	.999	.990	.930	.718	.327	.035	.002
	15	1.000	1.000	1.000	1.000	1.000	.998	.977	.867	.545	.115	.013
	16	1.000	1.000	1.000	1.000	1.000	1.000	.995	.954	.763	.295	.067
	17	1.000	1.000	1.000	1.000	1.000	1.000	.999	.990	.917	.580	.245
	18	1.000	1.000	1.000	1.000	1.000	1.000	1.000	.999	.986	.865	.623
	19	1.000	1.000	1.000	1.000	1.000	1.000	1.000	1.000	1.000	1.000	1.000
n = 20	0	.358	.122	.012	.001	.000	.000	.000	.000	.000	.000	.000
	1	.736	.392	.069	.008	.001	.000	.000	.000	.000	.000	.000
	2	.925	.677	.206	.035	.004	.000	.000	.000	.000	.000	.000
	3	.984	.867	.411	.107	.016	.001	.000	.000	.000	.000	.000
	4	.997	.957	.630	.238	.051	.006	.000	.000	.000	.000	.000
	5	1.000	.989	.804	.416	.126	.021	.002	.000	.000	.000	.000
	6	1.000	.998	.913	.608	.250	.058	.006	.000	.000	.000	.000
	7	1.000	1.000	.968	.772	.416	.132	.021	.001	.000	.000	.000
	8	1.000	1.000	.990	.887	.596	.252	.057	.005	.000	.000	.000
	9	1.000	1.000	.997	.952	.755	.412	.128	.017	.001	.000	.000
	10	1.000	1.000	.999	.983	.872	.588	.245	.048	.003	.000	.000
	11	1.000	1.000	1.000	.995	.943	.748	.404	.113	.010	.000	.000
	12	1.000	1.000	1.000	.999	.979	.868	.584	.228	.032	.000	.000
	13	1.000	1.000	1.000	1.000	.994	.942	.750	.392	.087	.002	.000
	14	1.000	1.000	1.000	1.000	.998	.979	.874	.584	.196	.011	.000
	15	1.000	1.000	1.000	1.000	1.000	.994	.949	.762	.370	.043	.003
	16	1.000	1.000	1.000	1.000	1.000	.999	.984	.893	.589	.133	.016
	17	1.000	1.000	1.000	1.000	1.000	1.000	.996	.965	.794	.323	.075
	18	1.000	1.000	1.000	1.000	1.000	1.000	.999	.992	.931	.608	.264
	19	1.000	1.000	1.000	1.000	1.000	1.000	1.000	.999	.988	.878	.642
	20	1.000	1.000	1.000	1.000	1.000	1.000	1.000	1.000	1.000	1.000	1.000

<표 2> 이항분포표(계속)

	c	.05	.10	.20	.30	.40	.50	.60	.70	.80	.90	.95
$n = 25$	0	.277	.072	.004	.000	.000	.000	.000	.000	.000	.000	.000
	1	.642	.271	.027	.002	.000	.000	.000	.000	.000	.000	.000
	2	.873	.537	.098	.009	.000	.000	.000	.000	.000	.000	.000
	3	.966	.764	.234	.033	.002	.000	.000	.000	.000	.000	.000
	4	.993	.902	.421	.090	.009	.000	.000	.000	.000	.000	.000
	5	.999	.967	.617	.193	.029	.002	.000	.000	.000	.000	.000
	6	1.000	.991	.780	.341	.074	.007	.000	.000	.000	.000	.000
	7	1.000	.998	.891	.512	.154	.022	.001	.000	.000	.000	.000
	8	1.000	1.000	.953	.677	.274	.054	.004	.000	.000	.000	.000
	9	1.000	1.000	.983	.811	.425	.115	.013	.000	.000	.000	.000
	10	1.000	1.000	.994	.902	.586	.212	.034	.002	.000	.000	.000
	11	1.000	1.000	.998	.956	.732	.345	.078	.006	.000	.000	.000
	12	1.000	1.000	1.000	.983	.846	.500	.154	.017	.000	.000	.000
	13	1.000	1.000	1.000	.994	.922	.655	.268	.044	.002	.000	.000
	14	1.000	1.000	1.000	.998	.966	.788	.414	.098	.006	.000	.000
	15	1.000	1.000	1.000	1.000	.987	.885	.575	.189	.017	.000	.000
	16	1.000	1.000	1.000	1.000	.996	.946	.726	.323	.047	.000	.000
	17	1.000	1.000	1.000	1.000	.999	.978	.846	.488	.109	.002	.000
	18	1.000	1.000	1.000	1.000	1.000	.993	.926	.659	.220	.009	.000
	19	1.000	1.000	1.000	1.000	1.000	.998	.971	.807	.383	.033	.001
	20	1.000	1.000	1.000	1.000	1.000	1.000	.991	.910	.579	.098	.007
	21	1.000	1.000	1.000	1.000	1.000	1.000	.998	.967	.766	.236	.034
	22	1.000	1.000	1.000	1.000	1.000	1.000	1.000	.991	.902	.463	.127
	23	1.000	1.000	1.000	1.000	1.000	1.000	1.000	.998	.973	.729	.358
	24	1.000	1.000	1.000	1.000	1.000	1.000	1.000	1.000	.996	.928	.723
	25	1.000	1.000	1.000	1.000	1.000	1.000	1.000	1.000	1.000	1.000	1.000

〈표 3〉 포아송분포표

$$P(X \leq c) = \sum_{x=0}^{c} \frac{e^{-m} m^{x}}{x!}$$

	.02	.04	.06	.08	.10	.15	.20	.25
0	.980	.961	.942	.923	.905	.861	.819	.779
1	1.000	.999	.998	.997	.995	.990	.982	.974
2		1.000	1.000	1.000	1.000	.999	.999	.998
3						1.000	1.000	1.000

	.30	.35	.40	.45	.50	.55	.60	.65
0	.741	.705	.670	.638	.607	.577	.549	.522
1	.963	.951	.938	.925	.910	.894	.878	.861
2	.996	.994	.992	.989	.986	.982	.977	.972
3	1.000	1.000	.999	.999	.998	.998	.997	.996
4			1.000	1.000	1.000	1.000	1.000	.999
5								1.000

	.70	.75	.80	.85	.90	.95	1.0	1.1
0	.497	.472	.449	.427	.407	.387	.368	.333
1	.844	.827	.809	.791	.772	.754	.736	.699
2	.966	.959	.953	.945	.937	.929	.920	.900
3	.994	.993	.991	.989	.987	.984	.981	.974
4	.999	.999	.999	.998	.998	.997	.996	.995
5	1.000	1.000	1.000	1.000	1.000	1.000	.999	.999
6							1.000	1.000

〈표 3〉 포아송분포표(계속)

	1.2	1.3	1.4	1.5	1.6	1.7	1.8	1.9
0	.301	.273	.247	.223	.202	.183	.165	.150
1	.663	.627	.592	.558	.525	.493	.463	.434
2	.879	.857	.833	.809	.783	.757	.731	.704
3	.966	.957	.946	.934	.921	.907	.891	.875
4	.992	.989	.986	.981	.976	.970	.964	.956
5	.998	.998	.997	.996	.994	.992	.990	.987
6	1.000	1.000	.999	.999	.999	.998	.997	.997
7			1.000	1.000	1.000	1.000	.999	.999
8							1.000	1000

	2.0	2.2	2.4	2.6	2.8	3.0	3.2	3.4
0	.135	.111	.091	.074	.061	.050	.041	.033
1	.406	.355	.308	.267	.231	.199	.171	.147
2	.677	.623	.570	.518	.469	.423	.380	.340
3	.857	.819	.779	.736	.692	.647	.603	.558
4	.947	.928	.904	.877	.848	.815	.781	.744
5	.983	.975	.964	.951	.935	.916	.895	.871
6	.995	.993	.988	.983	.976	.966	.955	.942
7	.999	.998	.997	.995	.992	.988	.983	.977
8	1.000	1.000	.999	.999	.998	.997	.994	.992
9			1.000	1.000	.999	.999	.998	.997
10					1.000	1.000	1.000	.999
11								1.000

	3.6	3.8	4.0	4.2	4.4	4.6	4.8	5.0
0	.027	.022	.018	.015	.012	.010	.008	.007
1	.126	.107	.092	.078	.066	.056	.048	.040
2	.303	.269	.238	.210	.185	.163	.143	.125
3	.515	.473	.433	.395	.359	.326	.294	.265
4	.706	.668	.629	.590	.551	.513	.476	.440
5	.844	.816	.785	.753	.720	.686	.651	.616
6	.927	.909	.889	.867	.844	.818	.791	.762
7	.969	.960	.949	.936	.921	.905	.887	.867
8	.988	.984	.979	.972	.964	.955	.944	.932
9	.996	.994	.992	.989	.985	.980	.975	.968
10	.999	.998	.997	.996	.994	.992	.990	.986
11	1.000	.999	.999	.999	.998	.997	.996	.995
12		1.000	1.000	1.000	.999	.999	.999	.998
13					1.000	1.000	1.000	.999
14								1.000

<표 3> 포아송분포표(계속)

	5.2	5.4	5.6	5.8	6.0	6.2	6.4	6.6
0	.006	.005	.004	.003	.002	.002	.002	.001
1	.034	.029	.024	.021	.017	.015	.012	.010
2	.109	095	.082	.072	.062	.054	.046	.040
3	.238	.213	.191	.170	.151	.134	.119	.105
4	.406	.373	.342	.313	.285	.259	.235	.213
5	.581	.546	.512	.478	.446	.414	.384	.355
6	.732	.702	.670	.638	.606	.574	.542	.511
7	.845	.822	.797	.771	.744	.716	.687	.658
8	.918	.903	.886	.867	.847	.826	.803	.780
9	.960	.951	.941	.929	.916	.902	.886	.869
10	.982	.977	.972	.965	.957	.949	.939	.927
11	.993	.990	.988	.984	.980	.975	.969	.963
12	.997	.996	.995	.993	.991	.989	.986	.982
13	.999	.999	.998	.997	.996	.995	.994	.992
14	1.000	.999	.999	.999	.999	.998	.997	.997
15		1.000	1.000	1.000	.999	.999	.999	.999
16					1.000	1.000	1.000	.999
17								1.000

	6.8	7.0	7.2	7.4	7.6	7.8	8.0	8.5
0	.001	.001	.001	.001	.001	.000	.000	.000
1	.009	.007	.006	.005	.004	.004	.003	.002
2	.034	.030	.025	.022	.019	.016	.014	.009
3	.093	.082	.072	.063	.055	.048	.042	.030
4	.192	.173	.156	.140	.125	.112	.100	.074
5	.327	.301	.276	.253	.231	.210	.191	.150
6	.480	.450	.420	.392	.365	.338	.313	.256
7	.628	.599	.569	.539	.510	.481	.453	.386
8	.755	.729	.703	.676	.648	.620	.593	.523
9	.850	.830	.810	.788	.765	.741	.717	.653
10	.915	.901	.887	.871	.854	.835	.816	.763
11	.955	.947	.937	.926	.915	.902	.888	.849
12	.978	.973	.967	.961	.954	.945	.936	.909
13	.990	.987	.984	.980	.976	.971	.966	.949
14	.996	.994	.993	.991	.989	.986	.983	.973
15	.998	.998	.997	.996	.995	.993	.992	.986
16	.999	.999	.999	.998	.998	.997	.996	.993
17	1.000	1.000	.999	.999	.999	.999	.998	.997
18			1.000	1.000	1.000	1.000	.999	.999
19							1.000	.999
20								1.000

〈표 3〉 포아송분포표(계속)

	9.0	9.5	10.0	10.5	11.0	11.5	12.0	12.5
1	.001	.001	.000	.000	.000	.000	.000	.000
2	.006	.004	.003	.002	.001	.001	.001	.000
3	.021	.015	.010	.007	.005	.003	.002	.002
4	.055	.040	.029	.021	.015	.011	.008	.005
5	.116	.089	.067	.050	.038	.028	.020	.015
6	.207	.165	.130	.102	.079	.060	.046	.035
7	.324	.269	.220	.179	.143	.114	.090	.070
8	.456	.392	.333	.279	.232	.191	.155	.125
9	.587	.522	.458	.397	.341	.289	.242	.201
10	.706	.645	.583	.521	.460	.402	.347	.297
11	.803	.752	.697	.639	.579	.520	.462	.406
12	.876	.836	.792	.742	.689	.633	.576	.519
13	.926	.898	.864	.825	.781	.733	.682	.628
14	.959	.940	.917	.888	.854	.815	.772	.725
15	.978	.967	.951	.932	.907	.878	.844	.806
16	.989	.982	.973	.960	.944	.924	.899	.869
17	.995	.991	.986	.978	.968	.954	.937	.916
18	.998	.996	.993	.988	.982	.974	.963	.948
19	.999	.998	.997	.994	.991	.986	.979	.969
20	1.000	.999	.998	.997	.995	.992	.988	.983
21		1.000	.999	.999	.998	.996	.994	.991
22			1.000	.999	.999	.998	.997	.995
23				1.000	1.000	.999	.999	.998
24						1.000	.999	.999
25							1.000	.999
26								1.000

〈표 4〉 표준정규분포표

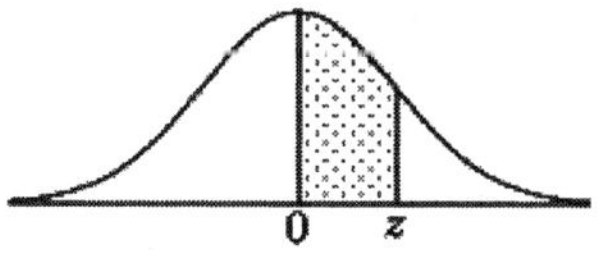

z	0.00	0.01	0.02	0.03	0.04	0.05	0.06	0.07	0.08	0.09
0.0	0.0000	0.0040	0.0080	0.0120	0.0160	0.0199	0.0239	0.0279	0.0319	0.0359
0.1	0.0398	0.0438	0.0478	0.0517	0.0557	0.0596	0.0636	0.0675	0.0714	0.0753
0.2	0.0793	0.0832	0.0871	0.0910	0.0948	0.0987	0.1026	0.1064	0.1103	0.1141
0.3	0.1179	0.1217	0.1255	0.1293	0.1331	0.1368	0.1406	0.1443	0.1480	0.1517
0.4	0.1554	0.1591	0.1628	0.1664	0.1700	0.1736	0.1772	0.1808	0.1844	0.1879
0.5	0.1915	0.1950	0.1985	0.2019	0.2054	0.2088	0.2123	0.2157	0.2190	0.2224
0.6	0.2257	0.2291	0.2324	0.2357	0.2389	0.2422	0.2454	0.2486	0.2517	0.2549
0.7	0.2580	0.2611	0.2642	0.2673	0.2703	0.2734	0.2764	0.2794	0.2823	0.2852
0.8	0.2881	0.2910	0.2939	0.2967	0.2995	0.3023	0.3051	0.3078	0.3106	0.3133
0.9	0.3159	0.3186	0.3212	0.3238	0.3264	0.3289	0.3315	0.3340	0.3365	0.3389
1.0	0.3413	0.3438	0.3461	0.3485	0.3508	0.3531	0.3554	0.3577	0.3599	0.3621
1.1	0.3643	0.3665	0.3686	0.3708	0.3729	0.3749	0.3770	0.3790	0.3810	0.3830
1.2	0.3849	0.3869	0.3888	0.3907	0.3925	0.3944	0.3962	0.3980	0.3997	0.4015
1.3	0.4032	0.4049	0.4066	0.4082	0.4099	0.4115	0.4131	0.4147	0.4162	0.4177
1.4	0.4192	0.4207	0.4222	0.4236	0.4251	0.4265	0.4279	0.4292	0.4306	0.4319
1.5	0.4332	0.4345	0.4357	0.4370	0.4382	0.4394	0.4406	0.4418	0.4429	0.4441
1.6	0.4452	0.4463	0.4474	0.4484	0.4495	0.4505	0.4515	0.4525	0.4535	0.4545
1.7	0.4554	0.4564	0.4573	0.4582	0.4591	0.4599	0.4608	0.4616	0.4625	0.4633
1.8	0.4641	0.4649	0.4656	0.4664	0.4671	0.4678	0.4686	0.4693	0.4699	0.4706
1.9	0.4713	0.4719	0.4726	0.4732	0.4738	0.4744	0.4750	0.4756	0.4761	0.4767
2.0	0.4772	0.4778	0.4783	0.4788	0.4793	0.4798	0.4803	0.4808	0.4812	0.4817
2.1	0.4821	0.4826	0.4830	0.4834	0.4838	0.4842	0.4846	0.4850	0.4854	0.4857
2.2	0.4861	0.4864	0.4868	0.4871	0.4875	0.4878	0.4881	0.4884	0.4887	0.4890
2.3	0.4893	0.4896	0.4898	0.4901	0.4904	0.4906	0.4909	0.4911	0.4913	0.4916
2.4	0.4918	0.4920	0.4922	0.4925	0.4927	0.4929	0.4931	0.4932	0.4934	0.4936
2.5	0.4938	0.4940	0.4941	0.4943	0.4945	0.4946	0.4948	0.4949	0.4951	0.4952
2.6	0.4953	0.4955	0.4956	0.4957	0.4959	0.4960	0.4961	0.4962	0.4963	0.4964
2.7	0.4965	0.4966	0.4967	0.4968	0.4969	0.4970	0.4971	0.4972	0.4973	0.4974
2.8	0.4974	0.4975	0.4976	0.4977	0.4977	0.4978	0.4979	0.4979	0.4980	0.4981
2.9	0.4981	0.4982	0.4982	0.4983	0.4984	0.4984	0.4985	0.4985	0.4986	0.4986
3.0	0.4987	0.4987	0.4987	0.4988	0.4988	0.4989	0.4989	0.4989	0.4990	0.4990

〈표 5〉 t-분포표

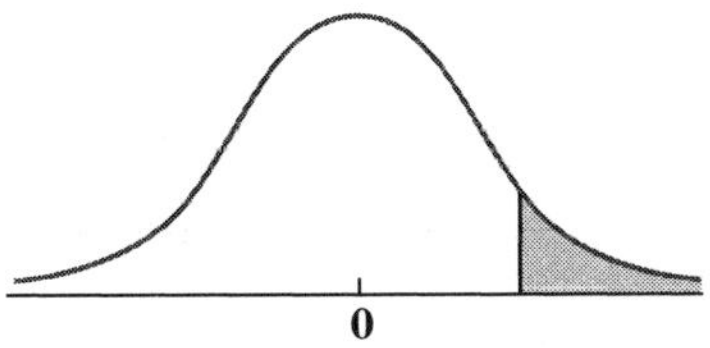

d.f.	.25	.10	.05	.025	.01	.00833	.00625	.005
1	1.000	3.078	6.314	12.706	31.821	38.190	50.923	63.657
2	.816	1.886	2.920	4.303	6.965	7.649	8.860	9.925
3	.765	1.638	2.353	3.182	4.541	4.857	5.392	5.841
4	.741	1.533	2.132	2.776	3.747	3.961	4.315	4.604
5	.727	1.476	2.015	2.571	3.365	3.534	3.810	4.032
6	.718	1.440	1.943	2.447	3.143	3.287	3.521	3.707
7	.711	1.415	1.895	2.365	2.998	3.128	3.335	3.499
8	.706	1.397	1.860	2.306	2.896	3.016	3.206	3.355
9	.703	1.383	1.833	2.262	2.821	2.933	3.111	3.250
10	.700	1.372	1.812	2.228	2.764	2.870	3.038	3.169
11	.697	1.363	1.796	2.201	2.718	2.820	2.981	3.106
12	.695	1.356	1.782	2.179	2.681	2.779	2.934	3.055
13	.694	1.350	1.771	2.160	2.650	2.746	2.896	3.012
14	.692	1.345	1.761	2.145	2.624	2.718	2.864	2.977
15	.691	1.341	1.753	2.131	2.602	2.694	2.837	2.947
16	.690	1.337	1.746	2.120	2.583	2.673	2.813	2.921
17	.689	1.333	1.740	2.110	2.567	2.655	2.793	2.898
18	.688	1.330	1.734	2.101	2.552	2.639	2.775	2.878
19	.688	1.328	1.729	2.093	2.539	2.625	2.759	2.861
20	.687	1.325	1.725	2.086	2.528	2.613	2.744	2.845
21	.686	1.323	1.721	2.080	2.518	2.601	2.732	2.831
22	.686	1.321	1.717	2.074	2.508	2.591	2.720	2.819
23	.685	1.319	1.714	2.069	2.500	2.582	2.710	2.807
24	.685	1.318	1.711	2.064	2.492	2.574	2.700	2.797
25	.684	1.316	1.708	2.060	2.485	2.566	2.692	2.787
26	.684	1.315	1.706	2.056	2.479	2.559	2.684	2.779
27	.684	1.314	1.703	2.052	2.473	2.552	2.676	2.771
28	.683	1.313	1.701	2.048	2.467	2.546	2.669	2.763
29	.683	1.311	1.699	2.045	2.462	2.541	2.663	2.756
30	.683	1.310	1.697	2.042	2.457	2.536	2.657	2.750
40	.681	1.303	1.684	2.021	2.423	2.499	2.616	2.704
60	.679	1.296	1.671	2.000	2.390	2.463	2.575	2.660
120	.677	1.289	1.658	1.980	2.358	2.428	2.536	2.617
∞	.674	1.282	1.645	1.960	2.326	2.394	2.498	2.576

<표 6> χ^2-분포표

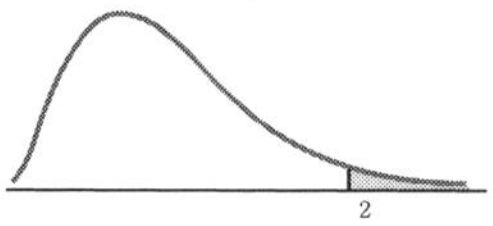

d.f.	.99	.975	.95	.90	.50	.10	.05	.025	.01
1	.0002	.001	.004	.02	.45	2.71	3.84	5.02	6.63
2	.02	.05	.10	.21	1.39	4.61	5.99	7.38	9.21
3	.11	.22	.35	.58	2.37	6.25	7.81	9.35	11.34
4	.30	.48	.71	1.06	3.36	7.78	9.49	11.14	13.28
5	.55	.83	1.15	1.61	4.35	9.24	11.07	12.83	15.09
6	.87	1.24	1.64	2.20	5.35	10.64	12.59	14.45	16.81
7	1.24	1.69	2.17	2.83	6.35	12.02	14.07	16.01	18.48
8	1.65	2.18	2.73	3.49	7.34	13.36	15.51	17.53	20.09
9	2.09	2.70	3.33	4.17	8.34	14.68	16.92	19.02	21.67
10	2.56	3.24	3.94	4.87	9.34	15.99	18.31	20.48	23.21
11	3.05	3.81	4.57	5.58	10.34	17.28	19.68	21.92	24.72
12	3.57	4.40	5.23	6.30	11.34	18.55	21.03	23.34	26.22
13	4.11	5.01	5.89	7.04	12.34	19.81	22.36	24.74	27.69
14	4.66	5.62	6.57	7.79	13.34	21.06	23.68	26.12	29.14
15	5.23	6.26	7.26	8.55	14.34	22.31	25.00	27.49	30.58
16	5.81	6.90	7.96	9.31	15.34	23.54	26.30	28.85	32.00
17	6.41	7.56	8.67	10.09	16.34	24.77	27.59	30.19	33.41
18	7.01	8.23	9.39	10.86	17.34	25.99	28.87	31.53	34.81
19	7.63	8.90	10.12	11.65	18.34	27.20	30.14	32.85	36.19
20	8.26	9.59	10.85	12.44	19.34	28.41	31.41	34.17	37.57
21	8.90	10.28	11.59	13.24	20.34	29.62	32.67	35.48	38.93
22	9.54	10.98	12.34	14.04	21.34	30.81	33.92	36.78	40.29
23	10.20	11.69	13.09	14.85	22.34	32.01	35.17	38.08	41.64
24	10.86	12.40	13.85	15.66	23.34	33.20	36.42	39.36	42.98
25	11.52	13.11	14.61	16.47	24.34	34.38	37.65	40.65	44.31
26	12.20	13.84	15.38	17.29	25.34	35.56	38.89	41.92	45.64
27	12.88	14.57	16.15	18.11	26.34	36.74	40.11	43.19	46.96
28	13.56	15.30	16.93	18.94	27.34	37.92	41.34	44.46	48.28
29	14.26	16.04	17.71	19.77	28.34	39.09	42.56	45.72	49.59
30	14.95	16.78	18.49	20.60	29.34	40.26	43.77	46.98	50.89
40	22.16	24.42	26.51	29.05	39.34	51.81	55.76	59.34	63.69
50	29.71	32.35	34.76	37.69	49.33	63.17	67.50	71.42	76.15
60	37.48	40.47	43.19	46.46	59.33	74.40	79.08	83.30	88.38
70	45.44	48.75	51.74	55.33	69.33	85.53	90.53	95.02	100.43
80	53.54	57.15	60.39	64.28	79.33	96.58	101.88	106.63	112.33
90	61.75	65.64	69.13	73.29	89.33	107.57	113.15	118.14	124.12
100	70.06	74.22	77.93	82.36	99.33	118.50	124.34	129.56	135.81

〈표 7〉 F-분포표

$\alpha = 0.10$

v_2 \ v_1	1	2							9	10	12	15	20	25	30	40	60
1	39.86	49.50	53.59	55.83	57.24	58.20	58.91	59.44	59.86	60.19	60.71	61.22	61.74	62.05	62.26	62.53	62.79
2	8.53	9.00	9.16	9.24	9.29	9.33	9.35	9.37	9.38	9.39	9.41	9.42	9.44	9.45	9.46	9.47	9.47
3	5.54	5.46	5.39	5.34	5.31	5.28	5.27	5.25	5.24	5.23	5.22	5.20	5.18	5.17	5.17	5.16	5.15
4	4.54	4.32	4.19	4.11	4.05	4.01	3.98	3.95	3.94	3.92	3.90	3.87	3.84	3.83	3.82	3.80	3.79
5	4.06	3.78	3.62	3.52	3.45	3.40	3.37	3.34	3.32	3.30	3.27	3.24	3.21	3.19	3.17	3.16	3.14
6	3.78	3.46	3.29	3.18	3.11	3.05	3.01	2.98	2.96	2.94	2.90	2.87	2.84	2.81	2.80	2.78	2.76
7	3.59	3.26	3.07	2.96	2.88	2.83	2.78	2.75	2.72	2.70	2.67	2.63	2.59	2.57	2.56	2.54	2.51
8	3.46	3.11	2.92	2.81	2.73	2.67	2.62	2.59	2.56	2.54	2.50	2.46	2.42	2.40	2.38	2.36	2.34
9	3.36	3.01	2.81	2.69	2.61	2.55	2.51	2.47	2.44	2.42	2.38	2.34	2.30	2.27	2.25	2.23	2.21
10	3.29	2.92	2.73	2.61	2.52	2.46	2.41	2.38	2.35	2.32	2.28	2.24	2.20	2.17	2.16	2.13	2.11
11	3.23	2.86	2.66	2.54	2.45	2.39	2.34	2.30	2.27	2.25	2.21	2.17	2.12	2.10	2.08	2.05	2.03
12	3.18	2.81	2.61	2.48	2.39	2.33	2.28	2.24	2.21	2.19	2.15	2.10	2.06	2.03	2.01	1.99	1.96
13	3.14	2.76	2.56	2.43	2.35	2.28	2.23	2.20	2.16	2.14	2.10	2.05	2.01	1.98	1.96	1.93	1.90
14	3.10	2.73	2.52	2.39	2.31	2.24	2.19	2.15	2.12	2.10	2.05	2.01	1.96	1.93	1.91	1.89	1.86
15	3.07	2.70	2.49	2.36	2.27	2.21	2.16	2.12	2.09	2.06	2.02	1.97	1.92	1.89	1.87	1.85	1.82
16	3.05	2.67	2.46	2.33	2.24	2.18	2.13	2.09	2.06	2.03	1.99	1.94	1.89	1.86	1.84	1.81	1.78
17	3.03	2.64	2.44	2.31	2.22	2.15	2.10	2.06	2.03	2.00	1.96	1.91	1.86	1.83	1.81	1.78	1.75
18	3.01	2.62	2.42	2.29	2.20	2.13	2.08	2.04	2.00	1.98	1.93	1.89	1.84	1.80	1.78	1.75	1.72
19	2.99	2.61	2.40	2.27	2.18	2.11	2.06	2.02	1.98	1.96	1.91	1.86	1.81	1.78	1.76	1.73	1.70
20	2.97	2.59	2.38	2.25	2.16	2.09	2.04	2.00	1.96	1.94	1.89	1.84	1.79	1.76	1.74	1.71	1.68
21	2.96	2.57	2.36	2.23	2.14	2.08	2.02	1.98	1.95	1.92	1.87	1.83	1.78	1.74	1.72	1.69	1.66
22	2.95	2.56	2.35	2.22	2.13	2.06	2.01	1.97	1.93	1.90	1.86	1.81	1.76	1.73	1.70	1.67	1.64
23	2.94	2.55	2.34	2.21	2.11	2.05	1.99	1.95	1.92	1.89	1.84	1.80	1.74	1.71	1.69	1.66	1.62
24	2.93	2.54	2.33	2.19	2.10	2.04	1.98	1.94	1.91	1.88	1.83	1.78	1.73	1.70	1.67	1.64	1.61
25	2.92	2.53	2.32	2.18	2.09	2.02	1.97	1.93	1.89	1.87	1.82	1.77	1.72	1.68	1.66	1.63	1.59
26	2.91	2.52	2.31	2.17	2.08	2.01	1.96	1.92	1.88	1.86	1.81	1.76	1.71	1.67	1.65	1.61	1.58
27	2.90	2.51	2.30	2.17	2.07	2.00	1.95	1.91	1.87	1.85	1.80	1.75	1.70	1.66	1.64	1.60	1.57
28	2.89	2.50	2.29	2.16	2.06	2.00	1.94	1.90	1.87	1.84	1.79	1.74	1.69	1.65	1.63	1.59	1.56
29	2.89	2.50	2.28	2.15	2.06	1.99	1.93	1.89	1.86	1.83	1.78	1.73	1.68	1.64	1.62	1.58	1.55
30	2.88	2.49	2.28	2.14	2.05	1.98	1.93	1.88	1.85	1.82	1.77	1.72	1.67	1.63	1.61	1.57	1.54
40	2.84	2.44	2.23	2.09	2.00	1.93	1.87	1.83	1.79	1.76	1.71	1.66	1.61	1.57	1.54	1.51	1.47
60	2.79	2.39	2.18	2.04	1.95	1.87	1.82	1.77	1.74	1.71	1.66	1.60	1.54	1.50	1.48	1.44	1.40
120	2.75	2.35	2.13	1.99	1.90	1.82	1.77	1.72	1.68	1.65	1.60	1.55	1.48	1.45	1.41	1.37	1.32
∞	2.71	2.30	2.08	1.94	1.85	1.77	1.72	1.67	1.63	1.60	1.55	1.49	1.42	1.38	1.34	1.30	1.24

〈표 7〉 F-분포표(계속)

$\alpha=0.05$

v_2 \ v_1	1	2							9	10	12	15	20	25	30	40	60
1	161.5	199.5	215.7	224.6	230.2	234.0	236.8	238.9	240.5	241.9	243.9	246.0	248.0	249.3	250.1	251.1	252.2
2	18.51	19.00	19.16	19.25	19.30	19.33	19.35	19.37	19.38	19.40	19.41	19.43	19.45	19.46	19.46	19.47	19.48
3	10.13	9.55	9.28	9.12	9.01	8.94	8.89	8.85	8.81	8.79	8.74	8.70	8.66	8.63	8.62	8.59	8.57
4	7.71	6.94	6.59	6.39	6.26	6.16	6.09	6.04	6.00	5.96	5.91	5.86	5.80	5.77	5.75	5.72	5.69
5	6.61	5.79	5.41	5.19	5.05	4.95	4.88	4.82	4.77	4.74	4.68	4.62	4.56	4.52	4.50	4.46	4.43
6	5.99	5.14	4.76	4.53	4.39	4.28	4.21	4.15	4.10	4.06	4.00	3.94	3.87	3.83	3.81	3.77	3.74
7	5.59	4.74	4.35	4.12	3.97	3.87	3.79	3.73	3.68	3.64	3.57	3.51	3.44	3.40	3.38	3.34	3.30
8	5.32	4.46	4.07	3.84	3.69	3.58	3.50	3.44	3.39	3.35	3.28	3.22	3.15	3.11	3.08	3.04	3.01
9	5.12	4.26	3.86	3.63	3.48	3.37	3.29	3.23	3.18	3.14	3.07	3.01	2.94	2.89	2.86	2.83	2.79
10	4.96	4.10	3.71	3.48	3.33	3.22	3.14	3.07	3.02	2.98	2.91	2.85	2.77	2.73	2.70	2.66	2.62
11	4.84	3.98	3.59	3.36	3.20	3.09	3.01	2.95	2.90	2.85	2.79	2.72	2.65	2.60	2.57	2.53	2.49
12	4.75	3.89	3.49	3.26	3.11	3.00	2.91	2.85	2.80	2.75	2.69	2.62	2.54	2.50	2.47	2.43	2.38
13	4.67	3.81	3.41	3.18	3.03	2.92	2.83	2.77	2.71	2.67	2.60	2.53	2.46	2.41	2.38	2.34	2.30
14	4.60	3.74	3.34	3.11	2.96	2.85	2.76	2.70	2.65	2.60	2.53	2.46	2.39	2.34	2.31	2.27	2.22
15	4.54	3.68	3.29	3.06	2.90	2.79	2.71	2.64	2.59	2.54	2.48	2.40	2.33	2.28	2.25	2.20	2.16
16	4.49	3.63	3.24	3.01	2.85	2.74	2.66	2.59	2.54	2.49	2.42	2.35	2.28	2.23	2.19	2.15	2.11
17	4.45	3.59	3.20	2.96	2.81	2.70	2.61	2.55	2.49	2.45	2.38	2.31	2.23	2.18	2.15	2.10	2.06
18	4.41	3.55	3.16	2.93	2.77	2.66	2.58	2.51	2.46	2.41	2.34	2.27	2.19	2.14	2.11	2.06	2.02
19	4.38	3.52	3.13	2.90	2.74	2.63	2.54	2.48	2.42	2.38	2.31	2.23	2.16	2.11	2.07	2.03	1.98
20	4.35	3.49	3.10	2.87	2.71	2.60	2.51	2.45	2.39	2.35	2.28	2.20	2.12	2.07	2.04	1.99	1.95
21	4.32	3.47	3.07	2.84	2.68	2.57	2.49	2.42	2.37	2.32	2.25	2.18	2.10	2.05	2.01	1.96	1.92
22	4.30	3.44	3.05	2.82	2.66	2.55	2.46	2.40	2.34	2.30	2.23	2.15	2.07	2.02	1.98	1.94	1.89
23	4.28	3.42	3.03	2.80	2.64	2.53	2.44	2.37	2.32	2.27	2.20	2.13	2.05	2.00	1.96	1.91	1.86
24	4.26	3.40	3.01	2.78	2.62	2.51	2.42	2.36	2.30	2.25	2.18	2.11	2.03	1.97	1.94	1.89	1.84
25	4.24	3.39	2.99	2.76	2.60	2.49	2.40	2.34	2.28	2.24	2.16	2.09	2.01	1.96	1.92	1.87	1.82
26	4.23	3.37	2.98	2.74	2.59	2.47	2.39	2.32	2.27	2.22	2.15	2.07	1.99	1.94	1.90	1.85	1.80
27	4.21	3.35	2.96	2.73	2.57	2.46	2.37	2.31	2.25	2.20	2.13	2.06	1.97	1.92	1.88	1.84	1.79
28	4.20	3.34	2.95	2.71	2.56	2.45	2.36	2.29	2.24	2.19	2.12	2.04	1.96	1.91	1.87	1.82	1.77
29	4.18	3.33	2.93	2.70	2.55	2.43	2.35	2.28	2.22	2.18	2.10	2.03	1.94	1.89	1.85	1.81	1.75
30	4.17	3.32	2.92	2.69	2.53	2.42	2.33	2.27	2.21	2.16	2.09	2.01	1.93	1.88	1.84	1.79	1.74
40	4.08	3.23	2.84	2.61	2.45	2.34	2.25	2.18	2.12	2.08	2.00	1.92	1.84	1.78	1.74	1.69	1.64
60	4.00	3.15	2.76	2.53	2.37	2.25	2.17	2.10	2.04	1.99	1.92	1.84	1.75	1.69	1.65	1.59	1.53
120	3.92	3.07	2.68	2.45	2.29	2.18	2.09	2.02	1.96	1.91	1.83	1.75	1.66	1.60	1.55	1.50	1.43
∞	3.84	3.00	2.61	2.37	2.21	2.10	2.01	1.94	1.88	1.83	1.75	1.67	1.57	1.51	1.46	1.39	1.32

〈표 8〉 표준화범위분포표

표준화범위분포의 95% 백분위수 $q(p,\nu,\alpha)$, $\nu=N-p$

$1-\alpha=.95$

ν	p = 2	3	4	5	6	7	8	9	10	11	12	13	14	15	16	17	18	19	20
1	18.0	27.0	32.8	37.1	40.4	43.1	45.4	47.4	49.1	50.6	52.0	53.2	54.3	55.4	56.3	57.2	58.0	58.8	59.6
2	6.08	8.33	9.80	10.9	11.7	12.4	13.0	13.5	14.0	14.4	14.7	15.1	15.4	15.7	15.9	16.1	16.4	16.6	16.8
3	4.50	5.91	6.82	7.50	8.04	8.48	8.85	9.18	9.46	9.72	9.95	10.2	10.3	10.5	10.7	10.8	11.0	11.1	11.2
4	3.93	5.04	5.76	6.29	6.71	7.05	7.35	7.60	7.83	8.03	8.21	8.37	8.52	8.66	8.79	8.91	9.03	9.13	9.23
5	3.64	4.60	5.22	5.67	6.03	6.33	6.58	6.80	6.99	7.17	7.32	7.47	7.60	7.72	7.83	7.93	8.03	8.12	8.21
6	3.46	4.34	4.90	5.30	5.63	5.90	6.12	6.32	6.49	6.65	6.79	6.92	7.03	7.14	7.24	7.34	7.43	7.51	7.59
7	3.34	4.16	4.68	5.06	5.36	5.61	5.82	6.00	6.16	6.30	6.43	6.55	6.66	6.76	6.85	6.94	7.02	7.10	7.17
8	3.26	4.04	4.53	4.89	5.17	5.40	5.60	5.77	5.92	6.05	6.18	6.29	6.39	6.48	6.57	6.65	6.73	6.80	6.87
9	3.20	3.95	4.41	4.76	5.02	5.24	5.43	5.59	5.74	5.87	5.98	6.09	6.19	6.28	6.36	6.44	6.51	6.58	6.64
10	3.15	3.88	4.33	4.65	4.91	5.12	5.30	5.46	5.60	5.72	5.83	5.93	6.03	6.11	6.19	6.27	6.34	6.40	6.47
11	3.11	3.82	4.26	4.57	4.82	5.03	5.20	5.35	5.49	5.61	5.71	5.81	5.90	5.98	6.06	6.13	6.20	6.27	6.33
12	3.08	3.77	4.20	4.51	4.75	4.95	5.12	5.27	5.39	5.51	5.61	5.71	5.80	5.88	5.95	6.02	6.09	6.15	6.21
13	3.06	3.73	4.15	4.45	4.69	4.88	5.05	5.19	5.32	5.43	5.53	5.63	5.71	5.79	5.86	5.93	5.99	6.05	6.11
14	3.03	3.70	4.11	4.41	4.64	4.83	4.99	5.13	5.25	5.36	5.46	5.55	5.64	5.71	5.79	5.85	5.91	5.97	6.03
15	3.01	3.67	4.08	4.37	4.59	4.78	4.94	5.08	5.20	5.31	5.40	5.49	5.57	5.65	5.72	5.78	5.85	5.90	5.96
16	3.00	3.65	4.05	4.33	4.56	4.74	4.90	5.03	5.15	5.26	5.35	5.44	5.52	5.59	5.66	5.73	5.79	5.84	5.90
17	2.98	3.63	4.02	4.30	4.52	4.70	4.86	4.99	5.11	5.21	5.31	5.39	5.47	5.54	5.61	5.67	5.73	5.79	5.84
18	2.97	3.61	4.00	4.28	4.49	4.67	4.82	4.96	5.07	5.17	5.27	5.35	5.43	5.50	5.57	5.63	5.69	5.74	5.79
19	2.96	3.59	3.98	4.25	4.47	4.65	4.79	4.92	5.04	5.14	5.23	5.31	5.39	5.46	5.53	5.59	5.65	5.70	5.75
20	2.95	3.58	3.96	4.23	4.45	4.62	4.77	4.90	5.01	5.11	5.20	5.28	5.36	5.43	5.49	5.55	5.61	5.66	5.71
24	2.92	3.53	3.90	4.17	4.37	4.54	4.68	4.81	4.92	5.01	5.10	5.18	5.25	5.32	5.38	5.44	5.49	5.55	5.59
30	2.89	3.49	3.85	4.10	4.30	4.46	4.60	4.72	4.82	4.92	5.00	5.08	5.15	5.21	5.27	5.33	5.38	5.43	5.47
40	2.86	3.44	3.79	4.04	4.23	4.39	4.52	4.63	4.73	4.82	4.90	4.98	5.04	5.11	5.16	5.22	5.27	5.31	5.36
60	2.83	3.40	3.74	3.98	4.16	4.31	4.44	4.55	4.65	4.73	4.81	4.88	4.94	5.00	5.06	5.11	5.15	5.20	5.24
120	2.80	3.36	3.68	3.92	4.10	4.24	4.36	4.47	4.56	4.64	4.71	4.78	4.84	4.90	4.95	5.00	5.04	5.09	5.13
∞	2.77	3.31	3.63	3.86	4.03	4.17	4.29	4.39	4.47	4.55	4.62	4.68	4.74	4.80	4.85	4.89	4.93	4.97	5.01

〈표 8〉 표준화범위분포표(계속)

$1 - \alpha = .99$

ν	p = 2	3	4	5	6	7	8	9	10	11	12	13	14	15	16	17	18	19	20
1	90.0	135	164	186	202	216	227	237	246	253	260	266	272	277	282	286	290	294	298
2	14.0	19.0	22.3	24.7	26.6	28.2	29.5	30.7	31.7	32.6	33.4	34.1	34.8	35.4	36.0	36.5	37.0	37.5	37.9
3	8.26	10.6	12.2	13.3	14.2	15.0	15.6	16.2	16.7	17.1	17.5	17.9	18.2	18.5	18.8	19.1	19.3	19.5	19.8
4	6.51	8.12	9.17	9.96	10.6	11.1	11.5	11.9	12.3	12.6	12.8	13.1	13.3	13.5	13.7	13.9	14.1	14.2	14.4
5	5.70	6.97	7.80	8.42	8.91	9.32	9.67	9.97	10.2	10.5	10.7	10.9	11.1	11.2	11.4	11.6	11.7	11.8	11.9
6	5.24	6.33	7.03	7.56	7.97	8.32	8.61	8.87	9.10	9.30	9.49	9.65	9.81	9.95	10.1	10.2	10.3	10.4	10.5
7	4.95	5.92	6.54	7.01	7.37	7.68	7.94	8.17	8.37	8.55	8.71	8.86	9.00	9.12	9.24	9.35	9.46	9.55	9.65
8	4.74	5.63	6.20	6.63	6.96	7.24	7.47	7.68	7.87	8.03	8.18	8.31	8.44	8.55	8.66	8.76	8.85	8.94	9.03
9	4.60	5.43	5.96	6.35	6.66	6.91	7.13	7.32	7.49	7.65	7.78	7.91	8.03	8.13	8.23	8.32	8.41	8.49	8.57
10	4.48	5.27	5.77	6.14	6.43	6.67	6.87	7.05	7.21	7.36	7.48	7.60	7.71	7.81	7.91	7.99	8.07	8.15	8.22
11	4.39	5.14	5.62	5.97	6.25	6.48	6.67	6.84	6.99	7.13	7.25	7.36	7.46	7.56	7.65	7.73	7.81	7.88	7.95
12	4.32	5.04	5.50	5.84	6.10	6.32	6.51	6.67	6.81	6.94	7.06	7.17	7.26	7.36	7.44	7.52	7.59	7.66	7.73
13	4.26	4.96	5.40	5.73	5.98	6.19	6.37	6.53	6.67	6.79	6.90	7.01	7.10	7.19	7.27	7.34	7.42	7.48	7.55
14	4.21	4.89	5.32	5.63	5.88	6.08	6.26	6.41	6.54	6.66	6.77	6.87	6.96	7.05	7.12	7.20	7.27	7.33	[illegible]
15	4.17	4.83	5.25	5.56	5.80	5.99	6.16	6.31	6.44	6.55	6.66	6.76	6.84	6.93	7.00	7.07	7.14	7.20	7.26
16	4.13	4.78	5.19	5.49	5.72	5.92	6.08	6.22	6.35	6.46	6.56	6.66	6.74	6.82	6.90	6.97	7.03	7.09	7.15
17	4.10	4.74	5.14	5.43	5.66	5.85	6.01	6.15	6.27	6.38	6.48	6.57	6.66	6.73	6.80	6.87	6.94	7.00	7.05
18	4.07	4.70	5.09	5.38	5.60	5.79	5.94	6.08	6.20	6.31	6.41	6.50	6.58	6.65	6.72	6.79	6.85	6.91	6.96
19	4.05	4.67	5.05	5.33	5.55	5.73	5.89	6.02	6.14	6.25	6.34	6.43	6.51	6.58	6.65	6.72	6.78	6.84	6.89
20	4.02	4.64	5.02	5.29	5.51	5.69	5.84	5.97	6.09	6.19	6.29	6.37	6.45	6.52	6.59	6.65	6.71	6.76	6.82
24	3.96	4.54	4.91	5.17	5.37	5.54	5.69	5.81	5.92	6.02	6.11	6.19	6.26	6.33	6.39	6.45	6.51	6.56	6.61
30	3.89	4.45	4.80	5.05	5.24	5.40	5.54	5.65	5.76	5.85	5.93	6.01	6.08	6.14	6.20	6.26	6.31	6.36	6.41
40	3.82	4.37	4.70	4.93	5.11	5.27	5.39	5.50	5.60	5.69	5.77	5.84	5.90	5.96	6.02	6.07	6.12	6.17	6.21
60	3.76	4.28	4.60	4.82	4.99	5.13	5.25	5.36	5.45	5.53	5.60	5.67	5.73	5.79	5.84	5.89	5.93	5.98	6.02
120	3.70	4.20	4.50	4.71	4.87	5.01	5.12	5.21	5.30	5.38	5.44	5.51	5.56	5.61	5.66	5.71	5.75	5.79	5.83
∞	3.64	4.12	4.40	4.60	4.76	4.88	4.99	5.08	5.16	5.23	5.29	5.35	5.40	5.45	5.49	5.54	5.57	5.61	5.65

찾아보기

(ㄱ)
가설 5
검정력 181
검정통계량 180
결정계수 249
계량자료 42
계통임의추출법 113
교호작용 281
구간자료 43
구간척도 44
구간추정 150
귀무가설 180
기각역 180
기술통계학 4
기하평균 70

(ㄴ)
난수표 117
누적도수 49
누적도수곡선 52
누적도수다각형 52
누적도수분포표 49
누적히스토그램 52
눈덩이 추출법 115

(ㄷ)
단순상관계수 233
단순선형회귀모형 245
단순임의추출법 113
단측검정 182
대립가설 180
대표값 70
도수곡선 52
도수다각형 51
도수분포표 47
독립변수 244
독립성 검정 210

(ㅁ)
막대그래프 50
명목자료 42
명목척도 42
모분산 5
모비율 147
모수 4
모집단 4
모평균 5
무계획적 추출법 114
무한모집단 4

(ㅂ)

반응변수 244
백분위수 80
범위 75
변량 4
변이계수 78
복원추출법 116
부차모집단 213
분산 77
분산분석 272
분산분석표 275
비계량자료 42
비복원추출법 116
비율자료 44
비율척도 44
비편향추정량 145
비확률추출법 112

(ㅅ)

사분위범위 76
사분위수 72
사전조사 7
사회복지 통계조사 3
산술평균 69
산포도 75
상관계수 230
상관분석 230
상대누적도수 49
상대누적도수분포표 49
상대도수 47, 48
상대도수 막대그래프 50
상대도수 히스토그램 51
상대도수다각형 51
상대도수분포표 48
상대분산 78
상자그림 82
설명변수 244
순서자료 43
순서척도 43
순위상관계수 235
신뢰구간 150
신뢰상한 150
신뢰수준 150
신뢰하한 150
신뢰한계 150

(ㅇ)

양적변수 46
양적자료 45
양측검정 183
연속성 수정 104
연속형 변수 46
연속형 변량 4
연속확률변수 96
연속확률분포 96
오차제곱합 245
우단측검정 182
우연적 추출법 115
유의수준 150, 181
유의확률 181
유한모집단 4
유한모집단수정계수 121
이산형 변수 45
이산형 변량 4
이산확률변수 96
이산확률분포 96
이원분산분석 280
일원분산분석 272
일원분산분석모형 273
임의추출법 112

(ㅈ)
자계식조사 6
적합도 검정 208
전수조사 6
점추정 144
정규분포 96
정규분포근사 104
제1사분위수 72
제1종오류 181
제2사분위수 72
제2종오류 181
제3사분위수 72
제한적 추출법 115
조작적 정의 6
조화평균 70
종속변수 244
줄기-잎 그림 52
중심극한정리 124
중위수 71
지원자 추출법 114
질적변수 45
질적자료 45
집락추출법 113
짝비교 162, 194

(ㅊ)
채택역 180
처리제곱합 283
총제곱합 283
최량유효추정량 145
최빈수 72
최소제곱법 245
추정값 145
추측통계학 4
측정 42
층화임의추출법 113

(ㅌ)
타계식조사 6
통계량 5
통계자료 4
통계조사 4
통계표 46
통계학 3

(ㅍ)
파이그림 50
판단추출법 114
편차 75
편향추정량 145
평균 70
평방평균 70
표본 4
표본분산 5, 77
표본분포 5, 112
표본비율 147
표본의 크기 4, 168
표본조사 6
표본평균 5
표본평균의 분포 119
표본표준편차 148
표준오차 121, 146
표준정규분포 99
표준정규분포함수 99
표준편차 77
표준화확률변수 99

(ㅎ)
할당추출법 115
확률비례추출법 113
확률추출법 112
회귀분석 244
히스토그램 51

저자 소개

이기성
현) 우석대학교 아동사회복지학부 교수

한성실
현) 부경대학교 통계 · 데이터사이언스 전공 강사

정기문
현) 경성대학교 빅데이터응용통계학과 교수

SPSS를 활용한

사회복지 통계분석

저 자 이기성 · 한성실 · 정기문
발 행 인 김지영
발 행 처 자유아카데미
주 소 경기도 파주시 회동길 37-42
파주출판도시
전 화 031-955-1321
팩 스 031-955-1322
홈페이지 www.freeaca.com
전자우편 main@freeaca.com (대표)
editor@freeaca.com (편집)
crm@freeaca.com (영업)
등 록 제406-2003-017호, 1980. 7. 12
제1판1쇄 2023년 2월 28일 발행

저자와의 협의하에 인지생략

ISBN 979-11-5808-432-5 93310